亂　世　浮　生　錄

南太井蛙　著

行過文革的死蔭幽谷

一九四七年作者一家攝於山海關，前排右者即為作者

男人（和女人）創造了自己的歷史，

但是他們不能隨心所欲創造歷史，

因為他們所面臨的環境不是他們所能選擇的。

——卡爾・馬克思

目次

楔子・胡同尋根

二〇一一年某個冬日，我站立在北京王府井一條古老的胡同口，儘管它曾有過閃亮的歷史，卻被取了一個烏黑而骯髒的名字：煤渣胡同。從北漠刮來的大風驅散蒙蔽京城多日的霧霾，平日罕見的藍天出現了，可是挾塵之風依然勁吹。

胡同南側已經全部拆毀，風就是從胡同深處捲著黃土黑灰撲面吹來，低下頭眯起兩眼迎風走進被拆了半邊的胡同，仿佛闖入被神靈用巨斧劈成兩半的怪異之地。半邊是老房子被推平後遺下的瓦礫，其間露出昔日王府官宅的殘樑餘棟，上面還有工匠們以近乎虔誠描畫出來的圖案，靛藍、朱紅與翠綠，間以醒目的鉛白，樓宇盡毀，卻色彩猶新。胡同剩下未拆的那一邊僥倖殘存，卻已了無生氣，帶著任由宰割的無奈與消沉。在跡近瘋狂的城市建設大潮中，胡同北側一溜青磚瓦房庭院深深的大宅亦不免蒙塵，多見呆板劃一的方型大樓在老屋古宅之間聳立，有點格格不入的突兀，盡顯「我來了就來了」的霸氣，憑國璋的總統府、清室的神機營等等歷史文物建築，在這種霸氣中說毀就毀了。

從我一歲那年離開這裡，六十五年過去了。胡同裡依然刮著亙古不息的冷風，儘管城中每寸地面早已敷鋪水泥柏油，風中仍捲帶著拆遷挖掘產生出來的塵土。然而現如今的北京人，不再用毛巾撣土，他們在胡同和大街上行走，對風中塵埃漠然麻木，泰然處之。幾十年了，有哪一天北京城裡消停過？有哪一天不曾拆拆建建？

城牆沒了，門樓沒了，牌坊沒了，六千一百條胡同只剩下幾百條，四十四座王府僅完整保存一座，百份之九十五的老建築全拆了，我們王家宅子今天如何安在？

心裡沒有一點把握。

「能找到以前的王家嗎？」我在面目全非的胡同裡低迴踟躕，一邊不斷避開地面的水窪與土塊。

「說！」一位身穿棉襖戴白袖套顯得臃腫的中年婦女，見到我在張望，放下手中的電話，衝著我用地道的京腔喊出這一個字，典型的簡約、直接。

聽我喃喃道出來意，「門牌號？」她不耐煩地提高了嗓門。

對我提供的號數，她搖頭堅決否定胡同裡有這門牌，我也不爭辯，許是她根本不知這條胡同的門牌在過去幾十年裡改過多少次，從按數字順序自胡同西口輪至東口，再輪回來，後又改成按胡同北側單數，南側雙數分別排列，反覆變更，這裡的房子原來是多少號早已經混淆不清了。

按一九四五年時胡同西口南側作一號計起，輪至胡同東口南側最末一幢房子應是二十號，此處大院日占時期被用作「平漢鐵路俱樂部」，再從胡同東口北側由此往西計數門牌，門牌十七號的王家宅子應是在胡同中段的北側。

按著這一推斷，找了再找，「就是這座宅子，準沒錯！」戴白袖套的婦女推開兩扇搖搖欲墜的木門，用腳撥開一把掃帚，它就擱在傾倒在地的小石獅子上面。我似是見到了叔叔一再向我描述的那兩株已成蔭的柏樹，其中一株毫無尊嚴地被釘上釘子，掛著一把尚還滴著髒水的破地拖，另一株成為搭棚屋的支柱，被銹跡斑斑的馬口鐵皮團團圍住，變成做飯的灶房，樹幹枝葉早已燻黑一片。十多幢密密麻麻的小屋形成許多狹窄曲折的巷弄，我倒吸一口氣退了出來。

戴白袖套的婦女壓低嗓門說：「這宅子的主人去了台灣！」

「你是他甚麼人？」她突然好奇中帶幾分警惕地質問。

我不作答，邁出大門，跨過那隻倒在那裡永遠沒有人扶起它的小石獅，回到塵土風中，急急離開了煤渣胡同。

王家宅子應該是不復存在了，我那些曾經活在胡同中某處的先人，只留給我一線血脈，是活躍在體內的遺傳因子，促就我從地之南陲的紐西蘭返回古都尋尋覓覓。來這裡尋找的不復再是老舊思憶，故人音容，推動我的是一種頑強固執的心願，是從這裡走出去的後人一種靈魂與信念的皈依回歸。縱然天翻地覆、物是人非，王家血脈有繼，家門之風猶存。那是任憑時代巨流大潮何等洶涌澎湃，都無法沖走帶去，摧毀蕩平的。

王府井華燈初上的名店食肆閃爍著銷金蝕銀的誘人光彩，在滿街笑靨綻開的路人，以及熟悉的京腔包圍之中，倚著冰涼的鑄鐵路欄，掏出懷中一幀已變微黃的黑白照片，也許是祖父生命中最後一幀照片。這張照片拍得是那樣美，流淌著一九五二年小城澳門特有的寧謐溫軟的情調。

他的姿勢如許自然，兩手背在身後，雙足稍分開，呈現一位體育指導標準的立姿。他上身穿杏領深色外套，露出襯衫潔白的尖領，淺色的卡磯長褲筆挺。祖父身後是澳門王氏健身院的內景，頭頂上有一叢花朵盛開極為茂密的籐蔓低垂下來。

照片背面寫有寥寥數語，娟秀的筆跡與他的巨人身材實在不太相稱：「給我親愛的小女兒，這是我工作時間，學生給我照的。這亭子上完全開的是杏黃花，美麗極啦。想念你的老爸。」上面的日期是一九五二年二月六日。

在和煦的陽光下，照片中五十五歲的他正值壯年，顯得很健康壯碩，依著那一叢開至荼蘼的杏黃花，祖父笑得如此燦爛……

寄出這張照片不久，祖父就從澳門回到大陸，我及我的父母還有親友，無人再見到過他。他就這樣突然消失了！自從我剛滿周歲離開這裡，京城胡同老宅門前小石獅子翻傾倒地之間，有六十年的歲月過去，其間究竟發生了甚麼事？

歷史幽徑漫長曲折一路行來，身後留下蹤印密集如許，我終於想到寫一本書。

第一章　北京槓王

兒時常聽父親說，我們王家世居北京，到了曾祖父這一代，王家男人既不為官也不經商及從軍，而是抬棺材送死人進墳墓，也抬花轎送新娘入洞房。

這是一種特殊行業，現今已消亡了的行業：槓房。

槓房者，儀仗店也，既採辦喪事，出租葬禮儀式所用的軟片、硬器，也操辦大婚嫁娶的紅喜事。

我的曾祖父人稱北京「槓王」，他經營的「永利槓房」無人不識。

北京槓房的興起，與滿清入主中原後受漢族文化濡染有關，滿族殯葬習俗一向實行火葬，入關後清廷遂禁止火葬，令滿人改為土葬。滿人自此在舉辦葬禮時有了許許多多的講究，形成北京獨特的滿漢合璧殯葬習俗，槓房因此應運而生，清代槓房業初為擅長經營的山西人所創，一度獨攬滿、蒙、漢三軍二十四旗殯葬生意，自成「山西幫」，其後陸續有京人自立門戶開辦槓房，遂才有了後來的「北京幫」。

父親沒有告訴我曾祖父原名，也沒有肯定他究竟屬於「山西幫」還是「北京幫」，我只知道王家在北京到我父親這一代已經是好幾代了。

「永利槓房」開在東城中部的燈市口，燈市口大街從東四牌樓到東單牌樓，東西走向，長約一裡，因明代永樂年間設燈市於此而得名。燈市口的店鋪，賣的是紈素珠玉、首飾寶石，還有戲院、餅店、酒樓，幾乎都是百年老店。大街兩邊盡是磚木瓦房，有單層也有雙層，大小與造型都甚近似，北京人說起哪一家生意做得有多大，只說他的店面占了多少間瓦房。「永利槓房」位於燈市口大街向北延續的路西，足足占了九間三卷鋪面房，連成一片。除了出大槓或皇槓時招來的百十號槓夫，平日長雇的也有十個八個夥計，在京城內算是大戶商家，居「十大槓房」之首。

「永利槓房」門面氣派，由於所營生意特殊，自然不能標榜「客似雲來」，裝修擺設既不見喜氣也沒有喪氣，反倒是有一股濃洌的書香墨氣。

店中擺放著蘇州烏木家具，推光朱黑漆的長榻，鑲大理石的椅子，屏風櫃櫥、亮格，珍稀古玩字畫，槓王同二掌櫃就在這裡與上門客人洽談生意。儀仗應用官罩、傘、扇、旗、牌、車、轎、開道鑼、硬器等器物，分別存放在各間庫房或停放後院，由專人管理。

槓房之中，尤以槓夫身分最為低微，他們生活貧苦，平日槓夫也拜神，不過拜的是「窮神」。北京的窮神廟很小，高不過二米多，進深僅一米，就在阜成門和西便門之間護城河外，大道之西二百多米處，據說京城的槓夫都到這個小廟來敬拜濟公活佛。

每逢出槓，全體槓夫被召集到槓房，歸槓頭統領，出槓前人人須沐浴更衣，如果事主是大戶或官宦人家，眾槓夫的衣服鞋襪都必須是全新。槓夫聽從槓頭用一把響尺發出的號令。這把響尺有二尺長，一寸多寬，一寸多厚，另外還有一根一尺長的檀木圓棍，它與響尺之間用一條絨繩相連，以棍擊尺，其聲極為清亮，遠近可聞。絨繩長一丈二，叫做尺繩，非常重要，槓頭要用它來測量靈柩大小和門口寬窄、坑口大小。

槓夫及執事、前引等一眾有時多達百人，這麼多人的起落走步，就以槓頭尺響為號，尺響之後，各就各位，各操各業，執拾工具，待再聞一聲尺響，全體槓夫同步將靈柩抬上肩，齊整劃一邁步行進，途中任何人不得擅自亂說亂動，行進中槓頭如果發現有人不聽指揮，便給他當頭一棒以示懲誡。

京城「十大槓房」不可與一般小槓鋪同日而語，特別是「永利槓房」因能包攬承辦皇家、王公大臣喪儀而頗得盛名。

清末民初，京城大人物的身後事幾乎概由「永利槓房」包辦，這些人物的名單很長，其中包括了中國歷史上有影響力的慈禧太后、光緒皇帝，隆裕太后，李鴻章、榮祿親王、袁世凱、國務總理潘復、軍閥張宗昌等政要的葬禮。

一九〇八年在杭州過世的清廷重臣王文韶大學士，特意到北京請「永利槓房」操辦葬禮，僅是槓夫就派出了三十二名。

朔雪寒編的《清稗類鈔》一書中有過關於曾祖父及永利槓房的記載：

「京師有所謂槓房者，即儀仗店，專辦人家舉殯之事者也。有永利號者，其主人王姓，都人咸呼為槓王。顯宦出殯之事，皆槓王主辨，然所費殊不貲。相傳光緒時榮文忠公祿出殯時，耗萬金。李文忠公鴻章之喪，曲京運柩至通州，初索一萬九千兩，文忠之公子輩欲減一千金，槓王遂不承辦。徐相國郙柩由東城至長春寺，亦索價至三千兩。聞其值昂何以至是，則以靈柩由槓王主辦者，無論所經之路，有階級多少，其柩必兩端俱平，絕不斜側。柩上置水一碗，若傾其一滴，則不取值。」

該文中最後一段「以靈柩由槓王主辦者，無論所經之路，有階級多少，其柩必兩端俱平，絕不斜側。柩上置水一碗，若傾其一滴，則不取值。」在槓房這一行裡稱之為「演槓」。

曾祖父在出槓之前為確保不出差錯，都要進行「演槓」，召集槓夫抬著摹擬「靈柩」，在柩上鋪一張宣紙，紙上置一碗清水，按指定路線走一趟，要達到平穩不側，柩上置的那碗水，滴水不溢，宣紙必須完全是乾的，才算及格過關。

民國五年，大總統袁世凱死了，袁氏長子袁克定和五姨太久聞「槓王」盛名，決定把葬禮中最重要的喪儀儀仗、槓、罩、鼓樂、傢伙座統統交由「永利槓房」承辦，事先也擾攘一番，進行過十分複雜的「演槓」。

從查找到的圖文資料裡，可以還原出袁氏葬禮極盡哀榮的盛況，民國五年六月二十八日，北京新華門八字內壁前纛旗獵獵迎風，左右各三十柄五色幡傘自東向西排列齊整，在晨曦中色彩繽紛。自此出正陽門至西站一路已全部戒嚴，軍警持槍肅立，路旁旌旗飄揚。辰時一過，袁世凱出殯的隊伍有如一條巨蟒，在哀樂聲中緩緩爬出新華門，沿著昨夜由眾工人揚散過黃土的馬路遊走過來，因為潑灑的淨水早已蒸發，兩千之眾雜沓的腳步，揚起陣陣塵土，黃烟沒膝而久久不散，加上中西樂隊、傘罩、匾額亭、松活、紙活冥器、銘旌香幡、清道旗、虎頭牌、門纛曲律、鷹犬駱駝、番、道、禪以及轎子車馬，華洋混雜，光怪陸離，使這條巨蟒顯得十分詭異，巨蟒長達三裡，走了半天，其首已達西站，包尾的大槓卻還沒有出新華門。

最引人注目的是陰沉木製的袁柩，上扣黃緞官罩，安有柳葉尖式金色火焰頂子，罩架四角探出獸頭龍口，四口掛有編織花穗，每角串以黃綢由槓夫向後牽拉。身著紫絳緙絲鑾駕衣的八十名槓夫，扛著巨大的靈柩，由撒紙錢的「一撮毛」作前導，邁著小步，平穩劃一地行來。八十條壯漢踏地騰起塵土，足音震天動地，那金碧輝煌的靈柩卻猶如懸浮於空氣之中，平滑飄移向前，無論上下坡還是拐彎，沒有半分傾歪，始終平正穩當。

「槓王」親自領隊，由城裡最出名的撒紙錢高手「一撮毛」撒紙錢，十八歲的祖父王瑞生尾隨其後，兩人振臂一揚，中有方孔的圓形金銀紙錢，厚厚一摞被扔到空中，復又散落，迴旋飄轉久不著地，似六月飛雪，鋪天蓋地。西洋樂隊，中式鼓樂齊鳴，嗚咽哀絕，伴著那紛飛於初夏風之中的紙錢片片，直教駐足停看的路人，莫不悲從中來，紛紛對著袁柩跪下行禮。

槓王率「永利槓房」一行百餘人，自懷仁堂開始不斷換槓，先從三十二槓換成八十皇槓，後再換二十四軟槓抬入靈車，每次換槓都以槓頭手中響尺為號，眾槓夫動作劃一換槓，靈柩依然四平八穩向前，沒有半點傾側歪斜，觀者無不嘖嘖讚嘆。

袁世凱靈車抵河南彰德後，先由十六人軟槓抬進路邊祭棚，禮成後，遂行起槓儀式，再換成八十人萬字槓抬靈柩回洹上村袁家，供鄉人親友祭奠。直至夜深，精疲力盡的「槓王」才率領眾槓夫乘搭火車返回北京。

袁世凱停靈至八月二十三日，「永利槓房」一眾槓夫又從北京趕來，以八十人大槓移柩至位於太平庄的袁世凱墓地，到達墓地後換二十四人的軟槓，又要等候袁家擇選的時辰，叨擾到夜深，靈柩才就位，屍身已發出腐臭的袁世凱才入土為安。

前後歷經達七十九天，「永利槓房」才結束承辦袁氏葬禮的全部任務。

曾祖父的槓房事業在此刻也達到他一生的巔峰！

因為這一場規模空前的袁氏家葬兼國葬，「永利槓房」生意大發，曾祖父用操辦袁世凱葬禮所得，在東單買了一片房。這「一片」究竟有多少宅子，父親說自己曾問過祖父，連祖父也說不清，只根據記憶粗略估計大概有十來座。

曾祖父生了王石卿、王瑞生等三個兒子，長子人稱「王大爺」，沉溺酒色，揮金如土。因為他的荒唐，「永利槓房」的事業自一九一九年起日漸式微，其顯赫聲名及龐大家產統統敗於「王大爺」之手，不但家中財富被其揮霍殆盡，連「槓王」所藏歷年朝廷官府賞賜之古玩字畫亦遭其盜賣一空，爾後開始「吃瓦片」，將大片房產變賣抵債，直至敗家子「王大爺」病夭，「槓王」曾祖父已飽受刺激，不久便鬱鬱而終，「永利槓房」隨之關門大吉。

「永利」倒了，「日升」遂起，之後的吳佩孚、孫文等大人物殯葬，就由「日昇槓房」取代「永利槓寄」負責操辦了。

我還記得父親說過，如果當年「永利槓房」不倒，祖父甚至連他都說不定都子承父業，還幹槓房這一行。「永利槓房」結業，我的祖父王瑞生及大伯公石卿就只得另謀生路。

祖父與大伯公遇到了一位名叫候格蘭德的美國人，這位著名的「體育傳教士」不僅把福音傳給他弟兄倆，還引領他們加入了北京基督教青年會，兄弟二人皈依基督領洗，在候格蘭德傳授下開始學習多項西方體育。

北京青年會早在一九一一年就在王府井修建了會所大樓，由一位美國建築師設計的三層樓房以紅磚砌成，散發著濃鬱的歐洲古典風味，會所一樓有北京第一間室內體育館，二樓有室內跑道，在大樓的地下室居然還布置了一處二十五米長的射擊室，大樓後面有室外球場。北京城內許多年輕人，都是在青年會裡首次接觸到西方體育。

北京基督教青年會的前身，是中國普林斯頓大學中心（The Princeton University Center in China），該中心在十九世紀末已進入北京展開活動。青年會是社會福音的擁護者和實踐者，為了建立上帝國，使中國人接受基督教，它改變以教堂布道為主，輔以慈善事業和文化事業的傳統傳教方式，力主「救人之靈魂，先救人之身體」，「救靈」應以「救身」為前提。

祖父王瑞生及大伯公王石卿，被候格蘭德和他身邊那些充滿理想激情與青春活力的美國青年所吸引，在「社會福音」模式的平等待人感召下，幾乎沒有任何抗拒與遲疑，就興致勃勃地參加青年會內各項西洋體育運動，學習英文、西洋音樂和繪畫，祖父學會了拍攝電影，油畫也畫得很好，還在京城開過畫展。

古都京畿，城牆高厚，擋住外敵來犯，隔阻大漠風沙，卻抵不住現代文明的春風化雨。如沐甘霖再度人生啟蒙的王氏兄弟，經常呼朋引類，騎車出遊，北海寫生，景山放歌。長衫西服相伴，黑髮黃膚，綠眼金鬚混雜，京腔摻和著洋文，一群華洋青年騎單車穿越來自塞外的駝隊、運糧的騾車，剛剪去辮子不久、民風初開的京城中人無不為之側目。

與那些民初對西方思想文化如饑似渴而又囫圇吞棗的文藝青年政治鬥士不一樣，王氏兩兄弟遵循信仰途徑，在心靈修煉之同時，以強身健體刻苦訓練形成堅毅意志，並且掌握了各項西洋體育技藝，自幼習武的祖父對體育近乎痴迷，他的興趣包括了舉重健美、拳擊、體操、冰球、網球、擊劍、田徑與籃球等項目，一位獨臂德國人還傳授給他一套很奇特的西洋劍法。

大伯公王石卿在基督教青年會協助下，於一九一四年自費遠赴美國留學，進入春田學院攻讀體育，在這所被風光明媚的馬薩索特湖一分為二的著名學府裡，他接觸到西方體育的學問，也見到了許多被北京青年會保送至該校就讀的中國同學，其中有馬約翰與董守義等人。

王石卿身材不高，但他被「春田」三角校徽上的名言：「籃球誕生於此。」（The Birthplace of Basketball）所感召，埋頭苦學，掌握了籃球等體育項目的科學理論知識，課餘還學會了一套精妙魔術表演。第一次世界大戰中，王石卿曾隨青年會團隊赴歐洲前線勞軍，當時同行的就有晏陽初，此君在法國前線自編教材，率先從營內四十人開始，繼而在五千華人苦力中教授中文，後又為在法國十八萬華人苦力掃盲，並從此立志獻身於中國「平民教育」，造福億萬勞苦大眾，曾被推選為「現代世界最具革命性貢獻之十大偉人」。

王石卿回國後和晏陽初選擇了不同的道路，他以「強國必先健身」為理念，投身並致力發展中華體育事業，被推舉為「北平市各大學中學校體聯會」主席。王石卿還應聘出任北京高等師範學校教授，執教籃球、田徑等學科。他擔任指導的北高師籃球隊，多次奪得全國冠軍，其中許多隊員成為中華民國國家隊的主力。

王氏兄弟追隨青年會體育幹事候格蘭德，成為中國現代體育的先行者，他倆也是中國籃球運動的奠基人之一。王瑞生被北京基督教青年會聘請為華人體育幹事後，通過在華北、華東地區體育活動，交遊極廣，結識各界人仕名流，其中也包括青紅幫頭目以及後來成為軍統「北平站」站長的馬漢三。

王瑞生的體育生涯在他二十二歲時有了一次重要的轉機。

王瑞生一九一九年入選中華民國國家籃球隊，代表中國參加在馬尼拉舉行的第四屆遠東運動會。這一屆的中華民國代表隊，幾乎全部是北京青年會的球員，由北京、天津名手組成，領隊馬約翰，隊員計有谷毓琦、魏樹桓、劉明義、孟廣禮、王健吾、徐明洪與翟蔭梧，王瑞生擔任隊長。

中華民國籃球隊在菲律賓首場比賽，以二十四比二十戰勝菲律賓國家隊，第二場中國隊再戰菲律賓隊，排出身材高大的魏樹桓與王瑞生打前鋒，王健吾　中鋒、郭景義、谷毓琦為後衛這一陣容，雖數度領先，卻因菲律賓隊員動作粗野，五名主力全部受傷，不得不以後補隊員上場，終以十五比二十敗北，屈居亞軍。

高大靈活，球風凌厲的王瑞生，給體育界留下深刻印象，在一九二一年的第五屆遠東運動會上，他再度入選中華民國國家隊，這一次的國家男籃由王石卿擔任指導。

第五屆遠東運動會在上海虹口體育場舉行，北洋政府徐世昌大總統斥資四千八百大洋修繕運動場，特意安裝了漂亮的木質看臺。

經過全國性選拔組建的中華民國男子籃球隊，由王瑞生擔任隊長，隊員魏樹桓、王健吾（鑑武）、翟鳳芷（蔭梧）、王榮春（耀東）、孫立人、郭景儀、殷學濂、梁致瑞。除王瑞生來自北京青年會、孫立人來自清華大學之外，其餘隊員皆來自王石卿執教的北京高等師範學校。

這一屆運動會籃球賽的賽制采用單循環賽，計有中華民國、日本、菲律賓三支球隊參賽。

原定於一九二一年五月三十日由中國隊出戰菲律賓隊，因為天氣陰雨，應菲隊要求改於次日再賽。

五月三十一日雨過天青，中國隊排出前鋒王耀東、魏樹桓、中鋒王健吾，後衛孫立人與翟蔭吾這一陣容，上場隊員平均身高已達一米八三。王瑞生在下半場才上陣，擔任中鋒。在王石卿鎮靜自若的指揮下，坐滿看臺的男女同胞吶喊助威，中國隊先以三十比二十七擊敗菲律賓隊，繼又以三十二比二十九擊敗日本隊，奪得了冠軍。

這是中國在國際運動會上奪得的第一個籃球世界冠軍，而遠東運動會又被譽為「亞洲奧運」，中國隊的勝利，標志著這個國家的籃球已在亞洲稱雄，舉國上下民心奮發激揚，各地報紙紛紛以套紅大標題爭相報導，剛滿二十四歲的王瑞生和他的哥哥王石卿，成為了眾口交贊的英雄人物。

一九二一年第五屆遠東運動會中國男籃代表隊奪得冠軍。後排中為作者祖父王瑞生，前排右一蹲立者為日後的國軍名將孫立人，著西服站立者為大伯公王石卿。

關於這一難忘的盛事，王家只留下了一張攝於一九二一年的照片：第五屆遠東運動會男籃冠軍中華民國代表隊合影。在這張歷盡浩劫僥倖保存下來的照片裡，隊長王瑞生，身著綉有「中國」二字球衣及短褲立居後排正中，球隊指導王石卿，著一襲深色西服站在左側。前排右一，半蹲著一位隊員，年少而氣宇軒昂，他就是日後的國軍陸軍司令孫立人。

這張珍貴的照片記錄了王氏兄弟雙雙效力國家隊，為中華民國奪得國際賽男籃冠軍的歷史，「槓王」家出了「球王」，重振了王家門風。

第二章　逃離大陸

祖父王瑞生早婚，十七歲上奉父母之命，與北京少女李榮珍成親，及笄之年的李榮珍面容姣好，自幼纏足，雖目不識丁但性情溫順，賢惠淑良。其後幾十年間，她猶如一泓清水注入王家，默默承受丈夫旋風式充滿即興的性格，中西合璧的生活做派，全心撫育自己所生所愛的四子一女。

一九一五年十月二十三日，我的父親王熹在北京出生。其時王記「永利槓房」生意仍如日中天，「槓王」曾祖父覺得這個長孫的出生為王家帶來喜氣鴻運，所以替我父親取名一個單字「王熹」，寓「晨曦熹微，蒸蒸日上」之意。

三十年代中葉，王家再度中興，從北京大雅寶胡同南北三間的三十八號，遷到東城竹竿巷十九號，這裡曾經是一戶富貴人家的大院，進門一個大院分三個幽靜的小院，王家占了其中兩個四合院。四合院的花園很大，遍植花草，擺設兩隻掛綠苔多年的大魚盆，裡面游著二十多尾龍睛魚。家裡的房子比大雅寶胡同舊居寬敞多了，父親擁有自己的單間，以供他專心讀書。

父親與他的三個弟弟自幼酷愛體育，家中院子擺滿石鎖、沙包及槍棒劍戟等器械。王家四兄弟體格健碩，食量頗大，每頓飯祖母都在廚房烙餅，逾尺高的一摞家常餅，端出來數分鐘內就被四兄弟狼吞虎嚥，一掃而光。雖說家中不缺白麵，可是為了烙餅，祖母每頓飯都要在廚房裡站立忙碌一個多鐘頭。幾兄弟練習拳擊對打，經常打得鼻青眼腫，須以鮮牛肉敷之方可去淤消腫，祖母的菜籃子裡每天都要捎回一大塊牛肉。

父親未滿二十歲就考入著名的「北京財政商業專門學校」，這所學校為北京基督教青年會所辦，校長是畢業於耶魯大學的中國人費起鶴。該校宗旨為「將中國青年培養成為誠實而訓練有素的商人」，因考核嚴格，故甚難被錄取。父親在該校要就讀四年，前兩年主修英語會話、閱讀、寫作與語法，後兩年學習商業專科知識，校內教員大多是來自普林斯頓大學的學生或畢業生。

每位學生每年要交學費四十大洋，比協和醫學院的學費貴了一倍，雖然昂貴卻報名者眾甚，皆因北京受西方經濟文化影響日深，其時已經迅速近代化，對海關、商貿等專才需求劇增，故凡在該校肄業的男女學生多能在洋行、銀行、郵局、海關及政府機關就業。父親考上商業財政專門學校之後，全家都認為父親從此捧上了金飯碗，一生都會有出息，衣食無憂矣，遠近親朋、街坊四鄰都來恭喜道賀。

在候格蘭德推薦之下，北京青年會聘請祖父為華籍體育幹事，他追隨候格蘭德在華北地區推動與普及籃球運動，應聘在北京各院校及民間團體擔任網球、體操、拳擊、冰球、游泳、健身、田徑等各項西洋體育的指導，祖父指導的北京協和醫院網球隊其時在京城很有名氣，由祖父組建的青年會「老母雞」籃球隊，也成了馳名華北的一支勁旅。

父親後來也加入了北京青年會，他不喜歡籃球，只迷上了舉重健身與西洋拳，自此他到天津、上海和廣州等地的青年會，都能享受同等的會員待遇，包括使用青年會內的球場、泳池、健身房等運動設施與優惠住宿與餐飲服務等等。

父親常說基督教青年會與我們一家有不解之緣，不僅引領他們父子皈依基督，接受西方體育啟蒙，父親還是在上海四川北路的青年會內，邂逅我母親——孫家四小姐孫世德，因而成就兩人一段美滿良緣。

世居北京的王家父子，人生之光概拜基督教青年會所賜，那真是他們生於那一個年代的運氣與福氣。

那一個年代的北京，前朝遺風仍深藏於閭里巷弄，改制後雖還軍閥割據，卻始終難掩民初的好風光，「五四」以降中國文明與現代西方正面相接觸、衝突與建立關係，都是許多中外青年、能人志士畢生求索、不懈努力的結果。那是一個激奮人心的年代，一個滾滾潮流的年代，一個方興未艾的年代，一如胡蘭成在《山河歲月》裡所寫到的，那一個年代的確有著一種「清曠平明」，果然連歲月都堂堂。

父親在商業財政專門學校就讀僅兩年，日寇侵華，北京淪陷，因為與基督教北京青年會的關係，王家暗中受到教會接濟幫助，勉強維持一家生計，祖父力勸父親把書唸下去，切勿半途而廢。父親一向把進入海關供職視為奮鬥目標，故堅持就讀至三十年代末，於商業財政專門學校肄業後，即轉往上海進入「上海海關專門學校」繼續深造。

祖父曾在上海青年會任過體育幹事，與上海體育界尤其是健身、球類與武術等名師高徒往從甚密。故父親一到上海便加入了趙竹光、曾維琪創辦的「健美學院」與「現代體育館」，同這兩位中國健身界先驅人物結為好友，三人經常切磋健身心得，還向武術宗師王子平討教拳術，父親曾憶述目睹王老先生在一張八仙桌底打完一套太極拳的絕妙功夫。

作者父親王熹（左二）與其師父：一代武術宗師王子平。（居中坐者）一九四二年攝於上海。

父親經過長年嚴格訓練與艱苦練習，肌肉發達勻稱，他的健身照還上過當時的《健力美》雜誌。

父親住在法租界，周旋在上海灘華洋雜處的社交圈子裡，曾經追求過女演員黃宗英，當時黃宗英還是戲臺子上的雛角，沒有多大名氣，兩人只交往過很短時間。父親在四川北路的青年會裡練習西洋拳，經一位青年會友人潘建華介紹，與孫家的四小姐孫世德相識，她後來成為了我的母親。

孫家住在重慶南路萬宜坊一百零五號，這些法國式排屋在一九三〇年興建完畢，此地直通霞飛路，又靠近法租界，遂成為上海名流聚居之地。《生活》周刊主筆，革命黨人鄒韜奮帶著妻兒與母親在五十四號住了六年，鄒家雖與孫家是近鄰，但兩家有無交往，倒沒有聽母親提起過。

孫家的房子，有著漂亮的紅色捲筒瓦頂，與白色外牆相互映襯，歐陸情調濃鬱。小樓上下三層，進前門後有一小天井，旁邊是客廳與飯廳，二樓有兩臥室，玻璃落地門窗，有一小陽臺，一樓與二樓之間有一個小小的亭子間，三樓也是臥室。如此寬敞的房子，對於一個有十三個孩子的大家庭而言，仍然顯得有點擁擠。

我的外祖父孫海霞生於一八八〇年，曾外祖早年以販鹽為生，家有薄產。孫海霞自上海電報學堂畢業後，結交興中會的黃興，受

作者的母親孫世德（攝於一九四四年）

其革命思想感化鼓動，年僅二十歲便加入革命黨與同盟會。於一九一一年辛亥革命武昌起義中，祖父負責通訊，以電報聯絡及時調動革命軍而立下戰功，被評為革命一等功臣，獲頒「文虎」、「嘉禾」勛章各一枚及一千銀元獎賞。

他婉辭黃興任命的軍政府電報總管高職，自願到湖北鍾祥縣任縣電報局長，以自己的千元獎金創辦「中強中學」，這所中學培養出來的學生，不少人日後成為中共骨幹，包括中共統戰部長張執一，還有孫海霞本人的長子孫耀華，經中共要員李先念介紹加入中共，長期從事地下活動，奉派進入黃埔軍校六期，與戴笠同坐一張課桌。身負特殊使命的孫耀華，潛伏金融貿易界以及民主黨派多年，大陸易幟後歷任武漢市副市長，省體委副主任以及中國農工黨副主席，全國政協委員，其中共黨員身分直至一九九三年他去世才正式披露，之前他的妻兒全然不知內情。

抗戰之前，中華民國政府交通部電信總局調外祖父到上海接管英國控股的大來電報公司業務主任，後又被任為大東、大北（丹麥控股）、太平洋（美國控股）三間電報公司的總業務主任，他就依靠在電報公司任職的收入維持這樣一個大家庭。

外祖母彭海雯乃紹興人氏，她和我外祖父一共生了十三個孩子，外祖母終日嗜玩麻將，我母親才五、六歲就被叫到麻將桌邊「頂腳」，故自幼學識記牌，牌藝不同凡響。外祖母喜歡熱鬧，花錢如流水，孫家夜夜笙歌，高朋滿座，席開數桌，從菜館餐廳點菜由專人送至家中。除長女美德已出嫁外，另外四個女兒婷婷玉立，一個比一個漂亮，自有不少追求者上門來獻殷勤。

我母親比父親小九歲，一九二四年六月生於上海，在孫家五個女兒中，母親與最小的妹妹愛華最出眾。母親自幼受外婆寵愛，被送進上海縣立務本女子中學唸書，這是中國第一所女子學校，前身是清人吳馨創辦的務本女塾，後改為教會學校，學費昂貴。身材頎長高挑而艷光照人的母親，從少女時代起就有一副如黃鶯出谷的好嗓子，是教堂裡唱詩班的核心人物。

她和我父親的婚姻，被眾親友視為天作之合，如果不是時逢亂世，國難當頭，兩家的長輩還要把婚禮的排場搞得更大一些。

父親與母親於一九四二年結婚，他們的婚禮在外灘銅人碼頭的水上飯店舉行，以每客價值五塊大洋的法國西餐宴請親朋，當時成為上海灘轟動一時的新聞。許多年後母親回憶起這一天，仍然兩眼發亮，仿佛重又沐浴著陽光與江風，她說那天風大，與父親攜手漫步外灘，父親不時體貼地蹲下來，替她整理被吹亂的婚紗。是日水上飯店高朋滿座，賓客饋贈甚豐，日後母親還拿出部分禮金給外祖父，充作前往敵後陪都重慶的盤纏。

我父母親成家那一年，日寇進駐上海租界，旋即接管大東、大北和太平洋電報公司，敵魁指派外祖父為日偽「華中電信局主管」，但外祖父每每託病予以婉拒遲遲不到任，引起日偽情治機關懷疑，祕密偵查並且準備逮捕他。當時外祖父處境十分危險，又無法與國民政府在上海的軍統地下人員取得聯繫，惟有帶上我父母結婚的禮金作為路費夤夜出逃，輾轉經安徽、江西、湖南、廣西、貴州等數省到達陪都重慶，即被國民政府委以成都市電信局長一職。

我父母這一雙亂世鴛鴦，在國難當頭，戰火紛飛中亦倉皇北上到了山海關。

作者父母的結婚照（攝於一九四二年）

許多年後，我握筆寫起那個年代，仍然為那一世代的風範，人文文化的氣度、格調與才德所深深感染，宛若匆匆穿越幾十年的隔阻，再一次得見父輩先人華洋交融中西合璧的溫爾文雅，仿佛與他們比肩同行，同喜同悲，長衫馬褂，西服革履，穿在他們身上都是得體大方又自然，我不得不為他們的健康強壯，聰敏好學折服，欣羨他們有個性，有尊嚴又有追求的理想人生。

父親通過嚴格的考核，在秦皇島海關覓得緝私稽察一職。父母婚後從上海來到秦皇島不久，我的姐姐就出生了。

安家山海關後，父母苦撐了數年，中華大地終獲重光，抗戰勝利，普天同慶，父親與母親遂決定再要多一個孩子。

一九四六年七月初一，我在山海關出生。許多年後，我的父母都說我的出生是一個莫大的諷刺，當年之所以想要我的初衷，乃是有見天下太平，民族復興有望，豈料我仍孕育胎中便時局生變，其後一直禍亂連連，我這個和平之子在內戰炮火中出生，從此成了亂世之子。

國共雙方的軍隊在中原大打出手，戰禍四起，生靈塗炭，國家時局日趨緊張，山海關內實行宵禁管制。母親臨盆那天晚上，農曆七月的東北夜涼如水，父親急急出門去接英國醫生，

身穿海關制服的作者之父王熹（攝於一九四五年）

被街上五十二師的國軍盤查，發生爭執，還挨了大兵一槍托，幸有團部長官路過，知悉父親乃海關官員又有妻子臨盆急事，遂下令哨卡放行。

英國醫生趕來家中接生後，按照洋醫貫例在我右大腿上種牛痘，以致日後諳此道者見我腿上痘疤，便知當年接生的是洋人醫生。

我出生時足十磅重，哭聲震瓦，食量也大，母乳不足以解饑，遂向關外農家購買山羊奶，每日由一村姑送來家中餵哺我，吃得我又白又胖。我出生初滿百日，母親便依英國醫生所囑，將我除去衣衫，放在雪地中以冰雪搓澡，我只是「咯咯」笑著，並不哭鬧，如是天天雪地裸裎搓澡，見者無不嘖嘖稱奇。英國醫生提供的這一斯巴達式訓練，使我終身受益匪淺，畢生體質強健決不畏寒。

抗戰勝利後，在北京的祖父帶著全家遷入了東單煤渣胡同十七號一座大宅子，這座宅子是國民政府以祖父在淪陷時期協助軍統抗日有功為由分得的一處接收敵產，也是北平行轅稽查處長兼民政局長馬漢三特別關照的一份「禮物」，馬漢三本人也住在胡同裡的二十七號。

王家宅子呈「L」型，有二十幾個房間，設有門房，大門並不顯氣派，進門一堵青磚影壁，繞過去後才是豁然開朗的別有洞天。院內庭園有三處，芳草奇花盛開，內有幽徑平堦，假山魚池，亭榭迴廊，最難得的是園中那兩株高大成蔭的柏樹，祖父還養了一群白鵝看家護院。

幽靜的煤渣胡同位於東城王府井，三百多米長，足八米寬。胡同內皆為大宅，庭院深深，花木掩映。由前清至民初，乃至日偽各個年代，這條胡同裡出入過許多影響中國歷史的人物。「南北和談」期間孫逸仙派出的專使團抵京之後，也由袁世凱安排住在煤渣胡同裡，後來袁氏自編自演「兵變」，就是派人來這條胡同裡縱火放槍，嚇得代表們越窗而逃。馮國璋把自己的總統府建在煤渣胡同，日據時期平漢鐵路俱樂部、憲兵隊都在這條胡同裡。北京大漢奸王克敏為策安全與憲兵隊比鄰而居，煤渣胡同口曾經發生過刺殺這個大漢奸的伏擊戰。能在這樣重要的地段分得一座宅子，足見祖父與馬漢三確有過命交情。

祖父由北京去信給山海關的父親，告知家中近況，傾訴了自己多年的心願，在經歷八年戰亂之後，他希望父親能帶家眷同回北京，一家人能重聚共享天倫。

我作為王家長子的嫡孫，隨父母從山海關回到了北京，在煤渣胡同十七號住了下來。我的到來給這座大宅子帶來了喧鬧與歡樂，我宏亮的哭聲，一度令院子裡那群「昂昂」引頸高吭的白鵝自愧不如。

這是我一生中第一次也是最後一次住在王家宅子裡。

當時我的姑母王菊生年僅九歲，但她睽隔六十餘年仍清晰記得當年情景，祖父為我安排了宅子裡最舒適的一個帶洗手間的大房，我穿著一條潔白的嬰兒袍，躺在床上，雙拳緊握，呼呼大睡。

對我這個王家的長孫，祖父母視為心肝寶貝，祖母還遵照北京老規矩，親手縫了一件小棉襖送給我，來自上海灘的母親嫌小襖土氣，又礙著老人家的面子不敢聲張，後來一出王家大門就立刻扒了下來，替我換上從上海寄來的茄士米小毛衣。

天下大亂之時，這一次三代同堂的團圓無比溫馨歡樂，只可惜極其短暫，它從此成為王家中人最美好，最難忘也是最後的回憶。

我出生前半年，也就是一九四六年元旦，宋子文在中南海懷仁堂舉

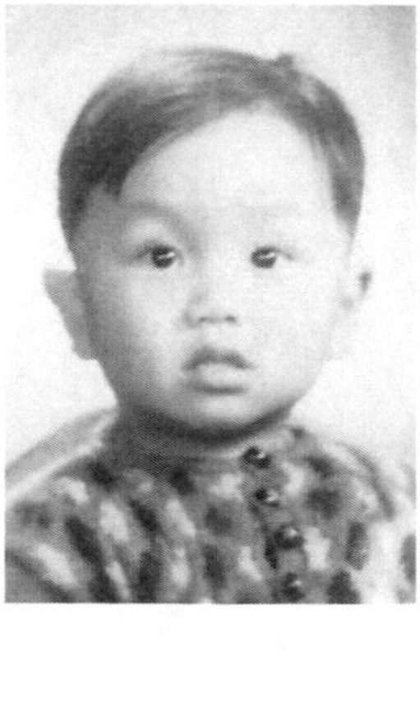
作者滿一週歲時的照片（攝於一九四七年）

行北平軍政機關新年團拜會，祖父曾偕父親應邀出席團拜，這是父親人生中唯一參加過的政治性集會，日後也成為他的「歷史污點」之一。

一九四七年國共內戰全面爆發，美國應國民政府之邀，來華參與國共雙方軍事調停，在北平成立「軍事調處執行部」，辦公地點就設在煤渣胡同口的協和醫院，離胡同裡十七號的王家相隔不到百米。父親因為英文流利，能作同步語音翻譯，被「軍事調處執行部」臨時徵調任軍調小組翻譯，穿上國軍軍官服，佩戴中校銜。據父親回憶他參與的那次國共談判，見到了周恩來等人，中共方面的翻譯是個洋氣的漂亮女郎，她便是後來的中共國家主席劉少奇的夫人王光美。

一九四七年中華民國舉行憲制後第一次總統選舉，受內戰影響未能實現全國性投票，國家已經瀰漫著一種疑懼與悲觀，古老京城生活卻仍如靜水流深，寧謐的煤渣胡同裡，堵堵高牆後面非富即貴的人家，庭院深處優雅舒適的日子仍然表面如常，花匠擺弄盆栽，廚子烹製佳肴，東洋車接送少爺小姐上學放學，來唱堂會的角兒在花窗後面吹拉彈唱，絲竹之音直上雲霄。

祖父是老北京，見慣改朝換代，由滿清到共和，鬧革命黨剪辮子，軍閥混戰，南征北伐，日冠侵華，滿清之後是共和，即便共和之後是共黨又能如何，他始終覺得不管是誰坐天下，總是要讓老百姓踏踏實實過日子，一如厚重堅實的城牆，永遠不會被摧毀，所以他一再敦促父親回到北京同住。

然而內戰局勢日危，炮火無情，焦土片片，祖父「踏踏實實過日子」的心願顯然無望。海關的英人稅務司有見時局危急，經與國府磋商，著手將高級職員撤至香港臺灣，父親亦在撤退名單之列，我們乘一艘美國軍艦從秦皇島撤到了上海，父親後來還回憶起那位友善的美國艦長，他甚至讓出自己的艦長室給我們一家，還派了一名勤務兵服侍我們。

在上海作短暫停留並與家人告別後，一九四七年底，我們一家登上二千九百九噸的「盛京」輪，由上海南下前往香港。這艘船身細長的輪船，有兩根特別高的桅桿，一支煙囪孤零零立在船的中央，顯得有點頭重腳輕，比例失調。她是一九三一年在英國由Scotts' S.B. & Eng.公司建造的，不到一年便因事故沉沒撈起再翻修。英國皇家空軍曾在一九四二年徵用作供應艦，二戰後回歸民用，後轉移到香港並於一九五五年出售，易名「海晏」，一九五九年一月在香港解體。

飽經浮沉與戰火世故的「盛京」輪，在砭骨寒風，雨雪交加中離開黃埔江碼頭，天色晦暗，陰霾密佈。許多年後父親寄來一張他保存的盛京輪啟航前的舊照，在這張方寸之大的黑白照片裡，父親抱著剛滿周歲的我，我還戴著一頂小飛行員帽，傻呼呼地在父親的臂彎裡東張西望，母親披著皮裘大衣牽著姐姐，在別離大陸最後一刻，一家四人立於船舷之側，焉知前路茫茫。

「盛京」輪出吳淞口時濁浪翻滾，船笛嗚咽，母親淚流滿面，父親無語，大上海早已遠去，漸漸地大陸山河也化為天際一線……

許多年後，父母還有我才真正體會到，當時我們一家是何等幸運，能全身而退，早脫苦海，有意無意地逃離了那一場襲捲神州的紅色風暴。只可惜我們之中沒有人意識到這一點，也不懂得珍惜，反過來逆勢而行，去而復返，以致抱撼終生。

一九四七年作者一家離開大陸、搭乘盛京號郵輪前往香港前夕。

第三章　亂世中的桃源

一九四七年，父親獲派任中華民國海關拱北關稽察長，我們的家就安在澳門。我的童年便是在這個二十多平方公里的半島上開始，在澳門度過的幾年，是我人生中一段充滿愛與光明的歲月，在其後幾十年的苦難中，她甚至成為我堅持活下去，重返自由世界的一根精神支柱。

一些與國府關係密切的人士，出於對大陸時局的憂慮，早已預留後路，先行將家眷撤至港澳、台灣與南洋。這些人士及家眷如旋風涌入這座安靜的小城，在那些統治澳門四百餘年的葡人後裔看來，像父親這一類的華人，跟南宋大軍潰退於此留下的後裔本地華人完全不同，也跟二戰時湧入澳門避亂的三十萬大陸難民不同，前者只求在樓底梯角找一處地方栖身，湊合著壘磚為灶熬粥果腹。而四十年代末到澳門的國府人士，雖為離鄉孤雁，驚弓之鳥，還有人迷信蔣先生仍餘半壁河山可守，尚有許多講究，保留一副見過世面的自信，不作漁耕，也不置神香、火柴和爆竹，只到處買房子，開小汽車兜風，夜夜笙歌，揮金如土。

廣東珠海拱北與澳門半島，自明代起設有關卡，中華民國拱北關亦建於此。不過拱北海關是唯一總部設在外國租借屬地上的中國海關，雖然中國境內馬騮洲、石角、前山、吉大與拱北都設有稅卡關閘，但從一八八七年起拱北海關總部就設在澳門風順堂街一號，民國時代才遷到大堂街十號，一九四九年再遷往萬里長城二號。

拱北關的關員在這幢擁有幾十個房間的巨宅裡辦公，我四歲時跟著父親進過萬里長城二號，只記得許多大房間裡傳出「嗒嗒嗒」機關槍似的打字機聲，許多穿旗袍的小姐在打字和辦公，挾著宗卷走過我身旁的男士們卡其布制服筆挺，都客客氣氣朝父親行禮。

海關在萬里長城總部之側，置購有高級關員宿舍，但少數講究享受的高級關員還是喜歡携帶家眷住在高尚住宅區裡，父親在柯高大馬路買下一幢葡式小別墅，門牌是「P#一百零六」號。

一線筆直的柯高馬路，長近千米，路中央植有一列細葉榕，一九〇八年修築此路時栽種，經四十年後樹已長成，榕鬚曳地，綠蔭如蓋，掩映著幢幢精緻如畫，南歐風情的雙層別墅，幽靜高雅，不聞車馬人喧。

一百零六號離「紅街市」不遠，建築風格呈現簡約素淡的葡風，南歐特有的凸出白色窗框，使這幢帶陽臺的平頂樓房的正面很富於立體感，除了鋪敷石米的立柱，小樓灰坭外牆均刷成蘋果綠，襯以黑色的木質門窗，圍以白色透花院牆，很有幾分清爽明快的嫵媚。

一百零六號底層很高，正面兩扇嵌有磨砂玻璃的大門就有兩米多高，進門往右可沿寬闊的檀木樓梯登樓，左邊是飯廳，兩排鑲有鑄鐵窗花的大窗外面是幾株紫荊樹與白蘭花樹，春夏之交花開時節，紫色的叢花濃密得逼入窗來，綠蔭涼人，花香撲鼻。

二樓一色土紅花瓷磚地面，有客廳和三個臥室，父親母親住在臨街帶露臺的那個房間，我和姐姐同住旁邊的房間，另一間能看到後院的房間留給祖父，八舅從香港來了澳門，就住在樓下另一個房間裡。

上一手葡人房東留下的家具已經悉數移去，為了搭配房子的亞熱帶情調，母親換上了一套緬甸藤家具，柔韌光滑的古籐，有著淡黃色發亮的光澤，母親襯以黃綠碎花坐墊，蒙上厘士紗巾，父親還訂購了美國造的自動翻碟留聲機和六膽三波收音機。

父親在澳門柯高馬路安家很花了一番心思，這裡離拱北關閘很近，由家裡出門往北穿過關閘到華界，只有不到兩公里，他每日上下班來回，步行三十分鐘可及。

在海關任職稽查長公餘，父親還同祖父一起籌備了「王氏健身學院」，另外入股了朋友的一間西藥房，他很喜歡澳門，也有了長住的打算。

一九四八年八月五日，父母在柯高馬路一零六號為我舉行了抵達澳門後的第一個生日派對，父親用心愛的德國羅來（Rollei）相機為我拍下第一張帶生日蛋糕的照片。

許多年後，我不能不對父親以及他的攝影愛好心存感激，多虧父親為我們拍了這些照片，留住了一家最幸福快樂的時光。

在我的生日照片裡，從奶油蛋糕上的蠟燭有多少根，可以看到我的成長以及一家生活的變遷。

生日蛋糕上的蠟燭，從兩根到三根再增加到四根，五根，此後就再也沒有見到插著蠟燭的生日蛋糕的照片了。

這些老照片被我珍藏，常常翻出來反覆一看再看，它們不僅助我留住童年記憶，還使我得以睹物思人，回想舊事，努力去搜尋並記住關於父母的點滴印象與澳門生活記憶。

作者在澳門的住家，柯高馬路一百零六號。

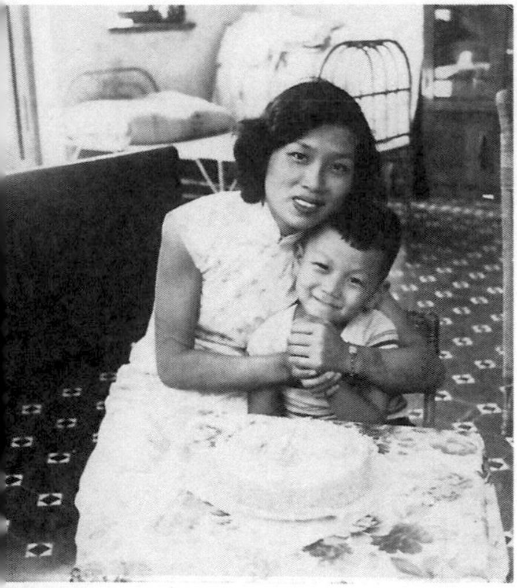

作者與母親在一起過三歲生日。

父母喜歡到海濱散步，葡萄牙人沿海修築了富於地中海情調的白色柵欄，我見到海水的第一個反應，就是迅速除下所有衣物撲入水中。

澳門沙灘上的沙子發黑，在亞熱帶的陽光下閃閃發亮，很多年後我還記得那座高高矗立的庇留士雕像，它有著堅實的灰白色大理石塔座，那尊躍馬橫刀的銅人馬雕塑，在一個中國小男孩眼裡似是高聳在雲端。

南中國海的潮水緩緩漫上來，復又退去，我掌握了下水後不被父母拖回來的訣竅，只要我留在潮水所及之處，他們怕弄濕了鞋襪就只能留在岸上，任我戲水嬉樂。

戲水，是我特別喜歡澳門的原因之一，三面環海的澳門是那麼小，隨便走到任何一個地方都靠近海邊，也總能找到逃脫父母跑下水的機會。在經過一次又一次徒勞的呼叫追逐之後，父母逐漸接受了我這種突如其來的衝動，不再追趕制止，只隨我去，他倆只倚坐在海濱的長椅上，耐心等我玩夠了自已爬上岸來。

跟隨父母去「國華」、「平安」和「域多利」這幾間戲院看美國電影，是童年生活裡一種享受。所謂享受並非「視聽之娛」，而是「口腹之樂」，我只對電影開映後銀幕上出現的那只「米高梅電影」的獅子感興趣，看完了正片之前的迪士尼卡通短片，便蜷縮在座位上，趁著黑暗嚼我的巧克力和太妃糖。待電影結束我喜歡佯裝已經睡著，偎在父親寬闊結實的胸膛上坐黃包車回家，碰上車伕抄近路走橫街，打足氣的膠輪在葡萄牙石砌成的凹凸不平路面上跳跳蹦蹦，能讓我樂得笑出聲來。父親當然是聽到的，也曉得我是裝睡，只不過想坐車而不願意走路回家，但他似乎也樂在其中，只擁我在懷，且愈摟愈緊。

我四歲那年，母親帶我去看《小鹿斑比》，進電影院前在水果攤上買了一袋龍眼，而我乘她跟小販結帳，踮起腳跟從攤上拿走一隻蘋果。母親待電影散場才發現我拿了蘋果而且吃光了它，就教訓了我一番，還拉著我去付錢，但小販已收了攤。次日母親帶我乘黃包車再去，找到了水果攤，向小販說明原委並付錢給他，那小販連聲說太太何必這樣，你平日關照我這麼多生意，區區一個蘋果，就當我送小少爺吃好了。

母親堅決不允，照付了錢。這是我第一次接受做人不能貪婪與盜竊的教育，一生蒙恩受益匪淺。

父親去上班，母親就帶我逛百貨公司和遊公園，最令我雀躍的是在先施公司買玩具，除了美國造的錫兵、西部牛仔用的鑲牛骨的左輪手槍，我還扛回來一管可發射子彈的雙管獵槍，而我四歲生日禮物，是一輛微型勞斯萊斯轎車，售價五百多港元，除了用腳踏動力之外，整車按真車原型比例縮小打造，居然還有一個號碼為「UB424」的車牌。

我踩著這輛淺灰色的奢華玩具車在人行道上跑，招來葡人頑童的嫉妒，攔住我就打，我的身高體重不亞於八、九歲的大孩子，自然奮戰護車，經一番廝鬥，母親抱著一瓶巧克力趕來制止，分派眾孩童每人數顆，那些葡童也不記仇，道謝後當即四散。其時華洋界線分明，即使孩童也不例外，從此各玩各的，我照舊開玩具車上街，葡童只遠遠張望不再來擾。

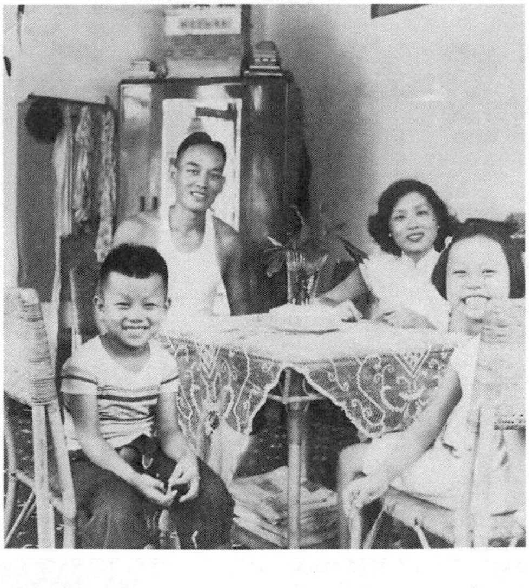

一九四八年作者一家四口在澳門家中。

母親除了在澳門本地公司購物，還從美國購物指南上挑選東西，通過香港和上海郵購。美國西爾斯百貨公司的「指南」很像一本又厚又重的電話簿，用一種極薄的優質紙張印製，除了彩圖，其餘圖文皆為單一淺棕色，十分柔和悅目。書中服裝、家用物品和玩具包羅萬有，裡面的美國男女與兒童模特，個個俊俏甜美，充滿PIN UP畫家阿爾貝托・瓦格斯（Alberto Vargas）的綺麗風格。

葡人在澳門興建許多公園，一來可供休憩散步、奏樂、野餐，二來在園中樹碑立像，以志紀念歷史事件及英雄偉人，這些公園成了母親和我常到之處。

得勝公園非常精緻小巧，園中屹立著一座葡萄牙戰勝荷蘭人的石碑，基座四周都圍以銀色鏈條，很別致地鑲有許多圓環與帶刺的小球，每次我到了碑下總喜歡搖晃銀鏈，用石塊去磨圓球上的尖刺，後來不知何故換上了普通鐵鏈，仍然塗以銀漆，但帶尖刺的小球不見了，顯得很乏味，只能坐上去搖搖解悶，自此拒絕再去，母親也就順從我意，極少往得勝公園去了。

沿盤旋的螺紋小徑小跑登上螺絲山，又是我樂此不疲的活動之一，只苦了穿高跟鞋盛裝打扮的母親，有時她就坐

一九五〇年作者與父母攝於澳門得勝公園。

一九五一年作者與母親攝於澳門盧廉若公園。

在一方綠茵的長椅上看著我上下來回奔跑，小徑在盤旋至終點時變窄，登上一座很高的瞭望臺。除了母親，祖父也常常帶我到這裡來，爺孫倆小跑上山，至今我還保留有一幀他牽著我手在瞭望臺向遠方招手的照片。

即便是出門散步，按母親改不了的上海小姐脾氣，總是要講究一番，一襲旗袍，不同季節用料有別，夏為絲綢，冬為呢絨，都在新馬路一家裁縫老店中量身訂做。

我與母親在盧廉若花園拍過一張照片，母親穿一襲鑲黑色寬邊的淺棕呢子旗袍，披著上海帶來的海虎絨大衣，腳蹬黑天鵝絨半高跟鞋，一頭黑髮燙成扇尾捲髮，緊擁著我，開懷大笑，露出一口潔白皓齒。

這便是我童年記憶中的母親，而且永遠如是。

父親在我這個四歲的男孩眼中，身高雖不及爺爺，卻顯得極為壯碩魁悟，一身肌肉如岩石雕成。我很詫異他沒有繼承爺爺的圓臉，而是長了一副國字臉型，有著拳擊家寬厚堅實的下巴，鼻梁很高，一副「關刀眉」，濃密地橫在炯炯有神的雙目之上。

我們的父子互動，是由他單手將我托舉至近天花板之處，引得我大笑大叫，有時也讓我坐在他那部「客嘉路」單車前面，從炮臺山順坡滑行而下。

澳門的生活節奏緩慢，也很寧謐，一如亞熱帶的陽光，亮堂而教人昏昏欲睡，近乎慵懶。我童年的照片除了在家中所攝，其餘皆在公園郊野拍得，幾乎每天都漫步大小公園和海濱，出入園林多見花鳥，海風輕吹，陽光拂照，於一顆童心裡孕育許多對自然的鍾情熱愛，父母如膠似漆的恩愛，待人處世的善良熱誠，對我的性情人格的成長，產生了畢生的深切影響。

我自幼敏感，記憶力強，對新鮮事物充滿興趣好奇，經常有許多活色生香的感覺充滿內心。我獨處時，大人會以為我在發呆，其實我正在幻想，有時甚至是在思考，那時沒有人會相信一個四、五歲男孩能感受與思考，也不知道我正在運用兒童特有的豐富想像力，成人世界在我眼中自有不同的風貌。

一九四八年，水上飛機「澳門小姐號」出現在澳門外海碼頭，立即轟動整座小城。我跟著父母還有姐姐也去欣賞飛機，這架雙引擎的水陸兩用客機造型很特別，雙翼伸展之下的機身，兩側都裝有半圓形的透明玻璃窗，猶如一隻巨目凸出的大蜻蜓飄浮於青山綠水之中。

母親決定帶姐姐坐水上飛機去香港旅行，由澳門到香港往返機票每位七十五港幣，當時香港的「吋吡大賽」一張馬票售價兩元港幣，眾市民也要集資合買，可知花七十五港幣乘搭水上飛機是非常奢侈的。

坐得起水上飛機的除了澳門的名流商賈，還有走私黃金的梟雄。只可惜母親興致大發乘「澳門小姐」去香港購物，帶上飛機的是姐姐而不是我。

不過，母親和姐姐也僅有這一次機會乘坐水上飛機，不久「澳門小姐號」便在一次飛往香港途中墜毀，機上二十七人除一名叫黃裕的乘客生還之外全部罹難。由於在飛機殘骸中發現槍擊痕跡，乘客中除三名華人屍首無家屬認領外，其餘皆已證實為非富即貴的上流人士。警方遂從唯一的生還者黃裕身上突破，設計誘其供出真相，並查出他的同夥還有趙一明、趙昌、趙才另外三名劫機匪徒，劫機目的是搶掠機上乘客攜帶之財物包括珠寶黃金，「澳門小姐號」被騎劫事件因此

作者與穿海關制服的父親合影。

成為全球首宗商用客機劫機案。

劫機事件雖然在母親搭機往港數月後才發生，但母親也受到驚嚇，待到外婆在滬辭世，母親堅持乘搭客輪由海路返滬奔喪。

母親遊香港時受朋友慫恿買了一張「吋吡大賽馬」（Hong Kong Derby）馬票，正是這張她一生中所買的唯一馬票，讓她中了價值九千多港幣的大獎。

在一九四八年，九千多港幣是一筆巨款，足夠將澳門最豪華的酒樓連同房產一起買下來。我這位「享樂主義者」的母親遂開始她為期一週的瘋狂購物之旅，回到澳門時，母親呼召友人駕車到外海碼頭接機，車到家門口一打開車門，我可憐的姐姐幾乎是從塞滿衣物玩具及禮物的座位上彈出來的。

母親像外祖母一樣花錢如流水，但都花在家人身上，也不吝贈送施與和關心，在自己擁有的時候總是想到別人，對親友無一遺漏分派禮物，包括支持我的八舅上大學念書，對家境清寒遭遇變故的朋友給予幫助，她的慷慨，與她財富與同情心是成正比的。

父親在海關裡一位同事吳先生，從上海娶回來一位漂亮的舞女，為他生下四個孩子。吳先生不改嗜賭好嫖本性，酒醉回家每每對妻子施暴。吳太太經常皮肉瘀傷、鼻青眼腫，花容失色地來找母親哭訴。吳先生因為溺於酒色患肺癆英年早逝，遺下寡妻幼兒生活無著，而吳太太又堅決不肯再嫁，一家五口生計無著。母親便帶我送食品衣物去她家，食物中除了大米麵粉，還包括美國克寧奶粉和童服、玩具，統統堆在黃包車上，就像一輛盛載禮物的耶誕雪橇。類似的接濟幾乎是定期每星期一次，如是兩三年，救活了吳太一家，四個孩子也養大了，母親亦多了一位畢生知已好友。

許多年後輪到我們一家在大陸蒙難，正是這位念舊又重情義的吳太太，從香港不斷郵寄糧食衣物給予救助，令我們一家免於饑饉餓死。所謂行善積德，澤被後人，實至理也。

在往吳家送禮的路上，母親諄諄教誨我必須尊重拉車的車伕，他們出賣苦力養育妻兒，很不容易。坐在軟座上眼見車伕瘦削的後背為淋漓汗水所濕，每逢他拉車上斜坡，我在車上便將身子用力向前拱，想幫忙讓車走快一點。車伕不堪我在座位上動來動去，哀求我坐好別動，既不能動，我就拒絕再坐，要下車步行，這麼一鬧，母親只好自己也下車扶著車子步行。

付錢雇了黃包車不坐，反而隨車步行，引起路人竊笑，車伕也惶恐得很，深恐被車行東主所見，不再將車租與自己，又苦求母親帶我坐上車。這可能是我懂事以來首度接觸人間悲苦，為養活自己與家庭，一個男人要拉著兩輪洋車風裡來雨裡去，而我的一件玩具往往可能抵他全家的一個月伙食費。

母親每次都多付給車伕一些車資，她和海關太太們在「夜花園餐廳」每週總有三兩次聚餐，每每商討籌款慈善拍賣救濟孤兒病童，我都是目睹的，雖似懂非懂，但對我日後學會如何同情與善待他人卻影響殊深。

祖父一九四九年末來到澳門，當時在香港的八舅摩西也接踵而至。祖父與南京衛戍司令楊虎中將素有交情，遂向其夫人田淑君商借澳門楊府花園開辦「王氏健身學院」，自任院長兼指導，聘請八舅擔任助理指導。英俊的摩西舅舅濃髮微鬈，眼窩很深，面相極似歐洲人，他得我母親資助就讀聖約翰大學，籃球打得很好，被澳門粵海學院延聘出任該校體育室主任及籃球指導。

我經常隨爺爺和八舅至健身院玩耍，白色圍墻內的楊府，是一座漆成淺黃色的巨宅，前身乃一位顯赫的葡萄牙貴族之私邸，楊夫人深居簡出，很少見到她的芳蹤。楊府花園佔地很廣，有花匠數名專職打理，四時花卉交遞開放，園中頗多大樹，濃蔭蔽日，澳門天氣燠熱，在寬敞的涼亭內健身，還可享受習習涼風，極愜意舒適。

祖父在澳門，組建了一支「黃蜂」籃球隊，一律著黃色背心球衣，還為我做了一件小球衣。「黃蜂」隊隊員多來自北方，身材高大，體質強健，球技嫻熟，又得前籃球國手的祖父指導有方，故在港澳與許多球隊交手，都是勝多負少，因為是外地人球隊，也受到本地球證的欺負，常常故意作出不利「黃蜂」隊的誤判。

廣東香山縣因雨成災，爺爺曾率「黃蜂」隊到石岐義賽賑災，與內地交手屢戰屢勝。因「黃蜂」隊聲名遠揚，與祖父相熟的澳門富紳何賢，曾提出洽購「黃蜂」，後因大陸局勢驟變沒有了下文。

大陸朝野精英，各界學商文化體育人士紛紛避禍南下，澳門的外地人越來越多，來「王氏健身學院」報名者日眾。這些逃離家園故土的學員，來到林木幽深的楊府花園裡健身，難免同祖父道說家鄉往事近況，彼此都有他鄉遇故知的感覺，有的更由師徒成為摯友。祖父聽這些人提起大陸生變之種種不可思議怪像，萬般牽掛煤渣胡同的妻兒，頻頻去信勸慰家人。

北京城破，解放軍進城後，按照中共各單位「對口」接收的規定，由公安部門派人占據了王家大院，我的二叔在混亂中失蹤，從此與親人失去任何聯繫，有人說他流浪關外隱居務

為躲避內戰戰火而有越來越多人來報名王氏健身學院
（圖為作者在學院門口，攝於一九五二年。）

農，更有人說他去了台灣，但我們家裡無人再見到過二叔。祖母帶著我三叔還有十四歲的菊生姑姑被掃地出門，一度露宿街頭，後得獲祖父一位學生見憐，暫借住在他家的柴房裡，到市集上撿爛菜幫子度日為生。

京城裡開展肅清反鎮壓反革命運動，日日處決犯人，祖母心驚膽顫，便去派出所找片警主動「坦白」，還把祖父留在家中的古玩字畫和自行車一並帶去上交，一個不識字的家庭婦女，生平第一次見共產黨官員，見了官已經慌亂失措，言語中提及收到丈夫海外來信，但是又說自己把信燒了，越想說清楚，越說不清楚，因無證據可核對，反引起公安部門懷疑她有所隱瞞，更對她嚴加監視管控。

京城煤渣胡同裡王家發生的變故，沒有人敢寫信告訴在澳門的祖父。雖然南下的徒弟們眾口一詞提到血腥恐怖，但祖父在柯高大馬路一百零六號的飯桌上，仍然向父親強調，他本人與王家上下從未幹過一件傷天害理的事，不管哪一個皇帝坐了朝廷，總得賞罰分明，讓老百姓安安穩穩過日子不是？

小小澳門仿佛與世無爭，平靜生活周而復始，每日就寢前，我要到祖父房裡請安，其他傳統的老規矩能免則免，請安也是有名無實，故作嚴肅的祖父最多只能堅持不到三分鐘，便忍不住笑伸開雙臂擁我入懷，任我把玩他的鐵核桃。我穿著鞋襪就被抱到床上，著我躺在他身邊，很多個晚上我都是在祖父懷中睡著的。不過醒來總是在自己的床上，也不知道是誰把我放回去的。

父親經常離家，我就把祖父當作心目中偶像，摹仿這個高大的男人的動作和姿勢，甚至說話的聲調，雖然才四、五歲，我立志要長得比他更高更壯。許多年後我果然做到了，但遺憾的是祖父已經見不到他心愛的孫兒了

見過祖父的親友包括我父母，都說我極像祖父，體型、動作、性格，還有對藝術和體育的執著愛好，甚至對美好精緻事物的興趣都一模一樣。在短短數年的共處中，他能給我一生留下這多印記，永不

磨滅，端賴其時我一顆童心對他的無限敬佩仰慕。

父親每天出門去海關緝私站當班之前，必用英國「巴素」擦銅水將制服上銅鈕扣逐粒擦亮，制服筆挺，皮鞋瑆亮，腰挎手槍，這是他工作的必備用器，緝私隊工作須晝伏夜出，駕駛快艇或吉普車，水陸追截搜捕走私販子，遇到反抗，就要拔槍駁火了。

一九四九年十一月五日這天一早，父親和平日一樣整整齊齊去上班，到了關閘卻發現已被封鎖關閉，拱北海關就在這一天由解放軍石岐軍管會正式接管。

早在三個月前，已經撤至台灣的拱北關總稅務司李度鑒於情勢危急，頻頻致電仍在澳門的葡人稅務司瑚珮，敦促其立即變賣拱北關財產，遣散海關人員。由於副稅務司王作民是一名中共潛伏特工，早有預謀從中作梗，諸多阻撓拖延，致使稅務司瑚珮無法執行命令，四百餘人的拱北關及全部資產幾乎原封不動保留了下來。

十一月四日，稅務司瑚珮、常務稅務司巴士度、副稅務司王作民從澳門總部乘車往炮臺山拱北關陸路緝私總站，携帶花名冊、房屋車船等財產登記清冊、財務資金收支結存帳冊向中共代表鮑康堯等辦理移交。

其後珮瑚離開了拱北關設在澳門的稅務司總署，行前向台灣發去電報宣布：「我已交班，交給了中共的鮑康堯。」

僅有一百四十四名關警及低級關員接受整編，在荷槍實彈的解放軍森嚴警戒下，關警們交繳槍械，除下青天白日帽徽，隨即換上紅五星帽徽，其餘近三百名中高級海關職員包括我父親，都停留在香港與澳門兩地沒有一人回歸。

中共代表鮑康堯在接管拱北關之後被委任為軍事特派員，鮑康堯與我父親同齡，廣東珠海人，一九三七年自中山紀念中學畢業後留校任教物理，其時他已成為中共地下特工，又是中共五區負責人。此人經常往來華界與澳門搜集情報，年紀輕輕但老謀深算，在拱北海關獨攬生殺大權，也是日後誘捕我父親、祖父的主要策劃者。

拱北海關被接管了，留在澳門未歸的海關人員包括父親，即時丟掉了工作，其他同事早就利用職權謀私，在東南亞或葡屬殖民地置業投資，留了不只一條後路，唯獨父親盡忠職守從不受賄，兩袖清風，積蓄無多，僅靠在西藥房股份及健身院收益，在澳門生活實難以為繼。

當時只有一個選擇，利用祖父的人際關係前往台灣，但母親堅決不從，她始終覺得大陸才是自己真正的家，又思念那裡的親人，她的大哥孫耀華在廣州出任中共中南局貿易部長，二姐孫愛德也公開了自已地下黨的身分，不斷來信勸告母親盡快回歸新社會，報效新中國。

我幾位舅舅姨媽描繪的新社會，充滿朝氣勃勃新氣象，光明，快樂與幸福，母親受到很大的感染。給母親最大觸動的是她的七哥孫佑國，他一九四八年奉命從上海將中華民國兩大航空公司的數十架飛機轉移到香港，在待命撤往台灣之夕，追隨劉敬宜、陳卓林等人，在一九四九年十一月駕駛十二架飛機返回大陸，受到周恩來接見，這便是轟動一時的「兩航起義」事件。

七哥「起義」投奔大陸受到英雄凱旋的歡迎，堅定了母親返回大陸的決心。但祖父從各方渠道得來的消息恰恰相反，它們令人膽顫心驚，許多甫始登岸的逃亡者現身說法，心有餘悸地含淚哭訴，描繪在大陸正在發生一齣令人不寒而慄的慘劇。

父親提議暫時不回大陸，待觀望之後再另圖計，儘管祖父支持父親的提議，但母親不為所動，她決定了就一定要馬上做到的執著性格，強勢主導的作風，很快就擊潰家庭中另一種不同聲音，輕而易舉地粉碎了父親軟弱的異議和反抗，祖父為母親不知輕重的固執痛心萬分，母親與祖父爆發了一場激烈的爭

吵，一家人之間去向何從的討論，逐漸演變成不可調和的衝突，

吵完這場大架，父親心裡明白如果再不走將永無寧日，遂通過渠道試探拱北海關軍管會那邊的態度如何，他很快就得到鮑康堯既溫和又大度的親自回覆：「歡迎你！早作安排，盡快回來，保證原職原薪錄用。」

「在澳門過了聖誕節再回去吧，嘉瑞愛吃巧克力，就讓孩子再吃多一點再走吧。」爺爺的提議總算被歸心似箭的母親接納了。

一九五一年十二月二十四日，柯高馬路一百零六號的客廳裡，百貨公司像往年一樣派人上門布置了一株閃著彩燈掛滿巧克力裝飾的聖誕樹。我在一樹華麗之前，興致勃勃摘食巧克力做的聖誕飾物，沒有任何人像往年那樣來勸阻我「不要吃太多糖，壞牙！」我越吃越放肆，姐姐見狀也來搶食，好好一株聖誕樹，在平安夜裡就被我倆澈底毀了。

母親只告訴我回到大陸後甚麼都會有，而且比澳門更多更好，祖父則與我寸步不離，不時伸手來抱抱我。

姐姐的葡文家庭教師也來道別，送了一套梳子作為禮物，其中一把沉重的木梳，後來成為回大陸後母親心情欠佳時，用來懲治我們的「家法」。

母親打開了電唱機，冰可羅比（Bing Crosby）的「In the Cool，Cool，Cool of the Evening」歌聲，在柯高馬路一百零六號飄揚迴響，父親沒有像往常那樣，擁著母親載歌載舞，也沒有維妙維肖地摹仿冰可羅比的男中音唱上兩句，只是默默坐在床沿上擺弄自己心愛的海關制服，他仔細對齊嗶嘰長褲筆直的折痕慢慢疊好，將一套套冬裝夏裝放入篋底，「呯」地一聲合上了箱蓋。

吳太太帶著大河二河來了，母親將一些帶不走的玩具和衣服送她。大河咧著嘴傻笑，露出幾顆發黑

的蛙牙，我跟住常一樣把手伸進他嘴巴裡去掰弄，這個溫順的小玩伴乖乖張大嘴巴任我魚肉，就在這時候，吳太太突然抱著母親失聲痛哭，我把手指從大河嘴巴裡抽了出來，忽然也想要哭一場。

聖誕一過，父親就先行進入華界到拱北關報到，出澳門關閘之前，送行的海關同事們對他說：「老王，你可是大家之中唯一回大陸的呀！」父親走了，他沒有再回澳門，聽說被送去了參加學習與石岐開會，母親帶著我和姐姐收拾好行裝，乘船離開澳門去石岐與他會合。

許多年後，我依然記得那個漆黑的晚上，咕哩（苦力）把我們的行李和家具扛上船後，有個水手過來抱起我走上搖搖晃晃的跳板，一股濃烈而難聞的煤烟味撲面而來，熱氣夾雜著煤塵打在我的臉上，熙嚷人聲裡混合著「叮噹」船鐘，晚風吹來岸上送行親友的大呼小叫，我雖然又倦又睏，仍然在昏暗夜色中極力尋找祖父，夜色中他就站在碼頭，高大強壯，堅定如磐，沒有言語，也不揮手，只如一尊石像紋絲不動地站立，凝望著這艘載走我們的船。船舷噴出一團濃密的蒸氣遮沒了碼頭，白烟散盡之後，夜的黑暗裡，再也看不見親愛的祖父，他消失了，我從此沒有再見到他。

此刻我大聲哭喊呼叫，發狂地踢打撕咬，鬧著要回柯高大馬路，但渡船已經離岸，鐵殼船身因引擎全速運轉劇烈震顫著破浪北去，直到氹仔的點點漁火也消失在無邊的暗夜裡，我們一家就此永遠離開了澳門。

和五年前冒著風浪離開上海一樣，在這樣一個漆黑的夜晚，我們又返回了大陸。

返回大陸前的父母，誰也不知道在前頭等著的是什麼（一九五一年攝於澳門。）

第四章　邊境的誘捕

中國廣東珠海拱北與澳門半島相連之處，有一條細窄而長的石道縱貫沼澤與海灘之間，此乃西江之水挾帶泥沙出海衝積而成，因為整個澳門半島地形呈蓮花狀，這條四百七十米的石道便被形象地稱為「蓮花莖」。

明萬曆年間，朝廷曾在石道中段，築起一座三層飛簷翠瓦的城樓，史稱「莖半設閘」。三百年後城樓一度遭葡人所毀，華洋地界雖然隨歷史推移多次變更，但短狹的蓮花莖約定俗成變為華洋之間無人地帶，兩地民眾一向自由往返，相安無事。

一九四九年十一月四日，拱北關陸路邊境緝私總站破舊的屋頂上，出現了一面取代青天白日的旗幟，它顯得殘破而且很小，卻是紅色的，上面還有五顆黃色的五角星，這面旗幟剛剛陸續插遍九百六十萬平方公里的中國大陸，也插到了與澳門唯一接壤的蓮花莖北端。原先自由進出的蓮花莖旋即遭到軍事封鎖，中方只准持軍管會簽發的通行證者出境，葡方則仍然如常准許自由出入，但南下者極少，北返者又寥寥，「蓮花莖」就變成了真正的無人地帶。

年輕的教師鮑康堯以共產黨特派員身分接管拱北關次年，改任調查科長，他負有另一項特殊任務，就是全面清查前海關內部人員。國民政府海關系統蒐集了受過嚴格訓練的華洋精英，軍統局又曾在海關派駐專人查緝叛黨敵特奸細，海關遂被認定為敵情嚴峻藏污納垢之地，鮑代表必須遵照上級指示，把隱藏在海關內部的「階級敵人」一個一個地挖出來。

在他辦公桌的抽匣裡，擺著一份詳盡的清洗名單，那是他用多年功夫鍥而不捨織成的一張網捕捉來的獵物。每一個名字後面，都附有家人資料，也有此人說過的話和做過的事，由地下組織安插在海關裡的「同志」仔細地一筆一筆記下來，這些「地下黨同志」包括從副稅務司至關警。當年在海關門口站崗的一位姓李的關警，他每見我父親都立正敬禮，數年後父親在廣州外貿局屬下一間公司工作，有一次全體幹部集中聽政治報告，才發現台上口若懸河，偉論滔滔的局長大人，正是這個當年畢恭畢敬向自己行禮的小關警。

石岐軍事管制委員會頒佈了《接管拱北關十四條》，並且廣而告之，大肆宣揚，其中第八條明文規定「拱北關一切人員量才錄用，原職原薪照常工作」，但是清洗名單裡那些舊海關高級職員卻不為所動，齊齊留在澳門不歸，無一人回來。

鮑康堯只能張大網口耐心守候，等等看有哪一件獵物冒失地自投羅網。

一九五一年底，我的父親，前拱北關稽查長，在清洗名單「榜上有名」的王熹，帶著家眷從澳門回到拱北報到接受整編。他是第一位從澳門回來的高級關員，此一消息令年輕而有鋼鐵意志冷峻性格的調查科長十分振奮。

從科長辦公室的玻璃窗後面，鮑康堯時常冷冷地盯著回來上班的父親，暗中對他實行「布控」，掌握他在前山安頓妻小的情況，以及上下班的一舉一動。

「回來之後一切還好嗎？」鮑科長和氣地問道，這次談話選在父親回歸後未足一月的一個星期五下午進行，初春的陽光灑滿一地，放在桌面的熱茶冒著白氣，玻璃瓶裡養著一束後山採擷的野花，黃藍二色，間中點綴著些許白花，給整潔的辦公室帶來一絲小布爾喬亞情調。

「很好！很好！」父親自是惶恐地有問必答，他偷看了一下手錶，時間是四點剛過，母親早上與他吻別時，說過要做一道剛學會的燒釀鯪魚。

扯了些關稅和家常之後，鮑科長直入正題：「別人都不回來，有多遠跑多遠，為甚麼只有你從澳門回來？」

「我只是想繼續在海關做事，掙錢養家。」

「要做海關可以去臺灣呀，你們的總稅務司李度已經在那邊了，為甚麼不去找他呢？再大一點的官你是肯定當得上的。」鮑科長表示不理解。

「我和太太還是愛國的，所以回來服務新社會。」

鮑科長聞言，白淨的臉孔上堆滿嘲諷而詭秘的笑容，父親見狀也不好意思地笑了起來，覺得「愛國」、「新社會」這些新名詞從自己嘴巴裡講出來有點別扭。他不時轉動自己的脖子，那身從廣州軍區後勤領來的舊軍裝很不合身，領口為了耐磨又加縫了美國麵粉袋取下的布條，很是粗糙。

「既然愛國，那你在山海關時，怎麼沒聽朱穆之黨代表的勸說，去延安參加革命呢？」鮑科長仍然堆著笑，只是目光如炬地逼視著父親。

父親心頭一陣震顫：「那只不過是當年一次很普通的交談而已，朱穆之對大家說跟誰走都可以，任憑個人抉擇，而且來去自由，你們如何記到了今天呢？」

「你一路由北往南使勁跑，都跑出去了，怎麼又折返回來了呢？」鮑科長繼續逼問。

「那不是人民政府號召大家回歸的嗎？」

「讓你回來就回來？你就這麼聽人民政府的話？該不是另有任務吧？」

父親嘗試解釋事情原委，個人難處與家小牽累，但所有能找到的理由都在鮑康堯鋼鐵一般堅硬的邏輯面前被粉碎了。

他急得端起茶杯就喝，茶已冰涼，凍澈肺腑。

鮑科長的話裡，只給父親留下最後一線希望，就是立即讓留在澳門的祖父回來交代問題，這樣的話，他還有可能脫身。至於交代甚麼問題，父親不知道，科長也沒有明示。

昏暗的暮色漫進屋內，壁上「坦白從寬，抗拒從嚴」八個大字開始漸顯模糊，墨寫的大字上方，高懸著的史達林和毛澤東的肖像，卻還鬚眉可辨，且露著澤被眾生、造福萬民的偉人招牌式的慈愛笑容。

「老王，今晚你得留在這裡了！」鮑康堯似乎很過意不去地宣布拘禁他，一聲「來人呀！」兩個早就守在門外的警衛員進來押走不知所措的父親。

把有「美男子」之稱的父親關進海關臨時監牢後，鮑康堯靜候下一件獵物送上門來，不出他的預料，第二天一早，我母親就領著姐姐和我到海關找丈夫來也。

萬分驚惶的母親見到了與自己丈夫同庚的鮑康堯，受到禮貌周到茶水招待，聽說丈夫已經被關押，立刻嚎啕大哭，九歲的姐姐和六歲的我也跟著哭了起來。戴眼鏡的鮑康堯斯文白淨，儘管一身軍裝，依然像一位和氣盡職的中學教員，面對淚如雨注的母親，哭鬧著找爸爸的我們，鮑科長細聲耐心地解釋，類似拘押只是對王先生的例行審查，海關方面知道王先生先生是個老好人，盡忠職守，精通業務，他本身沒多大問題，如果他的父親能夠回來一趟說清楚自己的問題，他們會馬上釋放王先生。

母親很犯愁，當初為回大陸的事跟我祖父鬧僵了，他要不肯回來可怎麼辦？鮑特派員脫下軍帽搔首苦思，他居然為了讓我父親早日重獲自由也長吁短嘆起來，他對我母親說自己很樂意幫忙，不過要解救牢裡的小王，還是要澳門的老王本人回來大陸走一趟。

鮑科長說著說著，竟然變得激動，忿忿為我父親打抱不平起來：「我沒有見過做父親這麼狠心的，眼看兒子坐牢也不回來把問題說清楚吧？」他似乎完全忘了正是他親自下令抓人的。

他友好地頻頻撫摸著我的一頭濃髮，說起自已也有兩個孩子，大的也是兒子，三言兩語，很快就從少不更事又心慌意亂的母親口中，探知我這個王家長子嫡孫，是祖父的心肝寶貝。出於特別的關心和同情，鮑科長悄聲建議母親不妨寫封家書給家翁報個平安，就說全家在大陸一切都好，免得老人家在澳門擔憂，也可以打消他回來的顧慮。

母親抽泣著用鮑康堯好意相借的派克金筆寫信，科長一邊逗我玩，一邊提醒母親別忘了寫上孫兒特別想見爺爺，以致都生出病來了，當然撒一個善意的謊，讓老人家回來，也是為了讓家人早日團圓。何況人民政府也不想難為老人家，只要說清楚問題，你們一家還是可以回澳門的嘛。

家書修畢，鮑科長立即著人送去澳門，一邊好言相勸母親帶我們回家靜候佳音。我們離開拱北關時，漂亮苗條的母親和我與姐姐，引起解放軍好奇的目光，一些父親的下屬也遠遠地跟母親交換眼色打招呼，他們的臉色鐵青，表情非常凝重。

許多年後，母親每提起鮑康堯此人，回憶起這次會面，仍心有餘悸，面露懼色，有不寒而慄之感。不過她又覺得此人雖鐵石心腸，卻還通情達理，經過幾十年煉獄之苦，母親一直不願意接受這個事實，自已無辜的丈夫以及家翁，是為這個看上去斯文白淨、通情達理的年輕人所害。

鮑康堯讓母親寫這封家書，除了以祖孫情深拉住祖父不要逃往台灣，還另有深意，字面上雖然寫著一家平安，其實是暗示祖父別忘了自己的兒子已成人質。鮑康堯很清楚祖父在澳門應該已經知道兒子出了事，只要收到兒媳這封信，即便明知有危險他也一定會自投羅網。

祖父在澳門收到來信後，果然如鮑康堯所料執意來歸。

一九五二年一個夏日的早晨，蓮花莖中段擺著一溜拒馬，兩邊分別佇立著解放軍和葡兵，雙方都保持戒備，彼此目光卻避免對接。拒馬以北兩百米開外的拱北海關，一幢已現殘缺老舊的鐵皮磚屋裡面，斯文白淨的鮑康堯，向從省城警備司令部調來的擒拿高手布置一項誘捕行動，這些高手昨夜剛用美式十輪大卡急急運到，一眾風塵僕僕，綁腿未解，別在腰間帶紅穗的「盒子炮」也沒除下，此刻正邊啃著窩窩頭，邊聽敵情分析。

黑板上用圖釘固定著一張已變微黃的黑白照片，照片裡的男人就是祖父。

鮑康堯像潛伏時期當老師講課時一樣，用手裡的鉛筆戳著照片介紹王瑞生的情況，強調此人有重大敵特嫌疑，五十五歲，今天任務是抓活的。鮑康堯提醒各位高手千萬注意，王瑞生力氣很大，練武多年，會幾種拳術和西洋拳。他主張根據王身材高大的特點，先把人困住，再從背後用細麻繩勒他，解除他反抗的力度。

高手們魚貫而出，被集中起來的關警剛剛經過整編，舊制服上青天白日佩章的痕跡猶在，都狐疑地打量這一隊陌生的軍人，他們早已發現關卡全部戒嚴，預感要出大事。

一位燙波紋鬈髮的漂亮少婦牽著一個男孩，由鮑康堯陪著走到了海關磚屋的前面，面向著通往澳門的蓮花莖。

母親穿著上海裁縫手工縫制的旗袍，淺藍碎花真絲料子，非常貼身地裹住她苗條頎長的身軀，在四周清一色泥黃色軍裝之中，非常引人注目。

我充滿興趣注視穿黃衣的軍人在牆角門邊，緝私吉普車後面一一藏匿起來，仰起臉想問母親這是否一次捉迷藏，只感覺到母親平時溫軟的手此刻變得冰涼僵硬，我的手被她握得生疼，卻又掙脫不了，只好不情願地留在原地不動。

那天早晨澳門半島天氣晴朗，葡萄牙人正在舉行女子慈善長跑，一群著白衣白褲的洋婦邁開修長的兩腿，從柯高大馬路密密的綠蔭下跑過，一陣雜沓足音，擾亂了一百零六號客廳裡的寧靜。祖父起床後沐浴完畢，便開始享用他的「一杯四片兩蛋」早餐：鮮橘汁一大杯，四片牛油吐司外加兩個全熟荷包蛋。

他到各個房間裡，用白布仔細蓋好所有床鋪家具，就離開了柯高大馬路的家，一位學生駕車來接他，馬力強大的「奧斯汀」起動後，沿著筆直的柯高馬路飛馳，只用幾分鐘就到了澳門關閘付近。

站在蓮花莖南端，可以清晰地望見守閘士兵手中槍刺的閃光，祖父的右邊是一片並不寬闊的紅泥旱地，沒有樹木，只長著沒膝的雜草，再往外就是無涯的南海碧波了，左邊是水鳥出沒的沼澤以及灌木林覆蓋的蓮花山。

一幫送行的人個個萬分擔心，王氏健身院學員們和摯友都來死諫苦勸，祖父走一趟龍潭虎穴的主意已決。也有人嘗試作最後的勸阻，一位老海關緊拉著祖父的胳膊：「令郎及家人回了那邊就下落不明，尊夫人帶著家人在京城也沒有音訊，就剩下你一人還是自由身，你要再有個三長兩短，那你們王家可就全搭進去了。」剛從廣州逃過來的青年會馮幹事也擠過來再勸：「王指導，要不再觀望一下，弄明白了狀況才回去？那邊正在抓人和殺人呀。」祖父只是笑著答謝諸人，邊走邊表白：「我去去就回，一定把他們一家也帶回來。」眾人見他主意已決也就不再挽留，只交頭接耳，絮絮叨叨表示惋惜。

紅日當空，海風勁吹，蓮花莖拱北關閘這一邊，四周荒草偃伏，風聲簫簫。母親拉著我站在拱北關閘檢查站的屋檐下，旁邊立著神情嚴峻的鮑康堯。

祖父遠遠見到我和母親，揚起手打招呼，邁著他慣有的大步向拱北方向走來，他和我們只有不過幾百步的距離，澳門這邊送行的朋友都很緊張，在他身後不停呼喚：「王指導，小心點！」「不對勁就趕緊往回跑！」祖父似乎一心赴難，連頭都沒有回。

離拒馬越來越近，決定祖父畢生命運的一步，馬上就要邁出了！

拱北關這邊的母親只緊緊拉住我，紋絲不動地僵立在原地。拱北關全部戒嚴，一片肅殺之氣，只聞海風發出的嘆息，多名荷槍實彈的「高手」嚴密布置就位，就等祖父過來，他們接到的最新命令是：遇有反抗必先制伏或誅殺之。

祖父越過分界線的拒馬後，便加快腳步向我和母親走過來，離我們很近很近了，我甚至清晰地看見了他手上的紅寶石戒指，祖父興奮地用地道京腔喊著我：「小子喲！」話音未落，拒馬在他身後迅速關閉，「高手」們從藏身處猛撲出來，祖父聞聲迅即本能地握拳防備，繃緊全身肌肉，目光如電四射，欲放倒任何來襲之人，大概是惟恐傷及兒媳孫子，又念及在押的兒子，祖父很快就鬆開雙拳，放軟身子束手就擒。

儘管祖父沒有作任何抵抗，一個大漢仍然從他背後撲上來，用細麻繩結成的絞索套住祖父的脖子，大漢一足著地，另一足蹬住他背心，成弓箭步，一邊傾盡全身力氣收緊絞索，祖父即時呼吸困難，臉色醬紫，喘不過氣來，此刻眾人一擁而上，分別抓胳膊抱大腿箍腰，祖父高大的身軀上吊滿了六、七個「嗷嗷」狂叫助威的解放軍，卻仍然穩穩站立著，始終沒有倒下，在場所有的人愕然失色，母親哭了，我亦放聲大哭。

澳門那邊的親友見狀齊聲驚叫起來，葡軍也連忙子彈上膛戒備，但事出於拒馬那邊的華界，各人也只得遠遠喊罵，眼睜睜目睹祖父被五花大綁拿下了。

經過淚流滿面的母親身邊時，被細麻繩勒得臉色發紫的祖父，斷斷續續擠出一句話來：「世德，你錯了！」語畢深情地望了我一眼，就被推搡著進牢房去了。

父親坐牢數月，對外面發生之事一無所知，只接受過鮑康堯幾次盤問，然後就一直被關著，也不見有人來傳訊。這座用來關押走私販子和違紀關警的古老磚瓦房，早於清代已修建，為節省用鐵，除了向外的窄窗安裝鐵枝，牢房內用大木樁作柵欄分隔成兩邊，囚徒們可以對望。守衛在中間的走道上一站，就可以看到兩邊東歪西倒的犯人。

父親在拱北關幹緝私隊這幾年，不知把多少走私販子關進這幢破舊的牢房，如今自己不明不白被囚禁於此，只教他百感交集，不停地嘆氣。

這一天，他也聽到了外面的騷動，幾個負責看守的大兵，沒有像往常那樣從木樁外面窺伺牢房，而是統統提著槍跑了出去，一邊用濃重的陝北腔大呼小叫：「抓到一個文化人啦！」

父親猜忖也許是又有舊海關同事從澳門回來，重蹈自己自投羅網的覆轍，待一陣雜沓沉重腳步傳來，他與那被捕的「文化人」的四目交接，才如遭雷擊一般認出那人居然是自己的父親。

父親在那熟悉的眼神裡，看出昔日的威嚴被無限的愛意取代，沒有一絲驚惶，只充滿無言的安慰：「孩子，沒事的，別害怕！」

父親因為還太年輕，才三十五歲，沒有看出父子同監意味著甚麼。他也沒有理由懷疑和氣可親的鮑康堯，他倆不僅同庚，父親還曾經在鮑康堯要求下，用英文跟他對話，陪他練習口語。在與外界澈底隔離的這段時間裡，父親已經懷著懺悔般的真誠，把自已從記事起的人生經歷，還有祖父告訴過他的全部東西，事無巨細，一一寫出來交給了鮑康堯。

既然父子都沒幹過一件傷天害理的壞事，統統寫出來又何妨？

父親只記著鮑科長語氣誠懇的勸導，人民政府是實事求是的，新社會新作風，只要願意接受改造，出路是會有的，也一定可以與家小團聚的。

今見自己父親也現身牢房，震驚與難過之餘，往好處一想，覺得這樣一來，可以讓大家早點把問題講清楚，也就可以快些回家了，父親反而很有了幾份安慰。

天色漸暗，蓮花莖那條土紅色小路漸漸變得模糊，經歷過一場抓捕行動的拱北關恢復了平靜，接受整編後的舊關員早就下班回家去，他們見證了父親和祖父的事，沒有人作任何表示，即使有甚麼想法，也都統統乖巧地藏在心底了。

解放軍士兵把守著關閘要道，崗樓上哨兵不時警惕地打開探照燈照射蓮花莖，隨著來去飄忽的夜風，一地荒草偃伏復又立起，猶如一群士兵依照口令在重複起立臥倒。

母親仍然帶著我在門衛的條凳上坐著，母子倦了餓了也渴了，只苦等鮑康堯兌現釋放父親的承諾。等了許久，見丈夫始終沒有出現，母親數度嘗試面見鮑康堯要人，都被持槍的士兵攔住，母親牽著我的手絕望地嘶喊：「他代表政府答應我放人的，怎麼可以說話不算數，還我丈夫來呀！」我受了驚嚇，又想父親和祖父，也哭了起來。

「滾！快滾！你說放人就放人呀？再不滾，連你這臭娘們也抓進去！」不耐煩的士兵惱怒地用槍刺對準母親，把我們趕出了海關。

失去自由才幾個小時的祖父，雖然不知道自己犯下罪狀哪一條，但從抓捕陣勢之大已猜出幾分，自料此番恐怕凶多吉少，他撫摸著頸上深深猶在的繩痕，一門心思全放在怎樣保護自己兒子一家平安無事上面，為此甚至作好了犧牲自己的準備。

負責抓捕的高手們回省城去了，作為配合鮑康堯的另外兩名省公安「審訊」高手卻已悄然來到拱北關，他們掌握了世上最完善的迫供手段，對於祖父來說，這將是一個非常非常漫長的夜晚。

月亮升起來了，這可能是一九五二年最寧謐迷人的一個月夜，在無雲的夜空裡，她照亮了蓮花莖南端萬家燈火的澳門，也照亮了漆黑的拱北關閘，那裡除了崗哨橫掃山林水面的探照燈柱，只有數盞燈光還亮著。在昏黃燈下，作為一部巨大而精密地日夜運轉的專政機器的小小齒輪，正全速運轉起來，它要粉碎一切試圖阻撓自己推進的東西，為了證明自己無堅不摧，它將首先表現出自己無所不用其極！

在那個南方的月夜，儘管有海風送涼，催人入夢，卻有人徹夜輾轉反側，無法成眠。鐵窗裡的父子倆，帶著一對兒女的母親，都沒有合上過眼睛。

我已略懂人事，幼小心靈因了白天目睹軍人抓走祖父的場景受到刺激，又跟著母親在一幢幢破舊的房子裡跑來跑去，向一個又一個軍人提到父親的名字，猜忖家裡出了大事。那天夜裡，我也睜著兩眼，沒有入睡，海風在屋頂瓦筒縫隙間發出的嗚咽聲，差不多到天亮，我才依著母親熟睡過去了。

一家人就這樣被分開了。

當年擔任拱北海關中共特派員的鮑康堯（一九一五年—二〇一一年）

第五章　父子同監

祖父儀表堂堂，相貌端正，足有一公尺九十一公分高，他性情剛烈，有一副保養得很好、泛著紅光的圓臉，時常露出兩排潔白的牙齒開懷大笑，一字一頓的說話節奏稍嫌緩慢，這是他在美國基督教青年會任體育幹事時，當體育指導的職業習慣，毋論是英文還是北京話，他的發音都非常準確，字正腔圓。

祖父看重穿著搭配與衣料質地，講究身分品味，喜歡白色或米色的上等料子，作工精細的服飾，還要配上黑白兩色相間的皮鞋。他左手中指總是戴一隻紅寶石戒指，那塊寶石上鑲著一副十分精巧的銀骷髏，這是一件特製的防身武器，搏擊時能把對手的眼珠子打出來。祖父除了褲袋揣著一副沉甸甸的鉛鑄護指，掌心還不停捏玩一對鐵核桃，聽父親說祖父能以三指彈出核桃嵌入厚厚的門板。

祖父是體育家，對政治一向毫無興趣，只對精緻優雅的東西愛不釋手，是典型的生活享受派，又喜好交四方豪傑和江湖朋友，切磋拳腳功夫。任憑他再見多識廣，一生人也斷無遇到過這樣的場面，也不會明白那麼多人抓捕，下手這麼重，到底為了甚麼如此使勁勒自己的脖子？

王家的兩根支柱都在牢裡了，外面的婦孺怎麼辦？任憑是一錚錚鐵漢，也難禁心中掛念萬千。與祖父一牆之隔的父親，從自己並沒有獲釋，整個牢房區域加派了雙崗，預感到整件事情並非鮑科長輕描淡寫，以及自己想像的那麼簡單，但他也實在是想不出父子同監，遭此罪罰的真正原因，心亂如麻地無法入眠。

他突然有一種強烈的願望，想再見一下老爸和家人，天亮後石岐監獄來了囚車，父親被押上車時，這一願望還在牽扯他的情感，父親偷偷迅速掃視四周，只見幾個舊同事面無表情呆立在路旁，他沒有發現自己老爸，也見不到妻兒，解放軍在他背後擊了一掌，他便踉蹌跌入黑暗的車廂，從狹小蒙塵的車窗回望，想再看一眼蓮花莖那邊的澳門，只見一片晨霧瀰漫，自己服務過的拱北關，幾排橫在荒崗上破舊的磚瓦房，都在囚車揚起的塵土中漸遠漸變模糊，自此次離開，他就再也沒有回來過了。

一年多後，關在石岐監獄的父親，深夜突然被叫醒收拾東西，要轉移去江門省級監獄，灰磚大樓沸騰起來，看守的吆喝，囚徒低聲的詛咒與抱怨，在走廊裡發出嗡嗡回響，兩百多扇鐵門依次敞開，牢房裡的尿騷汗酸湧出，形成巨大的惡臭氣流，監督轉移的幹部不約而同捂住自己的鼻子。

滂沱大雨中，監獄大院裡幾輛囚車標出「甲、乙、丙、丁」等號碼依次停放，四周有全副武裝的解放軍環伺，按照監獄甄別有些囚犯彼此之間不得見面的規矩，待每一編組的囚徒上了指定號碼的囚車關好門後，另一組的囚犯才被帶出牢房登車。

登上囚車後的父親突然見到了自己的老爸，被四名解放軍用槍刺頂著，手腳都上了重鐐，蹣跚地跨著小步走向最末尾那部囚車。熟悉的身影在雪亮的探照燈光下仍然顯得高大，當時父親無論如何也沒想到，這是他們父子今生的永別。

天空仿佛裂開，天上之水翻江倒海傾瀉下來，還伴著撕裂夜空的雷鳴電閃。這雨下了一夜，雷電也劈了一夜。洪水從江河撲向田野與其間的道路，幾乎浸泡了大半個車輪，但運送囚徒的車隊仍然頑強冒雨涉水行進。

祖父從江門又被押去了佛山，獲判八年有期徒刑，但不是坐牢，而是在石礦場勞改，他進去之後就沒能再走出來。如果不是一位姓胡的難友帶出來關於祖父的獄中故事，我們可能永遠都不知道，一個人究竟是怎樣從這個世界上無聲無息消失的。

胡叔當過中央社記者，他一九六一年來廣州家中，其時我也在側，已滿十六歲了，祖父拱北落難前後經過以及下面所述，概根據胡先生口述，他的話駭人聽聞，所以印象非常深刻，逐字逐句都記了下來。

採石開礦，是勞改場中最重的苦力。山溝裡的佛山石礦場，幾個山頭都產花崗岩，揮起鋒利的鶴嘴鋤砸下去，迸濺出火花，只在頑石表皮留下一個小小白點。石工順著岩脈在石壁上打炮眼塞入火藥，爆落一片石塊，大者數噸，小者百斤。為省費用，大塊石料不再用火藥爆破，由犯人用大錘打釺開料，再用麻繩綑了肩挑背扛運走。

堅硬沉重的花崗岩不吸收水份，卻吸血而且奪命。爆破、打釺、搬運，稍出岔錯，非死即傷。砸不死，壓不傷的命大，也不得長命，勞累過度，又因長期吸入石粉致命，許多人咯血而死。

石礦場就像那部轟轟隆隆的碎石機，輾碎頑石，也輾碎一個個血肉之軀，它永不停息，擠滿囚犯的卡車進來，卸下活人，運走石塊，再卸下活人，又運走石塊，源源不盡，反復循環。

身高力大的祖父負責掄錘，三秒內可掄兩錘，一個小時兩千錘，一天就是一萬多錘。有時一兩百錘掄下來，人已經像開足馬力的蒸氣火車頭，渾身冒氣出汗，寒冬裡也剝光衣服，朔風中看守全披上厚厚大衣，惟見那些赤條條的漢子掄錘砸石，裸露的肌膚冒出騰騰熱汽。

若時逢南方盛夏，酷暑炙人，寸草不生的石礦場像大火爐，烈日將石塊曬得火燙，反照出耀眼白光，那一種奇熱，煎熬皮肉，也燎燒著人的五臟六腑。烈日下掄大錘，初始汗如雨下，漸不見再有汗，居然覺得涼爽，經驗豐富的胡叔是老勞改，趕快遞給祖父一口盅水，提醒他小心中暑。

勞改犯數量劇增，就地取材加蓋幾排石屋，四壁無窗，只在屋頂和石牆之間留一些空隙通風散熱，真正是冬涼夏暖。

夏夜酷熱，祖父乾脆拉下破蓆睡在泥地上，吸收那裡的涼氣，胡叔也來作伴，兩人睡不著，就躺在泥地上說話。

白天採石兩人也是搭檔，胡叔握釺祖父敲錘，胡叔經常發表一個人在石場存活不會超過五年的高論。祖父卻笑而不答，只是掄錘，胡叔示意他看看場部荒草崗上的墳包，遠望過去只是微微隆起的草堆而已，連綿一片延伸到另一個山頭。胡叔自有他的計算方法，就是根據墳包增加的數目，同每年進來的勞改犯人數比對，一加一減算出到底死了多少人。

胡叔在石礦場勞改了三年，見慣剛進來的犯人拼命幹活，爭取表現自己接受改造，初時龍精虎猛。待體力在超大勞動強度折磨中消耗殆盡，便意志消沉，情緒低落，逃跑不成，減刑無期，便從此灰心絕望，任憑看守打罵，同監凌虐，只逆來順受，如同行屍走肉。

「人的元神像一截蠟燭，一旦燒完，小命休矣」胡叔深嘆一口氣。

「噢！」祖父不置可否，翻側身子避開鄰鋪的腳臭，也嘆了一口氣「實在是太想家裡了。」此時他的胃因為飢餓正在絞痛，就像被燒紅烙鐵灼燒，這裡一天兩頓比江門的牢飯強多了，有米飯還見一點葷腥，盛在黑褐釉色的瓦砵裡，只是份量太少，每頓飯他都舔乾淨每粒米屑，再盛菜湯去漱淨瓦兜中全部油腥喝掉，加上一點自我安慰的想像，似乎稍有飽了的感覺，過不久胃就用烙鐵灼燒的絞痛提出「抗議」。

勞累和飢餓，是兩大威脅。

缺少吃的，就用嘴巴說。一場精神「盛宴」在破蓆上舉行，南人胡叔端上來的是蘇州菊花魚，蒜瓣般的魚肉嫩滑，澆上糖醋灑上菊瓣，再來一盤杭州天香樓的蝦爆鱔。北人祖父點的是北京正陽樓的「帽兒貨」勝芳螃蟹，放薑清蒸，紅紅的一大盤端上桌來，再掏出自己那套「槓王」傳下來的「蟹八件」，小檀木盒子裡銀勺銀針樣樣齊備，先試試有無蟹毒，再以硬木在砧上錘開螯足，以銀勺掏挖蟹肉蘸薑汁浙醋食之，連殼內的紫油黃脂都吮吸一盡。

正餐之後總要佐以小食，關於點心兩人也要爭議一番，不過芝麻小燒餅卻是同好。一頓吃下來添一斤「蓮花白」，酒足飯飽再沏壺碧螺春，也就差不多了。

這種精神盛宴每隔幾天都舉行一次，兩人也只「對酌」，在把生平吃過的南北佳肴，在回憶中再一遍又一遍地重新享用，咀嚼箇中滋味。那當記者的胡叔滿腹經綸，又伶牙利齒，說得一口好菜，把同牢的幾十個犯人聽得是饞涎卻滴，腹鳴如雷，徹夜難眠，難受得很。幾個性情暴戾的便想教訓胡叔，一是礙著祖父高大，拳腳又了得，二是胡叔在石場中資格最老，奈他不何。就只是罵罵咧咧不敢挨近。久而久之，聽慣了兩人的深夜談食，眾犯偶爾也插兩句嘴，喊出些甚麼「大餅油條」之類的平民小吃來，二人也不搭腔，只顧說自己的，其餘的難友也就各說各的好酒好菜，一牢房的勞改犯鬧上大半夜才腹中空空地睡去。

在一次塌方意外中，祖父以神力移起了壓在難友身上巨石，救他一命，自此不但同室就是整座石場的犯人都對祖父敬畏三分。

某日場部殺狗，由幹部食堂的師傅燒了一大鍋，在全體看守享用豐盛晚餐時，肉香飄進石牢中來，撩起眾囚食欲，都無法入眠。席地而眠的這對難兄難弟又說起話來。

「老胡，你吃過狗肉嗎？」

「吃過。」

「我沒嚐過狗肉，不過聞了真香啊！」祖父咂咂有聲。

「哼！吃了要穿腸爛肚的。」胡叔轉過身去，幾乎把臉貼到了泥地。

爺爺受了頂撞，沉默了，不再跟他說話，胡叔顯然也不願再與人交談。

遠處傳來看守們勸酒的喧鬧，牢房裡卻有人流淚，那就是胡叔，那是一種男人強抑在喉嚨深處的嚎哭，乾澀沒有淚水，可撕裂人的心肺。

祖父拍拍難友那枯瘦的肩膀，又尖又瘦又薄的肩胛骨，像一把利斧可以劈柴，此刻胡叔渾身一陣陣顫抖。祖父猜忖胡叔是聞香餓極，觸景生情，又安慰了他兩句，但胡叔仍然背對祖父，也沒言語。

就這樣兩位難友背靠背，頭一次沒說上兩句話就各自睡了。

勞改場場部後山一片松林，樹齡多逾百年，株株一抱之粗，某日祖父、胡叔兩人被押去伐木，與另外幾個犯人，一腳高一腳低地踩過大片墳包，想到長眠地母冰冷懷抱的難友們，為了給予死者起碼的尊重，每個人盡可能小心繞過長出黃草的墳包。死了的勞改犯，只以草蓆裹之拉來這裡埋掉，亂葬崗處處新土，泥濘間散落著許多棄履破衫，眾人的到來嚇跑了一群正在刨挖啃咬屍體的山狗，群犬「嗖！嗖！」地飛竄而逃，林間只見一條條皮毛發亮肥壯的犬影遠逸。

見此情景，祖父悲從中來，猛然醒悟，隨即默然，他明白了胡叔對狗肉的詛咒，鐵青著臉只是奮力掄斧，丁丁伐木聲中，斧斧仿佛砍向人的神經。回到牢房裡，胡叔依舊背向著他，祖父扳過難友的肩來，兩個男人就在牢裡泥地上緊緊手握手，無聲地流了許多眼淚。

就在那天夜裡，這一對難友相約，無論誰先活著出去，一定要找到對方的家人報個音訊。

胡叔身子單薄，自知命不久矣，吐露自己家世後，還請求祖父一字不漏地背出杭州胡家的門牌號，千叮萬囑要去尋她們，因為胡太太還帶著兩個女兒等著他歸來。

「我是跑中央社軍事新聞的，又給關在這種地方，也明白自己是回不去的了。」老胡的話有點像交代身後事。他聽了祖父的故事擊節稱賞，視之為傳奇，記者的職業病又復發，事無巨細地追溯，兩人一問一答，居然把北京王家幾代的輝煌都復活再現。

祖父把王家故事告訴給同室難友時，萬萬沒有想到，兩人後來的命運恰恰相反，他這個雄壯健碩的前籃球國手，反而先孱弱的胡叔上了後山，淺埋在那些黃泥下面，做了山狗撕咬的食糧。文弱書生胡叔卻存活下來，還把他的故事帶出了勞改場，帶給了我們這些王家後人，帶給了文明世界。

直到祖父死去那一刻，還不曉得自己當年同隊幾位國手王鑒武、王耀東與孫立人，日後在政治漩渦裡的遭遇都各自不同，有霄壤之別。

隊友王鑒武（健吾）是一位勤奮刻苦、上進心強的青年，因參加國家男籃為國爭光成名，自北京高等師範學校畢業後，輾轉於各大學、中學擔任教職為生。「解放」後被判勞改，他只比我祖父活多了一年，在一九五八年病死於勞役中。

大陸有關報導在提及王鑒武這位參加中國男籃奪冠的體育功臣時，竟用以下寥寥數語一筆帶過「解放後由於意志消沉，在上世紀五十年代中被關進西安勞改所，一九五八年病死其中。」

另一位隊友王耀東因早年參加「革命」飛黃騰達，享盡富貴榮華，雖與隊友王鑒武兩人同在西安，這些年裡卻是袖手旁觀看著王鑒武倒霉，直到自己臨老憶及往事時才淡淡提他一筆，兩位前籃球國手一南一北先後勞改並病死，除此之外別無任何文字記載。

那年胡叔來家，已是午後，儘管公家支付電費，父親也一向省電，堅持要漆黑不見五指才開燈。屋裡很暗，幾乎看不清胡叔的樣貌，只記得他有一對很大的耳朵，枯瘦的老人連水都沒喝一口，立刻就談到祖父的死，講出上面那些石場勞改的故事來。

祖父在勞改中每日做重體力勞動，熬了足足五年，人雖高大，已形容枯槁，但性情依然剛烈，只是饑饉難捱，時刻只為一口豬食不如的東西與其他勞改犯拼死相爭。

一日經過專做犯人伙食的廚房，見有半籮筐發臭的小魚棄在門外，祖父立刻抓了一把放進口袋，晚上趁黑狼吞虎咽地吃了下去，凌晨即腹部絞痛，上吐下瀉不止。

腹瀉數日，祖父已經無力起床，便溺在鋪上，臭味薰天。

「場部說已經寄信給家屬，准許保釋王兄，怎麼不見你等來接他出去呢？」胡叔相問。

父親默然，只是搖頭，兩眼低垂著，望著那分配給自己的十六平方米的宿舍的水泥地板，那是他在英德茶場拼命勞動，接受改造整整五年有「改過自新」表現換取來的棲身之地，這些年來，他戰戰兢兢任勞任怨，全都是為了保住這十六平方的家，沒有了它，就甚麼都完了。

除了自保，他又能做些甚麼呢？

胡叔又說：「你父親一直盼家裡有人來接他，拉肚子仍然撐著，等著，盼著。」

「拉了多少天？」這是父親跟胡叔說過的唯一的話。

「十三天呀，足足拉了十三天才死！」胡叔仰望天花板，模板上還留著一道道粗糙毛坯，望去很像凝固了的淚痕。

「你爸爸臨死最後一句話是『我不想埋在後山』，我問他為甚麼，場裡的人死了不都埋在那裡嗎，他閉著眼睛說『別讓狗把我吃了』，接著就斷了氣。」

屋裡一片漆黑，父親還是沒有開燈，胡叔起身告別，出門又回過頭來再說：「老王是我親手埋的，坑挖得很深，山狗應該刨不開的。」

父親仍是無語，只向他深深一鞠躬，也不再留他，便關上了門。

胡叔回杭州，妻女不知所蹤，竟又返回石場「留場就業」，死在那裡，無親屬來認領，為省火葬費，循例埋在後山，與我祖父作了伴，只是不知所葬之穴是否挖得夠深，他有沒有作了山狗的食糧，就不得而知了。

胡叔走後的那個夜晚，是一個很不安的夜晚，父親和母親在床上壓低聲音交談。十六歲的我把頭埋在枕頭裡，悄悄流淚，這些年內心一直想念祖父，盼望某一天會再見到他高大的身影，聽他喊我一聲：「小子喲！」如今來了這麼一個黑瘦的大耳朵老頭，告訴我們如此健壯爽朗的祖父，已經死了，被埋在了一處荒郊野地，也不知是否遭了野狗的撕扯吞噬？

我始終無法相信這是真的，也不能接受。

曾祖父的槓王傳奇，自童年起一直在我腦海裡縈迴，家傳祖業替人殯殮，祖父自己卻死無葬身之地，無人撒紙錢，也不得槓夫抬柩，的確是一個莫大的諷刺。

夜深之後，父母兩人爭吵起來，漸而激烈，母親終於爆發，這樣失態的爆發在她回到大陸後經常見到，母親歇斯底理地哭嚎：「當初就不該回來，我該死，害了老頭子，害了全家，我不想活了！」熟睡了的妹妹似乎也被吵醒了，不安地在小床上翻身。

父親輕聲向母親賠罪，又掌摑自己的臉，在靜寂的夜裡，「劈拍」的掌音格外清脆，房間裡只聽見母親啜泣，又過了許久，她終於在父親連續幾句「隔牆有耳」、「為孩子著想」的連勸誨帶告饒之下，漸漸平靜下來。

待大家都入睡了之後，我仍然毫無睡意，雖仍年少，能記憶的往事不多，但自幼隨雙親南來北往，又家多變故，一來變得少年老成，二來記憶力強，所以往事經久不忘，歷歷如新。

最令我忘不了的，還是在一九五二年父親被關進牢房之後，那一段的坎坷歲月裡，年輕的母親帶著我和姐姐，靠變賣貴重物品首飾度日。

從拱北到廣州後，我們先住進了東山新河浦三橫路一幢紅磚洋樓，它的主人是一位南洋富商，在海外賺夠了錢回歸故土，建造了這幢有很多房間的三層大屋，打算頤養天年，想不到住了不到五年又再次出逃。最高那一層是他和妻小的住處，現已人去樓空，下面兩層擺滿主人倉皇出逃前留下的家具書畫雜物，都用白布覆蓋著。主人恐怕也心知這一去是再也回不來的了，但是出於惜物，還是鄭重其事地蓋好歸放有序地存在那裡。

順著黑漆檀木樓梯登樓，可以見到二樓有六個大房間，其中兩間住著房東留下看守房子的遠親。再往上就是母親全層租下的三樓，包括四個大房間，一個客廳以及廚房與飯廳，還有寬敞的陽臺，全屋鋪設名貴的花瓷磚，傢俬一應俱全。在陽臺上可以鳥瞰長滿兩行白千層樹的小河，兩岸各式洋樓，原先住有華僑富商、民國要人、省城名流，絕大多數房子已門窗緊閉，人去樓空，只要付象徵性的租金，就可入住。

我和姐姐在院子裡東歪西倒的石雕中間追逐嬉戲，大鐵門外十數步便是河岸，若從那裡回望我們的新家，可以見到這幢精緻的紅磚洋樓就蓋在街角，鑄鐵花窗後面的玻璃窗框，概以清一色柚木製成，它的房頂鋪著綠色的琉璃瓦，就連外牆的明渠也很講究地使用琉璃瓦筒，院中那株白蘭樹高達二十多米，足有百年樹齡，亭亭如蓋，巨大的濃濃綠蔭籠罩整幢房子，開滿白花的枝椏跨越整個鋪著琉璃瓦的屋頂。

林蔭道上急急駛過幾輛三輪車，車上堆積如山的箱籠間，露出一個男孩的小分頭，還穿著法蘭絨套裝。「這就是東山少爺了！」我指著小男孩說，姐姐拍拍我的頭大聲說：「你現在就是東山少爺啦！」我倆望著三輪車隊遠去，並不知道那家人正趕去乘搭往香港的尾班船。

入夜後的新河浦一片死寂，猶如鬼域，街上無路人行走，大屋門窗緊閉，空無人跡，偶見有窗一燈如豆，亦如鬼火幽明。

在廣州住了多年的大姨來看望母親，一邊嘆氣一邊詰問：「怎麼跑回來了呢？」說起拱北關遭遇的事，母親悲從中來，對著大姨免不了又是落淚。坐了一會兒，大姨要趕在戒嚴前回家，抱著母親送她的衣物和首飾匆匆走了，之後還來了幾次，都很仔細地挑了些東西去。陸續還有些別的人來，母親一邊慷慨送人，一邊變賣養家，篋底私己也清得差不多了，拿不出東西相送，諸人便漸漸稀疏了探訪，鎮壓反革命風聲日緊，久久不見父親放出來，終至不見再有人來了。

當上中共中央中南局外貿部長的大舅父孫耀華也來過，身邊還帶著一個佩槍的警衛員。母親托他疏通一下父親的事，那一種時勢下，大舅父也表示愛莫能助，只好反過來勸母親，相信新中國的人民政府「不會冤枉一個好人，也不放過一個壞人」，要她好好改造自己，教訓了幾句，從此也就沒有再來。

我的六歲生日到了，母親用一只澳門帶回來的「克寧」奶粉空罐，放入麵粉打了鷄蛋下去攪拌，置炭爐上烘烤之。當時蛋極矜貴，麵粉更難買到，為怕烤焦，母親蹲在地上頻頻用火鉗轉動罐身，八月盛夏，天熱爐紅，烤得慈母大汗淋漓，衣衫濕透，我見狀即端小凳坐於她身旁，為母親搖扇送涼。

母親伸手擁我入懷，不知是汗還是淚滴在我臉上，她哽咽道歉不能為我拍一張生日照，因為父親的羅萊相機已經變賣，交了這幾個月的房租和買了柴米雜貨，我安慰母親有此蛋糕已足矣，我不想再要其他，言畢我也哭了。

爐前母子相擁而泣，就這樣度過了回到大陸後的第一個生日。

廣州城中正鎮壓反革命，滿街貼滿處決犯人佈告，白紙黑字，硃筆打勾，軍車載囚，呼嘯過市，日日行刑。到流化橋看「打靶」（粵人稱槍決為打靶），成為市民趨之若鶩的娛樂節目，僅廣州一地就有近四萬餘人被處決。

我家後街，經常見有穿黃軍裝的士兵用槍刺驅趕排成一列的犯人鳴鑼遊街，有時還見鴉片烟吸食者胸下掛著煙具示眾。某日就在後街一堵破墻前面，當場打死一個，「嘭！嘭！」兩聲槍響，傳遍街巷，在我家空蕩蕩的梯間迴響良久，就像有人在家裡放槍一般。

我和姐姐在後窗偷窺那一具牆根的男屍，就這樣暴曬在烈日之下，過了許久才有人以破蓆蓋住了他。在廚房裡阿珍告訴母親，被打死的男人是住在後街的鄰居，聽說私藏鴉片和黃金被發現，當場就給槍斃了。

第二天吃罷午飯，忽聞後街有極淒厲的呼救聲，母親嚴禁我們下樓，只准我和姐姐在後窗窺望。我看見正對我家的雙層別墅，二樓臨街一扇窗戶裡面，半坐著一個紅衣紅褲的女人，她背向馬路，已經死了。呼救的是她的四個孩子，兩男兩女，最大的那個男孩像我這般年紀，四個孩子就站在家門口，望著樓上僵直的背影，慟哭慘叫「媽媽」，四鄰紛紛閉門關窗，只在縫隙中心驚膽顫張望。

在孩提時代親睹的這兩次死亡，給我留下印象極深。阿珍跟母親躲在廚房裡竊語，先前被搶殺的男人，便是這四個孩子的父親，如今母親也上吊了，幾個孩子真不知該怎麼辦？聽到她們的交談，我記起祖父那張被繩子勒得醬紫的臉，母親在拱北哀求士兵的泣訴，隱約感覺到成人世界的可怕殘酷，不由非常非常記掛自己的父親。

父親在獄中不知何時重見天日，不願連累妻兒，提出與我母親離婚，母親起初寧死不從，無奈床頭金盡，一對兒女幼小，已瀕絕境，眾友人都來相勸，只好簽下一紙離婚書，簽字時母親連呼我父名字仰天長哭：「王熹呀王熹，叫我以後怎麼活下去？」。

那年她年僅二十八歲，便與三十六歲父親分開了，父親一直關在粵北茶場勞動改造。

母親與父親離婚後，退掉了新河浦的房子，帶我們回到上海老家投靠外祖父，奈何外祖父已屆七十二高齡，仍拖著多病老身復出，效力「人民政府」的上海郵電局，日夜操勞，老人家又有意續絃，上海家中已無我們和母親容身之地。

一九四九年後，母親的十多個兄弟姐妹各奔前程，大哥耀華最春風得意，在廣州中南局當貿易部長，與習仲勳、王任重，楊尚昆等共事。大姐美德、在廣州市五中任教，大姐夫任校長，也算個一官半職。二姐愛德地下黨身分公開後進入廣慈醫院任護士長，不久便祕密上調北京，進入中南海負責護理毛澤東夫人江青。參加「兩航起義」歸來的七哥祐國在成都民航局效力，當上了副局長，八弟則在上海任教，他們為勢所逼，無暇也無力照顧我們，為了自己與家小在「新社會」能夠生存下去，各人不得不奮力自保，尋覓在「新社會」的立足之地，積極投身學習與工作，還要表現出已經真心參加革命以及與舊社會決裂，這種決裂除了主動放棄優渥享受與舒適生活，還包括與一切有政治問題的親戚朋友保持距離，甚至中斷來往。因為我父親與祖父的「政治問題」，導致母親與十多個兄弟姐妹之間有過一段不得已的長時間疏離。

母親在霞飛路租住了一處白俄的舊宅，我也上小學一年級了。此時窮途末路的母親，經友人介紹遇到了一位商人，忠厚善良的的牟介之。

牟介之與王廷歆等人在上海合夥經營「華懋公司」多年，從事漂染及西藥進口生意，三十年代他的「華懋公司」已發行債券，他自已在廣州還擁有兩間工廠。一九四九大陸易幟後，牟介之將股份以二十三萬元售與王廷歆，王在支付部分股金後，尚欠七萬元未付清，並立下親筆借據。

王廷歆一家人到香港後，仍以「華懋」之名做生意，生意大發，其子王德輝與「小甜甜」龔如心更因經營「中原地產」發跡，然而身家百億的王家一直拒絕歸還這筆患難之中借來的舊債。

牟介之曾在一九八六年親往香港向王家討債，王廷歆避而不見，還報警要抓牟介之，其時牟介之已八十多歲，不得已心寒而歸。後來雙方曾對簿公堂，因牟方之手中借據非原件，官司不了了之。此後不出四年，王德輝便遭綁架，自此杳無音訊，屍首無存。而龔如心亦患絕症，又因與風水師陳振聰有私情及遺產案，這一家子生前死後均因為錢財糾葛不得安寧。

牟介之陪伴母親帶著我和姐姐回到了廣州，在西關珠璣路承蔭園四號三樓安下家來。

承蔭園內有三幢非常氣派紅磚洋樓，每幢三層，彼此相連呈「品」字型，一色鑄鐵窗花，彩色玻璃滿洲窗，室內磁磚地板，配備當時稀有的座廁與浴缸，門前一塊空地可停兩三輛私家車，是整條珠璣路甚至第十甫上下九一帶最漂亮最時髦的住宅。此巨宅為十二甫馮家的子弟馮仲莊的居所，他的堂兄叫馮耿光，民初在北京也是個風雲人物，馮耿光曾一手培養扶植捧紅名伶梅蘭芳，致使梅蘭芳民初一度出任中國銀行董事，梅蘭芳在京劇界聲譽之隆，馮耿光功不可沒。馮耿光在付近十二甫另有一間祖居，就是西關人稱之為「馮第」的大屋，許多年後坊間傳聞說馮仲莊出洋去了古巴。

承蔭園所在的珠璣路是一條南北走向的馬路，北端與東西走向的第十甫相接，兩條馬路呈「T」字型交接。沿珠璣路向南前行，經六二三路便到了沙面，珠璣路是一條很有名的馬路，充滿生機的生活潮水，每天在這裡湍流不息，街市一清早就開市，路邊的大小店鋪紛紛卸下鋪板做生意，人群往來返工上學，叫賣的攤販，送貨的大板車，載客的三輪，迎娶新娘的花轎，送殯的行列……熙熙嚷嚷之中，盡顯西關人日常生活之喜怒哀樂，生死榮枯。

母親和這個姓牟的男人組織了新家庭，我和姐姐被吩咐對他以「uncle」相稱，我已滿七歲，內心也有自己難言的疑慮，我是那般深深眷戀懷念往日的一家，想念父親，想念祖父，還想念兒時的快樂，成人世界種種坎坷與艱辛，母親的眼淚，父親和祖父的失蹤，在我幼小心靈留下揮之不去的陰影。

牟uncle心地善良，視我如己出，他圓圓的臉龐，堆滿像彌勒佛一般的笑容，鏡片後的目光永遠慈祥溫厚，我與他漸漸有了感情，不管新組的家庭有了多少變化，生活總算是暫時安定下來了，母親也不再哭哭啼啼，愁容滿面。

白雲珠水的廣州，南粵古風猶存的西關，攫取了我這個七歲孩童的心。

作者祖父離開澳門返回大陸前夕，也是他一生中最後一張照片（一九五二年攝於王氏健身學院。）

第六章　西關童趣

一九五三年的西關，從某種角度看，屋是舊屋，路是舊路，人還是舊人，但是，舊有舊的風味。

經過一九四九年以來的政權更迭，西關的老舊，劫後猶存者不多了，只因為舊的人並沒有全部逃離，這些人猶在，西關的靈氣便得以殘存，沒有魂飛魄散，所以舊的風味仍在。

清末民初，西關一時之盛，天下矚目。

她歷史悠久，埋葬著南漢王劉巖，有廣東佛教五大叢林之一的長壽寺，她富庶的地面上巨戶林立，學堂密佈，人才俊彥輩出，經學大儒簡竹居，一代詞人陳述叔都在這裡講述學問。

大中華自明代起對外通商至清代康熙，廣州已成全國第一對外開放口岸，十三行其時成為貿易中心。西關人治學經商，又出了許多名人之後，大家子弟，包括獨特卓絕的女性懿範西關小姐，這些人又帶動時尚潮流，發展了西關文化，西關大屋，酸枝傢俬，玉石首飾，銅器，服裝等等，以及風格鮮明的曲藝粵劇，豐富多彩的飲食文化，都是多年醞釀孕育，浸潤濡染，積澱而成。

西關經過幾十年的富貴堂皇，終在戰亂漸漸變得不堪，一如她的代表形像西關小姐，實在太精緻，太纖細，太弱不經風了。面對時代巨變，社會變遷，革命浪潮襲捲，她縱有千般不捨，萬般惋惜，只得無奈地逆來順受，隨著時光流逝，上一兩代人才凋零，先後辭世，大批外地人湧進，西關已經沒有了靈魂，再加上都市發展，商圈擴充，老街古屋舊宅一一拆除，終致這個城區面目全非，形神盡毀，西關，名存實亡矣。

我所見到一九五三年的廣州西關，已近老殘，僅只映射著一絲半縷昔日餘輝，誠然微弱，但多年後回首，方醒覺那已是白雲珠水的最後餘韻，極可貴的南國本色，她們一經受摧殘被毀滅便永難復活再現，我還能夠親歷感受那麼一點點昔日神采，真乃我的福氣與造化。

我進入第十甫「懿群小學」讀一年級，這是一所教會學校，校園就設在古老的基督教「十甫堂」內，占了教堂底層全部，二樓歸教會使用，學生非經許可，禁止隨意登樓。我入學時男女信徒依舊到來進行主日崇拜，唱詩之聲伴著風琴音樂，第十甫一帶路人遠近可聞。

「十甫堂」正面是紅磚外牆，有一玫瑰圓窗，尖頂立一白色十字架。一八六二年，英國遁公道會第一位來中國傳教的卑士牧師，以白銀千餘兩買下這幢磚木結構的兩層大屋，改建為福音堂。一九二九年，民國政府在第十甫修建馬路，福音堂亦進行改建裝修。一九三九年至一九四六年間，十甫堂由禤奉常牧師主持，其間禤牧師主持開辦「懿群小學」，因師資優秀，聲名遐邇。我入學時仍名為私立「懿群小學」，不久便被收歸國有，易名「公立十甫二小」。

私校的學費不菲，記得一次隨母親搭三輪車去長堤愛群大廈旁邊的銀行，目睹母親賣掉自己一條心愛的金鏈替我們交學費，脫手之前母親打開心型小盒取出我與姐姐的照片。母子相擁回家途中，我雖年僅九歲，已懂得體恤慈母養育之恩，主動向她表白，一定矢志苦讀，不枉慈母一片栽培苦心。

第十甫「趣香餅家」的菠蘿飽，每日下午兩點半新鮮出爐，剛好是午飯後開始肚子餓的時刻。「懿群小學」與「趣香」一牆之隔，香味從後窗漫溢進課室來，足令座上男女學生饞涎欲滴、腹鳴如雷。正在授語文課的班主任陳老師，對這一片食慾挑起的騷動，佯作不知不見，但他講課時巧妙穿插進來一些飲食典故，譬如講越王勾踐，不談臥薪，只說嘗膽。嘗甚麼膽，日內嘗多少遍，這膽又有多苦，這苦又如何令人的腸胃翻江倒海云云。

口才便給的陳老師，公子哥兒派頭，雪白恤衫漿燙得不見皺褶之痕，淺咖啡色畢嘰長褲下，腳踏一雙深黃皮鞋，在兩行課桌中間閒庭信步，行來行去，說的是臥薪嘗膽，卻把一室稚齡學子的饞涎給說沒了，「趣香」的菠蘿包也不香了，人人只為勾踐的志向堅定而肅然起敬，不作他想矣。

這便是當老師的真本事了。

我唸小學時一共發生了幾件大事，推廣普通話，成立少年先鋒隊，改用簡體字以及「除四害」，「大煉鋼鐵」。

我五歲之前只識講北京話和上海話，校中老師一概用粵語授課，同窗之間亦用粵語交談，入我耳中，如聞鳥語，一個字也聽不懂，眾男女生齊齊哄笑。放學回家我身後總尾隨著七、八個頑童，不停唱道：「佬鬆（老兄），佬鬆！唔食芫茜葱，生在湖南，死在廣東！」那時候的兒歌很多，記得還有一首：「紅領巾，食雲吞，打爛碗，賠十文！」唱到街知巷聞，因為涉及侮辱少先隊遭到禁止。

終日與粵童群居共處，不出一年我已能講嫻熟純正的廣州話，自此不再被笑作「佬鬆」了。在西關住得久了，講的是西關話，與住在河南或大東門的廣州人講話口音略有分別，後來廣州話皆以西關話為準，所謂西關話也就不存在了，但我的西關口音，令我畢生被人視為土生土長的廣州人。

開展「推廣普通話運動」之後，全校僅有我與姐姐能講普通話，我的北京人背景以及口齒伶俐，讓我很出了一陣風頭，還被請到教務處教老師講普通話，在班上、校會上示範朗讀，並且參加區和市的普通話比賽。

學校逢週一早上必有升旗禮及校長訓詞，週六放學前也有一次總結。在我讀三年級時，便成立了由蘇俄引入的「少年先鋒隊」，週會訓詞一概改了，所有儀式均須奏「義勇軍進行曲」和唱少先隊歌。

小學樓上的教會被迫停止了活動，陳老師還以「從猿到人」為題，讓同學們寫作文，宣揚「無神論」。眾同學寫出的作文，被貼在校門口，有意讓樓上的牧師出入都能看見，但很快就連牧師也不見了蹤影，有說是被查出與「石室大教堂」的某集團有關，關起來還是「打靶」（槍斃）了，不得而知，反正樓上的歌聲琴音自此永不再聞。

初入小學課本全是繁體字，我從來沒有覺得它們難記難寫，在紙上用鉛筆寫字，也在石板上用石筆寫字。每週還有兩堂課學寫毛筆大字，描九宮格，起先要用石硯磨墨，由家中書檯父親留下文房四寶自取端硯一方與松煙徽墨應用，稍後墨汁出現，遂以棉花置墨盒內倒入墨汁，笨重的硯台就被淘汏了。竹管毛筆，卸下羊毫筆頭，便是一件暗器，嚼濕紙丸塞入筆筒，以筆套在另一端猛推，利用筒內空氣將紙丸射出，可擊中十步以內的人與物體。上寫字課時，我等趁老師不察覺，經常開戰互射紙丸，樂此不疲。

陳老師由如何懸腕執筆、運氣用力教起，點劃勾撇，橫平豎直，由大字轉到蠅頭小楷，一教數年，眾童寫下來，也漸有長進。

長大後不懂書法，但字寫出來優劣，還是多少看出一點的。如梁實秋所言：「寫字的人往往不能用其所長，而且用錯了地方。譬如，鑿石摹壁的大字，如果不能使山川生色，就不如給當鋪醬園寫招牌，至不濟也可以給煤棧寫『南山高煤』。有些人的字不宜在壁上題詩，改寫春聯或『抬頭見喜』就合適得多。」

改用簡體字後，大字不寫了，毛筆墨盒也從書包裡消失了。

陳老師教我們這一班高小學生寫字時說過：「有兩樣東西騙不了人，一拿出手便知高低，一是文章，另一是字畫。」

小學老師的話我是一直謹記到今天，每讀經典好書，有見珠玉在前，大家在上，就知道自己依然是個小學生。

我家所在的珠璣路，近第十甫，往右是上下九，往左行數百步則是寶華路，許多的老字號都在這一帶，窄窄的馬路兩邊是帶騎樓的房子，上住下鋪，多為雙層，間或亦見三、四層，四層以上除了陶陶居是不多見的，它頂部的那座琉璃瓦八角涼亭可以算是這一帶的制高點，人民防空指揮部的警報器就安裝在這裡。

從家中天臺鳥瞰西關城區，可見橫街窄巷蛛網密佈，猶如迷宮，不熟路者進入後，走上半日也無法再走出來，碰上掘頭巷（即死胡同）還要走許多冤枉路。

西關街巷路面概用麻石鋪敷，這是一種淺青色的花崗岩，凹凸不平，赤足走在上面，可收足底按摩之效。南粵多雨，此石絕不會滋長青苔，所以雨天行走也不會濕滑跣倒（跌倒），千年前築路之先人，其智慧可見一斑。

一條街裡有許多巷仔，木屋磚舍，比鄰而居，許多人家是門對門的，廣州人稱之為「朝見口，晚見面」的街坊。晨早起身，一步跨出家門，有時頭上就著了幾滴剛晾出來濕衣的水珠，還帶著斧頭牌肥皂的香味。彼此住得這麼近，晾衫竹上的褲子、褻衣是誰家的，都清清楚楚。抬頭望見橫跨上空的是鄰家女人的褲衩，頂多唸一句：「大吉利市！」就鑽過去了。

自明清年代起，廣州街坊就有自己的組織，西關街道名中常見的「甫」，就是明末黃蕭養作亂，廣州商人以一段街道為一「鋪」（鋪與甫相通），自組護衛，在甫的一頭一尾設柵欄閘口盤查生人防範盜賊，所以今天的第十甫、十三甫、十八甫都是當年商人組織防衛的地方。

其次還有「街約」，其形式來自農村自治的「鄉約」，譬如「寶華正中約」等，當年就是這一條街居民自組的「街約」。

那時以一處柵欄閘口範圍劃為一個「更區」，建有「更館」，派有更夫在區內逡巡打更。遇時勢生亂，在暮昏敲「落更鼓」至清晨敲「散更鼓」之間這段時間，更區內是禁止通行的。

當年西關街坊的組織如許嚴密健全，當與該城區是廣州人口最密集、商業最發達，富人最眾多地區有關，這些組織主要功能是維持治安與防火。廣州包括西關街坊市民組織中曾出現陳伯廉為總長的商團，力量之大，一度令孫中山頭疼不已。一九一九年廣州「商團叛亂」，孫中山召回北伐軍平亂，攻陷商團西關總部，激戰中西關市民死傷慘重，店鋪民居被毀遭劫。所以在很多年後，在一些老西關口中，對「孫大炮」仍頗有微詞。

民國後一度採取市民自治參事的形式，最後過渡到警察分區戶藉管理的現代模式，舊時柵欄閘口亦一一拆除。

一九四九年後「人民政府」則以街道委員會為點，街道小組作為細胞單位，實施全面控制管治。「街坊組長」代替了里長以及更夫，負責她這一片的住家，「街坊組長」的工作包括常住人口的變化，監控成份不好者，動員知識青年上山下鄉，報告陌生訪客等等（「沙士」時期，還負責報告誰家有人體溫過高打噴嚏流鼻涕的）。

派出所民警「查戶口」必由街坊組長陪同，凌晨兩、三點突然拍門闖入，將你家中各人從床上叫起，要戶主拿出戶口本逐一查對各人身分，一旦發現沒有戶口或是戶口不在本戶人家的人，立即帶走。

這一種查戶口的方式，往往作為一種心理震懾手段，多次使用在街道中「問題人物」身上，旨在警告閣下切勿亂說亂動，我們在盯著你！

那時如果閣下得罪了街坊組長，你就別再指望能睡安穩覺了。

街坊關係，是西關人在親朋戚友之外的最重要人際關係，講究守望相助，和睦共處。每遇家中有人分娩，煲了薑醋，凡聞得到豬腳姜香味的街坊，都會派上一碗分享喜樂。有的街坊還是幾十年兩三代人的交情，比親戚還親。但是自從滲入了意識形態政治甄別、敵我分明的階級鬥爭觀念後，昔日街坊之間知根知底的和諧共處就不復存在了。

那時的橫街窄巷，由朝到晚屐聲「篤篤」，西關人喜穿木屐，走在麻石上，其聲格外清脆。不聞屐聲的西關，就少了幾分情趣。

一旦穿上木屐，就只能一步一步行走，街上行人毋論男女老少均施施然信步緩行，蔚為一景。遇有急事需要快跑，就只能除屐赤足飛弄，「無鞋拎隻屐走」就是這個意思。

「承蔭園」樓下的珠璣路屐鋪有好幾間，店鋪內紅階磚地面，牆鑲木架，高高低低擺著許多木屐，既有男女裝之分，也有童屐。木質、手工、花款以及所用屐皮，相當有講究，價錢也有貴有便宜。

一雙木屐穿在腳上，是否舒適，除了不能太重，還要輕身，屐形也相當重要，必須後高前低，體重壓力偏於腳前掌，穿起行走才覺得自在。經營屐鋪的老闆多是製屐師傅出身，揀選木料，開料加工打磨，手繪圖案花紋，上色焗漆，每個環節認認真真。那時雖無人體力學，藝術設計，但製屐之人，不斷積累經驗，改進工藝，製作出來的木屐，每間店鋪都有自己特色，都是做熟客生意。

男人穿的木屐，大多素色，純黑或是原木本色，款式笨頭笨腦。女人穿的木屐花款就很多也很俏，屐身線條也柔和得多，有的木屐後跟還可做成半高跟，與今時的女裝皮鞋不遑多讓。女屐色彩嬌艷，圖案變化豐富，大姑娘穿的屐漆成粉紅嫩綠，手描牡丹蘭菊，還繪有寶塔山水，飛燕迎春，花好月圓。

孩童木屐顏色更鮮明活潑，已經相當時髦地畫上卡通圖案米奇老鼠唐老鴨。

經過焗漆的木屐比較美觀，屐面平滑有光，又可保護木身不受水氣侵蝕，但成本高，價錢也貴。

其時民生清苦，市民買屐，除了挑揀不上色無圖案的普通木屐，還講求「矜著」（亦即「耐穿」）。所謂「矜著」，首先是指屐皮，店家裁剪皮革作屐皮，以鞋釘固定在木屐前端兩側，行走多了，屐皮就會斷裂，要去更換屐皮，如是換過三、四次，即使木屐未磨損，因兩側屐身釘孔過密，無處落釘固定屐皮，這雙木屐就不得不扔掉了。

用舊車轆膠作屐皮相當經久耐用，但車轆膠極堅韌粗糙，穿在腳上不太舒服。

更窮苦一點的百姓穿的木屐多用車轆膠作屐皮，屐身很厚，西關街市肉檔魚檔的豬肉佬、賣魚佬，以及食肆裡的夥計，都穿著厚達十五、六公分的大木屐，這種又厚又重的木屐，有一個「豬肉佬屐」的雅號。

送外賣來家中的「吳連記」粥粉麵店小夥計，穿的就是這種車轆膠屐皮的「豬肉佬屐」，我曾趁他與母親收錢時，偷偷用剪刀把他的屐皮剪得只剩一點點相連，結果他端著回收的燉盅、湯碗跑到馬路中心，屐皮就斷了，小夥計摔了個四腳朝天，盅碗也飛開去跌個粉碎，我和姐姐則在樓上大樂，這次惡作劇的代價是我倆兩星期內不得享用「老火蛇湯」。

小小木屐到了孩子手裡，不僅僅是足下之用，以兩手穿之可作打鬥武器，被掌上之屐左右夾擊拍中，如廣州人所言「拍薑咁拍」，可教你眼冒金花，兩耳半天嗡嗡作響。

巷間屋邊如見蟑螂老鼠，群童即起腳飛屐襲之，諳此技者，十擊九中。

屐還可當枕亦作凳，以兩屐疊之作枕，在沙面榕蔭下或泮溪田基邊，仿八大山人東歪西倒，憩息半刻，乃結伴出遊時一大樂也。

西關人家除了蜜餞嘉應子，陳皮梅、話梅，還以硬果作零食，我素嗜愛核桃，足下那一對畫有米奇老鼠的童屐，正是破殼取肉的最佳利器。放學後常常呼朋引類，一眾人在街巷深處，取出書包中核桃，自坐一屐，以核桃置於麻石上，用另一屐敲碎分食，吃飽汲井水飲之，清洌香甜交融，真乃回味無窮。

今人常說西關女人著木屐走起路來搖風擺柳，那是此人可能沒有見過穿屐女人的綽約風姿。既已穿屐，兩腿必須盡量併攏，姿態端正，稍踮腳跟，小步前行，不可左搖右擺，否則便會扭傷腳腕。那時的西關女人行起路，左搖右擺的不是腰肢，而是垂在身後的那條長長的辮子。

五十年代的西關女人，著唐裝者仍然很多，黑膠綢寬腳唐裝褲，一雙玉足踏在嫣紅粉綠的木屐上，穿越麻石小巷裡施施然走去，光看那背影，已感覺得出那個年代獨一無二的風采。

木屐是市聲交響曲的最強音。講起市聲，從「承蔭園」三樓臨街的花窗望下去，整條人頭攢動、車馬人喧的珠璣路，就是西關的縮影。它的市聲一日晨昏，一年四季，鼎沸之中充滿微妙的變化，可惜那時還沒有人自創「音詩」，沒有把這些市聲錄制保存下來，這些奇妙的聲音再也聽不見了。

清晨，小巷兩旁幢幢屋影之間，窄窄一線天色微明，孩童上學，大人返工，女人外出買菜，趟櫳開閉「咿呀」聲，一雙雙木屐扣在麻石上的「篤篤」聲，要嘈雜紛擾一陣才平靜下來，悠長一天開始了。

「磨較剪鏟刀——」略帶瘖啞的叫喊從小巷深處傳來，首先打破清晨的寧靜，停頓片刻，「鏟刀磨較剪！」喊聲又起，他的叫喊，似是深巷回音，只是將「磨較剪」和「鏟刀」的次序掉換了，更加顯得抑揚頓挫，這是在提醒你拿出家中刀剪由他來磨利了。

小販肩挑擔子的一頭是帶木架的砂輪機，另一頭是條凳和工具。放下擔子，便可就地加工，刀剪在腳踏帶動飛轉的砂輪上迸濺出火花，引來街童圍觀。磨刀人隨後搬出一塊巨大的磨刀石，蘸水磨刀霍霍。我家的剪子是杭州「張小泉」所製，磨刀人識貨，邊磨邊跟母親聊「張小泉」，他說這把剪子可以用一輩子，我就不用砂輪磨了，怕退了好鋼的火，還是用手磨吧。

只見他在磨刀石上研磨「張小泉」，還不時用大拇指試試鋒刃，像是在處理一件不可多得的藝術品。

小販交貨收錢，挑擔出巷，他的吆喝聲未遠，又聞「爆米花！爆米花！」呼聲，剛剛散去的街童，聞聲復又掩至，這位小販挑來一爐，燒紅炭火，將人家舀出的白米，倒入一黑色圓形鐵鼓之中，添少許砂糖，密封妥當後置火上旋轉烘烤，七、八分鐘後，復以一布袋套住鼓口，扳開蓋子即聞「澎」的一聲巨響，爆好的米花挾帶著撲鼻香氣噴湧入布袋，這是爆米花最有聲有色的「尖峰時刻」。

同其他小販相比，「收買佬」的叫聲中氣十足，在空氣裡停留的時間漫長：「收買爛銅爛鐵錫、玻璃樽、舊書舊報紙、雞鴨毛鵝毛……」每見有人開門拎出廢舊之物，他便趨前逐一點算，再給出一個價。

賣「雞公欖」的小販先聲奪人，「的的！」的嗩吶響過，大喊一聲：「雞公欖」，大街小巷都知道「有辣有唔辣」的和味甘草欖來了。小販腰間戲劇化地套著一隻紙紮大公雞，也有做成紙飛機的，還是一樣「的的！」只是不叫「雞公欖」改叫「飛機欖」罷了。

賣欖的小販有兩絕，一絕是他的橄欖，除了欖肉好吃，味道還滲入欖核，教人含在嘴裡，回味良久不忍吐掉。二絕是他擲橄欖的功夫，巷中大戶三層樓高的陽臺以及窗戶都能準確一擲即入，從不失手。

橄欖做得最好的是廣東盛產橄欖的和順鎮葉氏，他將新鮮橄欖先踩後曬，醃以甘草、陳皮、丁香、玉桂、大小茴香等等，據說當晚醃之，次日即可出售，可惜秘製之法今已失傳。

很多人傳言小販叫賣「雞公欖」，後面還有一句：「一分錢，攬兩攬！」粵人以一個「攬」字代替「美人在抱」，我極少聽到過，那時小販或未至於如此輕佻放肆，可能只是街巷頑童的調皮唱和而已。

聽到「嘭嘭」撥弦之聲，便是「彈棉胎」的來也，身揹一根大竹筒為弓，牛筋為弦，檀木作錘。以錘擊弦，發出顫音，遠近可聞。住家捧出舊棉被，循例要自備床板將被鋪展開，容他撥弓彈棉，聲聲弦響，片片花飛，爾後在彈鬆棉絮上覆以紅白兩色紗網，再用木盤磨壓固定之即成。舊棉被一經翻新，入冬蓋在身上便又軟又暖。

「彈棉胎」小販鮮少呼叫，可能是「彈棉胎」的多來自外省，即使吆喝，粵人未必聽得懂，乾脆撥弦為號。手藝好功夫到家，毋須揚聲，也能在廣州街巷討得一口飯食。

彈棉胎撥弦之聲，年內要等到秋涼方可聽聞，一如「涼粉，涼粉」的叫賣，聞聲便知炎夏將至。我曾與小巷眾童遙相呼應，齊聲跟著賣涼粉的高叫：「涼粉，涼粉，吃壞女人，男人有益，女人生癪。」被母親笑著追打的場景，隔了整整一甲子，猶在眼前，就好像還是昨天的事。

「補鑊，補銅煲銻煲！箍瓦罉砂煲」的叫聲剛過，「火力補膠鞋」又來，修修補補的日子，並非皆因生活有所短缺匱乏，箇中還有許多惜物的舊時民風。

珠璣路上兜售小食品種還多得不計其數，賣牛雜、涼粉、龍虱、鹹酸、棉花糖、爆玉米、蓮篷子、炒風栗、煨蕃薯、南乳花生，形形色色，千奇百怪，應有盡有，每一聲叫賣，都是「音詩」中的雋永佳句。

最令我魂牽夢縈的，是賣牛雜的剪刀「喀嚓」之聲。小販將盆內鹵好的金錢肚、牛百葉等牛雜，剪成寸段，復以竹簽穿成一串，還可淋上辣醬調味，或佐以菜心、芥藍，吃這種小食宜在隆冬，背著凜冽北風，面朝滾得生烟、香氣四溢的爐頭，蘸著紫金辣醬大啖食之，真乃人生一快。

「承蔭園」斜對面有條珠巷，巷口有盲公擺南乳花生檔口，加入南乳與香料炒好的花生，風味獨特，以舊報紙包成尖筒形，置於大玻璃瓶中，賣花生人一把二胡拉得幽怨神傷，琴聲隨著晚風，飄至小巷深處，高樓窗內。他晝夜戴著墨鏡，除了花生炒得好，琴也拉得好，若有興致，還會來一段南音，蒼涼的嗓音告訴路人甚麼才是歷盡滄桑。

賣花生人不拉琴的時候，只用那瓶蓋在盛滿花生的大瓶口不停叩擊，「篤篤」之聲不絕，在岑寂深夜裡聽起來，顯得格外淒苦悲涼。

賣粥粉麵的「吳連記」也開在我家對面，這間小食店除了魚片粥出名，還時常「劏蛇」。店中那位身材如武大郎的吳師傅，由鐵籠中拖出一條三、四米長的蟒蛇，用麻繩把蛇頭綁在電線杆上，此時該蛇得知大限已到，奮力掙扎，彎曲盤蹺其身，雖有兩名壯漢力扯其尾，一時亦難將大蛇拽直。吳師傅著木屐踩著蛇頸，用一塊破碗瓷片環頸一圈割開蛇皮，迅速剝下蛇皮，再剖腹割開蛇身，餘下那白花花大蛇還在蠕動顫抖，至此小夥計接手用水沖洗蛇皮，取刀將蛇身剁成數段，吳師傅大功告成，只氣喘吁吁袖手旁觀。

這種劏蛇的大場面多見於黃昏，路燈之下，觀者如堵，人聲鼎沸，雖未至於傾城而出，萬人空巷是肯定的。

粵人笑話他人見識少，常言：「沒見過大蛇痾屎」。每聞此言，我必竊笑，當年吳師傅一瓦片刮下去，多少條大蛇屎尿齊出，足證那時見過世面的廣州人比今人要多得多。

童年記憶中，最經常的消遣就是「飲茶」，其時我乃七歲孩童，常隨長輩去茶居飲茶，那時西關人既講「茶樓」也稱「茶居」，現在「茶居」一語少聽聞了。

第十甫的「蓮香樓」離我家最近，僅二百步之遙，裝修古意盎然，二樓臨街一列彩色滿洲窗，陽光照射入來，把瓷磚地映得一片五顏六色，天花板懸吊一把把昆甸木翼的大吊扇，習習送風，四壁掛有名家所寫花鳥山水，除了有酸枝木鑲雲石傢俬的包間，大堂內每張檯之間以木板隔成雅座，形成一個小小的私密空間。

「蓮香樓」是老字號，由譚新義在辛亥革命前夕集資開辦，當時一百多名股東共湊股本銀一萬二千四百二十兩，可以想見投資之鉅。母親識得「蓮香」其中一位少東，他在二樓樓梯口有一張檯子，我們上了樓就坐在那裡，飲茶要等到夥計在你的檯子上擺好筷子、茶杯，問過你「飲甚麼茶」，待他把泡上茶的茶壺也端上來了，飲茶才算正式開始。

茶居裡很嘈雜，每個人都提高了聲調講話，空氣裡此起彼伏傳來叫賣聲、埋單後夥記的吆喝聲、茶客交談聲，高掛雀籠裡畫眉鳥的囀鳴，在嘈雜聲浪包圍之中品茗吃點心是茶客的一種享受，沒有了這種嘈雜聲浪的包圍，上茶居飲茶也就沒有了樂趣。

茶居大門側邊的櫃臺，是整盤生意的門面，櫃臺的每塊玻璃都擦拭得一塵不染，後面還考究地鑲了鏡子，裡面擺賣叉燒酥、甘露酥、老婆餅、雞仔餅、雲片糕之類廣式鹹甜點心，串門訪友或求人辦事者，都會來買些點心，由店員用紙盒盛起，再以一種帶狀的紅色紙繩紮起，繩尾綁成圈形，方便客人以兩指勾住，一晃一搖地提了去，那時廣州街頭經常見到男男女女拎一盒點心行走。

茶居櫃臺除了賣點心也賣烟酒，瓶裝酒與散裝酒都賣，一隻隻大玻璃瓶裝著五加皮、橙花、玫瑰露、孖蒸酒，靚酒通常以小瓶裝著，有時也見到大瓶裡浸著花紋斑駁長蟲的蛇酒，那些劇毒的「過樹榕」和「飯鏟頭」雖然死了盤在瓶底，仍然顯得可怖，我每次經過這些蛇酒，都會頭皮發麻。

有些茶客飲茶時，還會喝上幾兩散裝的「橙花」、「五加皮」，這類茶客很多是做「咕哩」（搬運）或三輪車夫的勞力者，飲酒可助血氣運行，增添體力。送酒的最佳配搭就是「南乳花生」，茶居櫃上通常有售，但茶客都喜歡幫襯門口擺檔的盲公，雖然搶了茶居的生意，奇怪的是茶居並不驅趕蹲賣花生的盲公，那時的商家多少還有點仁心，不忍趕絕，斷人米路。

賣花生的盲公也很乖巧，隨身帶著一把二胡，操琴唱上幾齣小曲，門內門外，樓上樓下，都能欣賞，也算是免費的助興節目。

在茶居飲茶，茶和水這兩樣特別有講究。茶居所用的茶葉如「香片」、「普洱」、「茉莉」、「鐵觀音」等都用玻璃盅盛著放在樓面，每款用墨筆字在紅紙上標明，茶葉的質地都有相當水準，不像現今飲茶時飲到的茶，「水鬼尿」一般稀，也不見茶香。

沖茶的水一定要大滾，「蓮香樓」是用黃銅大水煲將滾水撞入錫茶壺中，頭趟的熱茶先用來洗杯筷，加滾水再焗數分鐘，二趟斟出的茶就香醇清洌了。

西關人很「醃尖」（挑剔），所飲之茶如果太差，那麼這間茶居的點心也就好極有限，所以做茶市的食肆從不敢以劣茶欺客，自砸招牌。

跟長輩去飲茶，吃點心也有步驟，先淡後濃，先鹹後甜。蝦餃先上，食畢蝦餃才叫燒賣、包點之類，蓮香樓的排骨燒賣都是揀選上好肉排經過泡制，斬件落碟蒸成，入口骨肉剝離，肉香四溢，我一個人可食三碟。

燒賣、鳳爪與腸粉的質地味道，顯示出一間茶居的水準，那時在茶居做事的師傅，都是由打雜、水台捱過來拜師學藝的好手，各有各的絕招，總有一兩道散手。

飲茶飲到食蛋撻、皮蛋酥之類甜點，就近尾聲，差不多可以埋單了。

一位真正的茶客，進了茶居後通常不是坐著，而是蹲在椅子上飲茶的，一碟排骨加一籠叉燒包，就可以從清早飲到中午，看看報紙，再與鄰座車天篤地大話西遊，炒一碟牛河墊肚打底，大半天的光景也就過去了。

此時他步出茶居，橫過第十甫路，沿珠璣路行至六二三路，過橋去沙面榕蔭下，倚在石凳上享受白鵝潭吹來的江風。

待夕陽西下，他又順著原路重返茶居，去湊那夜市的熱鬧，門口的盲公還中氣十足地在那裡唱，老爺太太帶著少爺小姐來享用筵席了，侍應捧著一道道大菜魚貫而行。惟那茶客仍在一角的小桌邊自斟自飲，陶醉在零沽來的三兩五加皮的微醺之中，很夜很夜了，才帶著滿肚子茶水蹣跚著下樓回家去。

這便是西關茶客的一天。

同飲茶相比，西關的早餐更讓一個孩子心動，也更實際，更能自己作主，永遠不必擔心像飲茶時被母親厲聲叫停：「不能再吃啦，你已經吃了三籠兩碟點心了。」

晨起洗漱既畢，揹著書包，手心捏著母親給的兩角錢，落樓上學去。第一件事就是到斜對面的粥粉麵店吃早餐，叫一碗白粥外加一碟豬腸粉。高瘦的老闆娘用手將熱騰騰的腸粉由鐵皮蒸格裡掂出卷好，「嚓嚓」剪成數段上碟。蒸豬腸粉切忌太薄，故米汁要多澆，熟透卷起後剪開，一段段腸粉的截面，看上去很像大樹的年輪。蒸豬腸粉也有講究，火候恰好剛剛熟，入口要又熱又軟，允許有點「黏牙」，不必「爽滑」。今人講「豬腸粉」又爽又滑，其實講的是「拉腸」，那是將米漿倒在布上拉出來的，而「豬腸粉」是直接將米漿倒在蒸格裡蒸熟，以手掂起取出的。

「拉腸」與「豬腸粉」都可以叫「腸粉」，但並非同一樣東西。

吃豬腸粉無醬不歡，店中各種醬料就置放檯面上，免費任取，夥計也不來干涉你放多放少。豬腸粉好不好吃，醬料至關重要。我最大的樂趣，是往雪白的豬腸粉上，隨心所欲澆上甜醬、辣醬等各種醬料，再混以生抽、老抽，那一種香味可以飄到馬路對面，讓滿大街路人都食指大動。

小食店中最便宜的就是白粥，只賣一兩分錢一碗，倘若連白粥都喝不起，就真的是「粥水都有得食」了。賣白粥要用木杓從一個大粥煲裡舀粥，盛粥的碗是那種畫著公雞或花草的粗瓷碗，好運氣時撈到一兩粒煲稔了的白果在係己裡，當是莫大驚喜。

白粥加腸粉售價約人民幣八分錢，再加一條油炸鬼就是「奢侈」了。那時廣州街邊的油炸鬼差不多都是一般粗細長短，搓麵功夫，油溫火候控制極準，炸得很脆。牛脷酥和鹹煎餅是西關早餐中的「貴族」，不是每個人每天都食得起的。

許多年後腦海裡一直有這樣一幅圖畫：南粵初春濕冷的早晨，帶騎樓的石屎樓遮住了冉冉初升的太陽，一個揹書包的男孩，坐在窄窄的條凳上，喝著滾熱綿滑的白粥，啖著蘸滿醬汁的豬腸粉，眼睛還盯著老闆用大筷子撥弄油鍋裡翻滾的油炸鬼，陣陣餅香飄出來，混雜著老舊木桌上散發的食物殘渣與抹布味道，在孩子的心靈留下揮之不去的影像記憶……。

一九五七年公私合營之前，西關一帶百年老字號比比皆是，門庭若市，我經常去又記得的計有陶陶居、蓮香茶樓，大三元、銀龍等茶樓酒家，歐成記、伍湛記、吳連記、銀記等粥粉麵店，杏花樓、南信等糖水店，皇上皇臘味店，美都冰室、順記冰室，美斯餅家、趣香餅家，自良、綸章布店、鶴鳴鞋帽商店，艷芳照相館，豪華、中央理髮店，平安戲院，新新電影院、金聲電影院、美華電影院、長壽電影院等等。

各行各業因為是私人生意，擁有自己的金字招牌，做的又是街坊熟客生意，老闆夥計客人之間，以禮相待，生意成交，皆大歡喜，買賣不成，還是朋友。所以出品有信譽保證，貨真價實，店鋪內都張貼著「斤兩十足，明碼實價，童叟無欺。」的告示，

其時廣州城中唯一的「五仙門發電廠」供電不足，商家嫌燈泡太暗，多用「大光燈」（汽燈）照明，一盞盞「大光燈」把第十甫、上下九的騎樓內外照得光如白晝，店中攤檔上的貨品也鮮艷誘人，熙熙嚷嚷，人聲鼎沸，吃喝玩樂，吹拉彈唱各有所好，各得其樂，雖然那時一大批商賈富貴人家風聲鶴唳之中出逃避禍，市面比起四十年代末遜色不少，但還算是多少有一點點昇平光景，只是到了後來就越來越不堪了。

一九五七年，中國大陸人口六億五千萬，大小商店有近百萬家，但公私合營後到一九八〇年，二十多年間人口增至到了十億，全國商店總數目反而減少到只剩下十九萬家。皆因實行「社會主義改造運動」，搞公私合營，強力推行中央管制的政策，自己的生意被外人借「公私合營」插一隻腳進來，甚至

反客為主，真正的店東老闆只得忍聲吞氣，退居其次，甚至拱手相讓，還要親自敲鑼打鼓報喜，慶祝自己的生意被別人吃掉。有的老闆回家吃定息，有的變成店員接受領導，牟uncle便是其中之一，作為市工商聯主要成員，一個馳騁商場事業有成的商人，他在廣州的兩間工廠也難以倖免，被「合營」掉了，讓他「吃定息」，牟uncle心灰意懶，只好整天悶在家無所事事，長吁短嘆。

西關的市面不再興旺，改為國營後的商店，工人階級要八小時工作制，正點開門依時打烊，大光燈也懶得點，服務態度冷淡惡劣，夜市熱鬧不再，冷冷清清，小販絕跡，行人稀疏，母親不再帶我去聽大戲，宵夜吃不到了，「篤篤」屐聲早已不復再聞，所謂市聲也從此成了絕響。

第七章　生活裡的南粵風情

過年和中秋是西關人的兩個大節，家境毋論貧富都要忙碌一番。先講過年，那時從未聽到有人說過「春節」的，過年就是過年。

過年的先聲是置辦年貨，分食物、禮物與衣物三類。廚房外陽臺雞籠裡先是塞進幾隻「咯咯」直叫的鷄項，準備用作敬拜神明祖先，然後是買進「皇上皇」的臘肉、臘腸還有臘鴨，再就是大桶生油，炸油角和煎堆是耗油最驚人的。這些都要在除夕前陸續備妥，新鮮的魚肉果蔬要到年關近了才去採購。負責這些的是母親和保姆菊英，至於買瓜子糖果蜜餞則由我作母親的跟班同往。

在「趣香餅家」和「十甫食品店」可以買到各式紅黑瓜子、糖冬瓜、糖馬蹄、糖蓮子、椰乾、花生、糖果等，用來放入八寶盒中待客人來拜年時饗客，另外還要買一批小包的瓜子糖果，著店家用牛皮紙袋包好，蓋以印有吉祥圖案的紅紙封口，用紅白膠帶綁妥，以作登門拜年時送人的禮物。

過年之前，我和姐姐都被帶上下九的「綸章」做新衣，年年聽到老裁縫為我度身時，故作驚訝「少爺仔又長高了」的恭維，然後是到「鶴鳴鞋帽店」買新鞋。

年夜前夕的高潮是「行花街」與包油角炸煎堆，由菊英隔夜炒好花生椰蓉的糖餡，母親揉好酥皮，齊齊動手包油角。油角煎堆須邊包邊炸，我自然是邊炸邊吃，廣東人常言吃剛油炸好的東西「熱氣」，會嘴生泡，鼻流血，對我來說卻全無「熱氣」這回事，熱得燙嘴的油角只管吃了又吃。

廣州人認為「洗邋遢」可以除去舊歲積下污穢之氣與霉運，家家戶戶定在年二十八「洗邋遢」，也就是大掃除。母親帶著菊香把家裡所有的床都掀起來，移開家具，用水管和竹掃把「洗地」，水從三樓順著樓梯瀉下，因為二樓和樓下都在「洗地」，整幢小樓只聞竹掃把「涮涮」之聲。

辦齊年貨，炸好油角煎堆，洗淨邋遢，穿上新衣新鞋，就可以過年了。

年初一早上先給長輩拜年，收了「利市」，就有錢下樓去買炮仗和「金錢炮」（摔炮），用鷹嘜煉奶空罐罩住炮仗點燃，看著空罐飛上半空，是一大樂趣。有時也買「電光炮」來放，這種炮仗威力極猛，能震得你兩耳嗡嗡響半天。

年初二開始有人上門拜年，那時電話尚不普及，要老少衣著齊整光鮮潔淨，全家擠車上門拜年，彼此見面雙手抱拳滿臉笑容互道「恭喜！」平輩相互拜年之後，小輩再依次趨前給長輩拜年。在我忙著接「利市」的同時，母親則忙著派「利市」給別人家的孩子。

我收過最大的利市是五萬元，也就是五元人民幣，當時是一筆大數目。

在炮仗聲中親友圍坐嗑瓜子吃油角，欣賞桃花綻放金桔累累，嘰嘰喳喳話家常，彼此的感情就是這樣交融增長的。

那時的過年不擺闊不炫富，豐儉由人，除卻辭舊迎新，祈望吉祥，更是由家及天下，由內心到外表，都浸淫在喜樂中的一種真正的熱鬧，人想要的就是這一種過年的況味。

中秋是另一個大日子。

中秋在西關的橫街窄巷裡賞月，是一個難題，竹筒樓與大屋壁立兩旁，又搭著橫七豎八的晾衫竹，僅窺見一線夜空，難睹圓月真容。要到了午夜時分，一輪皓月昇至中天，坐在竹凳上的阿公阿婆，才揚起手中驅蚊納涼的葵扇，呼叫提著紙燈籠跑遠了的細路（小孩），要他們抬起頭來望月。而居住在樓上的人，則可到天棚（天臺）上去，無遮掩地享受不用一文錢買的清風明月，這樣的人家，因為擁有一個天棚，會吸引很多親朋戚友來家中一起賞月。

程容姨媽在十五甫二街的家也是大屋，但沒有天棚，我家在整條珠璣路是最高的，有個寬敞得可以騎單車的大天棚，可惜當年屋主沒有多蓋一座涼亭，珠璣路轉角十八甫的潘高壽大屋，就有一座令人欽羨的亭子。

中秋這天下午，程容姨媽就帶著女兒明明來我家，這瘦瘦的小女孩怯生生地站在天棚大門邊的陰影裡，看我和樓下王博文西醫的兒子放紙鳶（風箏），她一聲不響，我警告過她，在別的男孩子面前，不准找我說話。

離我們一條街的潘家少爺小姐們也在家裡天棚放紙鳶，他們經常放線過來，跟我們這邊孩子們「界鳶」，雙方在空中搭上線後，還要比技術，何時「搓大髀」（在大腿上收線），何時「衝線」（放線），都要拿捏準確，技不如人，線又不夠堅韌者，就會被「界」斷（「界」者：割也），眼睜睜看看一隻心愛的「大馬拉」斷了線後，搖搖欲墜遠去飄落，取勝了的一方，發出陣陣歡呼，把紙鳶耀武揚威地越放越高。

這一天我和王四郎有備而來，他買了一個新線轆，我倆輾碎兩隻燈泡，熬了小半鍋膠，把線浸膠後再沾上玻璃屑。我們用一隻看上去笨重又帶尾巴的紙鳶，雖然不具「馬拉」的衝刺速度，但非常穩定，它只要系著這條經過特別炮製的玻璃線上天，潘家紙鳶的線一搭上來，非斷不可。

我們這隻紙鳶殺手一升空，不出片刻，已把鄰家幾隻紙鳶「界」得東飄西散，此時潘家的「大馬拉」果然中計，氣勢洶洶衝過來，四郎與我不禁陰惻惻偷笑，搭上線後不到兩三秒，潘家的「大馬拉」就斷了線。

明明拍起手來喝彩，此時樓下在喊四郎下去吃晚飯，母親和姨媽端著月餅、水果和零食，施施然走上天棚來，明明乖巧地去搬小板凳，剛沖完涼的姐姐，也跟著上來了。

早上母親領著我去蓮香樓飲茶，拿回來一筒月餅。

何為一筒？

四隻油亮的足斤雙黃蓮蓉月疊起來，用白報紙卷成筒狀，加上一張粉紅色木刻印製「蓮香樓」古色古香招紙，再扯一段繩子扎好，就成了廣州人所講的一筒月餅。

蓮蓉餡是月餅的靈魂，街坊都說蓮香的整餅師傅，堅持用湖南來的湘蓮，自己落手落腳挑揀完好的蓮子，洗淨去衣，除去蓮心，磨幼再添油加糖，落鑊炒製。就憑真材實料、自製秘方這一條，「蓮香」香遍省港澳，香了半個世紀，大學士陳如嶽也來為她題匾。

姨媽給明明、我和姐姐每人一隻紙燈籠，幫我們點燃了裡面那根小蠟燭，天棚上滿地銀白月色，就見三個光點來回遊走了。我告訴明明，過兩天放了學我去聽她練琴，她開心地咯咯笑出聲來。

夜深了，月色越發亮得眩目，樓下和二樓的住客，都搬了櫈凳上來賞月，偌大一個天棚頓失熱鬧起來。王四郎跟著他爸爸王醫師還有幾個穿金戴銀的客人，說說笑笑走過來，他剛拜師學藝唱粵劇，那幾個男女，我都在平安戲院舞臺上見過，只認得有大金牙的羅家寶，還有眼睛眯成一條線的紅線女，頭髮燙得很鬈，身穿一套黑膠綢短袖衫，兩條裸露的細胳膊顯得格外雪白。我每次下樓到王家找四郎，她都用這兩條胳膊抱著我不放。

姨媽有點輕蔑地調侃母親：「睇，羅家寶呀，你可以睇餐飽啦！」她一向不滿母親跟隨幾個師奶，每星期六買票睇大戲捧羅家寶。大人說話間，我們幾個孩子只顧著吃沙田柚、芋仔、菱角和月餅。

鄰裡街坊在天棚上各自說笑，母親著我捧著一碟切成四塊的月餅和芋仔、花生，下樓去給寄居樓梯間的補鞋佬老田，他正端著板凳坐在院子裡邊飲孖蒸邊賞月，老田道謝後遞給我幾塊雞仔餅。

夜深了，姨媽拖著明明走了，其他的人也下樓去了。天棚上空無一人，只見撒滿一地白霜似的月光。母親在小圓桌上拜月，她在桌邊擺了四張小凳子，我、姐姐和母親占了三張，還有一張小凳子是空的。母親已經不是第一次這麼做了，我和姐姐心裡明白這是為親愛的父親預留的位置，我不時在眼角瞟著幽黑的門洞，真心盼望見到父親高大的身影出現，過來和我們一起賞月，他和我們分離實在太久太遠了。

在天棚上望千家萬戶明滅的燈火，往日看上去如天上星辰般璀璨，今夕卻讓那一輪明月專美，不必仰首遙望廣寒宮裡的蟾兔桂樹美人，這披上銀輝白光的羊城，就像天上的瓊樓玉宇，有誰會在乎是神仙造就還是凡人築成？

趴在圍欄上，望見月色下的橫街窄巷，點點星星的亮光在移動，一片「篤篤」的木屐聲。這裡面大概也有明明那一盞燈籠在閃亮吧，還有她那雙小木屐的足音，似乎還迴響在承蔭園空蕩蕩的院子裡。那時中秋，其情其景有如「鐵漢無聲轉玉盤」，映射著粵人生活風采與簡靜，彌滿民間德性，只是每逢佳節倍思親，父親的缺席留下許多遺憾，如果他也同我們一起，那才是真正的中秋節呢！

逢年過節之外，隨母親去「遊船河」要比過節更令我興奮。

離我家不遠的沙面島，是珠江水衝積而成的一處沙洲，靠東、西兩橋與市區連接，島上西洋建築佔多，歐陸風情極濃。臨江的堤岸長著一列細葉榕，都超過百年樹齡，濃密綠葉之間垂下許多長長的氣根，如飽經世故老者的鬍鬚迎風搖曳。

堤岸上每隔數百步建有座椅供人歇息，乃唐拾義、何濟公等藥廠或大公司捐贈修建，用水泥鋼筋打造，粉紅色水磨石弧形椅面，光滑冰涼，坐上去頗感舒適。

珠江在這一帶變得豁然開闊，這處水面就得了一個很詩意的名字：「白鵝潭」。白鵝潭上小艇密密麻麻，桿檣如林，隨大船駛過掀起的波浪起伏搖擺，蔚為壯觀。距岸幾十步之遙，築有一亭，紅柱綠瓦，有一窄堤與岸相連，兩旁修有石階，供人上落艇船，這就是「綠瓦亭」，綠瓦亭是沙面的魂靈。沒有了她，這沙面，這白鵝潭就變味了。

兒時在亭邊的石階上，只須看碧波拍打到哪一級，就可測知江水的漲退。

但凡到了端午，如泥湯般濁黃的江水，浸沒了所有的階梯，甚至漫入綠瓦亭內。

這便是「龍舟水」來了。

西關人認為浸龍舟水能解穢避邪，洗去黴氣衰運，一家大小除去鞋襪，就在這亭子內外，歡天喜地的浸水。如果那一年水勢特別大，能浸到堤岸路面和榕樹旁邊，那就證明這一年的龍舟水，浸過之後能令你特別好運。

這是個可以名正言順玩水的日子，因為我們這些在珠江邊長大的孩子，平時都被禁止私自下河戲水，家長往往用那些每年都發生的溺水事件，來嚇唬自己的孩子，讓他們相信，溺斃的亡魂，會拉人下水作替身，然後好去再轉世投胎為人。而端午浸龍舟水，是唯一可不受節制的日子，因為龍舟水避邪，那天又陽氣旺盛，孤魂野鬼是不敢出來作崇的。

母親帶我「遊船河」，是在端午的黃昏，就在綠瓦亭落船。畫著紅紅綠綠圖案的遊艇，在與岸持平的江水裡搖搖晃晃，母親牽著我和姐姐，可以像上三輪車一樣，抬腳就邁進船艙。天很快就黑了，划艇的「蛋家妹」扭亮了電池燈，把小小艙內的一張竹席，還有小茶几映照得雪亮。

很快就過來幾隻賣艇仔粥的蛋家艇兜生意，母親叫了兩碗。艇仔粥的粥底以魚骨熬成，再添上肉片、海蟄和墨魚鬚等，味極鮮美。我只挑那粥面的油炸鬼和花生來食。艇家能在搖擺不定的小船上，用尺餘高的大煲熬粥，又可以舀出盛在碗內遞過來，沒有點高超的平衡功夫還真應付不來。

我們這一隻艇未待扒到江心，從芳村那裡來的一隻艇上，就有人大聲喊話過來：「王師奶！王師奶！」話音剛落，那艇已「澎」的一聲靠上我們的小艇。有人掀起布簾，同媽咪講起上海話來，我望去那艇內坐有四、五個男女，其中一個穿黑膠綢大襟衫的蛋家妹，正盤腿端坐彈月琴，寬大的衫袖裡，露出光滑的手臂，那條烏黑油亮的大辮子，繞過她細細的脖子，搭到豐滿的胸前。

同母親說話的是馬太太，她先生遞過來半包雪片糕給我吃，另外一位也是上海人的婦人，連聲勸說我們「過艇」（到她們的船上去）。母親看看我倆，沒有答應，只由兩艇的艇家，彼此抓著船舷靠在一起，幾個人說了一通上海話，那些賣粥的小艇又圍上來兜生意，眾人各要一碗艇仔粥，我是第二碗了，男男女女就著江上徐徐的涼風，吃得極滋味。

那蛋家妹靈巧的指尖，把琴弦撥弄得格外錚琮動聽，三個南來的上海女人，加上馬先生這位「小開」，講起上海話來就像幾挺扣住扳機連發的機關槍。馬太太要求蛋家妹彈蘇州小曲，她放下月琴，只是擺手說：「唔識！」馬先生笑著打圓場：「唉呦呦，還是彈你的平湖秋月吧！」兩船人都笑了。

大人們談起白天「扒龍船」，只向艇家打聽哪條村奪了錦標，都回說「唔知」，惟我心中竊笑，我下午偷偷跑去江邊看過扒龍船。

「扒龍船」是端午節一大盛事，每一條參賽的村子都視此為相關光宗耀祖的重要名譽，時有因賽果不公引起村民械鬥。那天一早，琶州兩岸觀者數萬，人頭攢動，來自四鄉的壯男一律著白色汗衫黑色短褲，端坐在龍船內握槳待命，一聲沖天炮響，二十多條龍船在江面破浪前進，龍船頭的鼓手奮力擊鼓，槳手們隨鼓聲節奏劃槳，雄渾的吆喝聲響徹江心，場面激動人心！

來自獵德村的龍船一馬當先，不到半個鐘已由船首的奪標手，將終點的錦旗拿到手。在他們後面的兩條龍船，出發之時已發生過衝撞，眼見奪標無望便遷怒對方，用槳作武器打將起來，弄得人仰船翻，岸上的男性村民紛紛撲下水助戰，留下的婦孺則拼命對罵。直到圍觀人群中一個光頭仔失足落水，不見了褲衩，光著屁股地爬上岸來，引起男男女女圍觀，顧不得再打罵，眾人哈哈大笑聲中，各村人馬皆化敵為友了。

這些親眼見的故事我不敢說，只能憋在心裡，埋頭舀粥吃。

這時又有賣粽子的小艇蕩槳過來，母親要了一打，分過去馬太那隻艇每人一隻，連彈琴的蛋家妹也有份。

鹹肉粽就著艇仔粥，眾人吃罷，又是一番咀嚼談笑，夜漸深了，吃飽喝足的姐姐，伏在竹席上早就睡了，我卻毫無睡意，倚著媽咪似懂非懂地聽大人們說話。

賣粥的艇家來收碗，彈月琴的蛋家妹，也起身準備回到來接她的小艇上，趁她找木屐時，馬先生在她翹起的屁股上捏了一把，她只笑笑，把長辮甩到身後，一扭一扭地回自己艇上去了。

馬先生盯著她豐滿勻稱的背影連說：「唉呦呦！唉呦呦！」

把住兩艇的蛋家鬆了手，馬太的小艇還有那蛋家妹的小艇都遠去了，不一會兒就融入江上點點漁火之中，不知何人唱起咸水歌，唱得楚楚可憐與凄清，那夜空的月牙，就在這飛揚的歌聲中，照亮著一河兩岸和我們的小艇，槳聲咿呀，枕著母親溫軟的臂彎，我漸入夢鄉。

睡意朦朧中只覺得，艇家包的粽子，遠不及母親包的精緻，母親還會包許多大小不一的粽子，最小的只有指甲一般大，可以講是最袖珍型的粽子，由大到小用細線紮起串起來，象風鈴一般掛著……江上破浪的龍船，失足落水的光頭仔，都活現在夢境。

小艇到了岸邊，坐三輪車回承蔭園，一路上我半睡半醒，在母親懷裡囈語：「今年扒龍船是獵德村贏了！」母親輕拍我的背部，柔聲說：「我知道，你偷跑出去看過劃龍船，睡吧！」

「唉呦拗是甚麼意思？」我又問她。

母親笑出了聲「那是蘇州話，就是很靚的意思，你蘇州的四舅媽就很唉呦呦。」我想說母親才是最「唉呦呦」，實在太睏，又睡了過去。

西關人「遊船河」成風氣之時，珠江水面上曾經有過千餘隻小艇，許多「蛋家」專做「遊船河」生意，荔枝灣、黃沙碼頭、沙面及芳村等地都見到這些小艇。

蛋家指水上人家，過著漂泊無定的生活，家小均生活在船上，所飼養雞鴨家禽，多關入籠內綁在艇尾，故廣東人歇後語中有「蛋家雞見水，唔飲得」一說。

長期在船上撐篙劃槳，身材健美，臀部發達的「蛋家妹」，名字中多帶有「娣」、「金」、「好」等字，她們喜歡穿黑膠綢，留一條長辮，膚色黝黑，行走在大街上，很容易被辨認出來。母親因為經常遊船河，認識不少「蛋家妹」，路上相遇，她們都很有禮貌地同我們打招呼。

在珠江邊搵食的「蛋家妹」，風雨寒暑居於一艇，還要飽受歧視，二、三十年代與馬師曾同臺演出的女星關影憐，就有過首本名曲「蛋家妹賣馬蹄」，當時在戲院上演還被寫為「關影憐賣馬蹄」，傳為一時佳話。

在多寶西碼頭找一隻艇仔「遊船河」，沿彎彎河水出珠江，再去海角紅樓泳場遊水，是西關人夏日的消遣之一。母親牽著我在荔灣涌邊的石級一站，馬上就扒過來好幾隻小艇，「遊河啦！去海角紅樓啦！」蛋家口音的吆喝此起彼落。一個乖巧醒目的蛋家妹已站在艇首把手伸過來，要扶我們落艇。母親喜歡揀一些乾淨企理的艇仔，其實每一隻艇仔都塗以淺色油漆，描上花鳥蟲魚的圖案，兩側還講究地掛著窗簾，美得分不出高低上下，花多眼亂的母親到最後還是隨便揀了一隻。我因為年紀小，落艇後就被推到艇尾的竹蓆上，兩支大槳就在我頭頂交叉著「咿咿呀呀」搖來搖去。

船行不足半個鐘，涌邊房屋逐漸見少，迎面而來的是許多濃密深綠的荔枝樹，如適逢八月紅荔熟透，伸手可摘肉厚核小的「糯米糍」，那時的人也不多摘，只順手取三五粒淺嘗即止。西關人稱之「貪口爽」，而不是「食飽肚」，雖然大家都不是十分富足，識得節制，取之有度，是那個時代中人的教養。

整條荔灣涌有多長，迄今未知準確數字，只覺得艇家出盡力「扒」了很久，廣州人喜歡用「扒」代替「劃」，連端午節賽龍奪錦都講「扒龍船」而不是「劃龍船」。

船出了珠江，水面立見寬闊，海角紅樓的紅柱杉皮屋頂便已遙遙在望，這裡做生意的艇仔更多，小一點的賣艇仔粥和水果，大的可以稱之為船舟，上面是供應酒菜的，可以擺一兩桌。母親帶我幫襯過一次，吃的是甚麼菜全無印象，只記得程容姨媽的朋友點了一位盲妹唱南音。

海角紅樓用木料臨水搭建在大坦尾岸邊，是一座用木欄圍住的泳池。艇仔泊靠碼頭，眾人便踩著木板梯級進入海角紅樓。遇上退潮，長滿綠苔的木板露了出來，踩上去濕漉粘滑，一不小心就跌個四腳朝天。

海角紅樓是抗戰後一班廣州藥房老闆兼游泳發燒友發起創建的，其中的「華大藥房」與「大同藥房」一九四九年分別併入何濟公製藥廠與潘高壽製藥廠，當時這些藥房在廣州都是首屈一指的。

華大藥房的老闆梁世光與大同藥房的楊萬如，在一個春日遊船河時，萌意創建一座體育娛樂文化的綜合性泳場，「海角紅樓」則緣自香港作家衛春秋的一本書名。

「海角紅樓」採用集資合股形式，因耗資鉅甚進展艱難，以致楊萬如要出讓藥房，而梁世光則邀請廣州酒家經理陳星海等入股，幾經周折終於一九四六年八月正式建成「海角紅樓」順利開幕。

其時為推介泳場還成立了一個「海角紅樓體育會」，廣聘社會各界名流俊彥出任會長、顧問，計有治安顧問、法律顧問、衛生顧問、宣傳顧問、社交顧問等等，由此也可見四十年代民國社會活動的成熟與發達。

當時「海角紅樓公司」以及各股東，在泳場周邊各自修築別墅，專供記者、文人雅士、學者、軍政要員、社會名流、商賈貴賓享用。已建成的別墅計有「丹荔」、「一致」、「迎賓」、「千乘」、「海棠」、「朝陽」、「太白」、「晚霞」、「海濱」等別墅，這些別墅的建築風格新穎，各有特色，不少名人慕名而來，反映出廣州人對美好生活的講究與追求，也成為遊船河市民欣賞的一道風景線，我隨母親遊船河時，這些漂亮的建築物仍在，它們的主人多已遠遁，物是人非，我尚年幼，只識得玩，未知世途艱險。

一九四七年底的海角紅樓頗具規模，一如同名小說中描寫的那樣美麗迷人

海角紅樓背西面東，後有花果樹木蔭蔽，前有珠水碧波相映，泳場裡亭榭迴廊、荔紅柳綠、花香鳥語，白晝遊人如過江之鯽，入夜笙歌舞影通宵達旦。遊船河去海角紅樓，成為廣州人生活中老少鹹宜、雅俗共賞的一大樂趣。

一九四九年接踵而來的政局動盪更迭，令別墅的住客席不暇暖便逃之夭夭，海角紅樓眾股東亦作鳥獸散，留守廣州的大股東梁世光苦撐不下，無奈之餘只能將泳場轉讓給文化局，「海角紅樓」立即被改了一個不倫不類的名字「海上文化宮」，後來才由朱光市長恩准恢復原名。

我去的時候，她仍未受到嚴重破壞，當時海角紅樓距建成還不到十年，雖然全盛期的繁華已經不再，其風采猶存幾分。除了天然泳池，溜冰場、音樂茶座、西餐冷飲和粥粉面店都還在運營，很多市民一進場就玩上整日，泳池邊寬敞的露臺上有許多木製檯凳，每家各自占住一張，一班人輪替留守看管衣

物，遊水、溜冰或是吃東西，各自取樂。有的人還攜來手搖留聲機播放黑膠唱片，「花好月圓」、「教我怎能不想她」的樂曲四處飄揚。

西關夏日，遊船河，海角紅樓戲水，是很開心的事，但若論消暑解熱，還有一大消遣，那就是「飲冰」。

廣州人的「飲冰」，同《莊子》裡的「今吾朝受命而夕飲冰，我其內熱與？」一點關係也沒有。雖然梁啟超著有《飲冰室合集》，且祖籍廣東，但他的書取其名，也只是出自做學問的書齋「飲冰室」，暗喻自己維新變法之志，臨危受命之憂慮，與廣州人夏日去飲冰的冰室亦毫不相干。

冰室一到夏天就供應冷飲，入秋後或出售臘味，或供應熱飲。廣州的夏天從何時計起，要以「海角紅樓」、「西郊」等公共泳場哪一天恢復開放為準，一般都是在每年的五月初。

那時廣州的四季氣候變化還比較準確，一入五月不久，酷暑溽熱就一陣陣撲來，去冰室飲冰就成為一種享受。

十八甫北街角的「美都冰室」和寶華路的「順記冰室」，遠一點的「太平冰室」以及財廳前的「美利權冰室」都經常去。有名氣的冰室，大都開在西關、西濠口、永漢路等鬧市，既然去行街，就少不免會入去飲冰解渴祛暑，冰室裡席無虛座，只能找一張已經坐滿人的檯子，站在旁邊耐心等位。

「美都冰室」內牆漆成蘋果綠的輕快色調，淺淡柔和之中帶幾分清涼，這間冰室風扇很多，「華生牌」牆扇左右搖擺送風，風力強力度均勻。我長大成人有了女友一起去飲冰，喜歡揀一張牆扇吹得到的檯子，兩人依偎吃冷飲，她的髮絲隨風飄拂過來，還聞見少女肌膚浴後檀香皂的餘香，那一種心蕩神移的感覺，比透心涼的冷飲更難忘記。

我喜歡的冷飲中，「美都」的紅豆雪糕是首選，「順記」椰子雪糕次之。偶爾也奢侈一番，點一客「雙色」，白色的牛奶雪糕加啡色的朱古力雪糕，「三色」就更奢侈了。

「雙色」與「三色」屬「美利權」的最上乘，雪糕的優劣，首先是要夠不夠幼滑，一些三流冰室的雪糕帶冰碴和粉粒，就不堪入口；其次是味道夠不夠純正，「順記」的椰子雪糕可食出細細的椰絲來，未端上來遠遠即聞見幽幽椰香。

呂順創出「順記椰子雪糕」的品牌之後，一直有呂家中人幫忙管理冰室生意，估計主要是控制雪糕秘製的配方，那時小有名氣的食肆，幾乎家家都有一手獨門本領。

冷凍過的汽水叫「雪藏汽水」，冰箱叫做「雪櫃」，冰棍叫做「雪條」，雪糕則稱之為「雪球」，因為用錫勺舀出來的雪糕呈球形，所以廣州人喜歡叫它「雪球」，奇怪的是唯獨冰水仍稱冰水，不會被叫做「雪水」。

雪球可以盛在碟中配以豆類或水果，稱之為「拌」，紅豆拌雪球，菠蘿拌雪球，荔枝拌雪球，品種很多。雪球放入高腳杯裡浸以牛奶、冰水或汽水，稱之為牛奶雪球、紅豆冰雪球、橙汁或檸汁雪球。也有不放雪球的冰水，就叫紅豆冰、綠豆冰、荔枝冰或什果冰。

最好飲又能解暑的是汽水加雪球，將雪球放在橙汁汽水裡，可以感受到汽水裡的汽泡圍繞著漸漸溶化的雪球，此時飲之，奶香中摻有一種辛辣，入口清涼透心徹體。

五十年代西關人家極少擁有雪櫃（冰箱），所以冰室到處可見，西關人除了飲冰食雪糕，冷飲還包括購買雪條、雪批、蛋筒雪糕與汽水，從幾分錢一根的雪條到兩角五分的雪批，超過三角錢就是「天價」了。有時亦見小販揹著木箱沿街叫賣雪條，裡面有用厚毛巾包住的保溫壺，因為從廠內批發出來，價錢比冰室要便宜，市民買回來在家吃，又是一番情趣。烈日下賣雪條是苦差使，一旦滯銷，雪條融了就會血本無歸，所以小販十分勤力，腳步要快，往人多處去，開蓋取雪條為避免熱氣入侵，動作也極為迅速。一檔攤養活一家人，搵食艱難，可想而知。

漫畫家張樂平的「三毛流浪記」就描繪了初入城市的貧兒三毛買了一根雪條，又捨不得吃，裝入口袋留著回家享用，結果雪條融盡只剩一條小棍，貧苦人家的辛酸被畫家刻劃得入木三分。

廣州的亞熱帶酷暑堪稱可怕，那種熱是濕漉漉的悶熱，皮膚上似乎有層粘液，堵塞住每一個毛孔，極之難受。白日尚能戲水、飲冰，晚間則不得不「訓街」（睡馬路）。

夏日午後，廣州街巷家家都要潑水到門前麻石地面降溫，也往自家青磚外墻，甚至屋內四壁上潑水，曝曬終日的磚石積留著烈陽餘溫，水潑了上去「贇」出一股濕氣，路人經過，聞到這股獨特的濕水氣味，就知道「訓街」的鐘點到了。

潑水過後，眾街坊紛紛搬出竹凳籐椅，抬條凳扛床板，開始露宿街頭。此刻人手一扇，坐臥納涼，那時電風扇是奢侈品，更被視為罕物，尋常人家納涼惟有用扇生風。

西關人喜用新會大葵扇，該地葵樹極多，新會縣圖書館前一條大道兩側就盡是葵樹，高大挺拔，葵蔭蔽日。葵樹長成後其葉片闊大尤甚，大葵扇就是取其葉柄，及裁取與柄相連那一圈硬葉製成，尺寸不一，最大的可達四十多公分直徑，其柄甚粗且起棱起角，沒有相當腕力還使不動它。小巧的葵扇僅二十多公分直徑，還帶花草烙畫，纖細圓柄上還纏上白膠帶，如象牙一般可以亂真。

一扇在手，做父母的搧十下，有九下是送涼給兒女的，夫妻亦然，那扇子握在老婆小手中，也是一下一下溫柔地搧向老公。

為誰搧扇，箇中有關愛無言，情真意切。

南方溽熱要至午夜後才漸漸退去，執扇者一搧就是半個晚上，倦了換手，左右輪流。被搧者因為有風送涼，早入夢鄉，身邊執扇者自身也睏倦，搧著搧著便也入睡扇跌，待驚醒拾起再搧，直至凌晨才與大家一起酣睡。

童年記憶中許多炎炎夏夜，都是偎依母懷，蒙她執扇送涼而度過的。

粵人忌「打霧水」，所謂「霧水」，實指夜露，在露天睡一宵，所蓋薄衾盡濕，就是沾了露水之故。記得一覺醒來，每每發現母親撐了一把「梁蘇記」的雨傘放在我床頭，擋去了許多「霧水」。

我長大後別鄉遠遊，讀到屠義所著之《養正遺規》，內雲：「夏月侍父母，常須揮扇於其側，以清炎暑，及驅逐蚊蠅。冬月則審察衣被之厚薄，爐火之多寡，時為增益；並候視窗戶罅隙，使不為風寒所侵，務期父母安樂方也。」往昔星光下慈母竟夜揮扇送涼的情景，猶歷歷在目。每念及為人子者，從未在夏月揮扇於其側，以清炎暑，及驅逐蚊蠅，也沒有盡孝務期父母安樂。爾今父母雙亡，欲盡孝而親不在，那一種深深的慚疚，是錐心蝕骨的。

在廣州大熱天時「訓街」（睡馬路），是天公地道的事。街坊之間雖也有「霸位」爭搶地方擺放床鋪而發生口角，但一般都能相就。有女長成之家，也放心讓女兒露宿，街巷內老少同床，男女混雜，衣薄衫少，玉腿酥胸，肉帛相見，卻鮮見有傷風化醜聞發生，皆因坊間仍知廉恥，存有道德之觀，傷風敗俗的不堪，那時並不多見。

第八章　父親劫後還家

一九五三年，我上小學時，同窗男童女孩凡三十餘人，家境貧寒富裕者兼有之，同學中有穿皮鞋、布鞋、木屐上學的，更有不著鞋襪的「赤腳大仙」，衣衫也是有的襤褸破舊，有的整齊光鮮，書包裡的文具盒，鉛筆的長短是一個標誌，家境好的有幾支帶橡皮頭的長鉛筆，削鉛筆的小刀，家裡沒有餘錢買文具的同學只有幾支鉛筆頭，寫鈍了，就用口咬筆頭，直到露出鉛筆蕊為止。我自小受父母耳提面命，向無嫌貧之心，對同學們只充滿同情與愛意，課堂裡與小同學分享自己的筆墨紙張甚至午餐，天氣冷了，還送衣服給他們穿。

唯一令我感到格格不入的，是同學嘴巴裡不堪入耳的粗口（髒話），這些孩子將污言穢語與日常用語天衣無縫地結合起來，一句話中十個字起碼有三個髒字，我羞於也拒絕講粗口。

置身這些營養不良瘦小如雞雛的孩子們之中，高頭大馬的我就像一隻肥鵝，顯得對比懸殊，引人注目。但在我心目中他們跟我都是一樣的孩子，一樣需要上學，需要吃飯，需要嬉戲玩樂發洩過剩的精力，我打心裡喜歡這些比我矮一個頭的孩子。

我入學時，以我父「王」姓報名，年幼無知，不懂得何為「階級觀念」，但入學不久，放學後總有五、六個小同學尾隨我，在背後邊跑邊叫：「無老豆，監躉仔！無老豆，監躉仔！」我就跟他們厮打，雖然沒有吃虧，但難免被抓傷，扯破衣服，回家見到母親難言心中萬分委屈，惟向她逼問父親下落，何時他才能從監牢裡放出來，母親只緊緊摟著我，不言不語。

唸到三年級，我終於改隨母姓「孫」，沒想到如此一來，每天放學身後的頑童更多了，噓聲也更大了，只是換了一個叫法：「兩個老豆，油瓶仔！」我跟他們的打鬥也更激烈了。

那時我晚上常常做同樣的夢，夢見父親回家來了，高大威猛，身穿海關制服，把我抱上他那部「客家路」單車，在眾孩童的羨慕眼光中揚長遠去……

我上四年級的時候，一個星期天的早上，母親突然吩咐我單獨去一次沙面，在此之前四面環水的沙面是「禁地」，母親擔心我貪玩溺水，三令五申責成我離沙面遠一點，此番居然特准我單獨前往，令我很是疑惑。

母親吩咐我去沙面東橋下等一個人，「是你一個很想見的人」她如說是。

待我到了榕蔭四蔽的東橋，在那裡竟然見到了日夜思念的父親，我撲在他懷裡大聲嚎哭，把多少年的想念與委屈都哭了出來，父親緊緊抱著我，寬闊堅實的胸脯起伏不停。

這次父子相會改變了我的生活，我好像突然長大了幾歲，開始懂得把自己生命中三個大人：父親、母親還有牟uncle放在一起來度量，竭力想弄清楚他們之間的關係。

父親坐牢之後，母親帶著我和姐姐生活艱難，當時她才二十多歲，謀生無門，如果不是牟uncle的出現，我們是不可能過上現在這種生活的，牟uncle來我們家後，我們添了一個妹妹，對這個小我八歲的嬰孩，我有著一種莫名的摯愛之意，如今父親回來了，母親和我們應該跟父親一起生活了，但是牟uncle怎麼辦呢？我們可愛的小妹怎麼辦呢？

這個難題使我苦思不已。

從澳門回廣州後，父親那部德國照相機進了當鋪，打那以後我家就沒有再照過全家福，一九五七年父親母親還有姐姐和我，到「艷芳照相館」拍了一張全家福。

有了這張照片，我似乎看到了遠景。

我感覺得出牟uncle那種疼我的感情，他厚厚鏡片後面的目光永遠那麼和善，在我們相處的幾年裡，儘管我的頑劣和惡作劇層出不窮，他從不責罰我，甚至從來沒有大聲呵斥過我。

不過我心裡始終記住自己的父親是誰，如今父親回來了，牟uncle還有母親都開始討論甚麼。一天，父親來到承蔭園家中，三個大人在臥室裡說了半天話，我和姐姐貼在門縫偷聽。他們從房裡走了出來，父親突然氣忿地給了牟uncle一拳，牟uncle站不穩，眼鏡也飛了出去，母親大叫起來，我和姐姐都嚇哭了。

這是我第一次目睹父親發怒，那真是雷霆之怒！

很多年後我才明白，父親被人從澳門誘騙回來，失去工作還失去年輕的妻子和一對兒女，又坐了幾年冤獄，其時才三十多歲。他真正是被激怒了，繃緊了渾身的肌肉，要爭取收回原本屬於自己的東西，他的妻兒，這也是這個世界上，他剩下的唯一的東西了！

一向被視為好好先生，為人親和溫順，能忍則忍的父親，這一次不達目的誓不罷休了。

在三個大人爭持不下的日子裡，我每逢星期天都去十三行的「義益行」二樓找父親，那裡被改裝成外貿局的單身宿舍，住著一些國府遷臺後留下的洋行買辦及文職人員，這些人受過教育，大都懂一點琴棋書畫。緊挨父親床鋪的一位室友的油彩畫得很好，床頭掛著他的越秀山的風景寫生，另一位凌先生，風琴拉得很好，我每到「義益行」，都聽到他在床鋪上拉琴，日後凌先生還成了我們的鄰居。這些人常約父親同去沙面「經濟餐室」吃西餐，餐館旁邊有個英式檯球房，我在那裡消磨過許多個週末。

每一次父子團聚，父親都以滿足我的要求為重，父子同樂日以「美斯」西餅店的奶油花蛋糕，作為一天的序曲。父親牽著我的手從住處穿過清平路，經第十甫到寶華路的「美斯」西餅店，一路上父子有說有笑。在路旁人家飄出的陣陣炊煙裡，早晨的陽光顯得朦朧柔和，店鋪小學徒正在卸下門板，老闆娘蹲在街邊白蘭樹下刷牙，盛活魚的大板車「轆轆」行過，大木桶溢出許多帶腥味的清水，挑著蕭崗菜心、芥藍的菜販魚貫而行，幾個早起的師奶已經在食檔吃及第粥油炸鬼，一邊商量買甚麼菜回家。

在「美斯」捧得一角奶油蛋糕，下一個節目就是去「金聲電影院」看電影，散場後吃中飯，逛百貨公司，下午到「杏花樓」吃糖水，黃昏時分再陪父親返「義益行」，我才自行回家。

我很享受每週一次的父子團聚，我可以和許久不見的父親單獨相處，路上遇見小同學，我還可以神氣地對他示威，身邊這個俊朗高大的男人，就是我引以為傲的父親。

我是個脾氣很大的孩子，和父親相處我常常發脾氣鬧別扭，一言不發在他前面往前走，有一次為了一點小事，還踢了父親一腳。父親從來不對我施以打罵，但我一直為自己在如此寶貴的團聚中發脾氣而內疚，涉世愈深後才真正懂得和理解，吃盡牢獄之苦的父親，四十歲上下死裡逃生，慘遭妻離子散，心中該有多少悲苦？

幾十年後，我有一次摟著風燭殘年的父親，為童年行街睇戲食飯的父子同樂感謝他，為自己踢他那一腳道歉，鬚眉皆白的父親茫然地凝視著我，似是在努力搜尋記憶中這段遙遠的往事，與病魔纏鬥多年的父親，突然想起甚麼似的，雙眼突然放光，顫巍巍伸出一指戳戳我，「你這小子，踢得我好痛喲！」

我和父親的父子每週一聚，終於在一九五八年結束了。

眼見母親左右為難終日眼淚洗面，宅心仁厚的牟uncle表示願意自行退出，他向母親表示，你們本來是結髮元配，不得已才被分開，理應復合，反正我在廣州的生意全被「公私合營」光了，我就帶女兒回上海去吧。可母親又捨不得小妹，牟uncle見狀於心不忍，最後連孩子也不帶走，就這樣孤身一人從家裡搬了出去。

母親帶著我們從西關搬到了東山的「外貿新村」。

父親任職的外貿局在黃埔大道蓋了一個社會主義新生活展示區，佈局分成東西兩翼，每翼各有三幢三層大樓，號稱東一、東二、東三和西一、西二、西三，中間是外貿局幼稚園。

「外貿新村」設計佈局呈現濃鬱的蘇式風格，呆板的方型建築，紅磚綠瓦，深赭門窗，新村內遍植花草樹木，大樓之間的空地居然出現了廣州城難得一見的草坪。宿舍樓內每層都有一道長廊，兩邊皆為房間，每層可住幾十戶，每層都有兩個集體使用的浴室廁所與廚房。

按照中國的等級制，科級幹部的父親可享有一間月租四元包水電的公房，內有搭床鋪用的床板、橋凳、桌椅等一一編了號，登記在冊。再加上從承蔭園帶來的家具，小小房間塞得滿滿的，中間只餘一小塊空間，僅可鋪下一張蓆子，在這個十六平方米的小房間裡，父母、姐姐和我還有小妹開始了新生活。

父母睡大床，我睡小床，小妹送去外貿幼兒園全托，姐姐則被省航海多項運動隊招募成為職業運動員，食宿都在航海俱樂部，小妹和她只有在週末才回到家中，看上去令人頭疼的住宿問題就這樣解決了。

入住新村後第一天，母親就在集體廚房裡燒了第一頓晚飯，雖然身處陌生的環境，但她還是在亂成一團的調味料與炊具之間，施展魔法一般做好了飯菜，從廚房到我們的房間要走一段路，我和姐姐幫著母親來回奔走，把番茄蛋花湯、紅燒肉、釀鯪魚、臘肉炒芥蘭和白切雞捧回了小房間。

坐在那張從承蔭園搬來的木餐桌旁邊，腦海裡閃現出伜uncle與我們在這張桌子邊吃飯的情景，竟有幾分的難捨，但我很快就明白自己必須把這個戴眼鏡的圓臉男人忘掉，我端起飯碗，開心而真心地大聲叫道：「爹地、媽咪吃飯！」

這是我們離開澳門後第一次全家在一起共進晚餐。

那天晚上，我感到自已真正長大了，第一次懂得充滿珍惜細看父母的音容笑貌，從澳門到廣州雖然只不過幾年，但其間發生的變故之種種，愁腸寸斷的骨肉分離，讓人感到這的確是一段非常漫長的時光。

與親愛的祖父和父親分開之後，我陪伴母親探監尋人、輾轉南北、典當渡日，其間還身受成人與孩童的冷眼嘲諷侮辱，這一切都使我這個十二歲的孩子變得早熟，可是一個少年的內心，是沒有人可以理解與明白的。

那天晚上我充滿愛意、喜悅地望著父親和母親，看了一遍又一遍，只想把憔悴然而依舊年輕的他們，深深鐫刻在我的腦海裡，因為我十分擔心這美好的團聚，會因為飛來橫禍再次化為一場空夢。

那天晚上父母的容顏，成為我畢生難忘的永久記憶。他倆雖然早已除下光鮮奪目的洋裝西服，換上灰暗破舊的藍色幹部裝，但在我心目中，父母永遠都是年輕貌美，卓爾不群。

我的父親，從京都人家走出來的翩翩美少年，北京「槓王」的嫡孫，有著祖上遺傳的魁悟偉岸身軀，國字面型，額角寬闊，褐色雙瞳之間，鼻樑筆直，往下是線條堅毅的雙唇，剛陽方正的下巴，這是一張近乎完美的北京人的臉孔。

父親精通中西拳術，體格健碩，我自幼崇拜他一身勻稱發達宛如雕刻出來的肌肉，學繪畫時曾想過描畫這具有希臘雕塑「大衛」之風的身軀，可惜他下放海南島兩年，回來之後變得又黑又瘦，當不成我的模特兒了。

坐在父親身邊的母親，那天特意到「一樂也」燙了頭髮，母親的面相，是屬於舊時代的人的面相，清秀可人，柔和端正，帶著含蓄和靦腆，氣質還有儀態，一顰一笑，談吐舉止，都揉和了中國女性含蓄溫順的蕙質蘭心。

很多年後看到一部俄羅斯電影《海軍上將高爾察克》，片中的導演在群眾演員中尋找合適人選，當他見到一位白俄貴族遺孀，不禁驚呼起來：「就是這一張臉，現在還有這樣的臉嗎？再也找不到了！」母親有的就是這一張臉。

母親天生一副好嗓子，當年住在上海萬宜坊的外婆，曾經痛斥那些遊說母親去當影星歌手的「星探」。那天晚飯後，母親和父親一齊唱《你從前是這樣》，兩人笑逐顏開。

經生死兩茫茫的父母，今得再續前緣，難得一家團聚，不管過去蒙了多少冤屈，受了多少苦難，也甘願了。晚飯後他們在合計如何把生活安排得更好。次日清晨，矇朧聽見父親穿衣的「窸窣」聲，我真切感覺到這是一個父母都在的完整的家，心裡無比踏實，翻身再睡，睡了一個從來沒有這般香甜的好覺。

我對剛結束不久的「反右鬥爭」一無所知，更不知道剛逃脫黑獄的父親如驚弓之鳥，他正努力在反右狂潮逐浪高之中保住自己的小命與家人。

父親盡可能少說多做，只求這把火不要燒到自己頭上連累妻小，為此他不惜斷絕了與親戚、朋友、同事的書信往來與互訪，除了悄悄給北京的奶奶寄生活費，與外部世界絕緣，親友因此責怪他絕情，不仁不義，父親卻從不嘗試為自己辯解。

即使如此，他也差一點就成了「右派」。

反右運動之際，公司領導邀請父親參加茶話會，敦促大家向黨提意見，保衛科長笑嘻嘻向父親打聽，早餐都吃了些甚麼，又問他可有在公司樓下「趣香園」買點心，說著說著，科長拍桌子就罵那間店的核桃酥硬似卵石，可以擲死路邊的狗。科長先生端起茶杯邊呷烏龍茶，邊問父親：「老王，你說是嗎？」

父親曉得這絕不是一般聊天，盡量平靜地答道：「我覺得挺好吃。」只唯唯諾諾，一概不置可否。科長套了他半天的話，父親只是守得死死的，不提半點意見「幫黨整風」。據同事私下相告，那天父親的守口如瓶，氣得保衛科長切齒咒罵「好你個老王老奸巨滑，你跑得了初一，跑不了十五！」

根據保衛部門和人事部門密存的個人檔案作出政治甄別，父親無疑是屬於高度危險的敵對階級人物，他的問題有二：一是來自祖父，民國時代祖父在北京與「軍統」的馬漢三是至交，又與青紅幫過從甚密，官場道上朋友都多，他與父親父子之間可有隱惡未被揭露，是最大疑點；二是來自父親本人，在海關裡官拜稽查長，又是唯一從澳門自行來歸的海關高級官員，究竟是否身負潛伏「重任」，另有所圖搞顛覆破壞，一直是另一大疑點。掌管生死大權的各級黨政幹部，在你死我活的階級鬥爭觀念下，都提高警惕不相信任何人，尤其是對那些來自「舊社會」的人一百個不信任。

對父親這一類人是要加以監視、控制使用而不可重用的。找不到問題，並不意味著沒有問題，只是有問題而未被發現而已。不管父親多麼埋頭苦幹，謹小慎微，一雙雙警覺的眼睛都在盯著他，在公司裡甚至在宿舍裡，都有人盯著他。

對於這些我一無所知，也不明白久別重逢後的父親為何變得沉默寡言，如此高大魁悟的他為何刻意佝僂身軀，在公司裡低頭彎腰貼著牆根行走，每天一早上班，等所有同事來到時，他已經打了一摞厚厚的數百頁文件，下班後父親自動留下加班，他被譽為「馬克沁重機槍」的打字聲，每天總是第一個響起，也是最後一個停息。

父親變了，變得像一隻貓躡足而行，像一隻蚊子輕聲說話。

每日夕陽西下，我都會在窗邊守望，白千層樹綠蔭掩映的黃埔大道上，遠遠出現一個高大的身影，那是穿藍布制服的父親下班歸來了，手裡拎著手帕打的小包，裡面是從中飯裡省下的肉包子或春捲，有時父親還帶給我從圖書館借來的小說。

每次我都飛跑下樓迎接他，父子倆在灑滿金光的大路上邊行邊說著話，記起從前每週一次父子相會，今能日日見父，何其幸也！

父親下班後就回家，從不外出，只靜靜坐在那張楠木書桌邊看書，在小房間裡默默無聲守著自己的家庭與妻兒。他覺得萬事足矣，抑或另有心事，無人能知曉他心底深處作何感想？

許多個晚上，家中都是鴉雀無聲，母親、父親和我各看各的書，直到該上床的時候熄燈就寢。外貿新村建成之後再也無人維修，處處雜草蔓生，變成昆蟲樂園。入夜之後，蛙鳴四起，蟲聲唧唧，銀色而清冷月色照入窗來，田野上的風吹拂牽動我床上的紗帳。這一切都擾亂我這顆孩子的心，在自然聲光的奏鳴曲裡，我任憑想像帶我馳騁於書中天地，暫且遠離灰暗鬱悶的現實世界。我不只一次隨著暇思冥想的翅膀，回到我的童年，回到了小小的澳門……寂靜的夜裡，父母在枕邊絮語，父親耐心規勸母親放棄申請出境：「回不去啦！世德，多想著點以後怎麼過吧。」他柔和的聲音聽上去是那麼親切，可又像一把利刃切斷了我們與美好事物的最後關聯，令人黯然神傷。

不是父親狠心，而是只有他才最清楚時勢險峻，擔憂自己一家的處境，任何微小的失誤與不慎，都可能招來殺身之禍。母親

一九五七年作者一家合影，氣氛已明顯與幾年前不同

一次又一次申請去澳門，不僅徒勞，還會增加「組織」上對父親的懷疑，引起街道派出所對我們一家的注意。

我尚年幼，覺察不出日常生活下面激流暗湧，畢竟少年不知愁滋味，除了每天坐公共汽車上學放學，我大部分的時間都消磨在不求甚解的閱讀上，同新村內兩個與我年紀相仿的頑劣少年，到後面的農田間，用烏黑發亮的泥巴築堤，舀乾溪水，摸魚捉蝦，倦了就騎在長滿番石榴的樹上，把光滑無皮而又強韌的枝椏當作躺椅，啃著未熟的酸澀果子談天說地，任那八月驕陽把我等皮膚炙烤得黝黑。

家住城鄉接壤之界，使我比其他廣州孩子更貼近自然，穿慣皮鞋的雙腳，很快就適應了赤足在田梗上飛奔。我喜歡那種踏入陽光炙熱的水田裡，濕滑而溫暖的感覺。拔足出水，聽得見腳掌掙脫泥濘發出的「嘖嘖」聲響。運氣佳時，可以踫上一條被曬昏了頭的塘虱，一腳踩住再探手去夾緊它又寬又肥的頭部，抓出來就使勁往地上摔，如是摔兩三次必死無疑。用小刀就地開膛，清出內臟，復以竹枝穿起，生火烤熟，鮮嫩花白的魚肉均分成三份食之，這種「烤魚宴」令我三人樂不思蜀，以致夜色四合也忘了回家，星空下小玩伴被火光映照得通紅的興奮的臉，在許多年後我還記得清清楚楚。

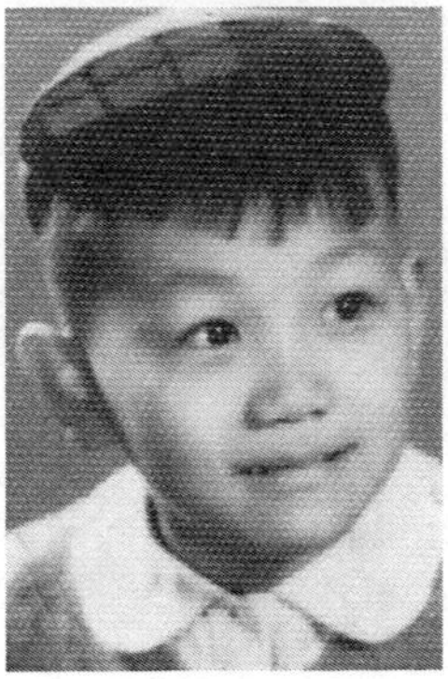

一九五六年時的作者

第九章　一個接一個的政治運動

從承蔭園搬到外貿新村不久，「大躍進」運動就開始了，在此之前還有過一場全民動員的「除四害」運動，跟共和國成立以來歷次政治運動以人為目標不同的是，它的目標是麻雀、蒼蠅、蚊子、老鼠。

春去夏來之交，我本應與少年夥伴們到南岸泮塘摘蓮蓬，在新村後面的西洋菜田裡抓「花手帕」魚，在陽光下享受田野微風吹拂，親近自然與昆蟲、小動物的樂趣，但是這一年，像我這個年紀的孩子全都改行抓麻雀、蒼蠅、蚊子、老鼠去了。

「除四害」運動是我有生以來所投身的第一個政治運動。

學校裡下達了指標，規定每個學生每天要上交定額，包括裝滿四火柴盒的死蒼蠅，另外每人每週還要上交一隻死老鼠。

為了完成指標，我在屋後埋了魚鱗、豬皮，用腐臭誘來許多綠頭蒼蠅，一一拍死後裝進火柴匣上交，有一天上交了六匣死蒼蠅，被學校評為全年級的「除四害小英雄」，還上了學校的光榮榜，不過宿舍樓後面卻被我弄得一片臭氣薰天，烏煙瘴氣，招惹來更多的蒼蠅。

外貿新村是集體宿舍，家家都睡床板，臭蟲肆虐。消滅四害之時，最壯觀的場面便是誅殺臭蟲大軍。每戶人家先發放一包「六六六」劇毒農藥，用水調和成糊狀，約定某日早上，家家戶戶把床板抬到走廊，搬到樓下空地上，豎著往地面上敲打，廣東人稱之為「棟床板」。

六幢大樓裡數百戶人家一齊動手「棟床板」，震落無數吸飽血肥鼓鼓的臭蟲，眾人手腳併用掐死踩扁之，留下一地暗紅血跡斑斑。復以糊狀六六粉抹於床板縫隙之中，以防蟲卵再生，這種盛大場面平時難得一見，令我等村內孩童為之雀躍。

我買了一把彈弓和同學們一起打麻雀，平時被校方和家長嚴禁使用彈弓的幾個男孩，如今「奉旨行事」，自然是裝滿一口袋石子四處亂射，麻雀沒射下一隻，玻璃窗倒是打破了好幾塊。

廣州的「打雀行動」鬧了整整三天，官方下令全市男女老少一起出動，工不開了，課不上了，田也不種了。那日上午八點整，全市防空警報拉響，眾人高舉竹竿彩布揮舞，取出預先備好的鍋蓋臉盆「咣噹咣噹」猛敲，還燃放無數鞭炮，人人聲嘶力竭狂喊，全城百萬市民剎時間吼聲衝天，地動山搖。

羊城內外，珠水南北，聲震天地，萬眾舞旗，只見凡有翼者均從屋簷、烟、樹叢倉皇飛出，逢降落者必死無疑，能飛者只好在空中盤旋，耗盡體力後紛紛墜落，我們的院子裡，半日裡即跌落數十隻飛行動物，以白鴿為多，居然還有三隻蝙蝠，麻雀反而只得三兩隻。

全國推廣的打雀四招：「轟、打、毒、掏」，我最喜歡「轟」和「打」，這可是發洩過剩精力的最佳時刻。

國人向「四害」宣戰之後不久，又改向大自然宣戰，高擎紅旗揮舞鋤鍬的人潮，涌向青山綠水，砍樹伐林，移山倒海，修水庫造梯田，四處在砍、在挖、在填、在燒，所有能寫上字的空牆都有革命豪情標語，還塗繪上人定勝天的壁畫。

「除四害」運動火熱數月，很快就被「農業放衛星」和「大煉鋼鐵」所替代。滿城敲盆打鼓旋即變成火光衝天的另一番奇觀。我們被告知麻雀暫時不打了，立即轉向「大煉鋼鐵」。

外貿新村裡家屬們在大院裡開始砌爐煉鋼，我在學校裡也幫老師砌了一座兩米多高的煉鋼爐。為收集煉鋼用廢鐵，每個家庭都出現很激烈的矛盾，我們為家裡的鐵鍋應該拿回學校上交廢鐵煉鋼，還是由母親拿到樓下進煉鋼爐，發生了激烈爭吵，父親沒有站在我與母親任何一方，他屬於第三方立場，因為他只想母親和我回答一個問題，如果把家裡的鍋交去煉鋼去今晚拿甚麼做飯？

由於大家都要完成捐獻廢鐵的定量指標，所以我們開始爭奪屋子裡一切類似金屬的物品，小小年紀的我開始變得有點神經質，走到外面兩眼不斷張望，見到發亮的東西就立即撲過去抓住不放。

這是一場不放過任何與鐵元素有關的物質的大搜尋，其犁庭耙穴之澈底，非親歷很難想見。連宿舍公廁拉下沖水的鐵鏈，還有晾曬衣物的鐵絲，廚房裡的火鉗都被拿走了，人人滿腦子裡只有「鋼鐵」二字。奇怪的是不僅要捐獻鐵，一些金屬如銅、錫也要拿出來捐獻。西關人家多有銅器，且愈多者為更富貴，有些人家中使用銅盆，銅壺，銅煲，連痰盂也是銅的。光復路就有一條「打銅街」，打製銅器店鋪多達幾十間。大煉鋼鐵中，大家把銅器捐獻一光，打銅街無銅可打，眾師傅被驅去煉鋼，「打銅街」變成了「打鐵街」。

我因為長得又高又壯，被老師揀選出來負責運煤，從西關第十甫推大板車到西場取煤，往返十數公里。西場儲煤之地的現場早已達到沸騰狀態，來自市內各地的人和車擠滿了煤場，圍繞著堆積成山的煤塊，想方設法把煤裝上各種交通工具拉走。在推板車回學校的路上我精疲力盡，其時已是凌晨兩點，老師讓我趴在煤塊上休息，我立刻就睡著了。

那天夜裡，老師們拉回學校的不僅是一車煤，還有在煤堆上呼呼大睡的我。那天運回來的煤把學校裡的小高爐燒得通紅，第二天中午爐膛裡終於流出了耀眼的類似鋼鐵的熔液，凝結成塊後由同學們系上紅綢，敲鑼打鼓抬著這塊東西去荔灣區黨委報喜，各地來報喜的隊伍排得很長，連扛帶抬運來自煉的鐵塊，在漫長的等待裡，我靠在路邊的樹上又睡了一覺。

一九五八年，中國自稱達到二千多萬噸鋼鐵產量，我一直為其中有自己曾經出力煉就的一小塊感到驕傲，直至許多年大煉鋼鐵損失數百億的真相披露，我才幡然醒悟那只是全民動員煉出數百萬噸廢鐵中的其中一塊而已的。

至於廣州城外的農村究竟發生了甚麼事，我一無所知，只聽老師講農村成立了「人民公社」，辦起托兒所養老院，還開了大飯堂，隨便免費吃喝，許多村莊的糧食達到畝產十多萬斤，有了人民公社這道「天梯」，我們很快就會進入共產主義天堂，要甚麼有甚麼了。

一九五九年秋天，學校領著我們這些即將畢業的小學生到市郊「大瀝人民公社」參觀，秋天的稻海麥浪一片耀眼金黃，田梗上遍插紅旗，一個古銅色皮膚的中年人告訴我們，這裡每一畝地都可以生產十萬斤以上糧食。為了以表尊重勞動人民，我們這些城裡來的孩子都特意沒有穿鞋，烈陽下站立在剛收割完畢的田地裡，我只感到有點暈眩。在公社大飯堂吃了一頓豐盛的午飯後，我被分派擔任搬運稻草的工作。休息時我爬到龍眼樹上，從高處四望，只見叢叢綠樹間金色稻浪在田野的微風中翻滾，赭色瓦頂的農舍飄起炊烟縷縷，一切都讓人感到新鮮好奇，我這個十三歲的少年哪裡曉得，一場大饑荒早已如天邊

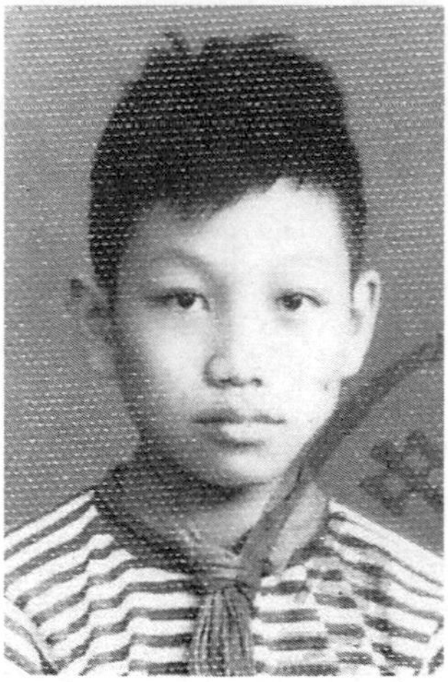
一九五九年作者從廣州十甫第小學畢業

烏雲稍稍逼近。

父親被下放到海南島「鍛練」去了，我也在一九五九年考入廣雅中學。

這所位於西灣路的中學，前身是兩廣總督張之洞創辦的「廣雅書院」，四周環以護院河，築有護院牆，僅以兩道石橋與市區相連，是一座封閉的城堡式學校。校園裡古木參天，曲徑通幽。校舍建築大部在抗戰時頹毀，一九四六年才重建，校內建築紅頂灰牆，莊重雅潔，除了有一座科學樓和很大的圖書館，還擁有當時罕見的游泳池。

這是廣東省內唯一設施最完善、師資最優秀的重點中學，與「八一中學」同是供軍幹子弟上學的特殊學校。校中實行嚴格寄宿制度，每週星期六下午二時放舍，星期日晚六時前必須回校，到點即關閉校門。

我就讀的初中一年級，共分為甲乙丙丁四班，我分在初一乙班。開學第一天，我發現身邊坐著一位名叫古齊賢的女同學，梳長辮子，眼睛老是往上翻，露出死魚一般的眼白，她便是副省長古大存的女兒，在與我同桌那段歲月裡，她從來沒有正眼瞧過我一眼。我身後的男同學是中南局書記處書記的兒子，班內除我與個別同學，幾乎個個的父母都是黨政軍高官，計有文化局長華嘉的兒子，省公安副廳長郭曼果的女兒，後來當上總理的趙紫陽的長子趙大軍則被分配在與我同一年級的丁班。

從地道的平民生活，進入準軍事化的寄宿生活，轉變實在太突然了。我的男女同學大多是隨父母南下的北方孩子，他們感興趣的東西，我毫不關心，再說我也不習慣寄宿的封閉式生活，兩道與外界相通的石橋星期天六時後一旦關閉，我馬上覺得自己從此與世隔絕。

同幾十個男孩子擠在一間大房裡，聽他們打屁以及起鬨笑鬧，使我難以成眠。我更不喜歡每日清晨的廣播聲，播出由一管小號吹奏的起床號，嚴重走調，不堪入耳。除了上課，鬱鬱不樂的我常常獨自在校園那些參天大樹下看書，一心盼望星期六下午放舍那一刻快點到來。

除了不習慣，我的內心還感覺得出這些在大院裡成長的孩子，有一種說不出口的優越感。平日大家雖然同舍共寢，並肩出操，一起聽課，彼此之間卻很少交流，他們自成一個小天地，拒絕接受不屬於這個圈子的任何人。

毫無等級觀念的我，很詫異某同學為何對另一個同學畢恭畢敬，表面上看普通孩子一個，但凡吵架動手，「級別」有時比拳頭還管用，市長的兒子，儘管比中南局書記的兒子高出一頭，可是除了忍受對方嘲諷，任其魚肉，別無他途。趙紫陽的兒子和我同級不同班，我們班的華小明見了他就得讓道，因為他爹華嘉只是個文化局長而已。

每逢週六學校放舍，接首長子女的大小車輛駱驛開到校門口，排成長龍，「紅旗」、「伏爾加」和「上海」牌的轎車，不同牌子代表首長的級別，司機都懂得遵從次序區分先後，「伏爾加」可以把「上海」擠到後面，但絕對得向「紅旗」讓道。

部隊大院出來的孩子比較簡單，級別標明在父母佩戴的領章與肩章的軍銜上，一句「你爸爸幾條槓，幾粒星」，就能整出個「韓信」，讓他乖乖鑽你褲襠。

那時候我還不明白甚麼是「官大一級壓死人」，「級別」意味著住房用車醫療工資等各方面待遇的差別殊異，有關各級幹部在工資以外的待遇和享受問題，很大程度上參考了蘇聯的做法，制定了相當細緻複雜的具體規定。幾級以上可以配廚師，幾級以上可以配勤務，幾級以上可以配警衛，幾級以上可以配秘書，幾級以上可以配專車，包括不同級別的幹部享受何種檔次和牌子的專車等都有具體規定。

那年頭父母肩膀兩條槓上有幾朵花，究竟是九級還是十三級幹部，決定了孩子們在小天地裡說話的份量。

我並不討厭這些把老子掛在嘴邊的同學，只是覺得自己同他們之間有距離，格格不入而已。

一位姓施的女俄文老師當上了我的班主任，令單調乏味的寄宿生活變得充滿期待與遐想。穿著湖藍套頭毛衣的施老師，站在高高的講壇後面，用俄文唸出策蒙托夫的詩句，使人聯想起一隻春日裡歡唱的雲雀，她悅耳的嗓音，迷住了全班同學。嬌小的施老師膚色皙白，發放測驗卷給我時，可以看見她光滑的手腕，白得耀眼的皮膚下面若隱若現藍色的血管。

她在蘇聯學的俄文，俄文課下課前最後幾分鐘，施老師會講一些俄羅斯作家、畫家和音樂家的故事，對於迷戀俄羅斯文化的我來說，尚未懂得把玩在經典大河中踏浪前行的奧妙，只是深深沉浸在屠格涅夫《白淨草原》那些帶著朝露陽光的文字裡，施老師的「最後五分鐘」，成為我每一堂俄文課最期待的精彩時刻。

施老師也成為我在這所冷漠的寄宿學校中唯一的心靈慰藉。

為了方便管理，班主任的房間就在我們宿舍的樓下，從她敞開的窗扉外面走過，可以聞見一股女性住處特有的淡淡幽香，老師的房間很小，僅容一床一桌已無餘地，四壁粉白，有點修道院風格。施老師就坐在小書桌邊備課批改作業，那盞淺綠薄紗燈罩的台燈，經常亮到深夜。樓上的我躺在床上望去窗外，可以看到夜色裡大樹的葉片上，燈火反照的熠熠閃光，有時我會想像她線條柔和的臉龐，此刻正低垂向我字跡潦草的作業，那一瞬竟覺得自己和她是十分地親近。

起床號一響起，我會從二樓探首張望，待施老師拿著臉盆口盅出門，便三步併作兩步跳下樓梯，佯作無意遇上叫一聲：「施老師早！」然後伴她一齊走向露天集體盥洗室，偷偷看著她梳洗，欣賞她不時把黑色長髮撥到背後的優雅姿勢。

施老師早就發現我對寄宿生活的反感，一日黃昏把我叫到她房裡談話，倒給我一杯茶，還遞上來一碟笑口棗，她先詢問了我家中父母現況，然後說到寄宿，她淡淡笑著說：「我去蘇聯留學，火車沒過長春就開始哭了，到了莫斯科，兩眼腫成這麼大！」邊說邊做手勢。見我笑了，她接著說：「不過，寄宿的確培養一個人獨立能力，將來甚至可以影響你一生。」

聽她柔聲這麼一勸，我突然一陣心酸掉下淚來，她也不再作聲，體貼地遞過來自己的小手絹，著我擦去眼淚。

那晚在她房裡，我坐了許久，看了她的相冊，俄文原版畫集，笑口棗吃光了，兩人又嗑瓜子。我告訴她，我母親搓麻將時，可以抓一把瓜子放進嘴巴裡，逐粒嗑淨，再吐出殼來。她表示不信，要我演示，我又做不到，她便笑我誇大其辭蒙她。

熄燈就寢的音樂響了，施老師著我上樓去睡，「你想來老師這裡就來，別老是想家，學習要緊。」臨別前叮嚀再三。

經此一夕談，我不再想家與鬱悶，在校園生活裡找到了自己的樂趣。我經常趴在窗沿上和老師聊天，跟她學唱俄文歌《喀秋莎》與《紡織姑娘》，我喜歡跟施老師二重唱時，自己的歌聲托著她的歌聲飛揚的那一種感覺。

一次兩人合唱，她似乎覺察屋外黑暗中有異，突然停下，匆匆揮退我。自此之後我去找她，她只正色簡短作答，並無多餘的話，也不再邀我進她房間。我畢竟年少無知，也太粗心，只是非常難過，發現同學竊竊私語，上課時老師的目光也有意避開我了。

初二那年放完暑假，俄文老師換了人，宿舍樓下住進了新來的班主任。我每次走過，窗仍開著，習慣了張望進去，床和桌子都在，卻已不見那嬌小的身影，一個少年純真的愛慕，也隨著那雲雀般的歌聲就此永逝，去而不返了。

晚上就寢，望去窗外，看不到一絲光亮，沒有了她的燈光之夜，多麼的黑暗。

施老師突然離去不久，一九六〇年底，饑饉終於也來到了我們這個高幹子弟成堆的校園之中。

同學們開始餓肚子了，食物來源只有三處：一是學生飯堂，二是小賣部，最後便是宿舍床鋪上每個同學枕邊的零食罐，那裡面藏有甚麼可吃的，取決於這個同學來自甚麼家庭。

嚴格的食品配給政策，切斷了大部分食物來源。不知哪一個政府部門根據甚麼標準，把我這個十五歲已經身高一米八十五的發育期少年，每月糧食評定為二十三市斤，這一定量中的二十斤要兌成糧票交到學校飯堂買飯票，只有三市斤可用作購買平日充當零食的餅乾、麵包，糧食根本不夠吃，我只能餓肚子了。

學生飯堂開始供應一種「雙蒸飯」，把少許米放入一種和尚化緣用的瓦缽裡，加大量的水入籠隔水蒸之，蒸好後注入少量的水再蒸一次，米粒汲飽水份經過久蒸，體積迅速膨脹數倍，故名「雙蒸飯」。我常和同學們笑稱，「雙蒸飯」是繼中華民族「四大發明」之後的第五大發明，

其實這是一種欺騙，不僅在視覺上讓你覺得份量很大，「雙蒸飯」還騙走了同學們的糧票。學生飯堂供應米飯以瓦缽大小論斤兩，小缽二兩、中缽四兩、大缽八兩。若以三兩米泡制「雙蒸飯」，可蒸出滿滿八兩大缽的米飯來，也就是說學生交足八兩糧票，實際吃到肚子裡的只有三兩米。

飯堂騙我們，我們騙自己的肚子，偌大一缽雙蒸飯，水份佔多，鬆軟猶若棉花，入口即化。剛吃下去覺得很飽，過了不到一小時就餓了。

主糧如此，小菜更差，頓頓以菜葉為主，多鹽少油，不見半點肉葷魚腥，以前免費供應的豬骨湯變成白菜清湯，就這樣的湯，眾男女同學還一擁而上去爭搶，只為了撈出幾根煮得發黃的菜葉而已。

在課堂裡端坐上課的同學們，並不是每一個都餓著肚子的。那些有小汽車接送的同學，晚上回到宿舍都在被窩裡偷偷嚙啃家裡捎來的肉包與餅乾，其餘室友聞香知餓，只能忍著飢餓在硬板鋪上輾轉反

側。上課時除了老師授課的話語，經常傳出某位同學腹中的「咕嚕咕嚕」聲，引起一片鬨笑，何為「腹鳴如雷」，「饑腸轆轆」，少年的我體會莫之更深。

我發育得很快，除了長出幾根稀疏鬍鬚，強烈的荷爾蒙使每一個毛孔都煥發出過剩的精力，也迅速消耗著體內的能量。酷愛文學富於想像力的我，覺得自己應該是被一隻餓鬼纏上了，它鑽進我空空而已的腸胃，從喉嚨深處伸出枯瘦的爪子來，撓弄我的喉嚨還有口腔，弄得我直想嘔吐，耳邊還迴響著它充滿怨懣的呼喊：「餓呀！拿吃的來！」

可是我上哪裡找食物來滿足它呢？

被激怒了的餓鬼，在我腸胃裡餓得打滾，手舞足蹈，使我腸子打結，胃部痙攣。在課桌後面我彎下腰忍受它的折磨，最難熬的是夜深人靜，下鋪的同學像一頭狡黠的負鼠偷偷嚙啃餅乾，全宿舍的男生都聞到了那一股誘人的餅香，我身上的餓鬼也被驚醒，它用利爪插入我的胃壁，又擰又撕，狂喊：「拿吃的來！」我雙手緊抱著疼痛不已的胃，曲膝側臥，緊咬牙關，不讓餓鬼鑽出喉嚨，生怕它冒失起來，會鬧得更厲害。

竟夜與餓鬼纏鬥使我流下冷汗，微微顫抖，似睡非醒，輾轉到天明。睡眼惺忪走去飯堂，舀一碗稀粥，接過一隻鹹煎餅，還未張嘴，那餓鬼已搶去一口啖光。在回課室的路上，還是腦子昏昏，搞不清楚自已到底有沒有吃早餐。

那時我讀到挪威探險家阿蒙森的傳記，他在書中提到，人在缺少食物時應當遵守減少說話與活動的原則，盡量避免消耗熱量與體力，增加存活機率。可是校方似乎與這一原則反其道而行之，不斷要求我們這些餓了很久肚子，營養不良的中學生，加倍「勞動」，包括到操場上去拔草，撿去走道旁的每一粒碎石，儘管是一些看上去不起眼的輕活，卻包藏著不讓人停下來休息、故意折騰人的險惡禍心。

在中午的烈陽下，餓著肚子蹲在地上拔草，意識不清的我望見的天居然是紫色、地是藍色的，餓鬼鑽出來騎到了我背上，一邊與我耳語頻頻挑唆，我忍無可忍，終於大聲抗議：「都快餓死了，還拔甚麼鳥草！」身邊低頭拔草的同學們全都嚇呆了。我的行為自然被班幹部注意到了，還向老師打了小報告，很多年後我才知道，我十五歲時的抗議被鄭重其事地記入我的個人檔案之中，並且成為終生背負的政治污點之一。

有見內地饑饉橫行，精明的香港商人為向大陸寄郵包專門開辦了「糧包店」，用鋅鐵盒密封食物，裹以毛巾布袋，代運去郵局寄往省城。起初廣東省政府拒收這類郵包，原封退回，累及香港郵差挽著大小郵包挨家挨戶上門退還。後來內地災情日重，大批餓死人，省政府才不得不開恩准予香港郵包入境。香港大小國貨公司、南北行、雜貨舖爭相代寄郵包。據香港郵政總署統計，僅一九五九年就寄出八十七萬包往大陸，到一九六一年已增至一千三百萬包了。

這些郵包挽救了許多人免於因饑饉而死，聰明的香港人有見於內地布匹衣料匱乏，還以多重毛巾、布料用來打包，讓內地親友可以應用，當時很多廣州人包括我在內，都穿過用這些包裹布縫製成的衣褲。

香港的吳伯母開始按月寄來豬油和米麵接濟我們家，每個週末返校之前，我得以裝一小瓶豬油帶回學校，在飯堂用膳時用筷子挑出一小塊豬油，拌入熱騰騰的雙蒸飯裡面，再澆上幾滴醬油，如此豐盛美味的午餐，每每能使那不安份的餓鬼平靜下來，也使我自此永遠對豬油情有獨鍾，念念在茲。

廣州市面上食品供應日緊，商店櫃檯上空空而已，最普通的餅食糖果水果甚至話梅酸薑都一律欠奉，大小酒樓食肆亦然，需要交付糧票才能點白飯、麵點，惟港澳同胞可以任食，只收鈔票不收糧票。許多港澳同胞頻頻回穗探親，帶進些少衣食日用品給割心友，同時也趁機帶他們到茶樓用餐解饑。

吳伯母每回廣州都住在我家，有次帶我們去槳欄路的「利口福」吃飯，叫的都是些普通小菜，一人一碗白米飯，正在發育期的我，三扒兩撥就吃完了一碗，吳伯母吩咐服務員再來兩碗，飯端上來了，我正想吃，突然聽見「不許吃！」一聲大喝，守候一旁的服務員撲上來出手制止，我差一點像「煮酒論英雄」中的劉備，被嚇掉了手中的筷子。

一桌人怔望著氣急敗壞的服務員，不知發生了甚麼，忽見她指著吳伯母說：「你食就得！」然後再指指我：「佢食就唔得！」

「為什麼？我付錢就是了。」吳伯母急了，拍桌子抗議！

「你不一樣，你是港澳同胞，可以隨便食，他是本地人，一定要付糧票，這是國家規定。」

母親身邊偏偏沒有準備糧票，吳伯母嘗試同服務員交涉：「我付多點錢行不行？讓孩子把這碗飯吃完，好嗎？」服務員一語不發，奪回桌上兩碗飯扭頭就走了。

晚餐不歡而散，昏黃路燈下，吳伯母摸著我的頭，感慨萬分地說：「唉，餓嗎？姨媽再買點什麼給你吃？」我使勁搖頭。夜色中母親低頭抹淚，吳伯母又氣又惱地責備她：「都怪你！人都在外邊了，還跑回來自投羅網。」我半饑半飽聽她倆交談，身上餓鬼似在幸灾樂禍竊笑，它的利爪抓著我年輕而空蕩蕩的胃，又引起陣陣痙攣，可是內心的羞辱與自尊掩蓋了食慾，那天晚上我強忍著飢餓，拒絕再吃吳伯母買給我的任何食物。

父親被「下放」到海南島去勞動生產，只剩下母親操持整個家庭，她為籌措維持一家生命的基本需要發愁，頭髮都白了，每月票證定量配給的糧油副食品，最多只能維持全家半個月左右的伙食，其餘的食物只好到近郊的「黑市」去購買，然而價格卻是市面的十倍或幾十倍，我每個晚上都聽到母親在床上輾轉反側，唉聲嘆息。

越是饑荒，政府卻管制得越苛嚴，工商局在廣州通往城外村鎮的所有車站碼頭設立了檢查站，嚴格查抄到城外買黑市食物的市民的隨身行李，凡發現雞蛋、三鳥、蕃薯、花生或大米，立即沒收。有些機靈的廣州人就提前一站下車步行繞過檢查站，把食物偷偷運回城裡家中。

一日我陪母親乘火車來到那個號稱畝產十萬斤的大瀝公社，如今已是村村蕭條，戶戶缺糧，我們在鎮上的自由市場，買了一些雞蛋和蕃薯，回程就遇到「突擊檢查」。母親焦急地把十二隻雞蛋迅速塞入我的上衣口袋，把蕃薯分成三袋，兩袋藏在座位底下，另一袋攢在手裡。幾個檢查人員在我們面前停了下來，我無法掩飾自己內心為那十二隻雞蛋命運的憂慮與恐懼，搖晃的車廂裡，空氣因為雞鴨糞便及醬菜腐乳的酸臭變得混濁，還充斥著帶貨者與檢查人員爭辯的喊聲，我只覺得自己的心跳聲，比隆隆車輪之聲還響，母親輕撫我的背部，暗示我切莫慌張。

查過我們的車票與行李，三個檢查人員耳語了幾句，竟然放下那一袋打算沒收的蕃薯，也沒搜我的身，就繼續盤查其他乘客去了。

母親見我仍在冒冷汗，拼命拍我的背，設法讓我平靜下來，一邊苦笑著跟對面座位上的老人家搭訕：「孩子膽小，嚇壞了，別看他長得高，才剛剛十五歲。」

從黑市上買回來的蕃薯，要有計劃地分配，與大米搭配在每天的伙食當中，母親成為搭配的高手，她讓我每頓都能吃上兩碗稠軟香甜的蕃薯粥，我與妹妹碗裡的蕃薯總是比米粥多，她的碗裡的只有蕃薯皮，可母親永遠笑容可掬，儀態萬方喝著稀粥，不時深情地注視著我們。

長年的飢餓，缺乏肉食油水，令母親粉白的皮膚變得粗糙萎黃，雙頰紅暈褪盡，她修長的雙腿早已水腫，以指捺之，即凹下一洞，久未平復。關於糧食危機以及饑荒的傳言，在大人之間祕密流動，一些人在鄉下的親友因為餓肚子得病或是死了，離家在海南勞動的父親的生存問題，一直是母親和我們擔憂的對象。我特別想念他，五歲上下便見不著父親，等了漫長的數載，一家重聚不到三年復又別離，日日見到母親為家奔忙，我很擔心會又一次失去父親。

有時只得我一人在家，又到暮昏時分，我會痴痴立在窗前，望著那塵土飛揚的黃埔大道，盼著能見到夕陽下父親的身影，見到那有彈性的流星大步，一直站到夜色四合，寬寬黃土路上仍空蕩無人，只有昏黃街燈下歪歪斜斜閃過幾輛騎單車的人影。強烈的失望與思念，驅使我打開父親的衣櫃，把臉埋進他穿過的衣衫，一股強健而又強烈的男人味傳來，莫名傷感嚙咬著我少年的心靈，終令我發出了朦朧的天問：「人生緣何聚少離多？」

一九六二年某日，一個膚黑如漆、鬚長髮白的赤腳大漢戴草帽闖進我們家，他卸下肩挑的行李，行李中包括一隻裝滿片糖的大瓦缸，母親驚叫起來：「你是甚麼人？想幹甚麼？」

大漢摘下草帽，我們同聲尖叫：「是你？」

父親挑著自己節省下的幾十斤片糖和木薯粉從海南島回來了。

當天的晚餐多了一道奢侈品：甜木薯粉糊，是母親用父親扛回來的木薯粉做的，還加了味道濃烈的片糖。除了在運動隊集訓的姐姐沒有回來，一家人總算又聚齊共進晚餐了。

沐浴梳洗完畢的父親，下巴像過往一樣刮得十分光滑，頭髮從左往右橫梳得一絲不紊，他和母親這些年來在家裡一直都保持衣著整齊舉止文雅，衫褲即便破舊，洗滌晾乾後必折疊齊整，長褲疊好置於枕下壓平，次日穿起可見正中筆直褲線。母親久已不施口紅、香水，亦不燙髮，留了當時流行的短可及耳的髮型，她巧妙地用火鉗加熱，把額前劉海弄出一縷微鬈。就這一抹劉海，立刻使她的臉比別的婦人更顯生動而有韻味。

許多年後，父母親在貧賤生活中保持端莊自重，不忘禮數的教養，享用粗茶淡飯甚至以雜糧果腹，仍應對以赴宴般一絲不苟毫無踰矩的派頭，給我留下很深的印象。最難能可貴的是他們毋論在家出門，人前人後都一致無異，父親常說我們王家的規矩就是這樣，做人到哪兒都不能沒規矩，其中有一條不可不修邊幅，也包括不可大驚小怪。

父親從海南回家的第二天早上，我們家的規矩就被打破。

母親用肉票買回肥肉一塊，足有四兩半重，在鑊中以文火煎之，二十分鐘後煎出豬油半碗，副產品油渣一勺炒雪裡紅，盛入瓶內用作佐膳，油則全部盛入一粗瓷海碗中，置於桌上晾涼，用作下半月炒菜之用，其珍貴可以想見。

然而在母親抹桌子時，海碗猝然裂開，滾熱的豬油立即溢出，「我的油呀！我的油呀！」母親的尖聲厲叫，響徹整幢大樓，忙亂中母親情急用手掌去攏，被燙得又縮了回來，父親聞聲趕來，從書桌下取出凹凸不平的鋁鍋，一邊提醒「小心割手！」話音未落，碎瓷已劃破母親掌心，滲出鮮血混入豬油之中，一部分油順著桌面流入父親找來的鋁鍋裡，另一部分油則迅速被木頭桌面吸去，縫隙間也截留不少。

「還好，沒損失多少。」父親捧鍋安慰母親：「只是你的手……」他盯著母親掌心足有七八公分長的傷口，心疼得說不出話來。

一陣撕裂肺腑的嚎哭突然從母親口中迸出：「王熹，我不想活了，這日子可怎麼過？」

「啪！」她一掌摑向父親，父親站在原地紋絲不動，沒有應答。

母親這些年吃的苦，受的冤屈，都哭訴出來了，話頭一旦被提起，很自然會從澳門回國那一陀說起，父親只能自責不停：「是我不好，都怪我害了你們！」哀求母親息怒收聲，他擔心的是隔著薄薄的牆壁，宿舍裡一隻隻警覺豎起傾聽的耳朵。

母親淚痕未乾，就將破碗拾去大廚房丟掉，隔壁的婆娘收到風，早已不安地在廚房裡轉了很多圈，一見母親撲上來就問：「打翻油啦？」嘖嘖惋惜一番之後她又獻上一計：「你家可有柚子皮，用來索桌面上的剩油，最管用！」

一九六二年，中國發生了甚麼事？吃的問題怎麼了？我一無所知，那時候個人活動的範圍被跼蹐在不出方圓十裡之內，離開廣州都必須持有單位證明才可在外宿夜。除卻自己工作與居住之地，所接觸人群及目睹所見，幾乎所有信息來源都是一個腔調的廣播電臺和報紙，電臺或分中央、省、市，報紙或有「人民」、「南方」、「廣州」、「羊城」，但內容都是重復同一家電臺和報紙廣播過、刊登過的「鶯歌燕舞，形勢大好」而已。

你想知道甚麼，能知道甚麼，不是個人所能抉擇的，而是由別人來決定讓你知道甚麼，不能知道甚麼。

在資訊極度缺乏，無法加以鑒別比對的情況下，我們往往對身邊哪怕是同一幢大樓或隔壁街道所發生的事都一無所知，更毋庸說一省一國或世界了。當時我所能曉得的只是，僅有的幾家報紙和電台傳出來的都是歌舞昇平，好日子過不完的新聞。

然而人類瘋顛狂放之際，多半就是樂極生悲之時。

中國人餓肚子了！這是一場人類歷史上真正的大饑荒，究竟死了多少人的數字，百萬？千萬？一千萬還是三千萬？永遠都在爭論，其實隨便哪個數字都超越人類歷史任何災難，而且令人毛骨悚然。

很多年後因了現代資訊科技發達，大量歷史資料被披露，真相逐漸還原，竟然還有人以自己曾經生活在那個年代，以個人方圓十里活動範圍偏狹的生活經歷以及極其有限的所知為據，重復得自當年統一口徑宣傳教育的陳詞濫調，拒絕真相與承認罪錯的存在，甚至質疑這一大饑荒的真實性，真令人百思不得其解。

讀過許多大饑荒的文章報導，那裡面寫的我聞所未聞，也沒有見到過，我所能感受的只是自己腸胃的飢餓，不得不承認那真是一種嚙噬個人尊嚴與健康的可怕的飢餓。唯一為我親眼目睹的事件，就發生在我家飯桌上，那只不過是一個苦命的家庭主婦，為搶救半碗熬出來的豬油失聲尖叫，流了那麼一點的血而已。

作者一家攝於一九六〇年，此時反右鬥爭餘波盪漾，大饑荒已蔓延神洲大陸

第十章　外貿新村的日子

我家所在的東一大樓，和外貿新村裡其他五幢火柴盒型大樓一模一樣，破舊的紅磚外墻，深赭色的門窗油漆剝落，奇怪的是它巨大的人字形瓦頂出乎想像地格外堅實，久經亞熱帶的烈日風雨仍然絲毫無損，瓦筒的釉彩經久如新，上新下舊的反差，使新村的大樓顯得有點怪誕，仿佛衣衫襤褸之人戴著一頂嶄新的帽子。作為五十年代蘇聯文化的一個巨大符號，這組建築突兀地座落在黃泥野地中，它的破落失修象徵著兩個共產巨人失和，而它裡面住客的饑貧交加，更彰顯了一場烏托邦幻夢的破滅。

廣州市區平緩的地形，至東山處逐漸升高，形成一道佈滿翠竹幽篁山崗，崗上的農林上路及三育路，本是南洋商賈、國府要員在東山修築洋房避靜之處，因為陳濟棠公館一帶遍栽梅樹，故得名梅花村。宋子文在農林上路有一幢公館，國府遷臺後，初為葉劍英所佔，後來成為副省長古大存的住宅，這位因「地方主義」受到打擊的副省長的女兒古齊賢，曾經是我上初中時的同學。

外貿新村的西側離三育路僅數百米，付近有一幢不大的紅磚教堂，前面一條馬路因教堂而得名「福音路」。這裡是城市的邊緣了，許多人家推窗可見綠樹農田，農家炊烟，雞犬之聲相聞，數公里外沙河頂的廣州動物園建成之後，夜闌人靜時分時常傳來獅虎猛獸的怒吼長嘯，平添許多山林氣息。

自從省市委、中共空軍司令部和冶金局等大單位先後進駐這一帶，許多窗玻璃拉上紗簾的小轎車駛過，路人從車牌的字頭可以辨認這是軍區的車還是省委的車，許多花木掩映的屋宇築起高牆，大門由持槍士兵把守，有的還掛出「軍事禁區」的木牌，付近的平民都知道不可在這類地方窺伺與留連，非不得已要經過，就乖乖加快腳步。

隨著市區的延伸，「福音路」也易名「福今路」，塵囂市聲漸近，原先的幽深恬靜就不復見了。

我喜歡在暮色四合時到路邊迎候父親下班，新村一扇扇窗扉透射出昏黃燈光，在初夜瀰漫著花樹芬馥清香的空氣裡，每一束燈光意味著一個平常人家，周而復始的生活就在燈下。

我們家從一九六〇年大饑荒裡稍微緩和過來，糧食配給仍然很緊，大家吃得也很少，但起碼不至於三餐無以為繼，下放海南的幹部陸續撤回來了，憑著中國人那種罕見的堅忍不拔，逆來順受的適應能力，生活逐漸回復正常。

每天一早人們離家上班，一股股穿藍色幹部服的人流從每幢大樓的大門絡驛而出，匯入大街上的人流，使得充滿叮噹車鈴聲的藍色洪流變得更加壯觀，浩浩蕩蕩蠕動在城市馬路上，再分流向各人所工作的廠礦單位，這股藍色洪流在上午九點後逐漸消失，直到下午五點，藍色洪流才再次出現。

其時一些訪華西方人士，形容騎自行車的中國人為「藍螞蟻」，但他們很少注意到那些夾雜在自行車洪流中的公共汽車，在「藍螞蟻」當中的公共汽車猶如一隻隻龐大的黃綠相間的甲蟲。汽車每到一站，都有人為上車或下車作出你死我活的拼命掙扎，一群人在車門展開激烈肉搏，更多的乘客只在擠搡踫撞中死死抓住車廂內一切突出的物件，竭力穩住自己立足之地，一張張菜色而沒有光澤的面孔，表情漠然，不苟言笑。乘客之間常常為了一點小事爆發激烈爭吵，不顧體面地粗話交加，惡言相向，爭吵往往演變成廝打鬥毆，彼此的臉因為氣忿難平而變得扭曲，而身邊所有的人只默默地圍觀，直到打鬥雙方精疲力盡放棄對峙為止。

星期日「藍螞蟻」行動暫停，母親和父親可以在上午八、九點鐘，悠閒地靠在床沿有說有笑，下午還帶我們去看一場電影，偶爾也稍微奢侈一下，買四條紅豆雪條，一人一根吮吸口中，享受片刻清涼。

傍晚時分，一家人沿著黃埔大道散步，一直走向屋少田多的遠郊，這條大道有數十公里長，可以直達廣州黃埔港。此刻父親挽著母親的手，讓她欣賞菜地裡那一片濃濃的黃花，我彷彿又回到了澳門的童年時代。

嚴格說起來這個「家」並不完全屬於我們自己，我們所住的只是集體宿舍大樓裡的一個房間，除了一張書桌、飯檯和小床為私有舊物，其餘所用的家具都是已經編號登記的公物。但小小房間有四堵粉壁，畢竟可容一家人棲身，父親和母親不停用抹布到處擦拭，把小家庭收拾得窗明幾淨，纖塵不染。家中唯一令人不快的，是不可以「關起門來說話」，因為四鄰耳目環伺，我家的左鄰住著一個街坊組長，右鄰則是一位共產黨員科長。

從一九四二年結婚到一九五二年，父母在一起只過了十年家庭生活。返回大陸後父親就坐了牢，直至一九五八年才一家團圓，兩年後遭逢大饑荒父親下放海南島一年多，一九六二年之後，我和妹妹才真正每天都見到父母，一家整整十年聚少離多，生活終於慢慢安定下來。

父親的個人生活相當簡樸，除了僅僅保存一副刮鬍子的「老人牌」刀架與刀片，一切與澳門富足日子有關的衣物用品都沒有存留。他從不吸煙，唯一嗜好是有時喝口「橙花酒」，這是一種在雜貨店出售的廉價酒。通常由我負責沽酒，順帶買上用報紙包成三角尖角的鹹脆花生，我所得的好處便是在路上偷喝兩口，此酒極容易上頭，偶爾貪心多喝了些，立刻頭重腳輕，我的酒量可能是那時練就的。

父母的故舊親友，彼此都為了洗刷身上的「污點」重新做人，有的還很靠攏組織，追求「進步」，親友之間盡量避免交往過密，也少有書信往返，因為擔心有密謀串通之嫌。父親除了上班，便在家中，交際極少，自返大陸後沒有結交新知，只在逢年過節，有三兩海關舊同事來家中坐，幾個未老先衰的男人，當年畢嘰制服筆挺的英姿早已不再，對坐喝著白開水小聲說話，這類舊雨聚會顯得比較沉悶，這是父親那一輩從「舊社會」過來的人，所採用的一種最小風險的聯繫方式，年節互訪，問候平安，彼此能見到面就知道還都安在，表示暫且無恙，心照不宣，別的話則不必也不敢深說了。

父親除了給自己住北京的母親、弟弟，還有在南寧與東北的另外兩位弟妹寫信，一般不與其他人有任何文字交往。他的硯臺筆墨一直放在抽屜，一手漂亮的顏體書法早就不練了，他的下半生除了努力謹小慎微，規避整肅，保護自己與家人之外，別無他想矣。

母親仍然跟年輕時一樣性格外向，交友廣泛，也心無芥蒂，早年住在西關，就已結識不少朋友，更曾與一位上海婦人程容結為金蘭，程容長我母親四歲，故我以「姨媽」相稱。程容姨媽有一個獨生女淑明，是個清瘦文靜的小姑娘，跟我也算是有竹馬之誼，雙方家長就做了「兒女親家」。

程容姨媽的先生是船長，長年在外，極少返家。程容姨媽終日搓麻將、聽大戲、遊船河，沒幾年居然能講一口歪歪的廣州話。我們兩家在西關住得近，從我家所在的珠璣路，步往寶華路十五甫二街林家，只須十分鐘。

我隨母親第一次去林家，七歲的明明正在練琴，叮咚的琴音在大屋的天井裡迴響。幽暗的房間裡，從天窗透進屋來的一縷陽光，落到她短髮別著的白蝴蝶結上，兩條瘦削的胳膊和細長的手指，在黑白分明的琴鍵旁舞動。我坐在她身後的沙發上，吃著姨媽給我的軟糖，也沒想到自己日後會喜歡上這個瘦瘦的小姑娘。

明明還有一個小朋友鄧韻儀，圓臉蛋，頭髮剪得也很短，她長大後遠赴美國茱莉亞音樂學院深造聲樂，成為一位著名女高音歌唱家。我們三人常在寶華路的「公仔書」攤租書看，小板凳數量有限，明明會讓給我坐，自己卻把腳上的木屐疊起來充作小凳，文靜地坐在我旁邊，和我一起分享圖畫文字。當時彩色「公仔書」十分罕見，租金也貴，我們幾個家境都可以，就租來看，身後常常圍上一群孩子好奇圍觀，廣州人叫「黐睇」。嬌氣的鄧韻儀嘟起嘴巴，把書一扔穿著小木屐「的的嗒嗒」回家去了，而明明卻若無其事地看書，不時體貼地把書捧得高一些，讓身後的孩子也能看到。

我家搬到東山後，明明便從西關坐車過來，我到車站接她，兩人順著路樹綠蔭，慢慢走回家。那時她已經在音樂學院附中念書，少女的紅暈泛上光滑幼嫩的臉龐，眸子裡出現一種奇妙的神采，嗓音也變得比一般女孩子低沉，頭髮卻還是短短的，只是不再別上蝴蝶結了。

兩人走著走著，她小巧筆直的鼻樑沁出汗珠，掏出蘇綉小手絹包著的「汽水片」，遞過來給我，指尖輕輕劃過我手心，我的心攸地一陣顫動。握住明明的手，感覺出她那在琴鍵上如此靈巧跳動的纖指，正溫柔地輕輕回握我手。

有時我倆先不回家，繞道去東湖邊找那一株橫斜的柳樹，坐在上面享受赤足浸入涼水的快意，我告訴她，我們會永遠是好朋友，至今仍記得她凝視著我時的神情，在濃綠的柳蔭下，她一雙明眸裡有著湖波閃光，也有天空的雲影，明明緊抿嘴唇堅定地點頭允諾，那一天以後，我倆都把此視為湖邊盟誓，矢志恪守終身。

程容姨媽住的西關大屋兩座相連，格局相同，除了中間一道牆壁隔開，前後走廊均有門可相通，雖然住著兩家人，但都是好友。有時我去明明家，走廊上的門已經開啟，兩家人的孩子就在迷宮似的大屋裡跑來跑去。

門的那一邊住著「八哥」一家，典型的西關大少，家道中落還撐著場面擺闊綽，客廳裡一色酸枝傢俬，中堂一幀米芾山水，他家連插雞毛撣子的瓷瓶也是宋代官窯的古董。一牆之隔的程容姨媽家，卻是西式籐椅，德國鋼琴，色調很簡單，只有黑白二色。

明明在家練琴，程容姨媽的牌桌就移到八哥家天井，在一叢觀音竹邊喧嘩嘻笑地打牌，母親也陪著姨媽打，我則坐在明明身後聽她彈琴，在叮咚琴音中歲月流逝，世道漸變，兩家人雖依舊來往，但社會變遷日劇，大人們笑聲愈來愈少，反添了許多愁容。

我和明明是少年不知愁滋味，相互交換書來看，我看過的書她都愛看，一如她彈琴，無論哪首曲子我都愛聽。不覺間，彈琴的胳膊由削瘦漸變豐腴，她的身影也顯現出曲線，我們兩人很少拉手了，偶爾接觸到對方的肌膚，只感到一陣顫慄，臉熱心跳。

有時她坐在琴凳上，會突然轉過身來望著我，我則仍然低頭看書，卻感覺得出那一雙明眸裡朦朧的情思，我強迫自己不抬起頭來，竭力控制自己不去注視那兩片濕潤發亮的紅唇。

明明是我自幼愛戴的偶像，我很少向夥伴與同學談起這個竹馬青梅的女友。升上高中後，都在校寄宿，又各自有了自己的朋友，往來也就明顯少了。可是彼此都沒有忘記雙方這一種微妙的感情，少男少女的至潔至純，使我們把各自的情感掩藏在無聲然而強烈的思念之中，我甚至偷偷去過她就讀的音樂附中，繞到那些年久失修的頹壁附近，諦聽隱約傳來的琴聲，想像其中的一曲是出自她修長十指所彈。

這一種感情，在我對歐洲和俄羅斯文學的痴迷中，不斷變幻與升華，在物質匱乏與政治氣氛嚴酷的年代裡，她演化成一種精神渴慕的狂熱，占據了我這顆少年的心大部空間，在我充滿幻想的靈魂裡，明明是身邊唯一的飛鳥，可以伴隨我去任何地方，哪怕是地角天邊。

在那個風雲變幻的時代，明明和我最終在茫茫人海失去了對方的蹤影，命運的激流捲走了我心中的摯愛，差不多四十年後我們才再相逢，但已物是人非。

我十六歲時身材已甚高大，身高一米八六，甚至還長出了鬍子，但心靈仍幼嫩稚氣，與外貌體型都不相稱。父母在家中從不談論人家瑣事，也不私議妯娌婆媳之間的爭執，父母都沒有心機算計，也不是那種奸詐狡黠的小人，他們從來沒有教過我提防別人。所以我從小到大都不太懂人情世故，心口如一，只識以誠待人，知無不言。我為此而付出了巨大的代價，但我仍然執著地繼續為自己保留著這最後的一點本真，寧守坦蕩蕩本來面目直至永永遠遠，絕不言悔。

五十年代末從西關遷居東山，由市民生活轉為集體群居，不僅是生活方式的轉變，生活的內容也發生了巨變。民國遺留殘存的民俗，在廣州西關最為深厚，一九四九年後只苟延了數載，白雲珠水的南粵風韻，很快便在「大躍進」與大饑荒中烟消雲散。人們為自保與生存竭盡體力智能，忘記了世上還有尊嚴自信與個性，蘇聯在意識形態與文化對中國的強烈影響，以及統治者對社會的刻意改造與再度重塑，決定了我們生活裡精緻文化的凋敗。

到了六十年代，物質短缺的同時，精神生活亦隨之匱乏。人們的適應力真的很強，他們在週末擠進悶熱的電影院，為恰巧買到風扇下的座位的好運氣雀躍不已，陶醉在充斥政治宣傳的革命電影之中，為烈士赴難英雄就義落淚，受主人公激昂豪情台詞感染而熱血沸騰。

星期天全家公共汽車，在擠得象沙丁魚一般的乘客中搖搖晃晃，來到紅旗飄揚的公園，在震耳欲聾的高音喇叭播出的革命歌曲聲中，排在長龍隊伍裡輪候半天，又渴又累方租得一隻簡陋的小艇全家來划，聽自己的孩子唱一曲「讓我們盪起雙槳」，愉快的一天不僅成了晚飯的話題，也成為孩子們上課寫作文的題目。

跟其他的孩子一樣，我也曾迷失悵惘，一度真誠熱愛過黨和國家，把妒羡的目光投射向同學胸前的共青團徽章。報紙、電臺、學校以及整個社會，都用最炫麗的色彩，最華美的詞藻描繪共產主義的藍圖，我們不斷被告知，為了美好的今天，無數鬥士先驅已經精忠報國，無私無怨地獻出了自己的一切，所以為了美好的明天，我們也必須作出忍耐與犧牲，包括餓著肚子上床，穿破衣舊衫，不可以選擇自己喜歡居住的地方，不可以上自己希望上的學校，不可以讀自己愛讀的書，不可以說自己想說的話，不可以揀選自己嚮往的工作，甚至不能夠愛自己所愛上的人，當然更不可以有自己的思想。

「而這一切是應該的也是值得的」我們不只一次被告知，是這樣的嗎？

在我們的青少年時代，一個人汲收知識與培育思想的來源，就是課本、書籍、報刊、廣播與電影戲劇以及其他藝術作品，是非、對錯、愛憎統統早已擬定爾後灌輸與你，以上這些都出自雲深不知處的一個管道，像精密計算過的藥物劑量，點滴注入滲進我們的思想、情感與意識之中

利用國家民族大義，集體利益，將個人情感與追求，獨立思考與個性統統抹去，再統之以所謂革命思想與組織的鐵血紀律，使之成為任由驅使調遣支配的生產工具、整人幫凶與殺人機器，是這種「洗腦」的最終目的。

從接受教育第一天開始，我們學會的人生第一課就是「服從」。為甚麼要服從？因為領袖、黨和國家是偉大的、神聖的、光明的，而老師、校長、警察、解放軍、幹部包括街道辦事處的阿公阿婆，就是「偉大的、神聖的、光明的」的代表，不聽他們的話，不服從他們的指揮，就是錯誤與罪惡，就要受批評與懲罰。

一次又一次的政治運動，每次都有從高官到普通百姓遭受整肅，失去官職，丟了工作，牽連家小掃地出門，生活資料被削減糾扣，升學求職甚至婚姻亦遭刁難。每次都差不多是百分之五，但百分之九十五雖未身受其害，卻親歷政治風暴嚴酷無情，除卻部分投機助紂為虐者，更多人心生畏懼，漸漸學會以少說話或說假話，以雙重人格處世待人來保護自己，保護自己的家庭。有時情非得已，一些性本善良的人，也以告密、出賣同學、同事、親人密友來保護自己，保護自己的家庭。

沒有人想到過這樣活著，自己會變成甚麼？

父母很少帶我去「盪起雙槳」，週末母親會領著姐姐和我唱歌，沒有鋼琴就清唱，唱至興起時，父親也來哼幾句。我之諳熟一些西洋名曲，瞭解舒伯特、格林卡、貝多芬諸樂聖名家，概拜這些週末家庭

音樂會所賜。

從少年時代起我養成一個習慣，獨自在僻靜無人處讀書，我特別喜歡清晨的陽光，縷縷金光灑在扉頁上，字字句句宛若活了起來，伴隨著遙遠的騎士與美人，馳騁古今，在深帷後面與群臣密議策劃除掉殿上奸佞，有時也直入草原林莽惡旋風探祕獵奇。

那些描寫古希臘與文藝復興時代、工業革命、宗教革命、科學革命時代的故事，在我眼前展現了另外一個截然不同的世界，在那個天地裡，人們相互征討殺戮，經歷瘟疫、餓饉與宗教迫害的同時，沒有終止過獨立思考，沒有減弱過對自然的愛，對情感的痴迷，對真理的追求。先哲充滿智慧的洞見，穿透千年時空，如一縷縷陽光射入我心靈底深處，古今中外一闋闋蕩氣迴腸的歡曲悲歌，直教我情迷箇中無以自拔。

我開始懷疑，目下所見之世界並不是一個真正而完整的世界，這個世界之外還有另一個世界，另一個更廣袤更美好更多姿多彩的世界。

第十一章　「追殺」學生

在護城河環繞的廣雅中學唸完初中，我的畢業成績十門學科幾乎全優，升入高中部應無任何疑問，可是我卻接到校方通知不得升上本校高中部，我必須離開這所古老而美麗的校園，到郊外鄉鎮的一所學校繼續唸高中。

我隱約察覺到，自己在廣雅中學高中部的學位，有可能是被那些父母是省長、市長或司令的孩子們擠掉的。另一個原因是我這個十六歲少年的家庭出身，還有我閱讀歐洲與俄羅斯文學作品之後，幼小心靈內孕育出來模糊混亂的自由主義思想萌芽，從那時開始我已經有了一些反叛言行，可能正是這些影響了我在這所培養「紅色精英」的學校裡去留的命運。

我的新學校「十八中」建在城外一個叫東圃的墟鎮附近，它的前身是古老的「禺山書院」，在書院殘圮上加建起來的簡陋校舍，四周圍繞的不是護城河，而是潮濕而滋生蚊蠅的菜田窪地，那些蚊子與小咬似黑雲一片湧進破舊的教室，令我們這些來自城市的學生飽受騷擾，我的手臂、小腿還有脖子，都留下它們光臨的印記，奇癢無比。

新學校裡面也有不少樹，自然比不上「廣雅」那些如亭如蓋的古榕、枝丫虬蟠的法國梧桐，這裡栽的都是紫荊樹，雖也開著藍白二色美麗的花，卻長有許多毛蟲，行經樹下被毛蟲掉落衣領之中，皮膚立即被螫成一片紅腫，數日不散。

新學校也收寄宿生，卻無正式宿舍，我們就住在校外車陂村一幢陰暗潮濕的郝氏祠堂裡，裡面擺放幾十張搖搖欲墜的「碌架床」，躺在上鋪的人會有置身海船的感覺，祠堂內四壁仍見香火繚繞留下的黑痕，幾十個男孩洗澡，要從祠堂後面天井的一口井裡打水，為了學會操作用一根細繩把水桶翻轉注滿水，我花費了許多功夫，因為衛生條件差，許多男孩都感染了癬，要塗一種腐蝕力很強的「歐家全」皮膚水，一旦抹上這種藥水，皮膚如灼燒一般疼痛難忍，同學們抹藥後疼得一邊用扇子猛搧，一邊發出「噓噓」之聲。

由祠堂宿舍回到學校必經一條小河，越過一道沒有欄桿的石板橋過河，一株巨大得可以遮住小半個村子的古榕，生長在橋頭，它遮天蔽日的綠蔭，使走在橋上的人永遠沐浴在涼風之中。我和同學們每天早晚要穿過大半個村莊，再在狹窄的田基上歪歪扭扭走三、四裡路，途中驚起許多棲息草叢中的青蛙紛紛蹦入水田，晴雨寒暑，四季如是，實在教人憮悶。

小橋流水有時也成為我和同窗沉瓜浮李，嬉戲尋樂之地，只穿一條球褲爬上大樹，跳入水中，坐在祠堂石階上畫農家的豬牛與三鳥，也畫村邊蕉林野花。和同窗在河邊談論文藝與人生，心之所求，性之相近，只覺得讀通一書，勝似「十科」。

這「十科」就是當時所有中學生必修的語文、數學、化學、物理、地理、自然、歷史、音樂、美術、體育外加政治。學科雖多，但老師講學生聽，照本宣科，布置作業，測驗考試，按時完成，死記硬背。沒有討論研究，更絕對不准懷疑與提問，課堂上缺乏比對與思考，更沒有「為甚麼」這個字眼。我向同窗抱怨，只覺得自己越唸越笨，逐漸無心向學。

我在課外讀的書越來越多，越來越雜，逐步形成了自己思想的雛型，出於對蘇式教育制度的抗拒，我約齊兩位志同道合的同窗，歃血結拜，公開論道，指點江山，甚至試圖穿州過省天下遊學，三人並肩討論過理想與現實的衝突。在珠江渾濁的水波裡一起暢游泅渡，路見岸邊草棚裡農家的貧陋，對比東山一帶黨政軍幹部所占的巨宅庭園，激蕩起幾個少年心中的不平，我們同誦《茅屋為秋風所破歌》，夢想構築廣廈，大庇天下寒士。

除卻對教育制度的反抗，對社會現實的批評，我還對「雷鋒精神」表示質疑。這位在意外中死去的解放軍普通一兵，正被一人欽點，萬眾吹捧，神話化成為英雄人物，作為萬眾楷模供奉。雷鋒在一九六二年四月的一篇日記裡寫到：「一個人的作用，對於革命事業來說，就如一架機器上的一顆螺絲釘……我願永遠做一個螺絲釘。」服從，絕對服從，這才是他之所以得到肯定與推崇，受到宣傳與吹捧的根本原因。

螺絲釘之意，意味著體制將你擰在哪裡，就固定在哪裡，意味著毫無條件的馴服與順從。但是我不甘願做螺絲釘，我要做一個真正的人。我選擇從課室的窗子裡跳出去，走自己的路，要讓思想插上人文主義的翅膀，飛得更高更遠。東圃的十八中，外貿新村的宿舍，對我來說已經太狹小了。

在那個年代，每一個孩子童蒙初啟便被灌輸告知，這世界惟有唯物主義與馬列主義是終極真理，父母並非至親，毛澤東和共產黨比爹娘還要親，個人必須服從集體，中國幾千年歷史全是黑暗，唯新社會帶來豔陽天，國是蔣該死賣的，日寇是毛澤東消滅的，蘇修害慘了我們，全球勞苦大眾全處於水深火熱之中，正翹首盼望我們去解放拯救哩！還記得上歷史課，老師從原始社會講到封建社會、殖民地半殖民地社、社會主義社會，共產天堂世界大同，白紙黑字，言之鑿鑿，誰知道一部人類春秋青史，竟是信口雌黃，曲筆虛構杜撰之。

比起同學們，我走得更遠，更反叛，更大膽，立意闖蕩社會，矢志去尋藝術家的夢。我這種批判現實，嚮往自由的思想，嚇暈了校長老師，他們習慣了用指揮棒號令這些「無聲的馴服工具」，從來沒有人敢反抗這種教學制度、育才理念，更加無人鬥膽批判現實貧富不均、表裡不一，更沒有人敢離開學校獨自尋找自己的人生之路！

我對命運不屈不撓的抗爭，對各種思潮流派的熱切探求，對思想言論自由的渴望，對藝術的狂熱迷戀，那些決定畢生命運的思想基因，概萌芽於此一年代！在以後漫長的人生歲月裡，我為當初稚氣的反叛，淺薄的求索與思考，付出了沉重的代價，非常非常沉重的代價！在青春年華承受苦難煎熬，作為政治賤民掙扎的同時，險些失去寶貴的生命，但我並沒有放棄過一生的追求和夢想，爭回那本來就屬於自己所有的權利——思考與言論的自由，選擇個人生活方式與道路的自由！

我的自我努力求索與獨立思考，被視為不僅是對老師和學校，而是對教育制度的蔑視，對整個體制的挑戰。包括學校在內以及各級黨政機關這部機器，對剛滿十六歲的我，發動同學們揭發我的一言一行，其餘兩位小同黨以及所有與我過從甚密的學生都要寫出揭發批判我的書面材料。

我的大膽被視為離經叛道，使整間學校氣氛緊張起來，校園裡教師與學生都用異樣的目光看我們，最後我連累了另外兩個同學，我們被打成有反革命性質的「小集團」，全校對我們進行了一連串的批判。

我的班主任兼語文老師是這本校高中畢業生，可以說是高三學生教高一學生，任憑他講哪一篇課文，無論作者是契訶夫還是魯迅抑或柳宗元，他都是同樣一句「本文的寫作特點是『開門見山』」。

我遂為他起了個綽號：「開門見山」，因為我年少狷狂的輕侮，又對社會現實有了許多的質疑與不滿。他身為班主任，要負責管理全班同學思想工作，他成為對我實施報復的策劃者，這些報復包括在我的個人檔案上留下極其嚴厲的指控，將一個十六歲的少年，描繪成黨和國家的敵對者，社會安定的威脅。而這些指控的依據，又全都是摘錄自我的作文功課，以及男女同學在與我交談後出賣給校方的告密材料，這種從少年時代就建立的個人檔案，影響了我的一生。

即使在我被驅逐出校之後，這種打擊與「追殺式」的迫害也沒有終止，仍然不放過我。我每找到一條出路譬如去當運動員，他們便聞風而至，想法設法毀掉這條出路，目的只有一個，整我整得越慘，毀我毀得越徹底，才能證明另一端政治正確，才能令其他孩子們噤若寒蟬，俯首貼耳，不敢再步我後塵。

這是一場實力對比懸殊的「戰爭」，一端是整部無產階級國家機器，一端是只有十六歲的孩子。

那時離文化大革命還有三年，也是我生平第一次因為不服從，因為試圖質疑和掙脫，而遭到整個體制第一次重擊。

父母對我的輟學沒有半句責罵，他們只是暗中在替我想辦法。我越來越高大的身材，終於讓我有了另外一次機會，離開學校不久，我就進入廣州二沙島的省籃球隊集訓隊，這是一個專門訓練職業運動員的多功能體育中心，由一些歐陸風格的小洋樓組成，建有室內體育館與游泳池，島上古木參天，綠草如茵，環境十分優美。

我在省集訓隊裡甚得趙澄波教練歡心，一向不愛運動的我，經歷了四、五周嚴格訓練，忍受著腰疼腿疼的煎熬，逐漸適應了球隊經過特別設計的職業運動訓練方法。為了把人體各部位關節韌帶拉鬆伸展至最大限度，培養靈敏反應以及柔軟性、爆發力、耐力等身體素質，我每天一清早開始，就要完成各種項目的密集訓練，這類強度很大的訓練，往往持續三、四小時，中飯後午睡，然後再練兩、三小時，我非常努力，也非常珍惜這個可以成為一個職業運動員的機會。

黃昏後的二沙島情調迷人，在晚風送涼的江濱散步，可見江上漁火點點，有人在橋頭垂釣，有人在樹下長凳上撫琴。儘管有規定運動員之間不准戀愛，但夜色裡仍然見到男女並肩散步，沐浴滌盡白日訓練的一身汗水，空氣裡瀰漫著檀香肥皂稍帶俗氣的芬香，黑暗中那些肌肉發達的軀體，線條變得柔和，青春男女目光閃爍，精力充沛，熱力四射。

我開始喜歡上運動員生活，在亞熱帶的晨曦裡，大王椰子碩大的葉片尚未被陽光照亮，從十米跳臺上就躍下女孩苗條的身影，一隊隊短衣褲的年輕人沿著珠江跑步，笑語隨風飛揚。體操館內燈火通明，平衡木上嬌娃淩空翻騰，吊環上健男十字懸垂。我和隊友一同傳球快跑，躍起拍打籃板，我練就驚人的彈跳力，一次又一次地往高空躍起，飛向籃框，把球裝進去。

我的彈跳力引起場外一群人的注意，他們中間除了教練還有省體委的官員，一份對我在籃球運動方面發展的全面評估，很快就有了結果，從此我不只一次得到將會被正式選拔進入廣東省男子籃球隊的暗示。每念及自己可以像祖父一樣成為一名籃球運動員，我就感到自豪與光榮。

然而在集訓結束時，我得到的最後通知卻是「暫不錄取」，我非常沮喪失望，男籃領隊、教練和球員們都表示無奈與遺憾。

後來才得知，正是把我開除出校的十八中，向包括省體委在內的有關部門層層投訴，指稱將一個思想反動的學生培養成國家運動員，有違「體育為工農兵服務」的方針。在中國體制內屬於準軍事系統的體育部門，要求對每一個運動員進行嚴格政治審查，省體委政工部門最終否決了競賽訓練部門強烈建議招收我的意見。

我心灰意懶回到了外貿新村宿舍，在狹小的房間中復又坐困愁城，一邊還要忍受左鄰右舍異樣的目光。

母親向遠在武漢當省體委主任的大舅父求救，恰好在廣州訓練的湖北男籃接到了大舅父電話，立刻對我進行體能測驗，我在越秀賓館室外球場跑籃跳投了不到十分鐘，他們就宣布接收我入隊，並且要我留下來住進湖北隊在賓館內的房間。

如果不是當天晚上湖北男籃把我帶去廣州體育館，觀摩他們和廣州部隊的比賽，我的命運之星可能就循著另一道不同的軌跡運行了。

在燈火通明的室內球場裡，我參加湖北隊賽前熱身的「跑籃」，生平第一次在原木地板上跑跳，令我興奮莫名，腎上激素大量分泌，我跳得非常高，把球輕鬆地裝進籃框。

一九六三年整個中國能夠「扣籃」的男子球員總共不過百人左右，球員席上的人們都很注意我。湖北隊熱身時，一位解放軍上尉突然攔住我說：「歡迎你來廣州部隊男籃！」他把我從球場上拽出來，登上一輛綠色軍用吉普來到軍區招待所，他陪我在那裡過了一夜，第二天上午我被帶到沙河頂的中國人民解放軍軍事體育學院廣州部隊男籃駐地，那位上尉便是男籃的指導員，他告訴我已經通知家裡我進了廣州部隊體工隊男籃。

我莫名其妙突然成了部隊一員。

沙河頂的軍事體育學院在瘦狗嶺山麓，除了訓練特種兵的偵察系，廣州軍區的各肢體育隊伍都在院內訓練，晨操時我見到了射箭隊的李淑蘭，這個不苟言笑的大臉盤河北姑娘剛剛拿了全國冠軍，她後來還打破了世界紀錄。

體工隊雖然是打籃球為職業，但我們是軍人，生活一律軍事化，嚴格按部隊作息時間安排，不同的是軍士接受軍事訓練，我們接受體育訓練而已。每天六點整在起床號中躍起，以最短時間把被子折疊成「豆腐乾」，匆匆漱洗完畢便集合報到，四人一排跑步熱身，全力喊出「一、二、三、四」口號，要求步伐整齊，動作劃一。我被這一黎明曙色下集體出操的壯觀場面感染，數千人齊呼口號之聲使我熱血沸騰，渾身顫抖，兩眼含淚。

體工隊的訓練比二沙頭體育中心更加嚴格，除了跑、跳、擲的田徑訓練，最令人生畏的是柔軟體操和舉重訓練，我被強迫把腿伸直並且逐漸抬高，使我感到緊繃的韌帶仿佛馬上要拉斷一樣。負重下蹲是我最畏懼的項目之一，教練不斷地往槓鈴上加鐵餅，有時重達一百多公斤，每一次我都覺得自己扛著這般沉重的槓鈴蹲下去後，就再也站不起來了。

在軍體院訓練營地裡的頭幾個月裡，每天晚上都要用手搬起自己的腿才能躺下，我渾身肌肉疼痛，輾轉難眠，夜裡暗暗啜泣。但是我沒有想到過退縮或放棄，我一廂情願地認定，不管自己過去曾經多麼荒唐地得罪過學校師長或別的甚麼人，只要現在竭盡本份去練球，刻苦耐勞，就可以再加入球隊成為一名運動員，我為自己制訂了打進國家隊的目標，家裡那張祖父擔任民國男籃隊長奪冠的老照片，對我是很大的激礪，我也要像他那樣為國爭光。

我很快適應而且愛上了解放軍運動員的生活。

「老師和學校說不定會原諒我，甚至為我高興呢？」我天真地作如是想。

十八中的老師和校方領導果然沒有忘記我，不過他們還所以惦念著我，是因為他們並沒有原諒我這個十六歲孩子的年少猖狂，此刻這些的人正忙碌著為把我趕出球隊不斷逐級上訴告狀，學校的狀子甚至一直遞到了廣州軍區司令梁興初那裡。

體工隊為了留住我想盡一切辦法，甚至把我轉移到部隊農場去養豬，我在一座陰暗潮濕的大棚裡，和一個犯了錯誤的漂亮的女文工團員一起切水浮蓮，煮了大半個月豬食，清洗豬廄，但學校對我實在太鍥而不捨，我終於耽不下去了，只好離開沙河頂逃離廣東，來到武漢加入了軍區體工隊男籃。

我跨省參軍，使得遠在廣州的十八中鞭長莫及，對我的「追殺」暫時終止了。一九六四年，我被批准加入中國人民解放軍，授予准尉軍銜，享受從衣褲鞋襪被褥床單以及吃喝住宿全包的供給制，每月發三張免費澡堂票以及七元人民幣津貼。

我和武漢這個城市算是有點淵源，母親童年隨家人曾住武漢，外祖父孫海霞在此參加過一九一一年辛亥革命。我在武漢那些日子裡，大舅父在政壇當紅，時任武漢市副市長，蒙哥馬利元帥訪華還到他家用餐，大舅父曾經陪同毛澤東數度橫渡長江，可我在武漢時卻一次也沒上門拜訪過他，每逢星期日休假，只往東湖或珞珈山跑，看電影或是到書店買書。

「四大火爐」之一的武漢三鎮，夏季極為酷熱，男女籃球隊每逢夏天必北上避暑夏訓。一九六四年夏天，我們北上來到瀋陽，這個佈滿廠房與烟囱林立的東北大城市有二千多年歷史，充滿日俄色彩，瀋陽似乎從早到晚都烟塵滾滾。給我留下印象最深的是日本人修建的中央廣場，許多主要大街以這個圓形廣場為中心，呈幅射形延伸向城區各地，我猜忖日本建築師的設計靈感可能源自太陽旗。

瀋陽軍區用軍用卡車載送我們遊覽了瀋陽故宮與大帥府，我們還在滿洲國時代的室內體育館裡和軍區籃球隊打了一場友誼比賽。

其後我們乘火車南下穿過內蒙草原，來到蘭州，黃河從這座城市中間穿過，渾濁的黃泥水與兩岸白色平房迴成對比，我

一九六三年初抵武漢、加入解放軍體工隊的作者

在黃河邊生平第一次見到奇特的羊皮筏子，上面坐著穿花襖的大姑娘和兩位黑衣漢子，他們神情自若地在咆哮的濁浪中起伏，危危乎渡過黃河。

我到蘭州第一天就流鼻血，據說是海拔高空氣稀薄以及乾燥之故。早餐提供著名的蘭州拉麵，還有羊肉包子，從未嘗過如此鮮美的羊肉，連啖八隻。

蘭州空軍招待我們乘坐蘇製教練機，每次可乘七人，在一九六四年這可是極其難得的體驗。我和幾位河南籍女隊員同機，起飛後她們便開始大吐，趴在椅背上翻白眼直喘氣，惟我興致勃勃在空中俯瞰蘭州，這座城市的形狀如一隻兩頭尖中間大的白色蟲俑，靜臥在翠綠群山之間，有一縷黃線從中間穿過，那想必是黃河也，空中望見的大西北格外荒涼粗獷，似乎仍沉睡夢中千年未醒。

我們的球隊要參加在當地舉行的全國乙級籃球邀請賽，訓練非常緊張。在蘭州的訓練是我當運動員以來最艱苦的一次，因為空氣稀薄，平時能跑十五公里的體能，在這裡只跑八百米已上氣不接下氣，而且還一直淌著鼻血跑。

在飛砂走石的蘭州，當地軍區領導給予我們超級別的盛情款待。遊罷五泉山公園，又參觀劉家峽水電站和石油化工廠，還在軍區地下室舞廳舉行了一場盛大舞會，裝飾得富麗堂皇的防彈地下室足有三、四個籃球場一般大，軍樂隊奏著輕快的舞曲，校官與將軍們肩章上的金星閃閃發光，滿目皆是長辮子、皓齒明眸的美麗女兵，戴著大盤帽，一律穿著裙子，那年頭沒香水只有花露水，女兵身上的花露水濃重的香氣，燻得我頭昏眼花，我也記不得跟多少位女兵跳過舞，舞會後享用了軍區司令擺下的豐盛宴席，回到軍區招待所已是午夜了，我發現自己的軍衣口袋裡至少有四、五張小紙條，寫著文工團員們的地址，都是女兵們塞給我的，上面還有淡淡的花露水香味，著實讓我興奮了大半夜。

當上職業運動員，我得到的第一個教訓就是「人外有人」。

當時我身高已經一米九三，走在大馬路上，常引起路人特別是女孩子的好奇目光，一些專業隊也來爭搶招收，不由暗自得意，像只涉世未深的小公雞昂首闊步。到了當上體工隊員，第一天出操集合，按身高從高到矮入列報數，輪到我竟然報出一個「八」字，也就是說我這個一米九三米的高度，在球隊裡竟然只排第八！往身邊一望，兩米零二、兩米的，個個比我都高上大半個頭。

從此我成了球隊裡的「小個子」。

轉赴蘭州途中與四川隊同一列火車。教練要我們多瞭解四川隊，在蘭州他們將是我隊勁敵。在四川男籃所乘的車廂內，我見到了生平所見過的高人之中最高的一個：二米二十三公分高的石挪威！

他睡在臥鋪三層中最上面一層，也就是我們說的「上鋪」，兩隻大腳板就擱在走道那頭的行李架上。

我隊迎戰四川隊那天晚上，蘭州露天球場擠滿三萬觀眾。石挪威大顯神威，偌大一個球場，他幾步就從那一端邁進我隊三秒區內，一個球高吊進去給他，石挪威張開蒲扇般的大手抓住，轉身就裝進了籃框。幾個主力中鋒二中鋒在防守這位巨人時，都連續五次犯規下場。

教練派我上場了，沒交代任何戰術和注意事項，只下了一道在火線才有的命令：「不管你用什麼方法，給我頂住這個該死的石挪威！」

哨音一響，石巨人幾步就邁到了我面前，我發現自己剛好在他腋窩底下，一股嗆鼻的汗酸味傳來，那差不多一米寬的身軀，如一面石墻堵住了我，我什麼都看不見，眼前只有他那件比桌布還寬的黃背心。他雖然顯得有點笨重，移動得也很慢，卻力大無比，只感覺到似乎是遇到武俠片裡那道漸漸壓迫過來的機關石牆，一點點把我擠出了球場。

裁判吹哨了，判我「阻擋犯規」！教練叫了暫停，惡狠狠地吩咐我：「打！你就給我使勁往他手上打！」

他又來了，石墻又開始擠壓我，我離開他，以我九十八公分的彈跳力，跳起來竭盡秦皇島時吃山羊奶的力氣，往他持球的手臂上狠狠打下去。我敢肯定自己如同砸到了一根堅實的柱子上，手掌震得生疼，他那跟我小腿一般粗的手臂，絲毫沒有改變方向和路線，「恍噹！」一聲，石挪威又把球裝進了籃框，我也被罰「打手犯規」。

石巨人來了又去，我的手也一次又一次打在「柱子」上再反彈回來，球還是被巨人裝進了籃框。在場邊教練的怒吼督戰下，我乾脆奮不顧身地吊在他膀子上，最後一次試圖把他手中的球打掉，他就像一座塔吊，不慌不忙地將承載了我一百零五公斤體重的手臂移向籃板，再次輕鬆地進了一球。哨音響了，我五次犯規下場，教練表揚我：「真行！小個子，你比小高強，堅持了五分鐘，他兩分鐘就下來了！」

石巨人率領四川隊如潮水般沖垮了我們不堪一擊的防守，我隊被四川隊痛宰三十八分！慘敗之後，兩米多身高的主力中鋒大楊，沮喪地抱怨：「沒轍！誰叫我個兒這麼小！」

經此一役，我至今不敢言「高」。

到武漢參軍以及瀋陽夏訓，自粵經湘入鄂，再北上豫、冀至遼，轉經京津、內蒙、寧、陝到甘肅，十省五市之行，所到之處城市街景、村野風光，民俗民生，所見所聞，拓展了我的視野與胸襟，對日後思想之成形影響殊深。

剛滿十八歲的我，心靈因熱愛文學藝術非常敏感，對新鮮事物包括不同的人，不同的方言，不同的食物，樣樣都感好奇。列車飛駛著穿越祖國大地，我迎著從敞開車窗吹入的撲面涼風，目不轉睛地瀏覽掠過的金黃稻田與葱郁林木，其間不時見有江河迤邐、道路蜿蜒，山嶺雄峻，平疇萬裡，旅途所見河山之壯美，往往令我徹夜難眠。

然而最令我震驚的還是千里遠行沿途所見民生之凋零，那些從車窗外快速掠過的鄉鎮村莊，烟樹人家，匆匆一瞥中永遠蒙上詩意的靜美，只有停站時方可見清它駭人的蕭索荒涼。在南方廣州沒有見到過的大饑荒景像，仍然未從中原大地消失，許多地方遠看似是錦繡田園，近觀卻空曠荒蕪，青山綠水之側，墳頭新土未乾，白幡招搖，有的地方錐形的墓冢連成一片，蔚成奇觀。

從湧到車窗邊叫賣水果、零食以及茶水的人們身上，我窺見苦難人間一角，面對這些衣衫襤褸、臉色萎黃的村民和小童，我營養豐富紅潤飽滿的臉龐在發燒，和我肌肉發達強壯高大的身軀相比，窗外那些人顯得那麼虛弱瘦小，雖然我知道自己沒有理由為此感到羞愧與內疚，但強烈的對比在我內心喚醒的疑慮與同情，還是使我不禁落淚。

用少得可憐的津貼費，盡可能買下那些骨瘦如柴小手遞過來的食物，在蘭考站從一位小女孩那裡買下一隻和她一般瘦的「道口燒雞」，當我把兩角錢找頭塞在她手裡時，她無助的眼睛裡噙滿了淚水，列車開動了，我探身出窗外揮別女孩，只見她單薄的身形在八月熱風中孑孑佇立，很遠很遠了還在向我招手。

生活的艱辛、人間的疾苦，社會的不公，再一次引起許多疑問，我的人文主義思想繼學生時代的初次萌芽之後漸漸深植我心。

從軍的作者成為一名解放軍准尉（一九六四年十月四日攝於武漢）

第十二章　初歷文革

一九六四年軍隊提倡「活學活用毛澤東思想」，漢口民權路一處大院的體工隊駐地，增加了一項每天必行的活動：「學習毛澤東思想」。我們要用一個多小時進行「政治學習」，對我來說這是一種可怕精神折磨。十多個活蹦亂跳的運動員關在一間屋子裡正襟危坐，人手一冊「毛選」，擇其一段話語朗誦，爾後開展集體討論。所謂討論實際是用領袖的話來比對個人思想言行，找出那些屬於對領袖不忠，不足或錯誤之處，然後「自我批評」，就是自己批評自己。雖然我是他們之中最年輕的，但就連我這般少不更事，也看得出舉座之人的敷衍了事，言不由衷，那些慷慨的發言大多是虛以委蛇的陳詞濫調，假裝的虔誠懇切，沒有一個人敢於暴露真正的與內心，這些露骨的虛偽使我心生厭惡。

我一見四部白底紅字封面的「毛選」就頭痛，學「毛選」時我只顧做自己的白日夢，幻想相約女籃隊員珊妮去東湖看桂花、到長江大橋上指點水上帆影。珊妮是從湖北藝術學校轉來的舞蹈學生，身材高瘦，大眼高鼻，整個體工隊裡只有她和我屬於「資產階級家庭出身」，彼此又喜歡藝術，兩人走得很近。雖然心中仍有著明明的倩影，但我在武漢及北夏訓時寫給她所有的信，得不到隻字未覆，我對明明的思戀，如撲入夜色的飛鳥有去無回。我內心的苦悶，珊妮也知道，她只是文靜地聽我訴說，從來不對我和明明之間的事插一句話。

對「政治學習」反感，導致我對運動員生涯的熱情銳減，也令我與珊妮的接觸越來越頻繁。她從小練芭蕾舞，會彈鋼琴，溫存文靜，我被這個身材頎長的女孩迷住了，一度想像自己化身為王子，在湖邊邂逅我的白天鵝，纏綿悱惻雙雙起舞一番，爾後比翼飛離烏煙瘴氣的混沌人間……

我倆的交往在體工隊內引起了議論，教導員代表「組織」對我發出了「不准戀愛」的警告，珊妮無疑也被找去問過話，少不更事的她嚇得失魂落魄，自此臉色萎黃，刻意迴避我，甚至不敢接觸我的目光。不知世途險惡，自尊心強烈的我被激怒了，開始用自己的方式「抗議」，躺在床上拒絕參加任何訓練，我的這種行為在球隊裡被形容為「鬧情緒」和「睡床板」，行此事的都是自知在體工隊已經時日無多者，我也提出申請要求提前退伍離開武漢部隊體工隊。

體工隊領導挽留了我兩次，見我去意已決，便批准了我的申請。行前男籃開了一個會，幾乎每個人都發言，大家作出的評語歸納為八個字，極盡溢美之辭：「虛心好學，刻苦訓練」，這是一份我參軍以後表現的組織鑑定，教導員當著我的面把它放入公文袋，還鄭重其事地封上火漆印，他把這份人事檔案交給我帶回廣州，吩咐我切莫遺失，務必呈送民政部門安排工作之用。後來的事實證明那只是一個「障眼法」，對我真正的結論是「表現惡劣，清洗出隊」，同樣也是八個字，不過恰恰跟「虛心好學，刻苦訓練」意思相反，這才是正式記入我正式個人檔案的評語。他們還發給我一本由國防部長林彪簽署的正式退伍軍人證書，那也是為了騙我的一張廢紙而已。

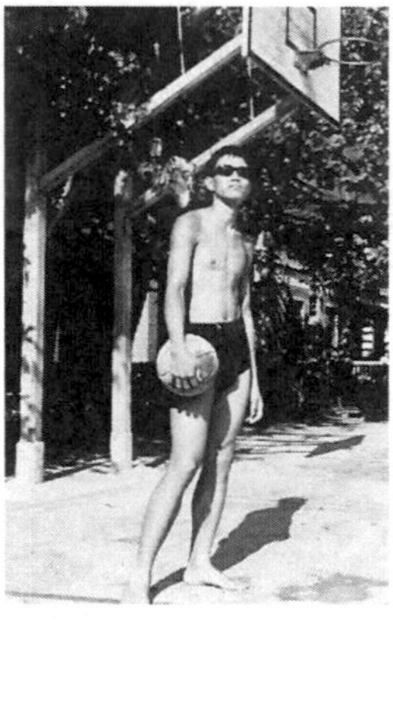
作者一九六五年攝於西郊泳場

教導員代表大家鄭重其事祝我回到地方後前程遠大，把解放軍光榮傳統發揚光大，他緊緊握著我的手，表現得百般不捨，還與我熱情擁抱，依依惜別。

有誰知道呢，在我離隊前夕那天晚上，正是這位教導員冒著嚴寒，徹夜不眠，在我的人事檔案裡寫下一段教我永世不得超生的惡毒結論。有了他這段結論，從今往後，偌大中國絕對沒有一支球隊敢再聘我為運動員了。

就這樣我從武漢部隊「提前退伍」，一路上小心翼翼抱著自己的「組織鑒定」，今後找工作就全依仗它了，滿懷「重新來過」的幻想，坐火車又回到了廣州。

在我為了維護可憐的尊嚴心自毀前程之際，神州大地已經烏雲四合，風雨欲來，文革閃電映亮了危機四伏的地平線，即將到來的這一場紅色風暴，規模之大，摧毀力之巨，是任何人都無法預見與想像的。

我身上這套綠軍裝，掛在我家門楣的「光榮軍屬」牌匾，都有可能庇護父母還有家庭，避過這場風暴的最初幾波衝擊，起碼讓那些起意加害於我們的人會有所顧忌。

可是因為我對政治的無知，任性與衝動，令全家人在危險關頭失去保障，反而將自己置於首當其衝的危難之中。

一九六五年作者離開解放軍體工隊，離開籃球場的他即將遭遇人生中的另一巨變

按照退伍軍人安置規定，我回廣州後便向地方民政部門報到，呈上人事檔案，等候安排工作，在漫長而沒有盡頭的等待中，我無所事事，躑躅廣州街頭，漸漸耗盡了所有耐性，也失去全部希望。

也算我時來運轉，一位當年省隊的球友通過關係替我在華僑糖廠找到了工作，這間大廠的黨委書記姓蔣，是個典型的籃球迷，為了增強該廠球隊實力，在蔣書記的介入和干預下，我進入糖廠當了一名車工學徒，當時這是一份令人羨慕的理想工作。

我很珍惜自己從武漢回到廣州後的第一份工作，我的師傅是一位未老先衰的技工，有氣喘病，每隔十多分鐘就吐一口痰，很準確地吐在車床底下的鐵屑廢料裡。他待我很嚴格，我十分尊重他，在他指點下學習操作機床，我學到的第一樣基本功，就是替師傅倒茶打飯，下班之前清掃鐵屑，擦拭車床。

我的勤快好學，很快就得到了師傅歡心，他也是我的球迷，我上場比賽，師傅就在球場邊大聲吶喊助威，以自己有我這樣的主力隊員為徒感到驕傲。我不懂得甚麼是「無產階級感情」，我只知道自己像敬重長輩一般敬重這位老工人，他那粗俗但妙不可言的機智迷住了我，無論處理生活課題還是技術難題，師傅都能在幾近絕望之際，「山人自有妙計」找到解決的辦法。

車間裡有四、五十名男女技工，午飯時分坐成幾堆，坐在停止運轉的機床邊與堆放的鋼材上，每個人都熟悉自己坐慣了的位置，我們吞咽著淡而無味的飯菜，唯一令大家覺得津津有味的，又不必擔心犯政治錯誤的，就是男女之間兩性話題。師傅們用機械零件作為性器官的代號，夾雜著許多市井俚語，我的女同事們不時放下飯盒，作狀捶打身邊的男同事。這是車間裡一段最活躍，充滿笑聲的快樂時光。不過，別看這些工人師傅言語有多露骨近乎淫猥，但都點到即止，不會太過份，而且個個都是只說不做的君子。

同事們都喜歡我，我也從心裡佩服師傅們，他們能用最簡陋的工具，最精湛的技藝，維修工廠裡先進又複雜的捷克製造設備，就像他們可以用少得可憐的工資養活自己與家庭一樣。工人師傅們吃得很少，幹得很多，不出怨言，苦中取樂，中國工人身上那種堅忍與淳樸的共性深深吸引了我，我很快便成為他們其中一員。

我，以及身邊這些平凡的工人，還有許多人其中也包括我的父母，自從一九四九年十月之後，總覺得過去已經成為過去，盡可能表現出克己安份、聽話服從，少說多做，這些普通人素來與人無尤，沒有野心，也無謀反之意，只不過希望掙一份薪水，和自己家人在一起，吃飽肚子，過幾天安定日子而已。

誰能想到呢，即便這一點卑微的願望，也在一次又一次的政治運動衝擊下成了泡影。

「四清運動」開始了。

一支「四清」工作隊進駐華僑糖廠，蔣書記成了「四清對象」，球隊停止了活動。師傅身邊出現了一個工作隊員，但她只跟師傅說話，很少與我交談，一雙充滿戒備與狐疑的小眼睛，不時掃向在車床邊忙得滿身大汗的我。

三個星期後的車間大會上，工作隊長發表了重要講話，指出糖廠階級鬥爭十分嚴重，甚至到了你死我活關頭。並且指稱這就是實實在在的階級鬥爭，隊長神情嚴肅地舉了一個實例：有個被部隊清洗出來的壞份子就混入了糖廠，而且就隱藏在我們這個車間裡。

我是車間裡唯一當過兵的人，四清工作隊長口中的「壞份子」究竟是哪一位，大家心知肚明，人人面面相覷，師父低頭立在機床邊，臉色慘白，頻頻吐痰。我如同挨了當頭一棒，眼冒金花，捫心自問，只不過申請提前退伍，不再願意待在武漢部隊打球而已，頂多是態度消極各奔前程罷了，又何「壞」之有？

糖廠球隊的蘇領隊是人事科長，他約我面談，要我離開工廠回到民政局報到，我知道心愛的工作就這樣莫名其妙丟了，忍不住掉下眼淚來。蘇科長看上去比我還難過，說了一些勸慰的話，他終於忍不住問我：「你以前是不是得罪了甚麼人？你的底子全給劃花了。」見我滿臉茫然，他嘆息道「你今年才十八歲，以後真的要小心做人呀。」

就這樣，在糖廠只當了七個月工人，我又成了「社會待業人員」。

我去過明明家，每次程蓉姨媽都回說明明不在，也沒有讓我進門去坐，臉上沒有一絲笑容。我寫信給明明，也不見回音。母親勸我不要再去找明明，她說程蓉姨媽托人帶話來了，明明長大之後，除了嫁給華僑，就是嫁給首長。

既然我這兩種人都不是，只是「社會待業人員」，那麼就意味著從此見不到她了。我不再寫信，男兒自尊心告訴我，不應該再去找明明了。

又等候了兩個多月，分配工作通知終於來了。一九六五年仲夏的一個早上，我來到西關十八甫四十二號的「盲人工廠」報到。

四十二號是一幢西關大屋，清代鹽商潘仕成一家百餘口曾經居住於此，大屋深進十數層，橫跨富善西街與愛育新街。潘氏經營鹽務失敗，虧欠鉅額公帑，被官府查封，作價三萬八千兩賤賣。後由市紳鐘覲平等合資買下，闢為「愛育善堂」，二十年代善堂內曾設通俗圖書館第二館，藏書四千餘冊。

一九四九年大陸易幟，按照「對口接受」政策，愛育善堂由中共民政部門接管，後將收容之百餘名盲人集中於此，成立「盲人工廠」，復在善堂臨街一面興建蘇式四層灰色大樓，門窗寬大，木框一律漆成豬肝色。

大樓一樓為盲人、聾啞人製作風車鉸生產車間，二、三樓有辦公室、職工宿舍、醫療室，四樓有禮堂及娛樂室，配備手風琴、鋼琴，並設立「廣州市盲人俱樂部」。

六十年代西關老城區極少高樓，嶄新的「盲人工廠」大樓在一片破舊磚房斑駁瓦頂之中，愈顯鶴立雞群。這座氣派的大樓除了用作生產車間、辦公與俱樂部，還有另外兩種用途，一是接待外賓參觀，二是遮擋住後面的殘舊善堂，那一片改成生產車間的建築參差不齊，滿布塵垢，與大樓迴成鮮明比對，但因為擋住了公眾的視線，也就從來沒有人想到過，把它整理得更適合人類在內工作使用。

所謂「製釘」，要用鋼筋盤元經剝皮、浸酸、過灰，烘乾、拉絲、製出普通鐵釘，工序繁複。盤元每紮重二、三百公斤，用膠輪小車運至廠房內剝皮，吊入池內浸泡硫酸，將表面銹斑腐蝕一光，然後浸入石灰池內過灰，烘乾後拉成不同直徑的鐵絲，最後用製釘機做成鐵釘。

這是一項充滿腐蝕污染、高溫、高危、高強度的苦力勞動，一到開工鐘點，既不不通風又不透光的車間裡馬達怒吼、硫酸氣霧瀰漫、白灰飄揚，幾十部釘機猶如幾十挺馬克沁重機槍，齊齊發出「噠噠噠」轟鳴。長期處在噪音、酷熱與毒氣中的工人，工傷頻頻，健康嚴重受損。

這些殘疾人包括他們之中的正常人，壽命都很不長。

踏入十八甫四十二號的第一天，我狼狽地閃避從不同方向迅速移動過來的盲人，他們在已經熟悉的環境裡來去自如，靈活地繞過每一根柱子和機器。我這些新同事行動起來，習慣抬高下巴，倒不是因為傲慢，而是集中使用聽覺的使然，他們的觸覺與記憶力也非常發達，這些都彌補了視覺失明的缺陷。

我避過這些盲人，見到兩個看上去正常的人，趨前打聽如何上辦公室報到，那兩個男子瞪大眼睛用手勢來與我溝通，旁邊走過的人笑我：「佢地借左聾耳陳隻耳啦！」原來我找上了兩個聾啞人。生平第一次置身這麼多殘障人士之中，我有點不知所措，加上那古舊善堂裡恐怖的噪音，陣陣飄浮出來的白色塵霧，嗆鼻的硫酸氣體，想到自己要在這種環境裡做工一輩子，不由得悲從中來，內心很是壓抑。

那天除了工人，我還見到了工廠幹部，他們不足十人，管理著這間工廠裡一百六十餘名工人。這個位於廣州城一條狹小街道邊的微型工廠，從社會基層反映出國家機器是如何運轉的，由北京紅牆深處神經中樞發出的指令，又是怎樣透過複雜的系統傳至末梢神經的。

這個系統就是人們常說的「組織」。

盲人工廠只是組織的一個小小細胞，它和其他千千萬萬細胞一樣被中國人稱為「單位」，其功能是負責組織一百六十名工人生產勞動，通過發放薪水，控制處理他們的全部生活資料，沒有蓋上公章的組織證明，你就不能享有居住戶籍，更沒有糧食、副食品和布票配給，也不可以結婚、送子女入學、到醫院看病，以及離開居住地到外地探親，甚至當你死了，如果沒有組織開具的「死亡證明」，你將死無葬身之地。

出了任何事情，你都會被問及：「哪一個單位的？」也就是「你歸甚麼組織管？」

盲人工廠這個小小細胞的細胞核由黨支部、人事、財務、生產與工會組成。

工廠裡採取的是蘇俄模式，以樹立先進典型激勵群眾學習榜樣努力幹活，定期通過評比表揚推出幾個長年無休，忘我勞動的工人，號召其他工人向他們看齊。

另一個由黨支部書記、保衛、人事部門組成核心，除了控制從車間到小組的生產，還掌握全體幹部工人的檔案，這個核心以黨團員及積極份子為數目眾多的觸鬚，延伸至每一個車間班組，負責監視全廠工人的言論行為以及思想的動向。

其時新政權建立還不到二十年，我父親同許多國人一樣，希望通過良好勞動表現，避免引起政工系統的關注，以免自身在政治運動中受到衝擊並且累及家小。但是也有人通過努力，千方百計想進入這一系統內，實現從被監視者到監視者的身分轉化，當然這就意味著需要加倍努力表現出工作熱忱之外，還要犧牲友誼，出賣親情，以告密揭發他人輸誠，在經受嚴格的考察後，成為末梢神經之中一根小小觸角。

所謂「瞭解情況」得到的全部訊息，都是通過這些觸角搜集，然後匯總起來傳送至中樞。

既然「組織」作出了安排，我就沒有任何選擇餘地，惟有到這間小工廠上班，我被分配跟隨一位姓周的女師傅學習操縱刨床。周師傅丈夫不在廣州，年紀輕輕守著活寡，人長得豐腴，頗有風韻，收了我這麼一個年輕高大的男徒弟，她和我都成了廠裡工友調侃的對象。我被這些市井俚語的隱晦曖昧弄得不知所措，經常受到譏笑，潑辣的周師傅總是站出來維護我，厲聲呵斥那些笑得東歪西倒的男人。

我們師徒倆很投契，從西關掌故，到粵劇紅伶風流韻事，說著說著，下班鈴就響了。師傅帶著一個五歲的女兒，廠裡一些「老油子」，除了在機床面前晃來蕩去，說些「吃豆腐」的閒話，還常常攔住那兩條小辮梳得整整齊齊的小女孩：「叫聲老豆（爸爸），就給你糖吃！」那孩子也靈巧，每逢有人提到「老豆」二字，立刻應答：「哎，乖乖！」氣得那幾個「老油子」直罵周師傅教出這麼一個刁蠻女。

我曾問過師傅，她的老公去了哪裡，師傅把手搭在牛頭刨上，圓圓的臉別過一邊去，沒有回答，只見她眼圈都紅了。隔一兩個月，師傅總要請四五天事假，回來上班時臉色鐵青，悶不作聲。

「老油子」們蹲在飯堂的條凳上吃飯，說些不三不四的話，常提到周師傅，我才聽出師傅的老公被判了勞動教養，她請假是去粵北探監的。

師傅很關照我，常讚嘆我的字畫，她為我才二十歲就下了工廠而惋惜。遇有球友相約我出隊比賽，她總是同意我請假，一個人吃力地扯著滑輪，把百多斤重的鑄件吊到平臺上。

一個四肢五官健全的正常人初次進入盲人群體，總會有點忐忑不安。他們和你對話時，大多採取側耳傾聽的姿勢，有的人還不停地轉動深凹眼窩裡甚麼也看不見的眼球，他們行走姿勢也與眾不同，兩手持平伸向前方，防止碰到障礙物跌倒。

上下班時如何拖兒帶女穿越單車與汽車橫行搶道的鬧市，對於他們來說，是十分驚險的考驗，經常有盲人被騎車人撞翻在馬路邊動彈不得，或是被路上卸下的籮筐木箱等雜物絆倒，摔個鼻青眼腫。

廣州人向輕視盲人且多多避忌，走在街上若讓盲公竹掃及褲腿鞋履，被視為沾上晦氣霉運，要連吐口水解穢，口中還念念有詞「大吉利市！」我見狀常常將盲人工友列為一隊，後搭前肩，引領他們橫過馬路，另一隻手還牽著他們的小孩，十八甫路上，由一個一米九大漢牽著成隊盲公魚貫而行穿過馬路，已成當地街頭一景。

廠內盲人在民國時代散落街頭，男性「盲公」以推銷南乳花生，賣藝占卜為生，坐在小竹凳上自彈自唱，以龜殼銅錢占卦，足下放一小罐供路人投幣打賞。女性「盲妹」以按摩推拿見長，粵人稱之為「搽骨」，確有聲色藝俱佳「盲妹」者，也到酒樓茶居賣唱，有的淪為登徒浪子玩物。自五十年代開始，這些「盲公」、「盲妹」被收容安排就業。政府視此為改造社會功德無量，但「盲公」、「盲妹」並不作如是想，很多人依然懷念昔日街頭賣藝的自由自在。

工廠裡的一對楊姓盲人夫婦，邀我到他們家中作客，楊先生在廣州鬧市賣藝占卦多年，江湖經驗豐富，與人初識，聞聲可辨忠奸。

他和妻子同是盲人，卻養育一雙視力均正常的兒女。小小斗室中窗明几淨，所有可移動的物件均放在固定位置。長相很標緻的楊太雙目失明，唱得一口字正腔圓的南音，且心靈手巧。那天她在一座煤爐上料理晚飯，先是用鋁鍋煮飯，待鍋中水沸將近燒乾之前，及時把爐火收小焗熟米飯，更絕的是她煎魚居然兩面的魚皮均不破落，燒出來的魚，味道極好。她淡淡回應我的驚嘆：「沒甚麼，只是聽聲聞味罷了。」

進餐時楊先生夫婦除了招呼我，還要照顧兩個孩子吃飯，我注意到孩子們衣著都很整潔，楊太告訴我家中縫補女紅也由她做，我提問如何穿針引線？楊太笑著摸索取出針線，左手執針，右手握線，然後兩手置於雙膝之間緩緩合攏，只試了兩次，第三次就把細如髮絲的線頭穿進了針眼。

人身上的某一器官若失去功能，其他的器官就會發出潛能來彌補軀體的需要。盲人的聽覺、觸覺以及記憶力非常強，據說連他們小腿的外側對物體也有感應能力。除了親睹他們生活自理的超凡能力，我還發現廠內盲人工人操作機器搬運貨品均不遜於正常人。

我的工友們大多來自社會底層，掙扎浮沉於時代洪流漩渦裡，他們之中不少人在西關街頭長大謀生，有地頭蛇、警察、大天二、老千、妓女、官太、富家傭僕各種身分，其中有些人可能根本就隱瞞了自己的過去，因為錯失某種時機或鮮為人知的原因，迂尊降貴，淪落世間風塵，這些人既有不尋常經歷，自有不凡見識，貌似市井平民中人，卻偶然顯露貴冑遺風，有點還帶幾分江湖兒女的豪情俠義。

若狄更斯再生，必能再書寫一部新版《孤星血淚》，當年人文薈萃、龍蛇混雜的西關，毫不遜色於霧都倫敦，她的地面與地下同樣存在不同多重世界。我來到他們中間，被他們視為是一種美麗的誤會，在這些人眼中，我本來就不屬於這裡。身處這一群人之中，我卻有如魚得水的自在，對他們非旦不存一絲歧見，還待他們亦師亦友，憑一己良知給予他們幫助，接受這些人的雪中送炭。許多年後，這一張張被侮辱與受損害的面影，仍歷歷在目，縈迴於我的腦海。

我進盲人工廠時，已到了一九六五年，關於吳晗《海瑞罷官》的討論已經展開。嗅到箇中氣味敏感者，大都久經土改肅反、反右等政治運動，故倍加謹言慎行，而我還不到二十歲，少不更事，從一開始就沒有任何防範之心。

在盲人工廠當鉗工，我的身分是工人。一下班走出廠門，我就進入自童年起就在這裡生活的西關，結交朋友打球、聽音樂、畫畫、讀外國小說，我的身分似乎回復到家境富裕的年代，做回西關少爺。

「承蔭園」離工廠僅數百米，每當我從童年住處外面走過，仿彿依稀可聞三樓傳來昔日一家歡歌笑語，我覺得人的生活本應如此：讀書使自己充實，運動使自己強壯，藝術使自己優雅，我對其他東西都沒有任何興趣……當時我過的就是這種半醒半夢的雙重生活，似乎有兩個完全不同的身分。

雖然身在紅色世界十多年，我似乎始終未有入世，也沒有被捲入個中隨波逐流。

一九六六年，「五一六通知」下達了，無產階級文化大革命正式開始。

統管中南五省的陶鑄在珠江賓館召開文革動員大會，緊接著向全國的活靶子「三家村」與吳晗開火，廣東也拋出了作家秦牧和中山醫學院院長柯麟等第一批黑幫。

盲人工廠也召開了批判廣東黑幫大會，許多人還是第一次聽到「三家村」與吳晗，還有秦牧和柯麟等人的名字。但到了八月五號，毛澤東力挺北大聶元梓的「我的一張大字報」一發表，整個矛頭就指向了各級當權派。

那年廣州的酷暑溽熱，又久不降雨，教人苦不堪言，本是鬱綠的濃蔭，在烈陽炙烤之下，亦顯枯乾萎黃。我在中山公園第一次見到了批鬥省委直屬機關「黑幫」的遊行隊伍，總有兩百餘之眾，男女均衣衫不整，狀極狼狽，最震撼的是這些人高舉過頭的雙手，統統被黑漆所塗，陽光下一雙高舉的黑手如林，隊伍裡有人戴著尖尖的高帽，大部分的人還掛著黑牌，這一場景震撼了我，使我想起戈雅筆下似鬼非人的詭異荒誕畫面。

毛澤東的大字報引發了全國大字報潮，一九六六年八月十五日「華師附中」寫出廣州市第一張在社會上公開張貼的大字報，貼在北京路皮革工業公司門口，大專院校與中小學裡，從圍墻到課室內外，都貼滿了大字報，不久工礦企業機關也開始了貼大字報。大字報幾乎覆蓋了市區每一幢樓房的外牆。

在大字報熱潮捲來時，盲人工廠領導作了動員和布置，秦文書找我談話，要我帶頭勇於揭發壞人壞事，她的話繞來繞去就那麼幾句，目的很明顯，就是編成一個絞索，明擺著要我親手往周師傅那雪白的脖子上套。

念在師徒情份上，我起初很有些猶豫，短髮齊耳的秦支書，舉起粗短的手臂，往空氣中猛力劈去，厲聲敦促我要做革命派，不要被資產階級人情蒙蔽，她提醒我，是組織上的重用，才安排了機修這個技術工種給我，不要敬酒不吃吃罰酒。幾次談下來，這大字報要寫的話，得罪師傅；再不寫的話就得罪支書、得罪黨、得罪毛主席。

我終於走進職工禮堂，在乒乓球臺上展紙執筆，寫我的第一張大字報。

要用十多張舊報紙才能寫盡師傅「罪狀」，我用漿糊把舊報紙粘連起來，還忙裡偷閒，悄悄讀了上面陳殘雲和秦牧寫的散文，字裡行間有股南國的木棉花香流溢出來，他們筆下的白雲珠水，曾經如許優雅動人，今已成株株毒草……唉，一切都要推倒重來了！

我嘆一口氣，提起飽蘸墨汁的毛筆，在文人騷客的「毒草」上，寫下「深揭狠批」師傅的大字報。

師徒之間的談話，都是些生活瑣事，街巷傳聞、梨園軼事以及一些議論。沒有謀反也沒有陰謀，但文革一來，都可以「上綱上線」，可以把這些私人之間的談話，師徒之間的言笑，提到無產階級與資產階級之間你死我活鬥爭的高度來發揮，再延伸到「隱藏在工人階級隊伍中很深很深的階級敵人」，這裡面可以發揮的就實在太多太嚴重太危險了。

大字報大批判的詞匯是現成的，毛主席語錄也在手裡，連大字報的「起承轉合」都有格式，先是「東風吹，戰鼓擂」，繼而講一番「革命大好形勢」，再向偉大領袖與文革旗手「表忠心」，然後矛頭指向揭發對象某某，羅列「罪名」再狠狠批判之。生動一些的除了「火燒」還「油炸」，「打倒」了不算，還要「砸碎狗頭」，為了防止「人還在，心不死」，定把其「打翻在地，再踏上一隻腳，變成不齒人類的狗屎堆！」最後三呼萬歲，一張大字報即完成也。

我的這張大字報，是工廠裡最顯眼的一張。「批判揭發壞份子周××的反黨反社會主義反毛澤東思想言行！」從三樓垂下來，足有七、八米長，上面密密麻麻寫著十大罪狀，聚攏來許多工友，大家都在看，但全都臉上毫無表情。

每次從車間出來，周師傅都見到這張大字報，她只把頭垂得更低，玉雕一般的粉頸漲得通紅。我倆仍然一起操作刨床，但師徒之間已經無語，只有刨刀切削金屬的「吱吱」聲打破難堪的沉寂。

大字報上循例聲明「保留三日」，但到了第八天還未見有新的大字報復蓋上來，直待到某日一場雷雨驟至，風風雨雨將大字報撕碎，墨寫的字跡亦變模糊，秦書記下令扯下大字報殘片，我即時如釋重負，但是周師傅的頭始終沒再抬起來過。

秦支書是忙壞了，一次批判大會曾經揪出來四個壞人，她在臺上要分別給每人一頂「帽子」也就是定一項「罪名」，也真難為了她。不過當時的「帽子」也多，「三反份子」、「殘渣餘孽」、「走資派」、「黑七類」、「帝修反代理人」，隨便拎起一頂，都合尺寸，大小剛剛好，足以置人於死地。只要戴上「帽子」，就可以執行「監護審查」，把你關進單位的「牛棚」，然後私設公堂審你，三天一小會五天一大會批你鬥你，羅織罪名已足之後，再整理材料送交批捕判刑，輕則遣送返鄉或勞改，重者服刑甚至處死。

一些專案人員為邀功，逼、供、訊，甚至在立錯案抓錯人之後，製造假自殺現場殺人滅口。許多人一聽到「監護審查」就嚇得面無人色，只怕關進去了再也無望出來見到妻兒老小。

車間的小姚，上臺揭發丈夫塗改副食品購買證，買了配給的魚之後，回家用雙氧水把蓋上的印褪掉，再去買魚。她丈夫在臺下火了，頂了一句嘴：「光會說我，每次買回來的魚，你又沒少吃！」會場一片哄笑，短髮支書當即宣布，小姚丈夫是「破壞社會主義經濟壞分子」，要接受審查、交代問題。下班後小桃丈夫被留下來寫交代材料，小姚拉著三個小不點找短髮支書說情，要求放丈夫出來，「他不跟我一起回去，我怎麼煮飯，家裡還有兩個老的！」看來交涉未果，丈夫低頭寫材料，她也低著頭帶孩子走出工廠大門。

看門的老傳達「三德」因為歷史問題也留下在廠坦白交代，換了老范把門，他對問起老傳達下落的工友，神祕又警惕地耳語：「他是個潛伏的反革命，壞人太多了，文化大革命不搞是不行的了！」

周師傅病了，她的肝本來就不好，先是半休，繼而長休，很久沒有來上班。此時運動風向變了，大字報轉向貼到了「當權派」頭上，短髮支書被剝奪權力「靠邊站」了，我們對她又是「炮打」又是「清算」，她被勒令到車間裡勞動，推著小車回收鋼屑銅粉，不過仍把頭昂得高高的。

「五．一六」通知之後又出了一個「十六條」的中央文件，整個中國都亂了。

北京率先組織了紅衛兵，廣州也聞風而動，連我那十二歲的小妹也改名「軍紅」擠火車參加全國大串聯，她到北京後還見到了毛澤東，百萬紅衛兵在天安門廣場又跳又叫，小妹的鞋被踩掉了，光著一隻腳回到姨媽三不老胡同家中，三姨媽說當時小妹髒得就像個小叫化子，聽說偉大領袖接見後天安門清場運走的鞋子就有好幾卡車。

在南下的紅衛兵帶頭發起之下，襲捲廣州城的破四舊、抄家行動隨即開始。

整座城市一夜之間失序大亂，城中人家大門雖有鐵鎖，卻是形同虛設，叫你開門，你就不敢不開，哪裡還有個人財產與生命安全保障，家家如驚弓之鳥，人人如待宰羔羊。

南北合流的紅衛兵聚集結隊，在廣州大街小巷內呼嘯疾走，當街剪港澳同胞的「臘腸褲」，剁下「辣椒鞋」尖嘴，闖進茶樓命令全部茶客不准蹲著或翹二郎腿，他們以「破四舊」為名，專擇殷實人家破門而入，尤以西關與東山富家區域為重點，搜索書畫古玩，金銀首飾，手錶與現金，有的當場砸碎焚毀，有的擄去帶走，被抄者全家男女老少被集中看管，喝斥不得亂說亂動，只能抱作一團驚慌發抖。

我一位家住寶華路的好友阿堅，乃南洋烟草公司一族世家，他貪夜用自行車馱來一大袋物品交我收藏，我把袋子往工廠宿舍的板床下一塞，一放就是幾年，從未打開過。後來他家派人來取回，我才知道袋子裡裝有價值連城家傳古董字畫十數件，他們一家的全部身家全在袋子裡面了。

我親睹的抄家事件，發生在多寶路一間西關大屋，場面類似廣州人「年廾八，洗邋塌」，全屋都被淨空，桌椅板凳大床櫥櫃箱籠悉數移出大門，倒出衣物書信文件照片，散落一地，幾個紅衛兵蹲在地上逐一仔細檢查，屋內樓上樓下都有人用鐵筆木棍敲打墻壁地板，連那口水井也有人用長竹竿捅來捅去，擺在後花園供閒坐的綠瓷象凳也砸開了，他們在找甚麼，又找到了甚麼，只有抄家的人心裡最清楚。

這家人也不知是怎麼一回事，抄家後的大屋被貼上封條，大屋主人夫婦雙雙被押上敞篷解放牌卡車帶走了，只留下一個如花似玉的女兒，淚流滿面慘叫著追趕在那大卡車，跑了大半條街才力竭撲倒，爬起來坐在路邊嚶嚶哭泣，路人見狀無不搖首興嘆。

我替其藏寶物的阿堅家中也被抄了，而且不只一次，紅衛兵去而復來，凡瓷器玻璃有古字外文者一概打碎，放雞毛撢子的瓷筒也不放過。他家上下兩層六個房間，被強行「徵用」去兩個，安排兩家無產階級入屋來住。多年後看電影《齊瓦哥醫生》，內有齊瓦哥在革命後尋找岳父與妻兒，在岳父舊宅中見到被無產者住客擠到角落的親人，就想起這位朋友西關之家當年鵲巢鳩占的情景，兩者驚人相似，形同翻版。

全國「紅衛兵總動員日」當晚，廣州第十甫與文昌北路交界處，三層樓高的「新華書店」被百餘名紅衛兵闖入，搬出書籍畫冊扔在馬路中央點火焚燒，樓上臨街窗戶洞開，不斷有人把書從樓上扔下來，有的在樓上對著書店負責人和書開現場批判會，撕毀書籍飄散空中，火光沖天，紙屑殘頁如雪片飄舞，四周觀者如堵，個個面色如紙，默不作聲，一片死寂中只聞紅衛兵的嚎喊。書店書多，足足燒到凌晨還未燒盡，眾革命小將也倦了，陸續開溜，只留下一大堆灰燼，勞駕環衛隊推著板車來清理，少說也搬了十幾車。

廣州城老舊，歷朝遺下古跡甚多，寺廟道觀庵堂遍佈，動輒八百一千年歷史。南北革命小將進城後興奮無比，驚呼此乃「封資修之城」，自然是落盡全力搗毀破壞，一些非常有價值的文物建築如南朝碑墓、大司成牌坊、海端牌坊等以及廟宇、教堂被打砸、塗鴉、潑漆，西來初地古巷中的五百羅漢寺，內有數百尊造型不同羅漢塑像，也被紅衛兵逐一拖出砸碎，寺中僧人被遣散還俗。其時「破四舊」的人忙不過來，凡塑像者多只將其頭部打掉，讓塑像身首異處便呼嘯而去，惟五百羅漢寺內五百尊塑像，每一尊的胸腹部位被掏空，頭部反而無損，後來知情者才透露，此乃有人誤信塑造羅漢時曾藏入以黃金澆鑄之心，故勾結小將施暴，真正目的是尋找羅漢體內的金心。

鴉片戰爭年代興建之沙面島，歐式建築如林，其中海關宿舍乃北歐風格紅磚大樓，有一巨大的土紅色尖頂塔樓，乃島上最顯眼之樓宇。一群北京來的紅衛兵找來幾捆粗繩，想仿照拉倒沙面教堂頂十字架一樣，把尖頂拉下扳倒，忙了半日，也爬上過屋頂，可能因為建築結構牢固的緣故，最終不得不放棄。

那段時間裡紅衛兵在廣州大街小巷尋找一切老舊的塑像、雕花與石刻，見到就敲碎，敲不碎的就用紅漆掩蓋。任何有特色的街巷、店鋪原名，一律易名革命化。我的母校「廣雅中學」改成「紅旗中學」，「陶陶居」改成「東風樓」。有人統計過，全廣州二千三百家商店改了名，弄得理髮店與酒樓同名，全市有數百間「東風」，幾十間「紅棉」。全市八十九條馬路合並為二十四條，換上「延安」、「北京」、「紅旗」之名，搞到廣州人不識廣州的路，有人問路：「秀麗路在哪裡？」

「甚麼路？」

「秀麗路！」

「唔知！唔知！」

「即係以前的第十甫。」

「噢，早點講啦，前面轉右就係啦！」

「好似現在只准向左，不准再講這個『右』字了。」

「那麼講甚麼好呢？」

「就說轉入攎筷子那隻手的方向好了，包你沒事。」

這不是笑話，那時的確是忌諱「白」、「西」、「右」，只興「紅」、「東」、「左」。當時中國交通實行美式右行制，駕駛座也相應在車內右側，曾有紅衛兵鬧著改成左行制，並且要把駕駛座也改在左邊，一度鬧得很凶，但這要跟改變紅停綠行交通燈規則一樣，茲事體大，實在難以改動，加上美式右行，改成左行，又變成同英式一樣，左右都與英美兩個帝國主義有關，紅衛兵小將只好放棄。不過廣州唯一的名山「白雲山」，還是在革命小將們堅決要求下被改成「紅雲山」。

那時大家連自己的名字都想改，我的小妹也改名叫「軍紅」，當時廣州有不少於幾十萬「軍紅」。她才十二歲，非常革命，整天握緊拳頭咬牙切齒想找人拼命，消滅可惡的帝修反走資派。某日，有一位姓毛的世伯來我們家，父親像平日一樣按北京人老習慣吩咐小妹：「叫人哪，叫毛伯伯好！」

「不准亂姓毛！」我這位軍紅妹妹突然橫眉怒喝，毛老人家哆嗦了一下，茶也沒喝，唯唯喏諾起身告辭，從此不敢再來。

文革中林彪行情看漲，成了副統帥接班人，他手下的黃永勝、吳法憲、葉群、李作鵬、邱會作也跟著大紅大紫，廣州泰康路有一姓張的市民投機心切，遂到街道派出所提出為自己和五個孩子改名，自此這一家有張彪為父帶著張永勝、張法憲、張群、張作鵬、張會作五位革命兒女，成了當紅「革命之家」，張彪先生更是逢人誇耀自己的「五虎將」如何威水。

豈料一九七一年林彪機毀人亡，折戟沉沙溫都永汗，黃吳葉李邱都成了反黨集團，張彪先生又去派出所要求全家改成原名。那裡主事的民警可能早已不齒其卑鄙所為，拒絕再替他改過來。張家「五虎」成了出庭受審五犯，此事一度成為坊間茶餘飯後笑談。

一九六六年，廣州城亂了，廣州人瘋了！

第十三章　亂世中生死相隨

一九六七年的元旦，廣州城遇到南下寒流，天氣極冷，還降細雨。西關古舊老屋下面的騎樓，每根磚柱每一寸地方都糊上了標語、大字報，層層覆蓋，變得像蓋上一層斑駁紙衣禦寒的露宿者，幾經風雨的標語、大字報早已殘缺不全的紙面上，「千刀萬剮」等殺氣騰騰的字跡仍令人心有餘悸，猶覺恐怖。經「破四舊」狂潮往返掃蕩的西關大屋早已門庭凋蔽，日不見人煙，夜沒有燈火。山雨欲來的形勢繃緊了人們的神經，習慣聒噪大聲講話的廣州人變得寡言，路人大多目不斜視，即使碰到熟人也避開，更不打招呼。

一天下午家中，看到大阿姨進了新村大門，從樓下那條必經之路走過，到後面的宿舍訪友。妹妹高興地正想喊：「大阿姨」，母親連忙搖頭阻止：「別喊，她要願意來我這裡，一會兒準能見到。」一直到天色暗下來，大姨始終沒來敲我家的門，守在窗邊的妹妹說，再沒看到大姨出村，真不知她是如何悄悄溜出新村的。母親默默收起為親姐姐擺上的那雙筷子，臉上一片肅殺，晚飯時全家無語。看得出母親十分傷心，父親乖巧地縮到牆角看書，連大氣都不敢出，只把頭髮仍然梳得理亮整齊的腦袋深埋在書本裡。

造反派在上海率先掀起奪權「一月風暴」，全國各地隨著先後「奪權」。我開始長住在工廠的宿舍裡，很少回家，與工友們合計成立群眾組織，其中一個「八一戰鬥兵團小分隊」隸屬「廣州八一戰鬥兵團」，主要由復員退伍軍人組成，號稱二十五萬人，我成了其中一員。

一百六十人的盲人工廠裡成立了七、八個戰鬥隊，各自在廠門口掛出自己的牌子。工廠所屬民政系統的各單位聯合搞了批判局領導的大會，五金廠的退伍海軍軍官老譚常來廠中串連，除了彼此相互支持奪自己單位的權，還密謀奪回被「保皇派」奪去的民政局大權。

我所屬的造反派當然率先奪了盲人工廠的權，廠長、書記都捱了「炮轟」，被趕下車間勞動。我目睹的所謂「奪權」，不過是一班人到辦公室去勒令廠長交出公章，這公章等同明清皇朝的官印，是權力的象徵，進貨出貨，到銀行取款發工資等等，甚麼都要蓋了公章方可生效，所以「奪權」首先要把這枚公章搶到手。

我和「造反派」工人、大中院校的紅衛兵策劃了一次反奪權聯合行動。

廣州民政局「保皇派」在中山紀念堂召開批鬥走資派原黨委書記張受榮大會，我提出施以「調虎離山」之計，兵分兩路，派少數人先衝擊會場，讓組織者向近在咫尺的局本部告急求援，待駐守的人馬出來支援之後，大部隊再乘虛占領民政局大樓。

領頭的紅衛兵是一位叫「長征」的女學生，自告奮勇率幾十名中學生紅衛兵負責衝擊會場，我與其他大專院校造反派和工人赤衛隊，負責攻占局本部。

開批判大會那天，「長征」第一個突然衝上講臺，在講臺正中央貼上鬥大的「保」字，還高喊「革命無罪！造反有理！」，幾十個男女學生的衝擊，攪亂了千人大會，從民政局本部跑出來百餘人急奔會場增援。此時，我們這一隊五十多人按原計劃趁隙跑進民政局，制伏留守在那裡的幾個婦孺，佔領了人事科、保衛科、財務科和局長辦公室等樞紐要害部門，搶了大印，宣布奪權接管。

一個小時後，「長征」帶著她那隊紅衛兵回到局本部與我們會合，下屬各單位的造反派也在老譚組織下陸續到來聲援，局本部大樓裡一片歡騰，粗中有細的「長征」姑娘不知從哪裡弄來菜包子，她從人群中擠到我身邊，由寬大的軍上衣口袋裡掏出兩個菜包子塞到我手裡，低聲吩付我：「趕快吃，別餓著了。」

自她來廠串聯後，一直跟著我，認定我是她的「哥哥兼領導」，因為家境貧困，從小學會做飯洗衣等家務的長征姑娘，還負責起照顧我一日三餐，其實我只比她大四、五歲，也搞不清她為何這麼「崇拜」我。

入夜之後，民政大樓逐漸被更多的人包圍起來，來者大多三、四十歲出頭，穿清一色黃軍裝男性，戴著「廣州公安一二五」的袖章。晚上十點左右，兩個穿呢子軍大衣的人，佩戴著巨大的「北京清華井崗山」紅袖章，敲開了緊閉的大鐵門，揚言要宣讀中央文革的指示，並且要求和奪權班子見面商談。半小時後，外面的人開始強行闖進來，推推搡搡之中，對方很明顯表現得身手不凡、訓練有素，而我們的人都是烏合之眾，逐漸被分割包圍，並且受到壓縮退出原來佔據的地盤。這時「長征」姑娘告訴我，來者是市公安局的人，她要我想辦法先出去，因為我們的人數明顯遠少於對方多，怕會吃大虧。

凌晨時分，民政局大門突然關閉，對方人馬在穿呢軍大衣之人的指揮下，開始抓人並把人集中到飯堂，「長征」和我自難倖免，和被抓來的同伴一起，全部被勒令站在條凳上（就是成龍在古裝功夫片用作武器的長條木凳），兩人共站一張。

我身邊站著的是一位姓藍的工友，他是退伍兵，身子瘦長，一直害怕地在哆嗦，長凳被他抖得連我都幾乎站不穩。長征和老譚，被指認是行動的「總指揮」，正被十多個沒戴徽章的公安推搡著，老譚當過海軍大尉，粗壯的身影不一會就淹沒在黃軍裝的人群裡，只聽到硬物敲打在人體上的「澎澎」悶響，他沒有喊也沒有叫，數年後他才告訴我，那些人受過特殊訓練，上來第一下就打在背部正中部位，他立刻覺得呼吸困難，根本叫不出聲來。打手用的是鑄鐵秤砣，用棉手套裹住，外軟內硬，打下來皮肉無損卻傷及筋骨。譚大尉自此一直咯血，鐵塔般的漢子變得乾瘦萎黃，他因此受了嚴重內傷，死得很早。

「長征」的短髮被幾只大手揪住，用力捺下，要她低頭，她奮力反抗，一邊高呼「革命無罪！造反有理！」「毛主席萬歲！」一個黃衣人拽下腰間軍用皮帶狠狠抽她，熟練地踹她的膝窩，長征被迫跪下了。

我趁無人注意，悄悄從條凳上下來，把身上的軍棉衣扣子解開，大搖大擺往門口走去，守門的小公安狐疑地問：「你上哪兒？」我用北京話答他：「去逮他丫個王八蛋！」他把我當成京城造反派讓開了道，「芝麻開門」了，我就這麼脫險走了出去。走出大門時我看見院子裡水泥地上跪滿黑壓壓一片的人，大都被綑綁住，刺耳的高音喇叭裡宣讀保皇派和北京清華井崗山的嚴正聲明，唸著一個個受到緝拿的罪魁禍首的姓名，我聽到自己的名字，由一個很清脆的女聲用「京片子」唸出來。反奪權失敗了，我趁亂擠出局本部大門，走了很遠，仍聽到長征姑娘慷慨激昂的口號聲在夜色中久久迴響……

或許是全國的「奪權」行動導致各級政府癱瘓，奪權的群眾組織又各自為政，亂成一團，廣州軍區奉命逐步介入，三月一日將「八一戰鬥兵團」定性為反動組織，接著便宣布對廣東全面實行軍事管制。

我因此東躲西藏，任那造反派和保皇派廝殺，當起了「逍遙派」。被捲入文革的人雖然多達數億，但除了好勇鬥狠的紅衛兵，那時的青年中也有另類，並非個個都滅絕人性折磨批鬥師長或父母的豺狼。許多良知未泯的少男少女，既不屬造反派，也不是保皇派，他（她）們既不參加群眾組織，也不涉入派別鬥爭，只在紅色風暴邊緣作壁上觀，故得名「逍遙派」。

「逍遙派」並非人人可當，出身「三代貧農四代乞丐」者，以及革命幹部軍人子弟，都去了造反，之中無人有「逍遙」這份閒情。只有那些「家庭成份不好」的年輕人，眼見父母受辱、家中被抄，自己又成了「狗崽子」，便三五成群聚集，同病相憐，相濡以沫。當時大家都有默契，有關家中發生的事，當事人不講，其他人就一律不問，只當作無事。

「逍遙」二字，說易行難，大革命的動盪之中如何「逍遙」，始終是一個問題。當時有有兩位好友與我一起當了「逍遙派」。

黎巴嫩哲人紀伯論說過：「你可以忘記一起笑過的朋友，但無法忘記一起哭過的朋友。」這兩位真是一起笑過也一起哭過的朋友。

有友人如窗前春花，晨昏搖曳送香；亦有友人如玲瓏秋月，相隔時日才得一見。待年歲增長，更多的友人卻化為銀河星漢，極之遙遠卻又熠熠生輝。與窗花朝夕相對，或可無話不談，然久違的秋月，更能平添一分聖潔的傾心，再至仰望群星，他知道你的存在，你也知道他的存在，遙相感應，連接著天上人間的無語交流、心靈相通，這便是另一境界，人生夜空縱使幽黑漫漫，你或會為流星殞落而傷懷，但總有星光璀璨，像無數慧眼明眸，傳送來關注與理解，使你永不孤寂。

我的兩位好友，一個是叫建，高鼻子上架著一副當時大陸罕見的黑框眼鏡，十指粗長，骨節隆突，很難想像這雙大手撫弄提琴時，會讓那小巧的樂器，發出如此美妙的聲音。

建的父親在英國當醫生，母親則住香港，他獨居在廣州西關的一幢兩層洋樓裡，樓上樓下仍保留當年父母在時的家居布置。建在家中從不煮食，只是午晚飯時分，騎著那輛紅白兩色的法國賽車到爺爺家中搭食，當年滿街藍灰衣著男女，身下跨騎墨綠煤黑的「永久」、「飛鴿」自行車，蹬著法國賽車的建穿梭在人流車潮中，特別顯眼。

另一個是阿堅，也住西關，他家的寶物就是我代為保管的。阿堅長相敦胖圓肥，慈眉善目，臉上總是含笑，我和建都昵稱他為「佛公仔」。堅平日總在家中學英文與練字，沒事就彈彈吉它。

文革開始後，建原來一人獨住的洋房也讓紅衛兵占了，搬到另一處老屋的閣樓上住，窗外紅潮怒吼之夜，我們三人把氈子蒙在閣樓唯一的小窗上，偷聽建私藏的許多膠木唱片，從格林卡到德布西，從柴可夫斯基到巴哈，有時建和阿堅還彈吉它，拉提琴，我則畫鋼筆畫。

趁著城裡「破四舊」亂成一片，我策劃了一次竊書行動，堅找了一輛三輪貨車，載著我與建，飛快地穿越砸古董燒舊書的人群，從教師進修學院的圖書館裡，搶出滿滿一車世界名著運回閣樓。

有了這一批書，我開始專心致志讀書。

我自出生後到十歲上下，因為動盪，四處漂泊，南來北往，搬了超過十次家，家中是極少存書。

我少兒時代讀的那些書一是靠省下零用錢購買，二是偷著看成年人的書。

五十年代的文化生活比較簡單，只有廣播沒有電視，除了聽戲看電影，唯一的消遣就是閱讀。母親每月從家用中撥出兩元給我買書，那時一本「格林童話」才三角錢，兩元可以買許多書了。我是從童話與寓言故事開始閱讀的，人的品行美德有哪些，寫給孩子們的書裡

即使是文革狂潮中也仍堅持寫生的作者。（一九六六年九月十八日攝於廣州白雲山）

都有：誠實、勇敢、憐憫與關懷。憑著想像力在希臘諸神的殿宇與天宮瑤池之間馳騁，樹木有靈，花草能語，封神演義，大話西遊，對所有的書饑不擇食，來者不拒。

父母都有就寢前床頭看書的習慣，我每天放學後，就從他們的枕頭下掏書，找到甚麼就讀甚麼，我對西方古典文學的興趣，源自這些枕下之書，其中有《娜拉》、《小婦人》、《遠大前程》和《簡愛》等等。

在廣雅中學就讀，學校有一座很好的圖書館，晚膳之後，我便挾著一冊好書在校園找個僻靜角落，一讀就讀到夜色四合，響起熄燈號才依依難捨回宿舍就寢，三年初中的歲月裡，我讀了很多的書。

青少年時代讀書猶如春潮澎湃奔流心田，文藝情感歡歌響徹胸懷，書中的人與事，喜與悲，還有裡面閃爍的真理，確是鐫刻在心，永不磨滅的。

我讀書的範圍在中國古典文學、歐洲文學與俄羅斯文學三者之間，盜得千冊圖書後，小閣樓上有了一個屬於我們的「閱覽室」，一扇通過知識與真理的祕密之窗只為我們三人完全敞開，展現了一個從未接觸過的新世界。

也許是在氣氛恐怖的外界壓抑之下，年輕人趨向真理與光明的求知愈加強烈，窗戶蒙上毛氈，室內一燈如豆，除了各自看書，也朗讀精彩片段和詩句。還記得讀書累了，建就用留聲機放《天鵝湖》音樂，我則臨摹唱片封套，用水彩繪出黑暗中獨舞的白天鵝，這張畫被貼在閣樓的木壁上，「我喜歡她臉上那種憂戚然而不屈不撓的表情！」阿堅如是說。

我們把所有的書編了號，意外發現一輯世界文學名著叢書，幾乎包括了英、美、法、德、義、俄、西班牙等各國著名作家的代表作。三個偷書「雅賊」各取所需，輪流將其啃完，前後花費幾年時間。其餘的哲史書藉以及畫冊亦有三、四百本之多，有些未及閱讀就失散了。

我有時就在書堆旁邊和衣而睡，醒過來再讀，就這樣漸漸得了書中的思想與情感的薰染啟迪，越來越覺得充實、有力與無所畏懼。

讀書的閣樓，是我的「大學」，教授與導師就是那些作者，在小小閣樓裡學到的東西，其後幾十年中一直令我享用不盡，是它們給了我一雙翅膀，從眾生苟且匍伏的泥濘中高高飛起。

每每經過徹夜的閱讀走出閣樓，我們就像離開一所學院的講堂，剛剛聽完哲者偉人一番精闢論道，抱著那只黃毛小狗「季莫」，三人步往沙面島，鴉片戰爭時的洋夷居住區，古榕夾道，歐陸風情的樓房與教堂年久失修，正承受一群群紅衛兵呼嘯衝擊，建築物內傳出慘叫與打砸之聲，惟我們這三個抱狗挾書的青年，在其間悠閒信步，顯出一派與紅色風暴格格不入的對照。

小狗「季莫」後來成為我第一個短篇小說的書名，這本書一共十六頁，自畫封面，人工裝訂，在全閣樓範圍內發行。

我們三人揹著吉它與畫夾，騎自行車離開廣州旅行，那時沒有單位證明買不到長途汽車、火車與機票，要離開

一九六七年作者與小狗「季莫」攝於廣州沙面

廣州只能靠騎車，除了郊外白雲山，還有僅二十公里之遙的佛山，最理想目的地就是南海西樵，六十多公里路程，一路上不爆胎的話，騎上三、四個鐘頭便可抵達。

阿堅家中的忠僕，聯繫了西樵鎮中表親，我等便在那人家借宿。

過了廣佛公路，路面便不再鋪敷瀝青，黃泥紅土上撒了許多的細砂，兩旁是高大的路樹，一段全是木麻黃，一段又都是鳳凰木，因為到了夏秋之交，婆娑綠葉之間已現金黃火紅。路邊田疇裡，翻滾的金色稻浪延展到天際，把那黑瓦黃牆的農舍圍在了千萬飽滿稻穗中央。臨近西樵山，處處都見到許多蜿蜒的河涌，可以下水濯足，洗臉。

進入西樵鎮便去見那表親，他早已佇候多時，當即引了我等往他家去。進門只見窗明幾淨，連墻角青磚之間的灰線都是那麼齊整，仿佛走進了「五四」的殷實人家。我和建只管竊議那西關大少阿堅，家中僕人都端正莊重如此，這廝的父輩不知有多闊綽。

表親的青磚大屋就在西樵山腳，出後門即踏上一條窄窄的青石板山道，眾人遂魚貫上山。一線天、雲外瀑、燕子岩、「水底棺材」、「水底汽車」諸景一一遊過，走著走著，走出遊山的興致來了，偌大一座山，如此茂密的林子，就只剩下我們三人，還有那空谷裡傳來的鳥音與水聲。

回到表親家中已近黃昏，眾人一起嘗了主人燒的西樵黑鯇，一魚三吃，魚頭滾湯，中段起肉炒魚片，魚尾薑蔥蒸之。一尾三、四斤的大鯇，足夠幾個逍遙青年吃的了。席間表親講了些李子長晝撻沙魚、蟹眼泉、無篙田螺和四方竹的趣事，教人興嘆竟是這郊野農家也有唐宋文彩，知書達禮之人，中華文化之精粹，又豈是區區一場瘋狂文革所能蕩滌殆盡，我內心平添許多信心。

那天晚上的月亮碩大如盤，銀晃晃的白光，映照山林，黑白是那般的分明，又是那般的沒有衝突的敵意。阿堅抱膝蹲坐在石階上，我過去站在他的身後，兩人就這樣一坐一立，阿建拿著吉它跟著出來，半臥在屋邊一張竹榻上，輕彈一曲，三人伴著琴音看了許久月色。省城的紅色海洋似乎是在另一個時空咆哮翻滾，離得甚遠，更與我們毫不相干了。

睡前我提議來一次山泉夜浴，堅與建聞言大喜，三人沿山徑，踏著月下松影往瀑布去。西樵山雖不高，亦不險峻，但奇石流泉，溶洞幽深。夜裡從高處飛濺的瀑布，未接近已聞水聲轟響如雷，待靠近丈餘，已覺陣陣寒氣逼人。三人速速在泉中洗盡汗垢，便臥在潭邊巨石上談到夜深。

從初戀談到詩與音樂，從屠格涅夫的散文講到巴爾扎克的小說，堅輕聲說：「我渴望讀書，想到美國去。」建枕著兩臂回應：「英國才好，到康橋去走走，念志摩的詩，我想修讀英國文學。」見我不語，兩人追問：「你呢，將來想到哪裡去？」

「大溪地！」我懶洋洋地回答。那時我在畫冊上初識高更，他從巴黎溜去大溪地，脫離歐洲文明深入蠻荒的故事，迷住了我。特別是他在南太平洋莫雷阿島的叢林裡，使用鮮黃與豔紅，畫出那厚嘴唇的裸女泰古拉，慵懶昏睡在茅棚木屋的地板上，金色的皮膚仿佛有種毛茸茸的質感。

在西樵的松風月影泉音裡，我告訴兩位摯友，自己不喜歡歐美，只嚮往南太平洋的浩渺碧波，劃一葉獨木舟，載著我的野性情人泰古拉，到椰風蕉雨的荒島幕天席地，自由無羈……

堅和建聽得入了神，建輕嘆一聲：「希望你能找到高更的人間天堂。」

是夜三人各宿一室，似乎剛睡，天就亮了，碧空有雨洗過後的澄澈。出房門來見到建與堅，臉上還沾著未及拭去的井水，那年代少男少女的純真高潔，稍帶些許青澀，卻都帶些逼人的貴氣。毋怪人們說「逍遙青年」多聰敏，皆因幼承家教，年少好學，能琴棋書畫者不乏其人，但從不掛在嘴邊，那學問才華深藏於胸，許多年後想起，還覺得那才是活生生的才子佳人。

回城路上三人並肩騎車，邊行邊談，六十多公里絕塵而過，到了家門還覺得可以再走百里也不倦。

不久之後，我們一群逍遙派又去了市郊的笥箕灣野餐，那一天是一九六七年七月二十三日，途中經過中山紀念堂，現場人山人海，紀念堂前廣場與付近街道佈滿因情緒激昂的男女，大部分人手中都持有武器，鐵水管、木棍和消防長矛，也有從家裡拿來的砍柴刀與菜刀。開打的「戰場」在紀念堂前廣場裡，許多年輕人爬越鐵柵欄跳進廣場，手持刀棍在那裡糾纏追逐廝殺，非死即傷者在綠草地上倒了一片，不少人頭破血流翻過柵欄逃離現場。

一個學生掄著單車鏈條追打另一個學生，而紀念堂的拱門裡有三個穿舊軍裝的學生用匕首猛刺一個抱頭蹲地的男人，血從他身子裡滲出來，染紅了灰藍的工作服。

廣場上空一片令人毛骨悚然的嚎叫聲，我生平第一次聽到這種不像是人類發出的獸性咆哮。

「七二三武鬥」的起因是「旗派」和「總派」發生衝突，「總派」在紀念堂舉行「主義兵成立大會」，「旗派」在付近的越秀山體育場舉行「追悼會」，因為「總派」的人衝出來用刀砍死了一名「旗派」，遂引發了這場千人大武鬥，這也是文革開始以來，廣州第一場大規模武鬥。

武鬥的真正根源，其一在於文革時流行的「血統論」，所謂「總派」是軍幹子弟、黨團員或根正苗紅者，而「旗派」則多是受打壓或出身不好者，一項調查顯示廣東地區保守派即「總派」中，紅五類家庭成份者佔百分之八十二，中等成份者佔百分之十七點一，成份不好者佔百分之零點九六，而造反派即「旗派」中，紅五類家庭成份者只佔百分之二十六，中等成份者佔百分之六十二點五，成份不好者佔百分十一點二九。

問題是雙方都認為只有自己才是忠於毛主席的正統革命派，而將對方視為死敵，這一種對立形成潛意識裡階級仇恨；其二就是兩派在省市與軍隊甚至中央都各有自己的後臺，高層利用與操控群眾組織打擊政治對手與排斥異己，把兩派變成了政治鬥爭的棋子與炮灰。

廣州中山紀念堂這一打，令「旗派」和「總派」勢同水火，幾乎在每一處機關部門、廠礦企業、服務行業、交通系統、大專院校、中小學校、文藝團體、體育隊伍，甚至個人家庭都分成兩派。同事、同窗、同隊與同床夫妻、同一父母所生之兄弟姊妹，都因派別不同而反目仳離，互不理睬，彼此怨恨甚至相互殘殺！不僅是廣州，在全中國各地都一樣如此，

很多人在看文革時，只看到表面上群眾可以成立自己組織的所謂「自由」，卻沒有接觸到為甚麼全國各地群眾組織會分成兩大派的箇中原因，更沒有看清兩大派後面那隻無形的巨手，以及在不同時期這只巨手就會操縱其中一派去打另一派，忽而又操縱這一派來打另一派。

為甚麼會這樣呢？

曾有人試圖論證「要看清文革中兩派對立群眾組織，首先要看他們如何對待中共三套班子的態度，如何對待四九年到六七年的原班子，支左軍人成立的軍人班子以及文革後期成立的革命委員會三結合班子。」

有人說在各地凡是反抗這三套班子的都是造反派，凡是維護這三套班子的都是保守派。

根據是中共在文革後曾經承認保守派是「為了保衛黨、捍衛社會主義秩序而組織起來的」。根據這種說法，造反派當然成了現存社會秩序的破壞者，並且主張財產與權力的再分配。

而文革的發動者毛澤東對兩派都予以利用，其用心就是希望天下大亂時，支持造反派，戰略意圖由天下大亂轉向大治時，轉而支持保守派。這意味著文革的「群眾鬥群眾」就是文革的發動者一手策劃挑動的。

兩派對立製造了分裂、仇恨與殺戮，到了最後，除了極小一部分人被納入核心外圍參與統治。絕大多數參與文革的群眾，無論是保守派和造反派，除了被人利用及玩弄於股掌，熱血沸騰空忙一場，都沒

有分享到自己捨命奉獻的「革命千秋萬代大業」的成果與利益，而是被打歸原形，甚至付出更大代價。

正是「七二三」武鬥那一天的筲箕灣之遊，我結識了「西關小姐」阿咪，這個女孩一副圓臉，皙白但無血色，五官有一種像是畫師用工筆描繪出來的精緻。以她十八歲的年紀說來，身材並不豐滿，但相當勻稱，可謂「瘦不見骨，豐無餘肉」，她的聲音聲線很低，甜膩膩的，喜歡無緣無故地笑。

她住在十八甫桂堂新街一幢西關大屋裡，家道早已中落，開金鋪的父親逃港，家裡剛被抄過，一貧如洗，砸爛的櫃門臨時用鐵絲綑住，她的母親一身粗布藍衣，不施脂粉，形容憔悴，和打掃街道的環衛女工沒甚麼兩樣。

譚家男丁為多，阿咪是唯一的女兒，在二樓走廊盡頭擁有自己的房間，在她許可我踏入閨房與其獨處之前，我必須經過很多次禮節性拜訪。在譚家殘破不堪的客廳裡，依然保持著一種根深蒂固決不改變的，我們稱之為「門風」的東西。我在受禮數周到接待的同時，也受到那粗布藍衣的譚伯母敏銳觀察審視。譚小姐可以出來見客，與我在客廳裡交談，而進入她的閨房是不允許的。

經過長時間的煎熬與檢驗，我才通過了考察，獲准進入阿咪的小房間。

阿咪的穿著與文革時代女性一模一樣，白衫藍褲，短髮齊耳，沒有任何飾物，舉手投足帶著一種難以言喻的優雅。她的香閨和她的打扮一樣清純，我坐在桌邊，她斜倚榻上，兩人單獨共相處只是看書、抄歌和畫畫。

端莊、寧馨、溫婉，言談舉止都柔柔、細細、輕輕的，像古瓷那樣薄得近乎透明。在顯得可愛的同時，更讓你覺得她值得敬重。她給我的感覺就是這樣。

我想阿咪身上這種特質，與她父親經營金鋪賺到的錢反而關係不大，因為譚家在十年前已經破敗，如作家董橋所言：「這等氣派是三代的家世修來的，另一潭水裡熬出來的。」

能夠代代留傳下來的是名門望族的門風，做人做事的節操，西關小姐不是穿金戴銀穿戴出來的，是西關人文薈萃的歷史孕育了西關小姐。

富不等於貴，皆因「富」是物質，「貴」是精神。

不管你怎麼說得天花亂墜，真正貴族一旦成了絕響，再度出現的可以是別的任何東西，但她絕對稱不上貴族。正如一去不返西關小姐，再千方百計打造重塑，也是徒然，有形而無神，因為世上有一種東西喚作「精神」，是山寨不了的。

我倆經常在曲折幽深的小巷裡信步，無所不談，往往行至夜深，才在她家樓下道別，整幢大屋全熄了燈，一片漆黑，阿咪躡手躡腳進了門，兩扇沉重的雕花大門在她身後輕輕掩閉，只留下我在瀉滿一地月光的麻石小巷中獨自低徊，我的心扉已為這個純真的女孩敞開，儘管是在亂世，四處烽火連天，我卻不覺恐懼，只感到春潮澎湃，初戀，果真來到了我這個二十一歲的青年心中嗎？

春玲的房間很小，除了那張老舊的鐵床，只有一張書桌，桌面上放著她的一張黑白照片，立在西湖垂柳下，精緻得像民初畫像上的小美人，柔軟的柳枝垂在她肩頭，眷戀地貼在光滑的肌膚上不願移開。

她的房間是這幢西關大屋裡最小的，但也最隱秘的一處角落，在陰暗走廊的盡頭。推開「咿啞」作響的木門便見小陽台，春玲和我就倚在那銹跡斑斑的鐵欄上，看落日在千家萬戶的屋頂後面消失。平時夏日納涼的人們，就在樓下的窄巷裡鋪開床板涼席躺臥，手裡不住地搖著葵扇，說話的聲浪揚上來，還夾雜著些罵人的穢語。春玲告訴我，以前還有人拉琴、唱南音，文革一來，琴被紅衛兵砸碎了，唱小調的女街坊也捱了批鬥，自此蓬鬆了頭髮低首出入，不敢正視他人。

一九六七年八月十一日黃昏，街巷裡一反常態空無一人，不知誰人敲起了示警的銅鑼，接著是各家敲打臉盆水桶遙相呼應，其聲震天且毛骨悚然，一眾男女舞弄著扁擔和一端削尖的鉛水管，在暮色裡亂奔，還伴著此起彼伏的吶喊「打勞改犯啊！打勞改犯啊！」

春玲的二哥約我上街看看環境，只見路人竊竊耳語，傳說有逾千逃犯進城作亂。有人神色倉皇地抄起利器，喝令婦孺待在家中緊閉門窗，巷口街頭出現臨時關卡，還設立崗哨盤查路過行人。晚上九點多了，我倆在文化公園鎮安路側門，見到人們把一個穿紅上衣的壯漢綁在售票窗鐵欄上，昏黃路燈下人頭攢動，圍著猛打那壯漢，只聽到他大聲求饒：「好辛苦啊！不要打我，我不是勞改……」這「犯」字未出口，人群突然散開了，一個白髮老太太揮舞著柴刀衝上來就是一劈，恰正劈在那漢子的胳膊上，皮肉綻開，鮮血噴出，一指粗的白色筋腱，「啪啪」應聲而斷。漢子慘叫一聲兩腿亂蹬，另有兩個人爭先恐後上去踢他的褲襠，那個部位立刻滲出便溺。春玲的二哥臉馬上白了，拉著我掉頭就走，身後的人群倒是沒有大呼小叫，但拳腳棍棒打在那漢子身體上，一陣陣仿佛打在米袋上的悶響，始終沒有停頓。是擔心沒把他打死留下後患，還是心頭的恨意未宣泄一盡，就不得而知了。

回春玲家的路上，經過盲人工廠，門口圍著一堆神色緊張的人，有工友告訴我廠內工人小高也被人扣留在惠福路街頭，打電話來催單位去領人。人事科的孫某恰好從辦公樓下來，我趨前去請求他盡快把小高領回來。他翻起那雙死魚般的眼睛，冷冷應道：「我還有事要辦！等等吧！」

為了壯膽，春玲二哥拉我回他家守夜。

這一夜，春玲的母親與兄弟，還有我和春玲都沒闔眼，全屋一片黑暗伴著死寂……我和春玲的二哥都沒有提剛才在街上看到的那一幕。

春玲穿著無袖短上衣，兩條光滑修長的胳膊，在暮色中仿佛天鵝的翅膀，時而搭在我肩上，時而交叉在身後。直到一輪明月升起，她勻稱的身子，像一隻線條優雅的古花瓶，在走廊裡留下曲線優美的長長陰影，我常說春玲是希臘雕像變來的。月色下和小美人一起，剛才血腥的場景仍歷歷在目，看著羊城充滿騷亂的夜景，聽著她輕輕絮語，只覺得我們並非活在亂世人間，而是在童話仙境。每當陰森的鑼聲響起，她就緊偎著我，用柔若無骨的小手，摟住我脖頸，感覺得出她豐腴的軀體在顫抖。我倆笨拙地偷偷相吻，牙齒彼此嗑碰著，她滾燙的嘴唇卻是乾澀的。

黎明前來了一場豪雨，驅散了酷熱，我倆將手一齊伸出窗外，任雨水澆淋，享受那難得的清涼。此起彼伏的「打勞改犯」嚎叫，不絕地響至天明。

才過早上七點，路人已經很多，人皆默然且臉色蒼白，我和阿咪經鎮安路走出沙基，途中瞥見昨晚的紅衣男子仍綁鐵欄上，姿勢扭曲怪異，渾身血污，腦袋低垂著，就像一隻折斷脖子的禽鳥，怕是早已斷了氣，還有三兩小童戰兢兢地遠遠擲石過去，馬路對面一列磚屋的住客，老少均立在門外，呆望著石子如雨落在那死了的壯漢身上。

行至愛群大廈，眼前的情景直教春玲失聲尖叫起來，十裡長堤成行的榕樹下擠滿昂首觀望的人群，幾乎每株樹上都吊著或綁著死屍，「愛群大廈」側面這株細葉榕特別茂密，一個少年男子被人用生繡鐵線勒住細瘦的脖子吊在枝丫上，舌頭伸了出來，兩眼圓睜，濕了的白襯衫上倒不見血跡，藍布長褲被撕破了，雙腳赤足，從褲腳管裡流出的血，凝結在腳背上。最恐怖的是男人的雙手，十指分開而彎曲，像是動物的爪子，企圖捕捉什麼。春玲渾身發抖，拉著我擠出人群，她腳上的小白跑鞋，已經濺滿了地面上分不清是血還是雨水變成淺紅。聽旁邊的人說，這少年昨晚被人用鋸條活生生捅死，血流了一地，只是被大雨沖去不少。

近中午時分烈日暴曬愈烈，路邊樹上的屍身開始發脹，陣陣惡臭撲鼻而來，我和阿咪看到一對綁在樹身上作跪狀的死屍，其中一人是女性，長髮披散在臉上，頸部有傷痕，衣褲幾乎被撕扯破爛。在太平路戲院門前見到的另一具梳辮子的女屍，身穿裙子還背著綠色的書包，腳穿一雙布鞋，完全是一副學生打扮，她是怎樣遇害的，沒有人知道。

緊緊握住春玲冰涼的小手，不知走了多遠的路，看到了多少死狀恐怖的屍體，她俏麗嫣紅的面容一片慘白，嘴唇哆嗦著。

經過廠門口，工友趨前告訴我「小高昨晚死了」，他們去現場看過，有目擊者說，小高被人用鐵絲綑綁在巷口的電線杆上，苦苦哀求大家通知廠方來認領他，但街道民眾無人聽他求饒，大家磨拳擦掌等不及正想動手，突然有一路過的老頭掏出匕首直刺入小高腹部，抽出後在鞋底拭去血跡，施施然離去。

孤兒出身的高潤成，時年十九歲，就這樣死了。

迄今無人知道廣州「打勞改犯事件」中一百多名受害者的姓名以及來自何方，高潤成可能是唯一有名有姓又有工作單位而慘死街頭的。

攙扶春玲回到她家，關上兩扇古舊而沉重的門扉，仿佛暫時把那個血腥殘暴的世界隔絕在外面了。在幽暗陡峭的樓梯上，她突然緊緊擁抱住我，渾身發抖，在我耳邊急切地說：「我們逃走吧，永遠離開這個可怕的地方！」

她說她害怕，怕那些白雲珠水千年羊城裡的廣州人，那些孩子的爸爸，丈夫的妻子，甚至是孫兒的祖父母，一夜之間眾人竟然變得如此嗜血，大開殺戒，打死了那麼多的人！

我陪她坐在梯階上，一邊撫慰她，一邊忍著錐心之痛，當我倆從那些吊起的屍體下面走過，從蒙住雙眼的指縫裡窺望死者的慘狀，無疑即是一種對暴行的苟同，縱使是無奈，也是一種默然的認可。人性深處隱藏的殘忍，我們身上都有呀。

就此而言，我們和那些動手殺人的人，又有何不同？

一日一夜之間，吾心老去數十年。

那天晚上她和我都沒吃飯，在小房間裡那張整潔的書桌上，我用鋼筆畫著白朗寧夫人的肖像，她屈膝坐在床上，雙眸凝視著我的筆尖在紙上遊走，在肖像完成後，我添上去幾個胖嘟嘟可愛的小天使，她把臉靠在我背上，兩只天鵝翅膀般柔軟的手臂溫存地摟過來，「這幾個天使是畫給那些不幸的人們的嗎？」她淒然問道，淚珠滴在我頸上，我肯定地點點頭，沒有出聲應她。

又亮又圓的月亮高懸在沒有一絲雲彩的夜空，如銀的光輝映進窗來，照亮了我倆青春煥發的臉龐，月色還是昨夜那般地清亮，她和我又一次交換熱吻，可春玲和我都意識，我倆已經不復是以前的我倆了。

阿咪啊，你我何辜，竟降生在這萬惡的悲慘世界？

我們生命中最美好的至潔至純，隨著那夏雨中的鮮血，永遠逝去了……

在我與阿咪相戀的同時，廣州武鬥愈演愈烈，不知是由何人推薦，我突然被徵召到八一戰

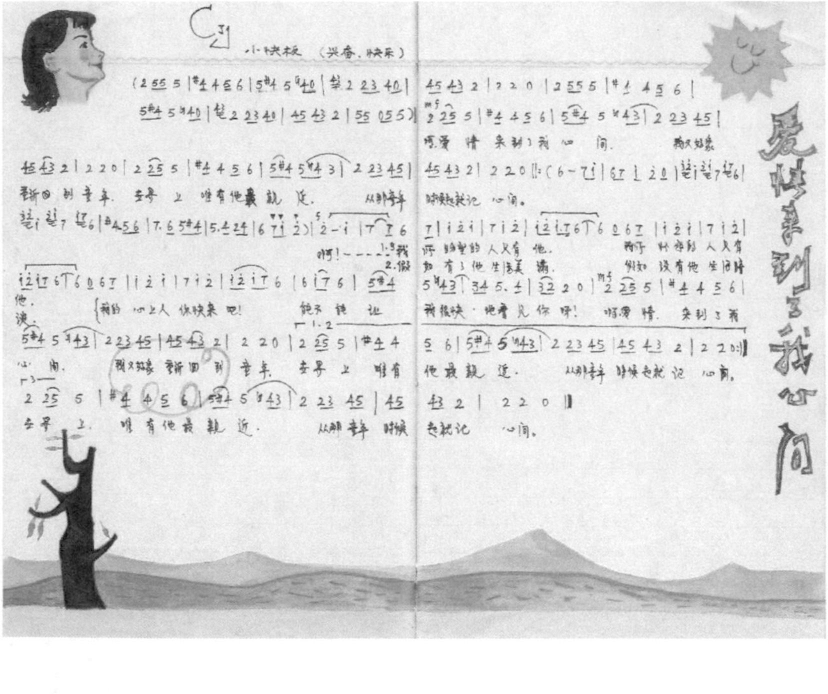

一九六七年作者為阿咪親手繪製的歌本，稍後被搜去作為批鬥作者的「罪證」，直至一九七六年七月發才還本人，自此不離作者身邊。

鬥兵團總部的「珠江縱隊」，大概是他們看中我在體工隊受過訓練，其實我只是打球的小軍官，碰過幾次槍，偷著跟軍體院的偵察兵學員，練過一招半式徒手格鬥，但接到「調令」，心裡還真高興了好幾天。

文革風暴中我們這個由復員軍人組建的戰鬥兵團，號稱二十五萬之眾，按軍隊建制，從司令部到軍、師、旅、團、營、連、排、班，組織還很嚴密。由於十分激進而且戰鬥力強，文革初期曾被廣州軍區上報中央文革定性為「反動組織」予以取締，大小頭目被廣州警司抓去關了起來。我也躲藏了一段時間，未幾又獲平反，在越秀山運動場開了平反大會，還記得軍區出動了直升機撒下平反公告的傳單，數萬兵團戰士揮旗振臂，場面十分壯觀感人。

兵團總部設在豐寧路廣州衛生局大樓內，與二十四中一牆之隔，從大馬路進入樓內要經過一段三米寬、四十米長的窄巷。老兵們在三樓一扇窗後面架了一挺輕機槍，把大樓變成了一個易守難攻的據點。

我和「七中紅旗」的任益民成了上下鋪的「戰友」，這個中學生比我小四歲，父母都是教師，就像探望就讀寄宿學校的孩子一樣，周末還送湯水來總部，父母讓瘦高個的小任坐在床沿上喝南北杏豬肺湯，他倆默默站在一旁，充滿慈愛與擔憂的目光，始終沒有離開過小任。

我枕邊那本屠格涅夫的《獵人筆記》，經常被小任從上鋪伸手下來苦苦乞借了去，他清秀的臉龐，埋在這部俄羅斯文學巨著裡，對窗外呼嘯飛馳而過一車車紅衛兵置若罔聞。

三樓的密室裡，住著兵團司令莫競偉和他的心腹，莫司令剛在大街上遭人偷襲，被潑了一頭硫酸，頭部嚴重燒傷，包扎著紗布只露出眼耳口鼻。我很少進入密室，只記得裡面墻上有張大地圖，用小紅旗標出我們這一派佔據的地盤，可以看見就在不到半公里之遙的惠福路，有兩三個插著白旗的對立面據點，由那裡面出來的「總派」人馬經常騷擾附近我方的餅乾廠營部，所以成了我們一直想拔掉的眼中釘。

「珠江縱隊」類似當今的快速反應部隊，是從各個群眾組織裡挑選出來的「精英」，配備的武器也不錯，各式槍械都有，我天生不愛碰武器，所以極少去動那些長短槍。領頭的老陳挎一支五六式衝鋒槍，他當過軍分區司令員鄔強的警衛員，是廣州部隊的神槍手，他右手的食指和中指都被手榴彈炸斷了。

「珠江縱隊」的任務是保衛「八一戰鬥兵團總部」，另外還要時刻準備馳援遭到攻擊的各下屬據點，總部院子裡二十四小時停著一輛解放牌卡車，只天臺頂的人防指揮部警報器一響起，我們就要上車出發去參加「戰鬥」，真是一日三驚。

有一有次小任父母也在，警報一拉響，他們可嚇壞了，小任放下湯碗，就硬要衝下樓去，父母又拉不住他，幾個人扯成一堆。所幸後來老陳在院子裡喊話，宣布解除警報，小任才得以把湯喝完，但他父母已臉色鐵青，苦勸兒子一起回家，小任自然是死不從命，兩老只得捶胸長嘆，低著頭離去。

那年夏天酷熱，很晚才入睡，市區裡零星的槍聲，早已習以為常。突然警報大響，小任睡眼惺忪地跟著我下樓，爬上「解放牌」汽車後，老陳塞給我兩個帶長柄的手榴彈。一眼望去車上已站了七、八個武裝的大漢，人人神色凝重，心裡便意識到這次行動可能不比尋常，便低聲囑咐小任：「跟著我，有情況千萬別臥倒，找個騎樓柱子靠著。」他疑惑地反問為什麼，老陳喝止我倆：「不許講話！」

卡車從豐寧路拐進惠福路，前方傳來陣陣槍聲，路燈慘澹的銀光，透過密密榕蔭，掠過車上一眾人等，老陳簡短地介紹了餅乾廠據點今夜被對方偷襲並占領的戰況，然後把隊員分成三組，他率我、小任沿據點對面那一側街道推進，另外兩組，在街道另一側迂迴過去。

餅乾廠的樓房裡一片漆黑，被趕出來的「八一戰鬥兵團」人馬在對面的屋裡和馬路上，忿忿不平混亂打槍，老陳不滿地直搖頭，被佔領的餅乾廠門口的沙包工事裡，有一挺輕機槍穩穩當當地點射，每次四發，隔幾秒射擊一次。

　　老陳跟我悄悄耳語道：「這是個老手，千萬要小心，盯住小任，不要讓他亂來！」這時我覺察到我們這一組暴露在橫街的出口，路燈恰好照著我們三個，正想往後縮回騎樓底下的陰影中，那老練的機槍手已經發現了我們，這次他不再是點射，而是扣緊扳機，「突突突」一串子彈掃射過來。

我尾隨老陳往前一躍，到了騎樓柱子後面，聽見子彈打在水泥批蕩上的「突突」聲，我緊靠著柱子不敢移動半寸，回頭只見小任臥倒在巷口，只見對方又一輪掃射，清晰聽見「噗！」、「噗！」、「噗！」三聲，地上的小任已經連中三槍。

「小任中槍了！」

老陳聽我大喊，端起衝鋒槍一扣扳機，只用兩發子彈就打滅兩盞路燈，接著放平槍口，趁對方暫停射擊的空隙向對面連開數槍，只聽到餅乾廠門口機槍啞了，有人驚惶失措地大喊起來：「走呀！快走！」

對面兩組人馬衝入了餅乾廠，老陳也跑去會合他們，我轉身跑去抱起小任，狂奔向解放牌卡車，急急趕往市二醫院。直到我抱他送入急診室，小任一直像斷了脖子的小鳥，沒有把頭抬起來過，鮮血流在他和我身上，穿海軍制服的醫生告訴我，小任已經死了！他身中三槍，腋窩、腰部與腳踝，腰部那一槍是致命傷，擊碎了肝臟。

此時已是黎明了。

小任的屍體運回了總部，停放在飯堂一張桌子上，我和幾個隊員開車到冰廠去要人造冰塊，砸了半天門，出動手榴彈威脅要炸廠，才弄來七八塊人造冰塊圍在屍體四周。我渾身是血跡，又睏又累，也顧不得洗澡替換衣服，倒頭就睡。

上鋪空了，小任借去的《獵人筆記》仍在他床上擱著，他讀書存一個讓我罵了多少次都改不了的壞習慣，就是讀到哪裡停下，必將扉頁摺起一角作為標記，翻開他最後摺角的那一頁，恰好是「白淨草原」的結尾。

小任父母來領回兒子的遺體，我和隊員們聚集在飯堂裡，向犧牲的戰友告別，莫司令告訴小任父母，一個省市各界造反派參加的大型追悼會將在文化公園舉行，這將是死者小任的殊榮，希望他們能參加。

小任的父親含淚沒有作答，只是搖頭，做母親的一再伸手去摸兒子清秀而冰冷的臉，全然沒有覺察自己腳上那雙老舊的布鞋，踩到了兒子的血水裡。

我沒有跟任何人打招呼，收拾好行李離開總部，我把《獵人筆記》留在小任的床鋪上，希望他的亡靈能常回來讀讀屠格涅夫的書，他走的時候確實太年輕了，才十七歲。

他的追悼會我參加了，數萬名憤怒得面容扭曲的紅衛兵們，頭紮白巾，抬棺示威，朝天鳴槍，高呼復仇。小任的遺容由美術學院院的造反派畫成巨幅肖像，筆觸與色彩很有安

作者於文革中忙裡偷閒，在筲箕灣戲水（攝於一九六七年七月二十三日）

格爾古典風格，表情祥和的他，在貼滿輓聯的高牆上俯視著他的戰友們，這些熱血青年正被強烈的復仇心所煽動，狂燥喧囂急於為他報仇雪恨。

與此同時一輛「別有天」殯儀館的靈車，從槍聲震天的文化公園外的太平南路靜靜駛過，有人說那殺死小任之後被老陳擊斃的機槍手，也在今日出殯。

我穿著那套染血的軍裝回到家裡，把母親嚇了一跳，她洗了很久才把軍裝上小任的血跡洗掉，自此我從又變為「逍遙派」。

第十四章　西江上浮屍

文革動亂，除卻造反，極少娛樂活動，惟紅太陽最高指示中有一條「發展體育運動，增強人民體質。」有此上意，一眾球友如同奉旨，遂冠冕堂皇與省內或鄰省縣市聯繫，由對方負責支付往返旅費、招待食宿，男女球隊二十餘人經常出隊遠征。

沿途樂遊山水，至目的地後又得以遍嘗城市難以一見的鮮雞活魚，是我們這些年輕人調劑生活兼改善伙食妙徑之一。我自專業球隊退下後，在荔灣男籃和廣州青年男籃擔任中鋒，是全隊最高的球員，球隊把我當成「生招牌」，每到一地，必如馬戲班載著獅虎豹猛獸，由人帶領著我們這一群高大活潑的年輕男女在鬧市繞行一周，吸引路人注目，如此一來晚上球賽可售出更多的門票。

一九六八年五月，我與球友們乘「花尾渡」沿西江溯流而上往廣西梧州訪問比賽，在大沙頭碼頭落船的這隻「花尾渡」是平底木船，像一座龐大的水上巨廈，形狀酷似諾亞方舟。

花尾渡分成三層半，底層載貨，上面兩層載客，可載二、三百人，最高那層由船員佔用。無動力的花尾渡要靠火船仔（拖輪）牽引才能航行，這種漆成黑紅兩色的蒸氣機小船馬力十分強大，用一條長逾百米的粗纜拖著花尾渡前進，據說這是一條非常特別的竹纜，只能在泰康路竹器鋪特別訂製。

噴著白色蒸氣的拖輪靠攏花尾渡船舷，「火船仔」跟水上巨廈相比，顯得相當嬌小，但卻有著雄性的壯偉，馬力很大，兩聲尖銳刺耳的汽笛響過，火船仔「突突！突突！」強有力地傍著花尾渡，帶動它駛向江心。

花尾渡駛過了長堤、愛群大廈以及廣州關大鐘樓，便是白鵝潭，自此小火船才開始脫離，開始用竹纜拖花尾渡，在此之前它一直傍在花尾渡旁邊前行的。所以很多人都猜忖廣州話中的「拍拖」與「甩拖」一語起源於此。

前方的火船仔以鳴笛為號，後面的花尾渡則敲鐘回應，彼此之間還可用旗語交流。

廣州人搭花尾渡，都要在大沙頭「落船」，到目的地後再「上岸」，廣州人向來都是習慣這麼講的。

但坐公共汽車的廣州人，又反過來是先「上車」，然後到站之前招呼車掌：「前面有落！」然後落車。

一「上」一「落」，乘船與坐車，代表的意思卻完全相反，真不知何解？

我一邊找床位，一邊同女籃最漂亮的姑娘小嫦講自己「上船落船」的疑問，還有「花尾渡」來龍去脈。我告訴她這種奇特的大船在珠江三角洲運行幾十年，以前的搭船者大多目不識丁，為方便乘客識別自己乘搭之船，船東遂在船尾塗繪上不同的花卉圖案，粵人又向稱乘船為「搭渡」，「花尾渡」因此而得名。

小嫦聽了我一番高論半信半疑，用那雙秋水盈盈的眼睛盯住我，一頭黑髮梳成的馬尾搖來搖去：「大孫呀大孫，你真係識得講古（講故事）。」見到自己船票號碼剛好在我隔壁，小嫦難掩心中喜悅，卻又故作忸怩地埋怨：「真倒霉！今晚別想睡安樂覺了。」

船過白鵝潭，搭花尾渡的旅程正式開始了，有船員提著銅水煲來沖茶，洽租寢具與預訂飯菜，服務到每個人的鋪位，堪稱周到體貼。

旅程剛開始的大半個小時裡，每個人都各自在鋪位上忙碌，盡可能把自己安頓得舒服妥當。更衣是不必的了，大艙裡兩邊各一列長長的碌架床，男女老少混雜，鋪位之間僅以八吋高一塊橫板隔開，故人人全程和衣而眠。

每個鋪位都有一格四方小窗，可以隨意提起或放下來開啟關閉。這格小窗供你全程納涼與觀景之用，絕對私人擁有。

球友們鋪位連號，撤去所有隔板打通鋪，就在那裡打牌、說笑與嬉戲。秋冬之交，天有點冷，大家在腿上蓋了被子圍坐聊天，七、八個男女球員肌膚相親，竟無半點邪念，偶爾有人埋怨：「哎，你的腳為什麼這樣冰冷？」聽者也是笑笑。這是相互識得，陌生人之間，船艙內也鮮見偷竊、非禮、口角等醜事發生，這便是那時的人情。

二等艙因為男女球員的喧笑有了生氣，似乎沒有人理會廣播裡播放的毛主席語錄。船身十分平穩，沒有引擎噪音，如果不是見到一河兩岸徐徐後掠，幾乎感覺不出它在移動，鋪位上擱著一隻斟滿了普洱茶的水杯，紋絲不動，滴水不溢。我非常鍾意如此平靜舒適的水路行程，讓人感覺不出舟車勞頓之苦。

船艙內燈火通明，下一層近船尾的地方，水手們正開出客飯來，花尾渡上的飯菜簡單，但味道不錯，以雞公碗盛之，這種粗瓷大碗上畫著一隻紅色的公雞，所以廣州人都叫它「雞公碗」。由於碗大飯多，接過來時要用雙手，故廣州人又稱之為「捧香爐」。

我最喜歡大肉飯，小嫦下去取飯時把我那碗也捎了上來，我倆就坐在鋪尾，垂下兩雙長腿，捧著大碗，邊吃邊說笑起來。那肉切得也大，有半截手掌一般寬，肥肉佔五、六分，鹵得甚是入味，還帶淡淡的玫瑰露酒香。在廣州長年吃陳年舊米，往往今年吃七、八年前入倉的陳米，所以我們都喜歡船上用新米煮成的飯，有一股誘人的米香。小嫦知我飯量大，撥了小半碗給我，隊中之人都友愛如此，與男女私情無關。

最令我著迷的是花尾渡離開大沙頭，沿狹窄的珠江河駛出市區那段航程，有一個難得的機會可以欣賞河北與河南兩岸市容，街上人群如蟻，樓宇密集，繁忙緊張的生活近在咫尺，平靜的花尾渡中的我，卻似乎已與這些無關，只是逍遙地觀望這浮生一景。

花尾渡將動亂中人心惶惶的廣州漸漸拋到了身後。

「為甚麼廣州城一片漆黑？」小嫦趴在窗前似是自言自語地細聲問道。

「『小亂入城，大亂下鄉』很多廣州人都返了鄉下，城裡又亂，家家戶戶天未黑就關門閉窗，哪還見得到萬家燈火？」我答了她一句

夜涼如水，江風從窄小的窗格吹進來，帶來一陣流水的濕氣，裡面有郊野清新草香，也有田埕沃土的氣味。我倆又說了一會兒話，小嫦很快就睡熟了，我仍睜眼躺著，內心仍深深地念著阿咪，她現在怎樣了呢？啟程前去她家，阿咪母親神色倉皇地支吾其詞，說她和哥哥已經遠行。

「遠行」二字很是蹊蹺，莫非她……我很擔憂，生怕會從此失去她。

晚上九點正，船上廣播又響起來了，《東方紅》高奏，乘客就寢前例行「早請示」、「晚匯報」的時間到了，照規矩眾人必得原地肅立，向著領袖肖像，手揮紅寶書，恭祝「偉大的毛主席萬壽無疆，林副主席永遠健康」，三呼過後才可以自便，但艙內橫臥豎睡數百人，竟無一人起立，可能都睡著了，即使沒睡著的，也躺著不動，水手們沒有出現叫人起床，大概也在裝睡吧。

次日一早，天朗氣清，我到船首與男女隊友一起欣賞西江景致，兩岸平疇錦綉，農家雞犬相聞，望著篁竹掩映下閃亮的河汊，岸邊浸涼的水牛，跳腳招手的村童，我心間萬分嚮往布衣麻履、淡茶輕風的

隱逸生活，當一個君子雅士，動亂中這一幅魚米之鄉野樵之趣的景致，可望而不可及。

「死屍！死屍！」身邊的小嫦突然失聲尖叫。

眾人推搡著撲向兩舷，但見江面一片浮屍逐波而來，總有百十具之多，遠處的江面隱約可見更多屍體載沉載浮陸續有來。浮屍擦過舷邊漂流而去。大多手腳綑綁，身體腫脹，分不清男女，衣衫殘破，露出白花花的皮肉。眾人在船上默默望著源源不絕的江水，數不清的浮屍，船行了半個多小時，才不見浮屍再現，而各人的臉色都已慘白，不再有心情說笑。

入梧州城即見城區有一整條街已成廢墟，有的樓房只剩下臨街的單面磚牆，煙燻火燎，門窗洞開，如怪獸猙獰嘴臉，仿佛初經戰火屠城，煞是恐怖。未遭破壞的街區仍齊整完好，商店雖然開了門，但人行道上堆著作工事的沙包，因何未被撤去，不得而知。武裝士兵列隊逡巡，許多用深綠色油布蒙住的軍車，停靠路旁。

路人多神色倉皇，前晚桂林、柳州等地剛剛圍剿群眾組織「四二二」。除了正規軍槍炮齊攻，還從水庫放水淹沒城區，將躲藏入下水道的「四二二」成員淹死，爬出來的遭到就地處決。省會桂水有例在先，梧州亦步亦趨，遂有了前兩天一場生死相搏的惡戰，聽說兩派之中彼此都有親友，殺來殺去，到頭來自己人死在了自己人手中。

晚上的球賽在燈光球場舉行，梧州隊的球員看上去情緒緊張，狀態不佳。圍坐在籃球架下的小童，在我隊投籃時，也沒有像往常那樣故意推搖球架，那是他們干擾客隊投籃的習慣性惡作劇。場內坐滿兩千多人，掌聲稀稀拉拉，觀球時沒有人喝彩叫好，只聞嗡嗡低語聲。「氣氛不對勁，大家今晚要小心。」領隊在半場休息時低聲吩咐大家，那天晚上球賽因為對手毫無鬥志，顯得十分乏味，我們男籃雖然大勝二十八分，卻沒有人在洗澡時為勝利哼一句小曲。

梧州城東有座與廣州同名的白雲山，山腳有一井冰泉，自唐代以來便有「冰井泉香」之說，算是一處古跡。和隊友結伴去那裡飲「冰泉豆漿」，穿過廢墟處處的市區，沿竹林夾道的黃泥山徑入山，再行三、四裡，便見一幢大涼亭式的木屋依山而築，建得很是古樸。時間還早，裡面卻已有了七、八個飲豆漿的當地人，都上了年紀，許是登山晨運歸家途中在此歇腳，飲漿止渴。

我要了一碗冰泉豆漿，初飲一啖，果真非常香滑醇濃，隊友們紛紛試驗把豆漿滴在桌面上，要證實「滴漿成珠」傳言是否屬實。

我只顧著眺望山景，此山石多樹稀，層層疊疊，只覺得這梧州白雲山比起廣州白雲山平庸得多了。鄰座一位長者正喝豆漿，認出我是昨晚上場的廣州球員，彼此便交談起來。

「燒了那麼多房子，發生甚麼事？」我趁機打聽。

「五月時兩派打架時已經燒掉了，燒了十多天，一千多間房全毀了。」

「我還以為是最近這兩天燒的呢。」

長者警惕地四下張望，壓低嗓門說：「這次沒有放火，只打了半天槍，聽說桂林那邊打得很厲害。」

我告訴老人家來梧州途中見到許多浮屍漂流，他聞言轉過身去，神色凝重地繼續喝豆漿，沒有再同我說話。我倆各自把碗中豆漿喝盡了，彼此點點頭便也就散了。

在梧州兩日，飲罷冰泉豆漿，還獨自在兩邊騎樓的古街上徜徉良久，山城騎樓街景似曾相識，使我想起廣州西關上下九，其實梧州的一些大屋較之廣州西關大屋更氣派，彰顯出昔日的殷實富貴。

兩個月前武鬥一場大火，焚毀城中不少騎樓大屋。其實早於一九二四年，此地亦曾發生過一場大火，城中房屋十之佔七盡毀，後來當局採取「拆城築路，挖山填塘」之法，幾經辛苦仿照廣州市容修建騎樓街道，梧州方重現繁榮。時隔四十四年，當年因遭火災而建起的騎樓，今復毀於一場大火，望著那些燒通頂的古老大屋，深深體驗到目睹美好事物被毀滅卻無能為力阻止是很痛苦的事情。

城中騎樓建築都只不過剛修了四十多年，當年沿大街修了足足五裡多地，總共多少幢並不清楚。但見保存下來的騎樓大屋都還很新淨完整，粉壁上松鶴花木的灰塑本來相當精緻美妙，只可惜「破四舊」時造反的紅衛兵爬上去敲碎了許多，後來又覆蓋上層層大標語，「嚴正聲明」的革命告示，這些獨特風格的城區，就跟廣州西關文革時期的街景一樣，顯出亂世的荒蕪殘缺。

在一些尚未被大字報覆蓋的騎樓磚柱上，仍然可以見到一種鐵環，有手指般粗，離地三尺，高者距地面十尺八尺，如非本地人，很可能不知道這就是發大水時用來繫船的水環。城中人家為出入或購物方便，二樓臨街一面闢有小門，屋主可在那裡買賣或上落船，此物獨見於梧州，它處是沒有的。

在我尋幽訪古時，隊友們四出搜購「蛤蚧酒」，這種藥酒每瓶青綠酒液中都浸有一隻花頭蛤蚧。領隊告訴我們酒裡的蛤蚧，一定要除去兩眼，因為一隻蛤蚧的毒全集中在雙眼。最補的是長尾巴，尾巴越長越粗就越滋補。

當晚梧州體委為我們準備了招待晚餐，餐桌上出現了罕見的梧州名菜「紙包雞」，當年南天王陳濟棠嗜食此雞，居然到了要專機送達的地步。

此菜名貴，按十人一桌計，盤中僅有十包，每人一份，不得多食。

從梧州回到廣州不久，一天半夜裡廣州城沸騰了，鼓樂喧天吵醒了我，高音喇叭播放出「毛澤東送芒果給首都工農毛澤東思想宣傳隊」的特大喜訊，自從一九六六年以來毛澤東八次接見紅衛兵，以學生為主的小將「停課鬧革命」出盡風頭，工人農民礙於「抓革命促生產」要堅持工作，其中的活躍份子一直被晾在一邊，雖然也成立了各種革命組織，但一直未能放手大幹一番事業。如今接到主席號召，還收到主席贈送的芒果，自是歡喜若狂，蠢蠢欲試，也想來引領革命風騷。

除了把芒果分送各地組織萬眾迎迓瞻仰，更有甚者將腐爛芒果放入大鍋煲湯，數千人每位一口分享。不久神奇芒果降臨廣州，自然是萬人空巷出迎，遠望那金色芒果，盛在玻璃盒內，置放於罩以紅布的木架之上，十人肩抬，由廣播車開道，數千男女列隊方陣護送，如同佛教徒迎接舍利子一般壯觀。

早在迎接敬拜金色芒果之前，人們已經四處搜尋毛主席像章，自製「忠字牌」，學跳「忠字舞」。所有的人每天都要「早請示」、「晚匯報」，早中晚三頓飯，上下班，上下課、外出乘車，上電影院，甚至是婚禮，必先「恭祝偉大領袖毛主席萬壽無疆！敬祝林副主席身體健康！」此口號要連呼三遍，還要高歌一曲《東方紅》和《大海航行靠舵手》，這個儀式十分隆重，眾必齊齊站立，兩眼必須虔敬地注視領袖肖像，右手握「紅寶書」（毛主席語錄），跟隨革命小將或革命幹部的帶領誦讀歌唱，要用最大音量喊出來，一邊有節奏地揮舞紅寶書，向偉大領袖表忠心。在這一儀式未完成之前，任何人不得開工、上課、開門營業、開車開船以及入洞房。

盲人工廠的秦支書，創造性地把這些儀式加以發揮，增添了朗讀多條語錄以及加唱多首革命歌曲，她的創意導致敬拜儀式變得非常瑣碎冗長，尤其是在短暫的午膳時間，秦支書興致勃勃的說唱吶喊，令職工飯堂裡肚子早就餓了的工友們，人人望眼欲穿期待快一些吃到自己那一份缺肉少油的午飯，工友們不由自主地以匙羹敲碗作伴奏，「噹噹噹！噹噹噹！」之聲不絕於耳，宛如寺廟眾僧早晚功課時齊齊敲擊木魚，秦支書將此視為群眾對偉大領袖的深厚愛戴之表現，居然懵然不知這是眾人通過敲擊飯碗表示催促及抗議。

一位解放軍來到我們工廠，據說這是一位是軍區「忠字舞」高手，他要教大家跳「忠字舞」，秦支書集中了全廠幹部工人，還配備了鑼鼓伴奏。「忠字舞」高手先作了示範，只見他昂首挺胸，左臂當胸橫抬，右臂伸直先向後掠，再往前高舉，兩腿前後成弓箭步，然後再轉身作金雞獨立狀，雙拳向下猛擊，返來復去六、七個動作，呼呼生風，舞姿剛強，他氣喘吁吁地解說這些動作可以表達對領袖忠誠熱愛，對敵人唾棄痛恨。

我覺得自己看了一遍已經學會跳了，只當是工間廣播體操伸展活動一下四肢，所以跳得比臺上的軍代表還起勁。「停！」秦書記突然猛喝一聲。

原來她發現全廠一百六十人只有二十多個正常人在跳「忠字舞」，其餘的失明人根本看不見忠字舞高手的精彩表演，只站在原地不動，倒是有一些革命覺悟高的失明人，運用自己的想像力移動起來，向天擊掌者有之，蹲下觸地者有之，原地拍掌跺腳者有之，其中一位年長的失明婦人，以初一十五上香的標準姿勢，跪在地上搗蒜般磕頭，秦書記見到場面大亂，所以大聲叫停。

此刻我實在無法忍住笑意，只好借尿遁進了廁所，關上門笑疼了肚子，數分鐘後才一本正經回到現場。

除了在工作單位和機關學校要跳這種舞，上茶樓也會碰到革命小將「抽查」，讓茶客站起來背語錄，跳「忠字舞」，遇有不識跳者，當場逼其現學現跳，如是攪擾一番方准你坐下享用一盅兩件。

街頭跳「忠字舞」者比比皆是，多是由學生組成的「毛澤東思想宣傳隊」，少男少女均著舊軍裝，腰束「武裝帶」，這是一種寬寬而帶銅扣的軍用皮帶，在抄家破四舊時被用來抽「黑七類」，後來用於派別之間武鬥，抽在身上幾下便可皮開肉綻。

裝備好一點的配有手風琴，一隊隊男女高舉紅旗群舞齊歌，殺聲震天，路人多駐足圍睹，跳舞跳累了，喊口號嗓子喊啞了，大家才四散。

在我印象中前後大概只、有三、四個月，「忠字舞」就不見有人跳了，毛像章和「忠字牌」熱潮持續了相當長一段時間，我在廣州街頭所見，有人身上戴了一百幾十枚各款像章，肩上還扛著一面巨大的「忠字牌」，尺寸跟舞臺上衙役拿的「肅靜」、「迴避」牌子一般大。

這一種符號圖騰的崇拜狂熱，在中國人之間不僅僅是傳播泛濫那麼簡單，它演變成一種競賽，人與人相爭如何比其他人表現出更露骨更狂熱更巨大的忠誠愛戴。

我每一天甚至每時每刻都感受得到這一種狂熱，在紅色偶像與豪言壯語包圍之中，我不敢對任何人透露自己內心所想，那些狂熱得失去理智的男女，當我的目光穿透他們的衫褲血肉，只看見一具具白花花的骷髏，形同群魔亂舞，鬼哭神嚎，這一種幻覺頻頻出現在腦海，揮之不去，令我不寒而慄，如入陰曹地府在鬼魂中行走……見證了太多的血腥暴力與悲慘死亡之後，我年輕的心靈已為殘酷現實所重創，從此留下畢生永難磨滅的傷痕。

那時我哪裡知道，苦難才剛剛開始，真正的驚濤駭浪還在後面呢！

我一次又一次去桂堂新街找阿咪，她真的消失了，一起消失的還有她另外兩個哥哥，阿咪母親雖然十分客氣地陪我坐在客廳中說話，但她的目光不安地掃來掃去，欲言又止，只是以女兒出了遠門來搪塞我。

我走出那敗落人家，離開了就不復再去，沒有了阿咪，它變得不帶一絲生氣，甚至如墓穴般陰森，我人生的初戀，就這樣埋葬在裡面了。

阿堅與阿建，也不辭而別，先後失去蹤影，他們的親朋皆顧左右言它，守口如瓶。

我心裡很明白，阿咪還有阿堅與阿建，應該是逃去了香港。這幾個人都沒有跟我告別，一位是我女友，另兩位是我最親密的摯友。

我終於意識人若到了生死關頭，必先為自己，所以絕對不能相信任何人。

我的戀人和摯友並不知道，如果他們與我同行，我會把最後一口乾糧讓給他們，如果需要，我可以在月黑風高之夜，撲在鐵絲網上讓他們從我身上踏過去越境……這幾個我生命中最親最愛的人，就這樣拋下我走了，我無法證明自我犧牲成全他人的誠心，也粉碎了我心目中某些最美好的東西。

萬念俱灰的我，矢志回到藝術中去，埋頭畫自己的畫，讀自己的書。

盲人工廠男工宿舍內，我的床位一側，多了兩張條凳，我的新室友小盧，一個矮小黝黑的年輕人，正往上面擱放床板。他的行李簡單，展開一卷草席，漱口盅，搪瓷碗，毛巾牙刷往窗臺一放，便收拾妥當了。

我和他各自臥在板床上攀談起來，小盧談鋒甚健，見我床頭的幾冊書與畫具，興奮地過來坐到我板床上，握著我手說：「高佬，我也喜歡畫畫！」當時我只覺得陋室頃刻問變得敞亮，只暗自向上天謝恩，賜給我這樣一位同好。

其後兩人一起上下班，一起外出寫生，一高一矮，形影相隨。在票證配給年代，物質匱乏，食物短缺，兩人揹著畫箱，徒步穿過半個城區去近郊寫生，身邊沒帶乾糧和飲用水，遇有好景致，畫興正濃處，往往忘了饑渴，錯過了趕回單位食堂用餐的時間。

畫成之後，兩人把畫架在樹腳，現場點評，一說又是半日，直至落日銜山，才如飲了烈酒般醺醺醉醉同回宿舍，餓著肚子臥在板床上，還說許多關於藝術的話，才各自入夢。

如是兩人在文革狂飆的裡忙裡偷閒，畫畫、讀書，感情日篤，畫藝猛進。

一九六八年底，毛澤東發出「知識青年上山下鄉」最高指示，那些造反的中學生，開始被學校送去農村當「知識青年」。

其時上學的孩子們只要願意離開城市，你可以自尋去處，只要把戶籍遷出廣州變成農村戶籍即可。我父親海關的舊同事黃伯伯一家五個子女，竟有一子兩女被分配下鄉，黃伯伯當上右派後被貶到了肇慶，他托人在出產端硯的白石坑安置了三個子女。

母親與我出於關心，多去了幾趟黃家，雖然幫不上甚麼忙，但兩家本是世交，又共同逢亂世，關顧一下，心意也就到了。

在黃家見到即將下鄉的三兄妹，眼睛哭得又紅又腫，一副綁赴刑場的慘澹。哥哥戴著一副黑框眼鏡，斯文有禮，兩個妹妹一乳名亞女，另一乳名小妹，都到了及笄之年，羞答答的倒是有幾分美色，當時阿咪的倩影尚在我心中未去，對黃家二女也沒在意，雖然大家都叫亞女「小美人」，我只記得她的額頭很寬而且有點發亮。

「上山下鄉」是一場政治運動，大陸凡搞運動必全國上下一起「運動」，先作動員，傳達文件，然後樹立典型，普及推廣，才能澈底發動，有所成效。這一次運動由學校、街道與派出所聯手，在廣州城內對革命小將犁庭掃穴式一網打盡，限時限刻把這些學生送出廣州。做父母的不捨也不忍心讓十六、七歲的兒女離家下鄉，有的人家就把孩子藏起來，辦事的人找不到小的就逮住老的，把家中長輩集中起來辦「學習班」。

學習班全名稱「毛澤東思想學習班」，是當代一大發明。冠以「學習」之名，就有了禁閉你的口實，進去之後怎麼整你弄你，都稱之為幫助你，讓你「學習」如何緊跟，大會小組，從早到晚，個別談話，大家幫助，軟硬兼施，死纏爛打，又泡又磨直到你投降，伏伏貼貼順從為止。

當然也有性子剛烈，寧死不從的學生，他們也有辦法令你屈服，由單位扣發父母工資，街道扣發按月配給的糧油副食，然後輪班到你府上坐等，學校裡的老師、同學，單位裡的幹部、同事，街坊組長，派出所民警，走一撥來一撥，輪流給你講大道理，做「思想工作」，半夜還來「查戶口」，折騰得你全家不得安寧，外加斷炊，磨到你寢食不安，實在沒心情也沒辦法活下去，只得同意讓孩子下鄉。

在全國範圍安排數千萬中學生上山下鄉，是一樁龐大的工程，使我又一次感到驚訝的是，儘管黨政軍系統經受了長達三年文革狂潮動亂的衝擊，尤其是各級幹部都遭到殘酷批鬥整肅，這個國家居然仍然能在短時間內成功地把幾千萬最反叛，最桀驁不馴的紅衛兵小將，從他們生於斯長於斯的城市驅向鄉間，這個系統的牢固的確不一般。

有時人類社會裡某一情勢集結形成的龐大群體，看上去無堅不摧，聲勢浩大，卻只是一擊即潰的烏合之眾。號稱百萬雄師的兵團和戰鬥隊頃刻間全作鳥獸散，歃血誓盟化為雲煙烏有，誓死捍衛的紅衛兵發現自己要去的「大有作為廣闊天地」，竟然就是貧困落後的農村。革命革到了自己頭上，要離別父母與家庭，把戶口遷到鄉下，一輩子背向太陽面朝黃土，他們第一次哭腫了眼睛，嘗到與家人分離的肝腸寸斷之苦。

我比他們只大幾歲，因為當了工人，得以保住城市戶口。每天見到馬路上滿載兩眼通紅的下鄉學生的車隊駛過，鑼鼓聲中難掩啜泣之聲，竟然沒有人敢對上山下鄉運動造反，這些孩子全都情願或不情願地接受了自己的命運。

這是他們自願的選擇嗎？我未敢肯定，但我可以肯定，除了北京下達的最高指示，更多的執行者以難以逆料的熱忱，無所不用其極地去對付他人，正是他們惟恐不夠凶狠決絕的施虐，他們陰險的告密，歹毒的報復，製造了恐懼，逼迫千萬善良的人們乖乖就範。

這一個執行者的群體處於上層與下層之間，許多的鐵腕與整人手段，都是這些人想像設計及施行的。這個群體無名無系統，由「積極份子」組成，廣佈民間。可能是你的上級、同事，也可能是你的街坊鄰居，親戚朋友，甚至可能是你的父母、伴侶或子女，他們用作捕獵的利爪，像貓科動物一般藏在軟掌之中，與普通人一般正常行動，只有在運動當頭才伸出來，撲向獵物施以致命一擊。

我將這些人比作雨果《悲慘世界》裡的警探賈維爾，善人冉阿讓的剋星，在幽暗中虎視眈眈，他永遠有足夠的堅忍與耐性，頑強冷靜地窺伺、捕捉目標。

《悲慘世界》裡只寫了一個賈維爾，但神州大地到處都是賈維爾，在這些人眼中，每個人都可能是需要捉拿的逃犯，身分可疑的尚萬強。

在學校與街道積極份子的催逼下，黃家三兄妹動身時刻已至，我到大沙頭為他們送行。我買了一雙白色的膠鞋送給亞女，她接過去時小手冰涼，同時遞給我一封仔細折疊好的信。

她戴眼鏡的哥哥扛著棉被，手裡提著盛有水桶臉盆的網袋，臉色鐵青強忍著眼淚，小妹早已淚如雨注，也揹著棉被，手裡還拿著幾本未學完的課本。她母親一會摸摸兒子，一會抱抱兩個女兒，也是眼淚流個不停，放眼望去碼頭上每一個學生和他們的家長，都在哭泣流淚。

碼頭上高音喇叭反覆廣播著最高指示「農村是一個廣闊的天地……」，各所學校的老師和工宣隊除了敲鑼打鼓喊口號，還密切注視學生和家長們，不停催促孩子們上船。

撕裂人心的汽笛響了，那是兩艘插滿紅旗、巨大的「花尾渡」，由小火輪拖著緩緩沿江心駛去，船上碼頭上哭聲一遍，岸邊父母搥胸頓足，呼天搶地，喊著兒女的名字，船舷邊無數只小手拼命揮揚，孩子們在船上跳著哭叫「媽媽！爸爸！」

永遠忘不了這悲慘的情景，幾百個孩子的哭聲呼叫，再加上幾百個父母的哀號，這是一種何等慘烈的聲音啊，真正是動天感地，震撼人心，它淹沒了鑼鼓與紅歌的噪聲，迴響在一河兩岸白雲珠水上空。

我拆開手中的信，亞女充滿柔情而傷感的文字，頓失令我兩眼模糊：「親愛的朋友，我走了！可我的心留在你身邊、留在媽媽身邊，留在美麗的五羊城裡。

昨天夜裡哥哥和我帶著妹妹，在廣州的馬路上走了很久很久，因為到了鄉下，腳下只有泥巴了。媽媽說我最愛乾淨，到鄉下怎麼洗澡和上廁所。我連想都不敢想，我只去想和你在一起的情景，因為你還有你的畫和歌聲，是支持我活下去的唯一力量了。答應我，不要忘記我，如果我回不來了，也別忘了我……」

花尾渡走了不多遠就敲響了銅鐘，通知前面的小火輪立即停下。並非船長不忍心帶走這些哭喊的孩子，而是有人跳船逃跑了，一個穿白襯衫的男孩撲入江心，黑頭髮在渾黃濁浪中載浮載沉，老師和工宣隊沿江邊跑步去追截，把濕淋淋的小逃兵扭送碼頭押上小艇再送回花尾渡。

船又開了，這次沒有再停下，很快就消失在暮色之中。

亞女兄妹三人下鄉之後，被告知未經許可不得隨便離開農村，肇慶廣州兩地相隔一百零四公里，沒有大隊證明上不了長途車，雖然村裡沒有圍欄，但她和兄妹從此被禁錮在那小山村裡，直至半年多後才獲准回城探親。三個又黑又瘦的孩子進家門後，見到母親又是一頓抱頭大哭，難怪多年後亞女每提起知青歲月，最記得的就是流不完的眼淚，還有就是痴心盼望和等待，何時離開現在所待的這個地方？

亞女不停寫信給我，每週兩封。我也每信必復。是友誼，是同情還是愛，我心亦茫茫然，也顧不得去分辨。只是每每念及在遠方有這樣一個苦命的姑娘，烈日下揮鋤，光滑的額頭佈滿汗水，她如此嬌小柔弱，又能苦撐多久呢？除了在油燈下流淚寫一封信給我，傾訴一番悲苦，這無助的女孩還有甚麼依托？我是她活下去的唯一希望了，我絕不能有負亞女。

生平頭一次接到女孩子如此熱情似火的情書，「望穿秋水」幾個字由自己寫出來，才真正體味甚麼是朝思暮想。阿咪的不辭而別之後，亞女的離城下鄉，令我們兩顆年輕的心靈迅速靠攏貼緊，乾涸的心田能得一滴雨露亦是甘霖，更何況我倆都渴求它的滋潤。

和小盧在就寢前或外出寫生，亞女都是我倆話題的中心。小盧欣羨地傾聽我娓娓談論遠方的亞女，他說自己雖然沒有見過這個女孩，但聽了我一遍又一遍的描述，他都能夠在千百人中辨認出亞女來了。

「額頭光滑的小美人」，小盧覺得我這句話活畫出亞女也。

回到外貿新村家中，也同父母談起亞女，他們對我倆交往並無異議。倒是謹小慎微的父親有點擔憂，我在廣州，亞女又去了農村，日後我們安家何處？

天塌下來當被蓋的母親自是大聲駁斥，機關槍連射一般吐出許多「有情飲水飽」的高論來，一向懼內的父親也就畏縮不再言語。

我那十四歲的小妹在小學校鬥過自己的班主任羅老師，出手扯了老師的頭髮，又去北京見過毛主席，上山下鄉輪不到她，造反風頭也過去了，此時正在家裡閒著，學我看起小說，當起小「逍遙派」來。

父親不群不黨，沒有參加任何群眾組織，依舊每日如常上班，傍晚母親做好了飯，他總是依時回來和家人共進晚餐。一家之中除了姐姐造反十分起勁，甚少踏入家門。餘下我等四口，仍然是圍坐一桌吃母親燒的上海菜，飯桌上我講起社會上文革引起的衝突，父親也不搭腔，只連聲說：「萬事小心！萬事小心！」

一個星期天中午，在外造反多時的姐姐突然回來，母親喜出望外，著小妹去菜市場沽酒買肉，半斤橙花，四兩半肥瘦豬肉，她分兩手拎著，三步兩跳奔回家來。母親燒好紅燒肉端上桌子，見了碗裡浮著那一層油，每個人都覺得胃口似乎特別好。

飯吃了一半，碗裡紅燒肉已吃去大半，我提起被打死的七中紅旗中學生小任，姐姐把桌子一拍怒罵：「旗匪反革命！」我自不甘示弱回罵：「總匪反動派！」母親氣得放下飯碗進了廚房，剩下小妹從碗裡挾起最後一塊肉皮，「混蛋！」姐姐破口大罵，小妹受了驚嚇，鬆了手，筷子還有肉皮掉落在桌面上，委屈得眼淚直往下掉。我飯氣未攻心，怒氣先攻心，正待發作，見父親只低頭戰兢兢扒飯，嘴裡還是那句：「萬事小心！萬事小心！」也只好收斂脾氣不同姐姐繼續爭吵。

我們當中誰也沒想到，這一頓家人齊全的團圓飯從今以後居然難再，竟然要過了很多很多年，又經歷了許多驚心動魄的磨折，這一天晚上桌子邊的人，才有幸再次重聚一堂。

第十五章　「你是特務」

外貿新村總共六幢宿舍大樓裡的孩子們，都有迎候下班父母歸家的習慣，每日黃昏，孩子們分別在樓上窗前，大門兩側，或是路旁樹下，巴望那自遠而近的一眾人影，暮色沉沉，光線不足，常有孩子認錯人，向著鄰家叔叔叫「爸爸」，引起一片哄笑，驚飛那樹梢歸巢歇息的群鳥。

一九六八年下半年開始，迎候父母歸家的孩子之中，開始有人等不到自己父母回來，有的孩子抽泣著回家去，有的孩子卻仍舊在朔風中怔怔久立，心存那麼一點僥倖，許是家裡大人路上耽擱了，再站多一會兒，或者就可以見到父母熟悉的身影。

樓下的凌家二兒子和我是玩伴，我早在十三行時就聽過他父親拉琴。星期天的上午，瘦高的凌伯伯就拿出自己的手風琴，忘形翹起二郎腿一邊拉一邊左搖右擺，完全陶醉在音樂裡。聽他拉琴也成為我的一種娛樂，柔美流暢的琴聲，常常迷住了我，久久駐足窗前，捨不得離開。

一九六八年七月的一個黃昏，凌家二兒子和我在大路邊等人，那天大人們都回來得很晚，因為公司裡召開了一次重要的群眾大會。

我父親幾乎是最後一個回來的，見到那高大的身影在夜色中出現，我懸著的心放了下來，和父親上樓時，但見凌家的二兒子仍然在路邊苦等，那天凌伯伯始終沒有出現，夜裡也沒有回家。不知那孩子在門外站了有多久，只見凌伯母坐在丈夫拉琴的藤椅上，失魂落魄地抹淚，也不關房門。凌家那間房正對著樓梯，上下樓的人都見到她在發愁，也聽到了屋裡的哭聲，但每一個經過凌家的人，只顧著為自己能回家感到慶幸，急急直奔小房間，沒有一人停下來問候半句。

晚飯後母親給父親端來洗腳水，他倆不再到田野裡散步，並肩坐在床沿低聲交談：「怎麼只吃了大半碗？」母親溫存地把熱毛巾遞給父親。

「沒甚麼胃口，中午買了兩隻包子打算帶回來給孩子的，也教我給忘了。」父親顯然是白天受了驚嚇，聲音都在發抖

「別想得太多了，你每天一早回公司幹活，自動加班，最後一個下班，都幹了這麼些年，沒出過差錯，還想拿你怎麼樣呢？」母親安慰父親。

坐在床沿的父親默然，兩腳浸入臉盆中，那是剛燒開的沸水，他似乎沒有感覺。自別京城南來，父親只剩下泡腳這個最後的習慣了，也是他唯一的奢侈和講究。往常他把雙腳浸入熱水後總要迅速抬起，如是反覆數次，才舒舒服服地兩足全部浸入，嘴裡還十分享受地悠悠「噓」的一聲，閉上眼睛，臉上一片心滿意足。

父親泡腳時，喜歡眼光充滿憐愛地看著家人，經歷千辛萬苦重整支離破碎的家，這個十六平方米的房間，就是他朝思暮想的天堂，父親真心只想和家人平安無事度過餘生，除此之外，他沒有別的奢望。

自從莫名其妙被關幾年，又莫名其妙放了出來，害死祖父與連累家小的罪孽就壓在父親身上，他永遠閉上了自己的嘴巴，隻字不談政治。每遇來訪客人提起敏感話題，他都不敢回應作答，變得坐立不安，左顧右盼，流露出難以言喻的驚恐，許多親友見他如此，漸漸不再與他深談，逐漸少來直至不來探訪了。

每逢一次政治運動來臨，在公司聽罷動員報告，父親就像見到天邊不祥的閃電，預示著雷霆暴雨即將來臨，把頭垂得更低，話也更少，打字的速度更快了。全憑十年如一日守口如瓶，每次運動中，他都

只是受到例行警告「要老老實實，不准亂說亂動！」鮮有被列入整肅對象的。

要說老老實實，父親的確一向如此老實，要說不准亂說亂動，父親不但與「亂」字不沾邊，簡直就是完全不說，完全不動。不過對這一次文革「清理階級隊伍」，父親有揮之不去的不祥預感，變得憂心忡忡。

「老凌被留在公司辦學習班了。」

「他年紀這麼大，又是機關幹部，也下鄉嗎？」母親以為是辦「上山下鄉學習班」。

「那叫清理階級隊伍的學習班。」父親的聲音壓低了：「今天下午大會上宣布的，老凌被監護審查，立刻關進了牛欄。」

「我也差一點就回不來了！」父親顯然非常擔心自己步凌伯伯後塵，被人翻出歷史問題來清算。

「以前你的那些事早都交代過，也經過審查，組織上不是作過結論嗎？」母親勸他寬心。

父親沒作聲。

從文革一開始，他就沒露過笑容，下班回家不復見昔日大步流星的敏捷，有時父親的眼神也閃現一絲驚惶，但稍縱即逝，很快就消失了。

母親每天忙家務，空下來就讀聖經，三十年代在上海唸「務本女中」時，就養成教會學校每日誦經的習慣，還唱讚美詩，幾十年沒有中斷，對她這種可能惹禍上身的宗教虔誠，父親非常憂慮，屢勸母親立刻停止，提議燒掉那本聖經。

對政治無知的母親不以為然，「我信上帝，礙他人何事？共產黨連這都要管？」父親拗不過母親，只得由她每日誦經唱詩依舊。

凌家的手風琴聲一直沒有再響起，除了凌伯母和他的孩子們，誰還會在意呢？

打入牛欄的議論越來越多，市井中人口耳相傳，有人受到刑求與毆打，更有人自殺。城市裡清理了市面部分大字報，之前只要看大字報就能知道誰被揪出來，誰被打倒了，如今沒有街外標語，也就無法瞭解當下正在整誰。

凌家二兒告訴我，「牛鬼蛇神」包括他爸爸都關在公司七樓，我陪他站在長堤上遠遠地窺望過一次，只看到所有窗戶緊閉，每一扇玻璃窗都用舊報紙封上了。

各大小單位這一次是關門打狗，自辦「牛欄」，上級指示遵照比例揪鬥壞人，各處私下囚禁的人也越來越多。單位的「專案組」成了定奪生死的「公堂」，雖是私設，但權限大到可以剝奪任何人的人身自由，對他以及親朋戚友進行全面調查訊問，抄家，檢查信件、私人日記，直至最作出終處理結論，包括處分和遣送返鄉，以及送交法辦。

盲人工廠的「牛欄」也開張了，第一次有人被關進去，兩人都是廠幹部，按百分之五的比例，我們這個一百六十人的小廠，應該總共揪出八個階級敵人，現在只有兩個，全廠上下都在猜忖剩下的六個到底會是誰。

我家住的這幢大樓，沒有回家的有好幾個人，凡是有人沒能回來的房間裡，都傳出了啼哭聲，哭得很壓抑，一如新寡哭墳般幽怨。大樓內住戶緊繃著臉，彼此不打招呼，沒有人知道自己上班以後，還能不能再回來。

父親到家後吃便坐在屋中不言不語，書也不看，躺在床上面朝一堵白牆發怔。我和小妹開始擔心父親，每日到了下午六點，就站在窗邊守望，黃土路邊的洋紫荊比前幾年長高了許多，葉片上積了塵垢，在斜陽照射下失去了光澤，見到父親高大的身影出現，小妹高興地喊叫：「回來了！」我才放下心來。

十二月初，母親說晚餐要加菜，做了紅燒肉，燉肉時還放了兩隻雞蛋，香氣在房間裡四散。飯菜在桌上擺好之後，我倆在窗戶邊站了許久，從黃昏等到天黑，又下了樓到門外繼續等，仍然不見父親蹤影。母親著我再走遠一些去迎他，走了差不多兩站的路，都快走到了東山口，父親仍然沒有出現。

三人沒有動筷子，那碗紅燒肉原封不動放在桌上，用當天的報紙蓋著，五六隻綠頭蒼蠅聞香而至，從下午轉到晚上，只想進去分一杯羹。

那一夜母親和我都沒睡，只聽見她不斷翻身，床板發出「吱呀」聲響了一夜。母親起得極早，兩眼紅腫，趕去公司打聽父親下落。她很快就回來，父親已經被集中「辦學習班」，專案組吩咐母親送些換洗衣服去，但不准見面，母親靠在床邊流了一會兒淚，揀選幾件衣服和牙刷毛巾，送去了公司。

那一天之後，我和小妹再沒有和其他孩子一起等人，但我不只一次，趁著昏暗夜色偷偷張望通往遠方的大路，暗中希望能見到父親熟悉的身影，大步流星走回家來。

中小學校復課了，小妹上了初中，在放學路上常踫到自己批鬥過的羅老師，三十多歲的羅老師是獨身主義者，她很喜歡小妹，每在路上遇見總要拉著小妹的手問長問短。老師始終沒有提起被剪頭髮喝墨水的往事，只是母親每見她一次，必為小妹的魯莽無知道歉再三，皮膚黝黑、樣貌平庸的羅老師笑而不答，她長著一雙小眼睛，放射出望入人內心的明澈目光，臉龐線條非常柔和，直教人看了還想再看她。

父親進牛欄後，我經常從盲人工廠坐車穿越大半個城市，回家陪伴母親。她燒的上海菜從來都是中規中矩，如今變了味道，忘記放鹽，忘記加醋，要不就是放完再放，或又苦又鹹，或索然無味，我和小妹也不作聲，陪著母親把飯吃完。

入夜後，住了幾十戶人家的大樓裡，沒有動靜，許多人家吃罷晚飯便熄燈上床，彼此心情都差，又擔心隔牆有耳，故一夜夫妻無話，大小不語，真正是「食不言，寢不語。」我們家中唯一的聲音，便是母親的祈禱，她每晚就寢前都要禱告，嗓門壓得很低，形同耳語。母親的禱告，多是向天上的上帝以及外公外婆傾訴自己身心承受的煎熬。每次聽了母親的祈禱，一如我兒時聽到的搖籃曲，能令我迅速入睡，而且一夜無夢。

聖誕節前夜，酣睡中的我突然被搖醒，臉色慘白的母親站在床頭，一邊梳頭一邊吩咐我：「糧本和戶口簿都在書桌的大抽屜裡，還有七塊多錢，你先把這個月的米給買回來，要照顧好妹妹。」

家裡擠滿了人，領頭的正是隔壁的街坊組長「八婆珍」，她身邊站了五、六個陌生男人，兩人穿藍色民警制服，腰間還別著手槍，另外幾個頭戴鋼盔，手臂上有「工人糾察隊」紅袖章，手握著紅白相間的水火棍，警惕的目光四掃，如臨大敵。

小妹驚惶地用被子包住自己呆坐在床上，一雙眼睛只盯著母親。

「快跟我們走！」八婆珍在母親背上推了一掌。

八婆珍的丈夫是公司清潔工，我父親是幹部，我們兩家的男人見面倒是客客氣氣，話也不多一句。這上海婆娘一家剛搬進來時，窮得連孩子的鋪蓋都買不起，十歲的女兒還跟十五歲的哥哥睡一個被窩，我那基督徒的母親，見狀送去一床絲棉被，我和小妹的衣服也分出十多件送給她一對子女。日常兩家分食肉菜，自是你施她受，鮮有回報，如是也有數年。

八婆珍是上海人，常過來沒話找話說，跟母親談些上海舊事，齜起滿口煙屎牙，瞇著黃豆小眼，怪聲怪氣自謙：「妳大小姐住法租界萬宜坊洋房，我家在楊樹浦棚屋裡，哪能跟妳比呢。」跟毫無防人之心的母親混熟了，以「姐妹」相稱，兩人親密到了進屋翻箱倒篋的程度，母親僅存的兩身旗袍，一雙穿破了的白色露趾高跟皮鞋，她都翻過出來，用鷹爪子般彎曲的手指逐一捏過，咬著牙悻悻嘆息：「王太太，妳可是真享受過的人呀！」

八婆珍擔任的街坊組長一職，是整部專政機器最底層的末梢神經，忠貞不二的「賈維爾」，今晚正是她掩不住滿臉的興奮，輕車熟路領人抄我們的家，從小妹床底下拖出我家唯一的樟木箱，翻出兩襲舊旗袍與破高跟鞋，立即把「罪證」呈交給一個瘦猴民警。

另一個矮胖的「工糾」蹲下來用木棍撥弄床底，想發現一些新的證據，八婆珍用腳踢踢那人：「別找了！他家就這點東西，我早就摸清情況了。」一邊說邊向那瘦猴民警諂笑。

「快走！都死到臨頭了，還打扮甚麼？」瘦猴民警不耐煩地咆哮起來，母親正在整理儀容，竭力撫平衣服上幾道皺褶，被瘦猴猛的一喝，嚇得住了手，一行人簇擁上來押著她出了家門。我和小妹顧不上穿衣，赤足尾隨到了走廊，許多半開的門縫裡有人探首張望，也有人披著棉衣站在過道裡，毫無表情，冷冷地望著我們。

八婆珍的兒女也在走廊裡，小女孩很興奮，扁平的餡餅臉泛光發亮，和她哥哥一起高興而驕傲地目送威風八面的母親，可是兩個孩子一直迴避正視我母親的眼睛，這位疼愛過自己的鄰家阿姨被抓走，連他們也覺得沒有甚麼值得高興的地方。

昏暗的走廊裡，母親在水火棍夾擊中回頭對我說：「照顧好妹妹！」她還叮囑小妹幾句，八婆珍與民警又用力推搡她，想說的話未說出口，人已被虎狼似的一群人傢伙捲下樓去了。

兄妹倆轉身撲向那扇可以望見馬路的窗子，凌晨三、四點的月色將大地映成一片銀白，我們看見還有許多手握棍子的大漢沿著馬路排成兩列，二十多頂鋼盔反射出點點寒光，陣容龐大，戒備森嚴。

民警、八婆珍等人押著母親走出了大路，「媽咪！」小妹突然失聲哭叫，淒厲的呼喊劃破寂靜的夜空。母親回過頭來想再看我們一眼，身後的工糾用木棍猛敲母親梳得整整齊齊的頭，發出響亮的「篤篤」一聲，母親疼得雙手舉起蒙住自己的頭，我捫住小妹的嘴，目送著母親被大隊人馬押送遠去。

在這扇窗戶旁邊，小妹和我曾經站了很久，一直未能迎候父親歸家，如今卻依依目送母親被捕離家。

「只剩下我倆了，哥哥會照顧你的！」我安慰一直抽泣的小妹，心裡其實亦是空空。

母親被抓走後第三天，我也失去了自由，十四歲的妹妹放學回家，只見家門貼上封條，她無家可歸了。

盲人工廠的秦支書在大會上，用一口鄉音甚濃的佛崗話宣布對我進行「監護審查」辦學習班，我的罪名是「打砸搶」份子，另外還有兩本手抄世界名曲歌本作為罪證。

這個年輕的女人激動得渾身上下都在抽搐，端正的五官也扭曲了，一頭的齊耳短髮似乎每一根都豎立。唸完短短一則決定，她就抽搐了好幾次，安排好的積極份子們喊起口號，我腦海裡第一個反應竟然是：「糟糕！還沒有買這個月的米，小妹今晚吃甚麼？」

我本居住廠內，所謂「監護審查」只是從二樓宿舍大房間搬到同一層另一個小房間，被「監護審查」期間不准走出工廠大門。

牛欄裡已經關了兩個「牛鬼蛇神」，都是科室幹部。一個是高佬陳，當過志願軍抗美援朝，和我一起打過籃球，烟癮大，肺有病，老是咳嗽。另一個姓李，一副足智多謀城府頗深的師爺相，三角眼，因為長得白，我就叫他「白面書生」。我自小學起便喜歡給人起綽號，絕無惡意，只是覺得好玩，廣州人說「只有點錯狀元，沒有改錯花名」，這個「花名」就是綽號，起得好的綽號，能突出此人個性、外貌特徵，只要生動詼諧，就一定易記難忘。

高老陳被指控隱瞞地主家庭成份，白面書生則是「右派」歷史問題，我的問題比較嚴重，文革中「打、砸、搶」，還涉嫌私藏武器。

釘廠專案組的孫組長宣布：「三人禁止走出廠門，不得與任何人交談，白天監督勞動，下班後寫交代材料。」此人也是退伍兵，唇薄眼小，面色如土，我稱之為《說岳》裡金兀術的軍師哈迷蚩。

廠小人少，派別沒有衝突，人與人之間平日仇怨也不深，我們這三個「牛鬼蛇神」之中，「白面書生」因為死不認罪，首當其衝，批鬥時受了些扭打，「高佬陳」次之，我反而受到溫和待遇，「哈迷蚩」與軍代表召我去問話，循例以「坦白從寬，抗拒從嚴」作開場白，勒令我放棄蒙混過關僥倖之心，坦白交待參加「八一戰鬥兵團」活動詳細實情，尤其是自製手榴彈、奪權和惠福路武鬥事件的過程及有關人員。

我們三人被允許有限制的對外通信，但必須先經「哈迷蚩」過目，我寫信給肇慶鄉間的亞女，簡短告知自己被「監護審查」辦學習班一事。

整整一周，她仍未回信。我將此事告知陳、李二人，「高老陳」是性情中人，好言相勸耐心守候，他肯定這個女孩不會因此而棄我而去。「白面書生」憤世嫉俗，冷笑斷言她為怕受牽連，從此不會再理我。

亞女從肇慶趕回來了，提著她母親做的醬汁牛肉和菜包子來到工廠探視，工友們只知道我交了知青女友，都沒有見過其人，亞女的出現，引起了小小的騷動，能看到東西的都以各種藉口繞到大門窺望，看不見東西的則豎起兩耳傾聽動靜。

「哈迷蚩」下樓來把亞女帶到專案組辦公室，也不知道他對亞女說了些甚麼，幾分鐘後她就走進了「牛棚」。足下踏著我送的那雙白涼鞋，淺黃短袖上衣，灰色長褲，光滑的前額不見了昔日的光澤，澄澈的兩眼佈滿血絲。

經過幾個月的別離，我倆竟然在這般情境中再次重逢，我心頭一陣辛酸，她卻出奇地平靜鎮定，打開飯盒取出牛肉和包子，在一旁監視的「哈迷蚩」要亞女先試一口以策安全，亞女抬起低垂的頭細聲抗議：「我會黑心到毒死自己的男朋友嗎？」

「哈迷蚩」在這個瘦小但堅定的女孩面前也變得無語，扭頭走出牛棚關上了房門。躺在床上的「高老陳」和「白面書生」本來目不轉睛看熱鬧，這時都知趣地「上廁所」去了。

這是我倆相識後第一次單獨在一起，兩人四目對望了幾秒，她就閉上眼睛，獻上了乾燥而顫抖的雙唇，就這樣在牛欄裡我倆交換了初吻。此時此刻「哈迷蚩」正耳貼房門屏息偷聽，我和亞女忘記了他的存在，也根本沒有在意自己身處何方。

牛肉和兩隻包子吃罷，會見就結束了。我留下了一些食物給另外兩隻「牛」，為了方便他人對我們呼來喝去，不知是哪位天才的廣州人把「牛鬼蛇神」四字簡化為一個「牛」字，同在「牛欄」為「牛」，有時我與高佬陳、白面書生之間也以「牛」相稱。

「高佬陳」與「白面書生」此時回到牛欄，三隻「牛」一起討論我們這雙患難情侶的第一次約會，他們對亞女雪中送炭讚不絕口，我則頹然倒在床上，把身子翻轉過去面向墻壁，不想讓二「牛」見到我的眼淚。

剛才見到的那個瘦小女孩的影子不斷浮現腦際，有生以來第一次被人如此堅貞愛戀，但又念及自己身陷囹圄，很可能有負所托，就不禁悲從中來。但大難當頭，女子有愛，卻又令我感覺到天地人間不盡是無望，仍有著那一縷慈悲善良之情的光照，透過籠罩一切的黑暗。

第二天下午，亞女又來探視，還是帶來吃的，「哈米蚩」照準進入牛欄，半小時後亞女離去。從此以後她天天都來，每次飯菜不同，但兩人一樣握手談情說愛、接吻。

「你的手粗糙了許多」

「以前你哪裡碰到過我的手？」她笑了，然後若有所思幽幽低語：「冬天在鄉下每天在田裡做六、七個鐘，皮膚都裂開了，現在已經好多了。」

亞女告訴我，她從來沒有懷疑過我的為人，她相信我沒做過任何壞事。不過她只擔心一件事，如果我被送去勞改，如果被送去遙遠的大西北，我倆如何得以相見？

「清理階級隊伍運動」形勢嚴峻，一些牛鬼蛇神受到的刑罰相當重，被關押勞改甚至槍決者皆有之，我越來越為自己的命運焦慮，她的擔憂，也變成了我的擔憂。為了讓我記住她，亞女剪下一縷髮絲給我作為永久信物，我倆相約，如果一旦被分開，我要去外地服刑，無論十年二十年還是三十年，每年八月十五中秋，我倆其中一人，都要到珠江河畔海珠橋下等候，直至等到另一個人的到來，不見不散。

「我一定會來，今生等不到，來世我還會等。」聽她如是說，我心裡只像是燃起了一團火。

高佬陳聽說我與亞女有此終身之約，跑到陽臺上站了半天，這個高大的男子漢因為思念自己妻子抽泣起來，白面書生卻不表樂觀，只「嘿！嘿！」冷笑，但也忍不住自言自語：「難得呀，難得！」

經過兩個多月的監護審查，我終於被許可回家。家的房門交叉貼有兩道封條，上面的字跡與公章模糊不清，我不知道去找哪一家單位來啟封，只好自己打開門就往裡進。家裡仍是母親被抓走那天的樣子，但不見小妹，也沒有父親回來過的痕跡。

紫荊樹的新葉在晨風中微微搖曳，三月的春光迷人映照，失去自由多日之後，生平第一次發現太陽照在臉頰上的溫熱如此可人，望著溢滿窗檻的春綠，內心無比掛牽親人，我已經有許久未見他們了。

書桌上積塵逾寸，拉開抽屜，糧本戶口簿都在，壓在下面的七塊錢沒有動過，連幾個閃光的硬幣也都還在。翻翻裝餅乾的鐵罐，裡面還有母親放在裡面讓小妹作早餐的兩個合桃酥，發霉長出了綠毛。憶起兒時失去父親時內心那一種空虛徬徨，雖然幾年後他又回來了，但一家團圓短短幾年，再度身不由已地各自東西，這還是第一次所有家人都不在，只剩下我孤身一人。

在東川路的亞女家我受到熱烈歡迎，她母親做了味道很好的紅燒鯽魚，骨頭都燒得很酥軟，這邊飯碗剛放下，羅宋湯就端上來了。我很驚訝她做的湯竟然跟母親做的一模一樣，肉多番茄也多，顏色紅紅的，香濃可口。亞女母親笑了，得意地揚起眉毛自誇，老海關家屬太太們都會做這道菜，如果不是她提到兩家幾十年的交情，我還真的不曉得自己兒時和亞女在一個浴缸裡洗過澡。

亞女天性文靜，不多言語，能與我相見，心中歡喜，高高的額頭顯得特別亮，她只含情脈脈一直盯著我，高興地不住用手捋自己兩條辮子。

她的家是一幢年久失修的雙層洋房，位於小巷的盡頭，後窗就是十幾道廣九火車站的路軌，每遇火車進出車站，這幢破舊的小樓就搖晃顫動。有幾家人合住，樓上兩家，樓下兩家，廁所廚房則公用，這麼多不同家庭，大人孩子擠在一起，日長月久積怨自是難免，只是不知到底是有意還是無意，「成份不好」的一家，總是與「成份好」的一家為鄰。

亞女父親當過右派，被貶到肇慶工作，隔壁這一家男女都是工人，男的還是黨員，兩個女兒又胖又壯，許是受了父母的叮嚀，經過亞女家房門，兩眼都像探照燈似地來回掃射。我對亞女說，我家怎麼也這樣巧，跟你家一樣，左鄰是黨員科長，右舍是街坊組長，一左一右把我家挾在中間，怪不得父親下班回家，只看書不說話。

亞女母親說，這大概都是由「組織」安排的。

我說我知道甚麼叫「組織」，它像一隻百足千爪的大章魚，居民委員會和派出所，就是最靈敏的神經末梢。我們這些生活在城市裡的每一個人，除了上學上班或外出在公共場所購物、娛樂，一回到家就受到掌控，每戶人家親友到訪，如留宿者須申報「臨時戶口」。

由街坊小組構成的居委會隸屬街道辦事處，街道辦事處是政府一級單位。派出所的上級是公安分局，這兩個「組織」聯手掌控其轄區之內的居民家庭，在街坊組長率領的積極份子努力下，通過家庭婦女的閒話家常，可以具體掌握每戶每人的出入時間與一舉一動。

以一個人下午回到家中至次日早晨離開家的時間來計算，差不多有十二小時，這意味著居委會、街道辦事處這些政府一級單位和派出所，掌控了你全部生命的一半時間。

至於你不在家中的另一半時間，則歸你所工作單位的「組織」管。

不分日夜，每一天都有人管。

亞女兄妹五人和母親由「組織」安排住在這幢屋子裡，幾家人共用一間廚房，不是燒柴就是燒煤，整一層樓的走廊和廳房經長年煙燻火燎，蒙上一層烏煙，柱腳角落的黑色下面隱約可見舊主人喜歡的牆紙，大多的牆壁都已經裸露，由住客自己動手「掃灰水」，粵人所謂「掃灰水」，是以椰子殼纖維紮就刷子，蘸石灰水往牆上掃，如是反復幾遍，覆蓋得也不均勻，顯得半新不舊，聊勝於無而已。那「掃灰水」後的四壁蹭不得，否則肌膚衣褲都沾上石灰，撣不盡，抹不掉。

當年房東倉皇出逃，遺下一些家具，亞女母親睡的那張鐵床，前面那一家人客廳裡的沙發，都是富貴人家剩下的。過去亞女家境也很富裕，外公在柳州也是大戶人家，只是天下一亂，終落得個傾家蕩產的下場。亞女自幼對母親回憶錦衣玉食的絮叨耳熟能詳，她說母親最憂慮最在意的就是一個「窮」字，「人一窮，莫說沒有了臉面，就是基本的人格都保不住。」她母親這番慨嘆我也聽在耳裡，當時也覺得有點俗。

她母親雖見解淺陋，始終算是大戶人家走出來的一位閨秀，當年和我母親也是密友，兩人出雙入對，手挽手講起上海話來，跟檐下春燕呢喃一般悅耳，有著許多滋潤人心的溫柔。一班海關太太搓起麻將來哪一個不是雍容華貴，眉角帶俏，十指上的鑽戒翡翠，也曾眩照過一屋人的眼睛，如今當然是曾經滄海難為水，破敗又是何等無奈，加上人到中年連丈夫也貶了去遠地，她做人也是有許多艱困辛酸的難處，好日子又有誰不懷念呢？一想到命運弄人，身不由已，我也就沒有把她這些勢利的話放在心上。

在灰坭剝落的小房間裡，與亞女真正單獨相處，不是在牛欄，也不必提防門外的哈迷蚩偷窺，盡體四壁佈滿黴斑，十年家貧積成的破敗顯而易見，它比《遠大前程》中老處女的居室更加陰暗潮濕，但是只要同她在一起，這房間就是金光璀璨的，華麗堂皇得如宮殿華廈一般。

我們終於在一起了，她躺在我懷抱裡顫抖啜泣許久，緊繃多日的神經鬆弛下來，把擔驚受怕，思念之苦，統統抖落乾淨，一一哭訴出來。

我倆笨拙地擁抱、愛撫、親吻，青澀含羞，半推半就，磕磕碰碰。纏綿之餘，我更熱衷於唱歌唸詩給她聽，試圖去畫她光亮的前額，微翹的鼻子，她忘了鄉村，我忘了工廠，我和她一起忘了恐怖的文化大革命，甚至忘了彼此身在人間。在如春潮般澎湃而來的愛情裡，滿腦子理想主義者的我，尊奉她為女神，甘願在來世今生獻給她一切一切，儘管我一無所有。

為免我回家觸景生情，亞女的母親挽留我在她家暫且住下，白天我和亞女卿卿我我，但到了晚上，亞女必須與母親同榻共眠，而且要睡在裡面一側，亞女母親家教甚嚴，她自是不敢逾矩。

每日晨起，洗手間裡已經擺好她母親為我準備的洗臉水，漱口盅上橫放的牙刷，也體貼地擠上了牙膏。

亞女愛我，又有她母親疼我，之前經歷了那多的磨難，忍受那多的侮辱，都因為這些體恤與愛戀，統統抵消了！文革狂潮，家人離散，淪為牛鬼，初戀情人及知已摯友又不辭而別，我的人生已如荒漠孤旅，那樣的疲憊，那樣的不堪，饑渴之際，真是滴水也如大降甘霖，勝似醍醐。

在這段時光裡，我倆如在雲端，足不及地，每一分鐘都留在小房間裡，她做愛不抱激情，只是默默而溫順地獻出自己，終於有一天下午她含羞告訴我：「你快做爸爸了。」我們才醒悟真正相處的這幾個月，已經如同彼此愛上了幾個世紀。

她的妹妹也從肇慶回到廣州，生產隊的隊長同行，帶來一方珍是的端硯作禮物，亞妹兄妹落戶的白石坑就出極稀罕的硯石。隊長是一個很高大的年輕漢子，相貌也堂堂，他看著亞女妹妹的眼神，就連從來不諳世故的我也看出些眉目。在城裡人的環境中，他顯得有點尷尬，侷促不安，亞女母親如此精明，豈會覺察不出端倪，但仍然熱情留隊長用飯，席間殷勤勸酒讓菜，她當然不是有意撮合二人，如果隊長因此想入非非，那也是他太傻，亞女母親是在為歸隊長管轄的三個兒女爭取日後前程，她這點心思還是被我看出來了。

下了鄉的孩子們都在想辦法回廣州，回不來的也想改善自身處境，從托關係打點送禮到以身相許，能想的辦法都想到了。和我一起到民政局奪權的女學生長征，被送去粵東山村務農。她曾經私逃回城照顧病重的母親，農村革委會發公函給離家的街道委員會，派出所民警便頻頻來日查夜搜，長征的家狹小，又位於窄巷之中，根本無處藏身，為不連累家人，她被迫偷偷寄住同學家，在那裡又遇到查戶口，睡夢中驚醒之後，只得倉促匿藏於床頭一個樟木籠中，待眾警擾嚷一番後離去，同學打開箱子中放出她出來，長征因為身子長大，又在箱內踡縮過久，出箱後竟躺臥地上，半天直不起腰來，無法站立。

走投無路的長征被逼回了山村，自此沒了音訊。待再見她時，已拖著一個抱著一個，當了兩個孩子的母親。她黑瘦的臉龐上，有了許多早熟的滄桑，那雙眼睛也失了神氣。為了得到許可經常回城探視病中母親，長征不得不嫁給了大隊支書。

她漸漸不堪沉重家務與丈夫暴烈脾氣，幾次逃回廣州，村裡便派人來綁她，抓住了她就用繩子牽著脖子，赤足押上長途汽車。她每次遭到丈夫毒打，還是愛喊口號，還是那一句「革命無罪！造反有理！」她越是喊，那莽漢就打得越是厲害，一邊打一邊還罵：「你革誰的命？你造誰的反？」

對於許多知青來說，下鄉插隊的生產大隊長，是決定自己命運的關鍵人物。

白石坑大隊長倒是真心喜歡亞女妹妹，她母親也很有用心，既讓大隊長不死心但又無法得手。如今想來，當初撮合亞女和我，可能一是因為她確實鍾意我，二來也是為了女兒下鄉後前路茫茫，能嫁與城裡工人有個歸宿。作為一位精明的母親，她對自己五個兒女都有安排和打算，為此她費盡心思，她可以忍耐、等待，一旦機會出現，她必出手，而且絕不放過。

我對亞女表示，妳母親跟我母親不大一樣，區別在於我母親有好事先想著別人，妳母親則先想到自己和兒女。

她平靜地望著我，只反問了一句：「為自己和自己的兒女有錯嗎？」她這一問如此天真與自然，居然令我無言以對。

工廠上下見我整天笑逐顏開，有人懷疑我可能在牛欄裡被關得神經失常，有點神智不清。惟小盧十分理解我，由衷為我高興，網半寫生時一邊畫一邊全神貫注地聽我談亞女的一切，談自己那些不切實際的幻想。

他是第一個知道我和亞女要結婚的人，拉住我的手搖來搖去，高興得半天說不出話來。次日他遞給我十元人民幣，十五斤糧票作為新婚禮物。「怎麼可以這樣？」我哽咽了：「這些給了我，你吃甚麼？」小盧每月薪只有二十六元工資，二十九斤口糧。

小盧擺出一副如果不收下就跟我絕交的神情，把錢和糧票塞進了我的上衣口袋。

就在我們籌備婚禮之時，「一打三反」運動開始了，城內到處抓捕「現行反革命」，街頭貼滿判決公告，幾乎日日更新。公告用全張道林紙印上黑色宋體字，凡被判死刑者均在其名上打上紅勾，白紙黑字紅勾，格外觸目。公告上書「罪大惡極，不殺不足以平民憤，判處死刑，立即執行」，那一行字尤令人不寒而慄。

城裡處處可見載著犯人示眾的大卡車巡行，廣州人稱之為「遊街」，被遊街的五花大綁的犯人，胸前掛著打了紅叉的牌子，背插死刑犯專用的長籤，由全副武裝的士兵押送，這些人在生命最後剩下的有限時間裡，再一次承受被示眾的羞辱、恐懼的磨折。他們之中有的人竭力想保住最後的尊嚴，盡可能挺直脊樑，抬起頭看這個世界最後一眼，但更多的人早就被臨近的死亡嚇倒，幾近癱軟，臉色蠟黃，口吐白沫，有的大小便失禁，泄了一車，臭氣燻人。

我領了三天婚假，在上下九路買了一盞紫藍色玻璃的檯燈，走出店門抬頭就見路邊停著三輛滿載死囚的綠色卡車，觀者如堵，我剛好與車上一個女囚四目相對，她年紀不小了，燙過的鬈髮蓬鬆凌亂，胸前紙牌上寫著「美蔣特務潘某」，老婦滿嘴是血，口中被塞入木楔，有人用鞋釘將她的兩片嘴唇釘在了木楔上，上下兩排密密釘了十幾顆鐵釘。

我和她的目光在仿佛凝結了的空氣中交接，她的目光充滿悲憤但很平靜，不帶一絲恐懼，我和圍觀者一樣，全都被釘在活人嘴上的那鐵釘震懾住了。人們衣著簡陋，面色慘白，沉默不語，有的女人還用手捂住了嘴巴，只有高音喇叭宣布死囚罪狀，在死寂的樓房與街道上空迴響。我聽到了演員潘潛的名字，不久前他便是與阿咪同船偷渡的人。當我知道被釘住雙唇的女人就是潘潛的姐姐，想再看多一眼，幾部車子已經載著死囚遠去。

父母和小妹都不在的家空蕩蕩的，暫且作了我們的新房。洞房之夜，躺在床上，想起雙親下落不明，連他們的兒子成家了都不知道，又想起小妹寄居他處，想起車上那婦人唇上染血的鐵釘，頓時沒有了情慾，亞女脫盡衣衫，也捨不得母親，只把光滑的裸身背向我，面朝牆壁抹了一夜眼淚。

婚是結了，可是婚後她回不回鄉下，孩子生在哪裡，都需要從長計議。當局制訂了一個古怪的政策：知青是農村戶口，即便和城市中人結為夫婦，也不得把戶口遷回城來，而知青的孩子一出生，其戶口一定得跟隨母親落在農村，不過這個生下來注定在農村的孩子，他的家庭成份卻必須跟隨城裡的父親。

這意味著我們的孩子日後出生，既繼承了城市爸爸的家庭成份，也繼承了農村媽媽的鄉下戶口。如果一家三口都耽在城裡，憑我每月四十一元三角工資，三十斤口糧，半斤油，半斤糖和半斤豬肉票，每年一丈三尺六寸布票的配給定量，恐怕不容易活下去。

在檯燈昏暗的燈光下，亞女算完一次又再算，翹起的鼻子沁出了汗珠，還是無法找出如何以僅夠一人維生的物質金錢養活三人的妙計。

我很樂觀，理想主義的老毛病又犯了，「車到山前自有路，先過下去再說。」

蜜月剛滿那一天，天氣晴好，起床後就著涼開水啃了幾塊餅乾，這幾塊憑證供應的粗餅乾，由亞女細心地擺在家裡唯一的水晶玻璃果盤上，算是一盡主婦之責，桌面的捷克花瓶是母親從澳門帶回來的，亞女採了野花插於瓶中，花瓶上手工精工琢磨的漂亮花紋，和家徒四壁的環境顯得格格不入，不過也端賴有這一瓶花，讓我們剛成立的小家庭簡陋的早餐變得不那麼寒傖。

「今天家裡沒有煤球了，油也用完了」亞女怯聲同我商量：「我等會兒回家看看媽咪，順便在那裡吃中飯，你還有飯票，就回廠裡飯堂吃吧。」

「晚飯呢？」我隨口問了一句。亞女沒有回應我，一雙曾經很美如今失去光彩的眼睛，呆望著天花板，和我母親發愁時望著天花板發呆的神情一模一樣。

我向自詡不役於物，那天又畫興大發，顧不上晚飯還沒有著落，就此告別亞女，我哪裡想得到這會是自己和妻子的最後一次道別。

農林下路人行道兩側的路樹，濃濃綠蔭瀉滿一地，晨曦的空氣裡瀰漫著又輕又薄的霧靄，路人來去匆匆，個個眼觀鼻、鼻觀心，臉上一副但求無過的苟且，沒有心思也無閒情欣賞甚麼風景。

「一打三反」運動同文革初期「四舊」，「炮打司令部」不一樣，跟去年的「清理階級隊伍」也不一樣，這次抓的是「現行反革命」，逮著誰就是誰，而且決不手軟。城中人心愈加惶惶不安，市面上雖不復見造反派放肆狂飆，平靜中卻瀰漫著一種令人頭皮發涼的恐怖。在廣州人所講的「風頭火勢」，拎著一隻畫箱走到大馬路上去寫生，到底是不是好主意，我也不是很肯定。但我身上那股不顧一切特立獨行的脾氣，總是把自己推向與眾不同的異端，思想如此，行為亦然。

這天早晨打算去畫東山的鄺磐石醫院，這座紅磚牆帶尖頂塔樓的德國風格建築，比例美妙勻稱，堅實穩重，每有陽光照著拱型的石砌窗框，會映得彩花玻璃斑斕華麗，令這座醫院更像教堂。

揀了幾塊碎磚，摞成一張臨時畫凳，坐下去就急不可待地起稿，希望在十一點前把大調子定下來，一旦日至中天，陽光照射角度改變，就很難繼續畫下去了。我沒有手錶，瞄了一下剛爬上牆頭還顯得又斜又長的樹影，估計剛過九點，吸了一口氣，聚精會神調色，動筆往畫布上擺。我往調色板上擠了許多的土紅，用它們來畫鄺磐石大樓，會顯得更明快亮麗。

在處理街上的陰影時遇到一些小小的困難，反復調了幾次顏色，調出來的灰色都不理想，不夠響亮。停筆注視空寂冷清的路面，不見行人蹤影，只有半截舊報紙在晨風中飄著，飛向路的盡頭，那裡有一堵黃色的院牆，寫著六個人高大字：「深挖洞，廣積糧！」

繼續埋頭畫下去，整個畫面開始出現微妙的灰色，逐步加亮，只剩下塔頂須加一些高光。換了一支畫筆，在調色板上取了色，再抬頭忽然望不見任何風景，只看見全是人腿，我才發現自己被一群戴紅袖章的男女圍住了。幾分鐘之後，這些人強行奪去我的油畫箱，那張油彩未乾的畫，專門尤其中一個紅袖章雙手小心翼翼捧著，我連人帶畫被帶到了農林上路派出所，進門就撞見抓我母親的瘦猴民警，他認出了我，卻不動聲色，讓我坐在一邊，打了一通電話，便和另外兩名警察一起動手檢查畫箱。

二十多管「馬頭牌」油彩，全被瘦猴民警逐一擠了出來，先仔細看爾後拼命聞，再用筆桿撥弄。那隻雙層的油畫箱，費了三名「公安戰士」很大功夫，經過敲敲打打，瘦猴民警找來一把劈柴刀，將我心愛的畫箱拆散，箱子木條劈成兩半，一大把畫筆全給拆了，連固定鬃毛的軟管，也都卸下來檢查。

目睹心愛畫具遭人如此毀壞，我非常生氣，但運動當頭，這間派出所又是管我家這一片的，說不定母親現在就在他們掌心裡，心裡有了這些忌憚，也就壓下了火氣，暫時不跟瘦猴等人計較。

電話鈴響了，瘦猴民警挺直身子向那頭的上級報告：「初步檢查完畢，暫時沒有發現發報器材。」在電話那頭的追問下，他繼續說：「是的，沒有爆破器材，也沒有毒藥。」

「是的，是的！我們會再繼續查，決不放過一個美蔣特務！」

聽到「美蔣特務」這幾個字，我的好奇心來了，猜忖派出所正在辦一個大案。電影《羊城暗哨》說不準就是在這裡拍的外景，這幢小樓前身是國民黨省黨部高官的府邸，我所在的地方應該是昔日的會客廳，那些七零八落的酸枝雲石桌椅，說不定還充當過臨時道具呢，我四處張望，想尋找被瘦猴民警逮住的「敵特」，由出生到現在，除了卡車上五花大綁嘴巴被釘上鞋釘的潘潛之姊，我還未見過真正的美蔣特務呢。

起床後只吃了幾塊餅乾，此時腹鳴如雷，估計也應該快放我回家了，畢竟抓特務比抓我這種在馬路邊畫畫的小資青年重要得多了。

瘦猴民警放下電話，用手指指一指我：「你過來，交代吧！」

「交代甚麼？」站在一片狼藉的畫具面前，我反問他。

瘦猴坐在靠背椅上，躊躇滿志地往後一仰：「交代你參加特務組織的經過，接頭人是誰，聯絡方式與暗號，接受過甚麼任務，老老實實竹筒倒豆子，統統交代吧！」

瘦猴在電話裡匯報的「通訊、爆破器材和毒藥」，原來就是指在我的畫具裡要查找的東西，再看看被肢解後的畫箱，還真的有點像是能夠藏入微型發報機，油彩顏料也可作毒藥和顯影藥水偽裝，鑲筆頭的軟管大小更像是一支支雷管。把這一切與特務聯繫起來，的確需要想像力。

我的寫生被攤在辦公桌上，瘦猴狠狠盯著我：「這上面畫的是甚麼？」

「鄺磐石醫院。」

「這不就對囉！」他在桌上猛拍一掌「醫院是甚麼地方，美蔣反攻大陸，解放軍傷員要不要往醫院裡送？你現在畫成地形圖送情報去台灣，蔣介石派轟炸機來炸鄺磐石醫院，會弄死多少傷員！你狡猾呀！好狡猾呀！」

我剛想辯白，「呯！」瘦猴拍起桌子來：「你的畫裡面那幾個字『深挖洞，廣積糧』甚麼意思？」

「我畫寫生嘛，牆上這樣寫，我就照樣畫上去了。」

瘦猴如獲至寶地大叫起來：「這就證明你受過特殊訓練，鄺磐石醫院下面有東山區人防指揮部挖的防空洞，在畫中寫『深挖洞』，這個『洞』字，就是在標明防空洞具體位置，打起來會發生甚麼事？」瘦猴的小眼睛掃了兩位同事一眼，那兩位仁兄齊聲回答：「蔣介石派轟炸機來炸，會弄死多少人民呀！」

聽到「轟炸機」、「傷員」、「人民」這些詞，我哭笑不得。

一想到馬上要立大功，瘦猴民警精神抖擻拿起電話，一邊撥號一邊深深譴責我：「你狡猾呀！好狡猾呀！」他揮了揮手，讓手下把我關進了小天井裡的臨時監房。

鐵門在我身後「匡噹」一聲關閉，一陣尿騷味撲鼻而來，陰暗中有人竊竊私語：「老友，有煙嗎？」我又羞又惱，沒心情搭理他，只站立門邊，雙手緊握著冰涼的鐵枝。蜜月之中，在一個陽光明媚的早晨，離開家出來寫生，卻被人帶到這裡，眼睜睜看著畫具被毀掉，又任憑這些人將一張寫生習作施以那麼豐富的聯想，我啼笑皆非，百口莫辨，憂慮自己的下場，更惦念懷孕的新婚妻子。

第十六章　我被關進了「牛欄」

盲人工廠裡揪出了一個「美蔣特務」！

爆炸性的消息不脛而走，秦支書在民政局各單位聲名鵲起，主持批鬥我的群眾大會時，她抽擂得更厲害了。「哈迷蚩」鄭重其事以慢動作展示了我的「作案工具」，那一堆畫箱、顏料、畫筆的殘骸作為「重要證物」，被嚴密封存在一隻箱子裡，擠出來的顏料沾在筆杆和畫箱碎片上，台下一眾只見五顏六色一大堆，見不到期待中的電臺收發報機、密電碼、毒藥和鋼筆手槍，大家臉上難掩失望。失明的工友無法親睹，便好奇地向鄰座打聽「作案工具」究竟如何，要求描述一番，那人看不出所以然，當然也說不清。那看不見的就愈好奇，問了又問，這邊又答不上來，臺下即時就亂了。

臺上的我奉命低著頭不許抬起來，時間已是下午四點，我整天未進滴水粒米，又餓又累，還要「企波檯」，廣州人稱之為「企波檯」，企者，站立也；波檯者，乒乓球桌也。高高站在檯上，概因獲罪被示眾也。我不禁羞愧萬分，冤屈滿懷。

被揪上臺受到批鬥是一種懲罰，文革初期流行的胸前掛牌、頭戴高帽，拉出來示眾，其實就是為了讓你丟臉，很多愛面子的中國人視此為奇恥大辱，憤而自殺的大有人在。在茶樓裡吃一頓「霸王餐」，被發現了也要罰站在椅子上示眾，受一番羞侮，何況是反革命，「企波檯」者，罪加一等，自然要被罰站得更高一些，受到的凌辱也更甚。

批鬥會只是一個序曲，從臺上下來之後，我立即被押送到工廠大樓的後面，在職工飯堂一隅專門設立了全新的「牛欄」，用木板作臨時間隔，形成一個寬三米、長八米的長方形空間，只有一面磚牆，其餘三面概為高二米多的板壁。

二進牛欄，第一感覺是那幾張「床」非常別出心裁，大概又是「哈迷蚩」的好主意，所謂的「床」，以包裝鐵釘的舊木箱組合而成，每箱僅寬五十公分。我身材長大，要取四隻木箱反轉過來排成一列，箱的底部為便於叉車插入搬運，釘有兩條橫木，四箱排成一列上面共有凸出八條橫木，哈迷蚩又規定每床只準鋪一張草蓆，睡上去之後，讓人難受得猶如睡在一塊碩大的洗衣板之上，我替這種獨一無二的「床」取名為「箱床」，當時也沒想到今後要與它為伴相當長一段時間。

小盧偷偷問我可有口訊要帶給家裡的亞女，我只有一句話捎給年輕的妻子：「我又被關進了牛欄！」

牛欄內關押了五人，幾乎是在短時間內先後被關進來，高佬陳與白面書生是舊相識，和我同名「二進宮」。另外二人，一為盲人工友楊先生，另一是年輕工人「沙皮狗」，此人雖然年輕，一肚子壞水，姦宿老婦，兼密報同監難友，高佬陳與白面書生都吃過他苦頭，又鬥不過他，就容他成了牛欄一霸，我加入後，「沙皮狗」畏我身高力大，不敢惹我，對其他人也收斂了許多。同是落難，我也無意欺他，生活起居多多相讓，竟然也做了朋友。想想「沙皮狗」也命苦，生為孤兒，十六歲上認了一乾媽，那老女人取用他做工的積蓄蓋了房，還誘他上床，騙走了他的童貞，自此同居三載，也不知何故，「沙皮狗」老婦姦情被人發現，被定了個「亂搞男女關係」的罪，被哈迷蚩關進了牛欄。

「沙皮狗」被批鬥多場，還由兄弟單位借去批鬥，每開他的批鬥會，必追問與老婦私通詳細經過，臺上臺下與會者精神格外集中，全場鴉雀無聲，人人屏息靜聽，欲滿足對私通細節的好奇心。一時間要借他去開批鬥會的單位實在太多，「沙皮狗」漸漸成了無人不識的「明星」。

白面書生讀大學時就當了右派，一直不服，頻頻喊冤，心中忿忿，不斷申訴，他能言善辯，為人執拗，文革一開始，就被劃為「黑七類」，得了個「右派翻案」的罪名，他死不認罪的脾氣注定還要再被關起來批鬥。

高佬陳的罪名還是「隱瞞地主成份」，哈迷蚩親自到高佬陳祖籍梅縣鄉間「外調」，鄉間一位老伯無意提起多年前一件舊事，高佬陳曾經隨父親來他家收租，還順便吃過午飯才走，老伯多了一句嘴，說高佬陳很懂事，還幫忙父親秤谷。哈迷蚩如獲至寶，立即追問詳細經過，又計算出那一年高老陳剛好滿八歲。根據階級成份劃定標準，八歲以上曾經隨地主父親收租者，皆可定為地主。

高老陳剛好滿八歲，便被劃成了八歲的「地主」。

沒有人會想到老楊這樣一個甚麼也看不見的人也會進牛欄，秦攴書說他是眼盲心不盲，用公開喊反動口號侮辱偉大領袖來反黨反社會主義反人民。

運動當頭，老楊為甚麼會選擇不顧妻兒安危，喊反動口號這種方式自尋死路，沒有人去細究。他被揪出來關進牛棚那一刻，驚惶地站立引頸傾聽，然後開始摸索，顫聲問道：「今晚我睡在哪裡？」我伸手過去拉他，引楊先生到我旁邊的「箱床」，他辨認出是我，低聲哀求：「高佬，可不可以幫幫我，我真的不知道發生甚麼事？」那天晚上他不斷試圖觸踫我的手，我發現他的手一直在不停地發抖。

次日召開的大型批鬥會上，五人全被揪上臺低頭站立接受批判鬥爭。我與楊先生比肩而立，在軍代表和秦攴書指揮下，一眾盲人摸索著嗷嗷狂叫衝上臺來也，楊先生開始發抖，我也繃緊全身肌肉準備保護自己身上要害部位。衝上來的足有好幾十人，震天響的口號聲中，許多隻沾滿油污的手伸了過來，奇怪的是這些手接觸到我身體之後，全都沒有施以重擊，而是輕拂而過，在兩個半小時的紅色恐怖中我居然毫髮無損，其他人就沒有這麼好運氣，都很吃了一些苦頭。

如是大會批，小會鬥，鬧了一個多月才漸漸平靜下來。

拜「哈迷蚩」另外一個好主意所賜，我們的牛欄被安排與飯堂豢養的兩隻豬比鄰而居，人豬之間僅一板之隔，透過板縫可見兩豬一公一母，均重逾兩百斤，膘肥肉壯，正處於待宰狀態。夜闌人靜，豬圈中二豬「哼哧」之聲，與「牛欄」中人長吁短嘆相互呼應。

管飯堂的大嬸每日用水管沖洗豬圈，那二豬的屎尿流入來，污水經過我五人「箱床」之底，稍大塊的糞便滯留箱底，夜間睡在木箱上，伴著陣陣朔風，只聞見地面糞便薰天臭氣。豬圈天天清洗，牛欄地面日日積水，久而久之，大量濕氣冒升上來，厚厚的棉被吸飽水份，蓋在身上又濕又冷，如是睡了數月，五人肌膚毛髮、衣服被褥無不帶上一股豬屎氣味。每遇大晴天，太陽高照，廣州的所謂「回南天」，牛欄內僅有的一面磚墻上，就有了許多的綠毛黴斑。

相形之下，早時「清理階級隊伍」的「牛欄」就如同天堂了，這次「一打三反」的氣氛很可怖，連空氣裡都帶一股肅殺之氣，所有與外界的聯繫被澈底切斷了，所以我們只能通過廣播宣判書，瞭解到全國正在大規模殺人。

秦支書、哈迷蚩還有專案組以及看守們，不僅對我們態度兇狠，在審問時的語調也跟以往不同，過去他們會佯裝溫和，巧妙地讓你產生幻覺，主動坦白交代清楚，真誠悔改甚至戴罪立功，暗示你還有可能回到人民與集體之中。這一次他們來勢洶洶，明擺著就是要置人於死地，你不坦白會死得很慘，那麼坦白呢，這些人嘴裡儘管講「從寬」二字，但給人的感覺是你即使招了依然死路一條，無論如何都難逃此劫。牛欄裡人人自危，各自為個人命運擔憂，我也作好被判徒刑的準備，每天起床洗漱完畢，都把毛巾牙刷集中放在一起，以便隨時聽到唱名被逮捕時，可以帶在身邊應用。

牛欄戒備森嚴，板墻上開一小洞，二十四小時輪值的值班人員從那裡可以監視我們一舉一動，擔任臨時看守的是幾個抽調來的退伍兵。我們五人白天接受監督參加勞動，由看守押去車間交給負責人，下班再押回牛欄，然後坐在木箱上寫交代材料，上廁所必須報告，專人押去押回。牛鬼蛇神彼此之間禁止交談，更不許可與廠內任何人交談。

我的另一側睡著高老陳，夜裡兩人面對相距不過兩尺，足以看清對方眼珠上的血絲，聞得到他身上那一股香煙味，我倆沒有講過一句話，只默默對望，從他的眼神裡，我看到了很深的恐懼與絕望。

我由始至終拒絕承認自己是特務，持續接受了很長時間的審問，哈迷蚩叼著劣質「豐收」牌香煙與我周旋，瞇起一線小眼，煞有介事坐在辦公桌旁，用紅筆在紙上這裡畫一道槓，又在那裡加注一點，頻頻翻閱一疊又一疊文件案卷，顯得自己是個非常重要掌握生死大權的人物。桌子上所有這些紙片摞起來可能比我還高，哈迷蚩不只一次用熏黃的食指，使勁戳桌面上的文件，大聲對著我叫喊：「這些都是揭發你的材料和犯罪證據，你想不到吧，我們全掌握了！」

「組織上早就對你摸透了情況，現在是給你一個機會自己坦白交代，要竹筒倒豆子，不可以擠牙膏。你自己說，跟我們攤材料以後才說，性質完全不同，後果也不一樣。」哈迷蚩盯著我兩眼，想發現一個可以突破的缺口。

像他這一類臨時「專案人員」都接受過短期培訓，懂得一些審問手段、心理攻防的皮毛，包括雙方桌椅的高度安排都有講究，我坐的凳子就比他坐的椅子要矮一點，但哈米蚩百密一疏，忽略了我的身高，別人坐在我這個位置，看不到桌上的文件，可一公尺九十二身高的我坐在矮凳上，分明看清了桌面上擺的所謂材料和證據，大多只是一些甚麼也沒寫的白紙而已。

民政局軍代表也來提審我，問的是同樣的問題，何時加入特務組織，如何領取經費和接受任務指示，還刺探過哪些重要情報。「你的案件，市公安局裡已經備了案，很快上報到省和中央，情節十分嚴重，性質十分惡劣，證據是確鑿的，足以定你一個死罪！」他的口吻就像在宣判：「給你指一條活路，就看你走不走？」軍代表站了起來作離去狀，我連聲說自己才年輕，當然不會嫌命長，但實在是沒有參加過特務組織，也沒有甚麼聯絡暗號和密電碼，我總不能編一個小爐匠的先遣圖，李玉和的密電碼出來給你們吧？

軍代表聽完我這番話，威嚴地掃了我一眼：「你是不見棺材不掉眼淚呀！」我又被押回了牛欄。

老楊被押到另一個房間受審，他比我遲半小時才回到牛欄，喘著大氣，鼻青眼腫，頭髮也被拉扯過，十分狼狽，看得出來鬥他的那一組人非常賣力。老楊的罪名不輕，屬於「現行反革命」，他一向口齒不靈，有點口吃，將「萬壽無疆」和「永遠健康」唸歪了，諧音疑似「萬臭無香」、「永遠食糠」，某日早請示時被身後一個警惕性很高的工友聽見，當場揭發他是在喊叫反動口號。對他的批鬥在小房間裡持續了一個上午，剛烈的老楊不服，矢口否認，還頂嘴反駁，挨了毒打，被扯得不少頭髮，頭皮出血，當天下午由人押著去理髮時，在他的要求下剃了個光頭。

第二天，他剃光頭之舉被專案組視為對「群眾專政」的抗拒不滿，即時宣布加鬥一場，施以更密集的拳打腳踢，高佬陳、白面書生也被拉去陪鬥，兩人跟老楊遭遇差不多，決不是甚麼和風細雨。

這老楊雖然雙目失明，卻也是恩怨分明，劍膽琴心，平日裡聽聞有不平事必出言批評，頂撞上級，恨他的人不少，如今他落難，又看不見是誰打他，對他動手的人也就更肆無忌憚，下手也甚歹毒。

這一天他經受完批鬥再回牛欄，光頭被人用木棍狠狠敲打過，隆起了一個個血泡，有的大如雞蛋，充血腫脹得發亮，他在自己的床位上默默頹坐，我走過去用手按按他肩膀，老楊抬起傷痕累累的頭來，一雙深陷下去萎縮的眼球對光影沒有反應，卻仍可轉動，有淚水從他的眼眶裡流出來，老楊表情痛苦地試圖抬起手同我握手，可是他的肩關節僵硬了，雙手都抬不起來了。

老楊剛剛領教了一種文革最流行的刑罰「噴氣式」，箇中訣竅全在於如何通過改變肢體角度造成你關節部位最大的痛苦極限。由最身強力壯的兩個人將受刑者兩臂強制伸直再扭向身後，成「米格」噴氣戰鬥機雙翼後掠狀，然後緩緩一寸一寸抬高，能教你在短短兩三分鐘內立刻痛楚難忍，汗如雨注，他們會刻意維持令你最難受的角度，「噴氣式」可以長達三十分鐘甚至一小時以上，令受過此刑者才知道甚麼是真正的生不如死。

老楊牙床被掌摑腫了，含含糊糊告訴我，他體會到站著受「噴氣式」比跪著更可怕，痛苦先從雙肩，蔓延到腰，再到雙腿，整個人被繃緊，可以聽見自己筋骨欲裂韌帶拉緊的「喀吱喀吱」聲，我再次伸出手輕撫他削瘦的肩膀，可半憐的盲人還在全身發抖。

老楊口吃更明顯了，他焦慮地湊過來同我耳語：「高佬，你推盤元時，見到我老婆嗎？她有沒有來廠上班？我子女放了學有沒有來這裡等她放工？」

他失去自由後，一兒一女，一個八歲，一個七歲，同平日一樣揹著書包，哥哥牽著妹妹從學校走回工廠，老婆，端正的臉龐上愁雲密布，一下班拖著兩個孩子就走，那乖巧的兩個孩子一步一回頭張望工廠大門，盼望能見到父親跟他們一起回家。

實不忍心將此情如實相告，只能推說一切都好，老楊何等精明，心細如髮，一聽便知我騙他，便躺在「箱床」上不言不語了。

夜深了，老楊在木箱床上輾轉反側，牛欄裡又有誰能高枕安眠？難友們的嘆息聲、啜泣聲、咳嗽聲、呻吟聲，一板之隔的黑豬「哼哧」之聲，門外看守拖沓的腳步聲，此起彼伏。

我不再計算牛欄歲月何時開始，被囚禁的日子實在太長久，長久到可以從腳步聲就辨認出哪一個看守當值。

與審問、批判鬥爭交替進行的是監督勞動。

我被安排搬運盤元，這一工種屬苦力的幹活，因消耗體力極大，政府都每月加糧票十斤作為「特殊工種補貼」。

搬運盤元須由兩名壯男協作，二人合力將重三百餘公斤、一人高的盤元搬上兩輪手推車，爾後一前一後，連推帶拉，才能穿過百米石巷運至剝皮車間。西關小巷多以麻石鋪敷，路面凹凸不平，石與石之間又有隙縫，闊者逾三四寸，車輪一旦陷入，盤元傾翻，有時兩三人都難對付，要喚來幫手。

如今這搬運盤元的工作就由我一人來做了。

我每天推車搬運沉重的盤元，穿過短短百米窄巷如同漫長十裡，如是反復做足一日，八小時下來，汗水濕透全身，連鞋子裡也是汗水。

我的每月糧食配給只有二十九斤糧食，每日未足一斤，早餐饅頭兩隻，用去二兩，午晚飯各四兩，全日口糧已告罄，如果開中、夜班，則少了一頓「宵夜」。亞女又來信索要糧票，她有身孕不能回農村，每月向我要八斤糧票，我給她十斤，自己剩下十九斤，每日僅餘六兩三錢，平均每餐二兩，只得吃一頓再餓一頓，多半是靠喝涼水來解決。幹了一段時間實在腹饑難捱，只得放下自尊心去求哈迷蚩，申請加發那十斤「特殊工種補貼」，反被他訓斥幾句趕了出來。

那時腦海裡經帶出現有個數字「二十九」與「三十九」，口糧二十九斤，月薪三十九元。大月三十一天，小月三十天，從月初就計算如何雨露均霑，但每接近月杪總是成為涸轍之鮒。

我關在牛欄裡，連話都沒人敢跟我說，糧票用完，鈔票花光，只能臥在凹凸不平木箱上，有時候我甚至羨慕隔壁那兩隻豬，它們雖為畜牲，但起碼豬食管夠，頓頓管飽，吃得肥頭大耳。

每當我腹鳴如雷，半睡半醒，就想起那句「寧為太平犬，不做亂世人」的老話，只把那一「犬」字調換成「豬」字，同自己當下身世，倒也算得上是很貼切的了。

因為我抗拒坦白，在局軍代表限期結案的催促下，除了分派我幹搬運盤元的苦力活，哈米蚩給我施加壓力了。他宣布由即日起，盲人工廠大樓四層男女八個廁所，共三十二個廁格，全部由我在每日午後負責清洗，要求達到不見積垢，不聞異味。

這大樓自建成至今數年，廁所概設計為蹲廁，百餘名使用者又以盲人居多，端靠摸索估計便溺方位，屎尿多遺於地面上，白瓷便器中積垢寸厚，臭氣薰天。我每日要施以硫酸腐蝕爾後清洗，過了半個月後，積垢方見逐漸減少。那監工的看守，本也是車間工人，如今「水鬼昇城隍」負責看守牛鬼蛇神，免不了有點重擔在肩的自得，在我低頭清洗屎尿之際，這些看守即使捂著鼻子還用竹鞭指指點點，吩咐我清潔這裡，洗刷那裡，他們不准我使用水管沖洗，要我用手握著刷子探進茅坑裡去清洗。他們的要求非常刁鑽，大概是希望我把廁所的茅坑，清洗得跟他的口腔一般乾淨。

洗廁所這段經歷，使我養成一個特殊癖好，即使過了許多年，無論到了哪裡如廁，都多管閒事地對裡面清潔度非常敏感，眼光相當挑剔，近乎吹毛求疵，內心總有一種動手去洗它一洗的衝動。

哈迷蚩常來巡視我洗廁所的工作，只捂住鼻子站在遠處，卻忘不了教訓我幾句：「洗廁所是讓你明白自己的資產階級思想有多臭，你的靈魂有多髒，比這屎屎尿尿還要髒還要臭，你要洗乾淨的是自己的思想和靈魂！」每次連罵帶損，總是折騰許久盡了興才悻悻離去。

對我「特務」身分的追查工作非常緊張，專案組派出一個又一個「外調人員」，揹著鼓起的綠色軍用書包，風塵僕僕，神色凝重地進進出出。沒有人來找我談話，我依舊搬盤元、洗廁所，寫交代材料。

一個早上，我被帶到了越秀山體育場，依山勢修築的運動場看臺上和球場坐了三萬多人，我被安排坐在足球場的草坪上，正對著唯一有上蓋的主席臺，在我的位置上可以清晰望見「廣州市一打三反運動公審大會」的橫幅。

天色晦暗，鉛色密雲為陣陣勁風撕碎，雨不停地下，且成滂沱之勢，山頂的鎮海樓若隱若現風雨之中。想起來時一路上，城中街道樓宇皆黯淡灰暗，路人臉無血色，如同這球場草地上的眾人，哪些人是牛鬼蛇神其實不難辨別，包括我等在內凡沒有任何雨具遮風擋雨任憑澆淋者，皆牛鬼蛇神也，而且每一個牛鬼蛇神的身邊都有兩個穿雨衣的人看守著。

大會戒備森嚴，軍警荷槍實彈環伺佇立，高音喇叭裡突然傳出一聲狂吼：「立即把反革命份子揪上來！」話音未落，只見前後左右穿雨衣之人，從雨衣內取出預先備妥的黑牌，往身邊之人頸上一套，便將他扭手叉頸直奔主席臺去。

幾萬人口號聲中，那些渾身淋濕的人見胸前的牌子上打了紅叉叉，便知自己將被處決，有的當場兩腳發軟，大小便失禁，屎尿齊出，如爛泥癱倒在地，被拖死狗般弄上臺去。我見此情景完全嚇呆了，全身汗毛豎立，心臟狂跳，偷瞥身邊看守我的二人並無任何行動意圖，他的雨衣內也不像藏有牌子，驚魂始定。待再回首，球場裡原先坐在地上的牛鬼蛇神大部分都被揪上臺去了，剩下我等已不足百人，個個都受了很大的驚嚇，魂飛魄散，呆呆癱在地上，任憑風吹雨打，一動也不敢動，連眼珠子也不敢轉過去。

場面這般宏大，又是突然襲擊的公審大會實屬首見，但僅此一次已畢生難忘矣。

宣讀判決死刑犯人的名單十分冗長，但見主席臺前掛牌之人，聽到自己名字後那一句「死刑」後，都只把頭低垂下去，了無生氣奄奄一息。在這一次形同公開行刑的大會上陪綁，深深震動了我，儘管虎口餘生，逃過一死，我仍手足冰冷，雨水眼淚交織，朦朧中望見那些看臺上狂喊口號的人，念起「殺雞儆猴」一語，別看這些人又喊又叫義憤填膺，而綁赴刑場受死的人呆若木雞任人宰割，但這些可憐的「雞」絕對是殺給看臺上這些「猴子」們看的。

每次政治運動，「雞」從來只佔百份之五，受衝擊固然很慘，但那佔百份之九十五的「猴子」更可憐，雖然被殺的不是自己，卻必須忍受這一種永無止境的威脅恐嚇，只求神拜佛自己千萬莫變成「雞」，也被捉去殺給別的「猴子」看。為此他們無論真心抑或假裝，都必須竭力表現出忠誠與順從，除了逆來順受，還要對遭難同胞落井下石，置之於死地而後快。

使民懼之而順從，才是根本目的。

仰望長天，風雨如晦，但覺有一道無形巨罩覆蓋在我所活著的地方，生也有涯，這現世苦難卻是無窮盡的。之前我的人生渾噩得很，於父母沒有孝敬、於朋友沒有關心，於妻子也沒有體貼，行事憑一己喜惡，任性得膽大妄為，興趣就是興趣，愛便去愛，散散漫漫，沒有思想的基石，更沒有一個人生目標。

我當時竟有了一個目標：「逃出這個人間煉獄！」

從公審大會回到牛欄，我混沌的心靈睜開了眼睛，耳聰目明，有重生之感，宛若是換了另一個人。如夢初醒的我，立刻瞭解到自身處境非常險惡。

白面書生在我陪綁歸來後一番忠告，證實了這一點：「昨天你被拉去參加公審大會，我同高老陳輸賭，你會無事。但是如果你再堅持不認，很快就會有事。」那雙三角眼嚴肅地盯著我，飽經世故的眼神令我不得不重視他的忠告。

「我真的不是特務，會有甚麼事？」我仍有疑問。

「我認識的一個幹部在局裡跳了樓，都傳他是畏罪自殺，其實是被推下去的。他拒不認錯，抓他的人又下不了臺階，只能這樣收場。」

所謂鬥爭你死我活，原來還有這麼一層意思。

自此以後，哈迷蚩等在四樓專案組提審我，我每上樓梯都時刻在眼角警惕留意身後兩個看守，刻意貼著牆壁登樓，還繃緊渾身肌肉，隨時準備在他們對我下毒手時，把他倆一起扔下樓去，憑我的體格和身手，要做到這一點並不困難，哪怕是加上那個自稱當過偵察兵的哈迷蚩，我也能應付裕如一起把他帶下去。

一九七〇年六月六日，黎明前夢見愛妻產下一子，還沒來得及笑出聲就醒了，看守正呼呼喝喝催促我們起床。半小時後小姨子趕來，懇求了很久才獲開恩准許見我，她說：「姐姐今早在鄺磐石醫院生了個女兒！要你起個名。」守在一旁的哈迷蚩豎起兩耳屏息靜聽，我很明白給女兒起名字可得多加小心，便用筆在紙片上寫了「詩湄」二字給她，還特意作瞭解釋：「毛主席詩詞的『詩』，湄公河畔援越抗美的『湄』！」未待我問及母女可平安，小姨已手捧「詩湄」二字迅速離去，剩下那反應太慢的哈迷蚩還呆立著，翻起白眼琢磨其中可有「階級敵人陰謀」，久久未回過神來。

那天午後如常要洗廁所，但做了父親的感覺，帶來一股澎湃的情感湧上心頭，如春潮融化現實冷峻的堅冰，我提著竹掃帚和水桶上樓，與下樓的女工擦肩而過，她懷裡的嬰兒，都使我想到自己剛出生的女兒。在沖洗屎尿穢物之時，我不斷想像女兒嬌嫩光滑的肌膚，她是否像亞女那樣長有微翹的鼻子，手腳更應該像我一樣修長……我不敢肯定這種強烈的情感叫做「父愛」，我只知道在城市另一端有我的妻兒，需要一個男子從此擔當起他應負的天職，我願意為她們做作出任何犧牲！

我主動要求見專案組，向哈迷蚩承認自己的確想當特務，他又驚又喜，拿起電話通知了局裡。半小時後，軍代表、秦支書先後走進來房間來，見證「偵破敵特大案件」這一重大時刻。

經過一整夜思考，我只承認有想當特務的動機，但強調未有具體行動，只是在企圖加入特務組織之前，打算籍寫生為名搜集情報作叩門磚，見面禮。我非常「感謝」黨和人民在我未搭上線送出情報釀成罪行之前，就發現並且及時挽救了我，不然的話我就滑到對立面去成為敵人了！

既是懸崖勒馬，又有動機而無行動，自然就是「人民內部矛盾」，如何處理，你們看著辦吧，反正我是打算洗面革新重新做人的了。

在聽完我一番「坦白」之後，他們臉上流露出明顯的失望。對我突然「主動坦白」，哈迷蚩深表懷疑，軍代表秦支書亦然，但不信歸不信，又找不到下手的地方，只能先謹慎地表揚我能夠主動坦白，便著人押我回了牛欄。

白面書生和高佬陳得知我「不打自招」，都覺得妙不可言，白面書生判斷哈迷蚩一手炮製這宗重大特務案件，讓我突然來這麼一招，反而令他們的無中生有難以自圓其說。白面書生根據歷屆政治運動經驗分析我的下場，凡冤案無非有三個可能，一是屈打成招，二是殺人滅口（畏罪自殺），三是「掛」起來，不了了之。現今第一、二點鋒芒我都避過了，「你會被『掛』起來！」他拍拍我肩膀，吩咐我從此可以放心。

他倆又恭喜我已為人父一番，牛欄裡這一小小的聚會也就散了。

雖然身在牛欄，但心中自知有驚無險，又有女萬事足，竟然吃睡都香。半年多的囚禁，直教人學識隨遇而安，臥在凹凸不平的木箱上半睡半醒，實是在神遊，在心中寫寫畫畫，有藝術家稱這種心靈創作為「乾畫」，在牛欄裡我完成了那張鄺磐石醫院的油畫寫生，洋紅加翠綠，添少許鋅白，還調出了描繪地面最響亮的灰色。

除了乾畫，還將所讀過的書，再度「心讀」，我還嘗試「心寫」，在腦子裡寫日記，憑想像在腦海裡把對妻子、女兒，父母親人的思念，牛欄見聞與感懷，一一記了下來。

這一種內心的活動，精神的創作，使我體會思想力量之強大，她是任何外力都禁錮、束縛不了的。哈迷蚩吩咐我在坦白交代之後要寫思想檢查，一定要觸及靈魂，找出它的反動根源，牛欄裡其他人也不例外，全都要寫，只有盲人老楊可免。

我寫過多少檢查，已經記不起來了，相信雖未「等身」，起碼也「及膝」，一手漂亮的鋼筆字，就是這樣練出來的。

這兩種人是務必要寫思想檢查的：

一是被揪出來的批鬥對象，這些人在失去人身自由之後，必須按自己的「罪名」寫出思想檢查交代材料；二是非批鬥對象的其他人，為了避免被揪出來批鬥，主動批判自己和揭發別人，表忠獻媚，誓言緊跟組織。

寫思想檢查有統一的文體格式，屬於中國文學範疇裡獨創體裁。

首先是坦白交代犯罪事實、檢舉揭發同謀或其他罪犯壞人，還要引用偉大領袖語錄對照自己的罪錯深挖狠批，找出靈魂深處的犯罪思想根源，最後再表白悔過自新，請求黨和人民寬恕給予出路，矢志洗面革新做人。

交代為「起」，批判為「承」，悔過為「轉」，表忠為「合」。

在一遍又一遍寫思想檢查和交代材料時，每交一份上去，整人專家哈迷蚩等便會找你談話，指出你的狡猾，避重就輕，文過飾非，意圖矇混過關。如你堅持自己再沒有可交代的問題，就會被弄到群眾大會上接受批鬥，讓革命口號和拳腳交加來喚醒你的記憶，觸動你的靈魂，三、四個小時下來，保你汗流浹背，衣衫不整，鼻青眼腫，會後再找你個別談話，勸你早早交代免受皮肉之苦，威脅你一旦導致矛盾性質轉化為敵我，就要坐牢甚至槍決。

一次又一次的批鬥，一遍又一遍的檢查，反覆交替，車輪大戰，你失去自由與外界隔絕，孤立無助，會由忿忿不平、直呼冤枉，漸漸精神恍惚，懷疑自己可能的確有罪，自此首先在精神上投降，爾後在人格上開始侮辱自己、侮辱自己的親友甚至侮辱生身父母了，你會主動搜索枯腸為自己羅織罪名、上綱上線，到了最後你卑躬屈膝不斷作賤自己，搖尾乞憐只求放你一條生路。

這種中國特有的思想檢查不可輕覷，正是通過這世間獨一無二的靈魂自殘，許多性本善良的平民百姓甚至名家大儒，都是在寫思想檢查交代材料的過程中，自己侮辱自己，自己貶低自己，自己批判自己，失去了人格與自尊，不再堅持自我的骨氣節操，從此變得口是心非、狡詐自私以及缺乏人性、寬恕、道德與愛心。

通過對生存資料的控制，名譽職銜地位的賞賜，牢獄之災的恐懼，來銷蝕士的骨氣節操，操縱人對真理與自由的信念，思想檢查可謂是一大發明而且起過很大作用。

聽白面書生講，到了要你寫思想檢查，意味著這場運動尾聲近了，可以靜候處理，預備打道回府了！文化水平最低的「沙皮狗」聞言心中又怕又急，擔心檢查寫得不好，處理從嚴回不了家，他識字有限，為寫好檢查，搞到寢食不安。他常陪笑過來問我一些生字，順帶求我幫他修改，只見他滿紙張天師畫符一般，也忍不住笑。遂拿好話來寬慰他，你識字少，正是勞動人民本色，哈迷蚩看了又豈能怪罪你？他聽罷也就釋然，哈迷蚩收了他的畫符之作，果然沒有回來找「沙皮狗」麻煩，之後他照樣畫符交卷，一直無事。

與外界隔絕大半年，只有在推盤元時偷瞥幾眼大門外面的十八甫路，那街頭景色在我看來何等鮮活明快，那些衣衫襤褸的路人在我眼裡卻如同錦衣玉帶，那樓房的殘舊、市道的破落都不復令人生厭而變得十分誘人。我渴望再去一去的地方，竟然是珠江河畔坐過的一張石凳，外貿新村花草枯萎的院落，甚至是白雲山中一條墓碑作階的無名荒徑……

我和家人、生活以及大自然，還有廣州這座千瘡百孔的城市分開隔絕得太久了，以至於我羨慕起檐下的雨燕，每當它們優雅地擺動著開叉的尾巴扶搖直上雲天，我就想像這高飛的小燕，一眼可望見天地萬物，來去自如的瀟灑。

只有失去過才知道最寶貴，對自由的渴望，使我願意化為一隻小小雨燕，只為遠離這不平人世，找回海闊天空的自由，哪怕僅是瞬間，死亦不足惜。

第十七章　大難臨頭

白面書生不愧是「老運動員」，窺伺風向準確。我們寫檢查寫了一段時間，對各人的處理果真陸續批下來了。先是高佬陳，接著是白面書生都得到處理，高佬陳個人成份定為地主成份，取消幹部待遇，分配到車間當工人，白面書生仍然回到科室當幹部，「沙皮狗」則記大過一次。

我們雖然還沒有徹底恢復人身自由，但牛欄已經形同虛設，沒有人看管，各人隨便出入，大家都有了些喜色和笑聲，如果不是隔鄰那兩隻該死的豬又髒又臭，這小小空間的氣氛變得有點像大學生宿舍。人，受了這麼大驚嚇，還能安之若素，足見這兩條腿走路的生物，適應與自癒能力都是自然界首屈一指的。

老楊的處理最嚴重，也最令人震驚，居然被判「遣送回鄉勞動改造」，這可憐的盲人行前與我等一一話別，低聲祝願我早獲自由。一場難友，看著他被簇擁押解出去，光頭上初生的新髮短如茸毛，憔悴的楊太太牽著一對兒女，默然諦聽所發生的一切，一臉無奈，我也淚眼模糊。記得老楊說過，他的眼睛雖然甚麼也看不見，但他對世界是有感覺的，而且非常靈敏，真不知道他此刻究竟能否察知妻子的悲憤，兒女的難捨。

老楊被帶上車前，和老婆兒女在廠門口有一段短暫的告別，那女人早已經不曉得哭了，痴痴呆呆如行屍走肉，不言不語，兩個孩子知道父親即將遠離，自是不捨，一人緊抱老楊一腿死不鬆手，一邊哭叫爸爸，以為這樣便可以留住父親。哈迷蚩令人用力掰開孩子們緊緊抱住父親的小手，把老楊和行李一併扔上車揚長而去。

老楊被帶走後，他老婆一直不言不語，漸漸連臉上的線條也變了，起棱起角，面帶秋霜，自此未見她露過一絲笑容。

秦文書宣布我的「問題基本已經搞清楚」，解除監護，准許回家，卻不提任何行政或刑事處分。這個結論可圈可點，究竟搞清楚了甚麼問題，我到底是不是美蔣特務，隻字未提。收拾鋪蓋離開棲身九個月的牛欄，望去那污穢不堪的地面，排得整整齊齊的「箱床」，心中百感交集。

小盧下班後聽到我解除監護的消息，在廠內四處尋我，見到我雙眼即時紅了，兩人緊緊握手擁抱，九個月裡我倆沒有交談片言隻字，每次遇見雖然無話，但四目相接，他一個鼓勵與安慰的眼神，都給我最大鼓舞，增添了我活下去的勇氣。

「快去看看亞女和孩子吧！」小盧把我送出工廠大門。

內心充滿出籠飛鳥的狂喜，貪婪地望著車窗外掠過的街景，仿佛初次發現廣州城原來這樣美麗可愛，就連空空無貨的店鋪也顯光鮮，臉色發青的路人，在我眼裡都和靄可親，連那蒙塵街樹，片片葉葉都這麼嫩綠清新。離家愈近，情怯意亂，新婚十多日就出事，整整九月未曾歸家，日夜思念妻兒，今脫罪來歸，只想快快推開家門，對妻子與女兒說一句：「我回來了！我愛妳們！」

那只渡過一半的蜜月，現在應該繼續享受了。

推開大門，家是空的！

我張望門背後，下意識地趴下來檢視床底，怕是有人藏匿起來，打算給我一個驚喜？十六平方的小房間一目了然，床上被褥枕頭都搬走了，只剩下一盞新婚紀念的檯燈仍在書桌上，窗戶緊閉，房間裡瀰漫一股黴味，很長時間沒人住在這裡了，沒有親人的家顯得是多麼陰森冰涼。

這些年我的家總是空的，父親、母親和小妹先後離開，現今連妻子和女兒也不在，只剩下我，我的心也空了。

下雨了，天公似哭，雨下得嗚嗚咽咽，雷不是劈下來而是炸下來的，閃電的白光不是照亮而是撕裂雲天。暴雨穿透東川路茂密的榕蔭，豆大的雨珠敲打在泥濘的馬路上，亞女家前窄巷水深沒踝，古舊的下水道承受不住急驟的降雨，廚餘垃圾煙頭紙屑全都隨著污水泛出溝渠，把這條不足三十米的巷子變成一條浮滿垃圾的大溝渠。

我渾身濕透跑進了亞女家，檯椅擺設依舊，破敗中卻似乎添了一兩分貴氣，牆邊停著嶄新的「永久」牌單車，床沿下露出一雙女裝新皮鞋珵亮的鞋尖，這款被稱為「文工團」女鞋，有兩三公分高的後跟，在興無滅資的紅色年代，顯得有點時髦，多是部隊文藝女兵在穿，也就流行一時，它是許多女孩可望而不可及的極品。

亞女既然已經穿上「文工團」女鞋，我送的塑膠鞋大概可以棄之矣。屋內添了一些新物，顯然是舶來品，當時很稀罕，我們兩家都沒有「南風窗」（港澳關係），新物的來路就有點可疑。怪不得迎門時她母親見我先是一驚，旋即堆滿笑容，始終還是難掩發跡的驕矜與自得。

亞女抱著女兒躺在床上，已經放下蚊帳要睡覺，見我進屋，她也不下床來，兩人只隔著一層薄紗說話。

她母親坐在我們對面，氣色很好，堆著笑臉，兩手不安地搓著。我淋雨後的狼狽，她只當作看不見，昔日我浴後頭髮稍掛水滴，她都怕我受涼，速速遞來毛巾。此時我全身濕透，滴下的水如條條小溪，流了一地，她只是笑，坐著不動，不再有任何毛巾遞過來。

隔著薄紗，亞女說要跟我分手，話雖不多，但語氣很決絕：

「我們分手吧，在一起不會有幸福！」

婚後才做了十數日恩愛夫妻，就生生分離九個月，她突兀的變心，使我驚愕，隔紗含淚相望，夫妻就此恩斷義絕了麼？

我進來引起的動靜，鄰屋有所察覺，兩個胖女兒輪流佯裝如廁，趿著拖鞋走過來走過去，在走廊如「蘇三起解」裡玉堂春似的扭臺步，一進兩退，只用兩眼探照燈般掃來掃去，亞女母親起身「呼」的一聲關上房門。

顧及亞女一家安全，我沒有發作，一時無語，怔怔中只見泛黃薄紗之上，有許多拍蚊子留下的印記，點點血跡褪了色，只訴說小小昆蟲的生前狂歡死後淒涼。透過蚊帳偷望女兒一眼，她正在熟睡，這是我和孩子第一次相見，可是她媽媽卻已經決定離開我。

一層薄紗，成了橫在我們之間的一道萬丈深壑。

亞女又說了些「這樣下去沒有幸福」的話，連「放一條生路」這樣的話都說出來，就差「高抬貴手」這句了。我和她的相簿也即時還了我，當著她母親的面，我怒不可遏，把兩人合影統統剪成兩半，她母親坐在那裡只冷眼看著，一言不發。

此時亞女失聲痛哭，驚醒了女兒，孩子也啼哭起來。我亦悲從中來，悲的不盡是夫妻的情變，而是至親之人的叛離。我不明白她離我而去的原因，難道是新婚後生活艱難，我又一再出事，令她失去了信心依靠和希望？

「一打三反」來勢洶洶，連殺人的權都放給了地方，關押批鬥折磨致死者不計其數，令多少見慣世面的人都聞風喪膽，魂飛魄散，況一小女子乎？

站在亞女那一邊替她設身處地著想，她離開也是無奈，誰願意見到孩子一生下來，就有個當「美蔣特務」的父親呢？是恐懼加上絕望，導致人們不得不拋棄愛與信任先求自保。

有念及此，我又心軟了。

那一瞬間，我真的曾經想過跪下，求她繼續做我的妻子，求她不要讓女兒失去父親。我還想告訴她，我蒙難牛欄忍辱負重，在公審大會上陪綁飽受驚嚇，推盤元、洗廁所的艱辛屈辱，被誣為特務的天大冤屈，我被迫認罪，違心檢查，堅持著，忍受著，沒有被逼瘋，沒有自盡，就是為了能跟妳與女兒在一起呀！

任何挽救這段婚姻的企圖，都像撞到了堅硬的花崗岩上被粉碎了，女人變心，原來竟然是這樣斬釘截鐵的決絕，沒有猶疑，也決不悔疚。

我無法恨亞女，真的要我找出種種原因，我想兩人的分離即使有錯，也是我的錯。

一路回自己家去，對於風雨已經毫無知覺，亞女搬空了家，也把我如此愛她的心掏空了。

亞女帶著女兒從此離開了我。

在空空而已的家中，我坐困愁城，念及一家五口這幾年的命運，不禁悲從中來。

父親被公司監護審查後去了四會「五七幹校」勞動改造，母親在街道被監護審查，我在工廠被監護審查，小妹有家歸不得在外流浪，惟有姐姐有家不歸在外「造反」。

我與父母都失去自由之時，小妹曾偷偷回來過幾次找我們，只見家門緊鎖被貼了大封條，復又離去，她身上沒錢也沒糧票，無家可歸只得投靠自己當年批鬥過的羅老師，羅老師收留了她，待她如親生女兒。

一九七一年暮春，母親和小妹被農林街道辦事處派出的一名肥大的婦人押解，自廣州乘火車至坑口，再輾轉送去了粵北翁源龍仙鎮一處山村。

母親從家中被帶走後被關押三年整，作為一個基督徒，她的罪名是向人「宣傳反動宗教」。三年中他們對母親施以各種侮辱摧殘，將破高跟鞋掛在她脖子上，拉到二千多人大會上批鬥，爾後遊街示眾，繞著區內花園洋房排列有序的街道，著母親一邊敲鑼，一邊自罵為「破鞋」、「婊子」。

有關部門還在我家這個十六平方米的小房間，辦了一個展覽會，以實物與圖片展示我們這個資產階級反動家庭糜爛腐朽的奢華生活，市、區以及街道組織前來參觀的人排起了長龍，迤邐長達一公里。

我家計有兩張木折椅，以及條凳四張，床板九塊，都噴上白漆編號，是父親從公司領取借用的公家財產，私有財產計有一張組合楠木書桌，一張四十年代的美軍單兵高腳鐵床，一張搖搖欲墜的方桌、一只雙門紗櫥，一只樟木箱、軍用鐵箱一只，四方小座鐘一只，此鐘每天慢五分鐘，須天天調整。

衣物用品計有舊旗袍兩襲，襯裙破碎，已不能穿，破高跟鞋一雙，父親的海關制服嗶嘰埞長褲一條，皮夾克一件，電木盒裝「老人頭」刮鬍刀一副，僅餘最後一葉刀片，廣州早已斷貨，父親將這最後的刀片在水杯中磨了又磨，足足用了十多年。

在澳門拍的生活照，一直放在書桌裡，父母也從來不看，免得勾起往事徒傷悲，這些生活照就成為了展覽會最精彩的部分。

家中沒有首飾，沒有手錶，沒有收音機，既沒存款，更無隔宿之糧。

這樣的家如何「反動糜爛腐朽」，竟驚動上萬人次來小房間裡接受現場教育，無疑只是將主人昔日富足跟今朝貧寒作一個對比，得出一個今非昔比，宵壤之別的印象而已。

幾個省市革命委員會重要人物也蒞臨我家，展覽會組織者要求領導「指示」，得到的指示就是「盡快關掉」，他們之中有人看出問題來了，這個展覽的唯一效果，就是展示在所謂「新社會」裡，一戶曾經富有的人家如何迅速變得清寒貧苦。

為了物色一個最僻遠最艱苦的地方，把母親押去那裡受苦，派出所和街道革命委員會花費了很大功夫。母親原籍紹興，外祖父乃辛亥革命功臣，當地政府堅決拒絕接收我母親，街道居然就將母親無限期關押數年，直等到小妹唸完中學，年滿十六歲，符合上山下鄉條件，立即將小妹辦理知青插隊，搭上母親一齊送到了粵北山村。對於能再見到母親，小妹感到高興，即使自己去粵北務農也情願，只要能和母親在一起不再分開。

母女倆回來收拾衣物時，我不在家，還被關在牛欄裡，所以沒有見到與送別她們。

待我解除監護後回到家中，只見戶口薄、糧本都擺在書桌上，母親小妹名下兩欄填寫了「注銷戶口，遷往翁源」，我是從戶口薄這八個字裡，才知道母親和小妹去向的。

翁源是甚麼地方？

查找史籍，原來明代《嘉靖翁源縣誌》中早有記載：「縣境之東有名山，高聳秀拔，頂有靈池，古名靈池山（今南浦桂竹翁山），池中有八泉曰：湧泉、溫泉、香泉、甘泉、震泉、龍泉、玉泉、乳泉。泉水四時不涸，昔有二仙翁遊息於此，居民飲其水者多壽。泉水匯而成河。故山名『翁山』，水名『翁水』，翁源，顧名思義，翁水之源也，翁源縣名皆得自此。那李洞村隸屬龍仙鎮，桃花極多，產溪黃草，可入藥。」

如此看來也算是個有山有水的地方，但是母親和小妹在那裡過得怎樣，我不得而知。

母親沒有留片言隻字給我，她只收拾了兩個人的衣服，帶走了那隻小鋁鍋，一對破碗，兩雙竹筷，還有那半盒雪花膏也帶走了，母親的心，細如髮絲，知道山區有雪，冬天奇冷，必用得上。

母親與小妹被送走後，家中物物皆在，卻事事全非。我偶然在家自己煮食，小半罐米，煮成白飯不足兩碗，也無小菜來送，只以少許菜油，調麵豉醬蒸之，找到幾瓣大蒜，也是很久前母親揞剩的，早已乾透，睹物思人，記起母親做的紅燒肉，一家人圍坐，讓菜、說笑的情景猶在眼前，捧起碗未待撥入口，即已淚水漣漣。

一九七〇年，林彪發布「一號命令」，各地藉「備戰疏散」為名大規模驅趕民眾上山下鄉，其時北京權鬥已逐步激化，待一九七一年九月十三日林彪折戟溫都爾汗之後，令人窒息的政治氣氛開始發生微妙變化。

我和父親、母親的聯繫，經過一番周折也逐漸恢復，寫信措辭仍然需要小心謹慎，但是起碼知道在大清洗中彼此都存活了下來，得悉各人身在何處，其餘的不便多講，惟有留待見面才能細說了。

母親從翁源來信給我：「我和你小妹住的地方叫李洞，春天有許多桃花。你若想來看我，坐長途車到公社，沿公路邊通向山裡那根電話線走，進山後經過一道叫『一線天』的深谷，那電話線就在頭頂上，跟著這根電話線再行兩小時便可到村裡了。」

母親信中告慰我勿惦念她，只囑我再寄些雪花膏去，她說小妹長了許多凍瘡，通篇沒有一個「冷」字，但我想像得出山嶺含雪，冰凌掛窗的情景，寒窯中的母親啊，為兒雖然去不得探望您，卻時刻盼望您到了春天早日來歸。

父親也給我來信，簡短告知對他長達五年的審查告一段落，他現在四會一間五七幹校中勞動。今年春節父親曾從四會往翁源探親，下車後挑著行李和食物，走了兩個多小時，果真順著那根電話線走到了山中小村，父親在途中遠遠望見一黑影蹲坐在山路旁邊，以為有村民歇息，趨前欲問路，只見那物一躍而起迅速沒入山林深處，父親說天色已暗，所以沒能看清那物到底是黃麖還是黑熊。

父親信中提到母親所居山村李洞，山勢險峻，雲霧繚繞，人家十數戶，近乎赤貧。村民長年以粥為主食，母親小妹因有國家糧食配給，尚能飯飽。「你母親達觀，來此半載，未有哭鬧，只隨遇為安。

隊長讓出一屋，雖是泥牆，但有瓦片房頂。你母親待村民友善親和，很快便情同一家，日常又贈物與孩童，教人識字，代寫書信。用我寄去工資，向村民購些鮮果時蔬，三鳥雞蛋，還有穿山甲，改善伙食。」父親的信，描述了母親流放深山愜意的一面，另一面隻字不提。吾父吾母都一樣，做人從不呻窮，也不叫苦，無論過哪一種日子，都過得正大風光。

因為個人生活的負累與掙扎，我始終未到過母親落難的深山小村。

人總要想法設法活下去，為了掙三十九元工錢，我仍舊在盲人工廠推盤元。一有空暇就穿越大半個廣州回家，小房間的清寂固令我心淒苦，但常回去是為了等，等我久別的親人，或許父親、母親、妹妹、姐姐會回來，我希望這個破碎不堪的家，能用一扇敞開的門來歡迎他們，此外，內心深處尚存一絲隱秘的奢想，痴望亞女能回心轉意帶著女兒回到這個家來。

獨自一人在家展卷讀書，與書中人物同悲共喜，我側耳諦聽門外足音，幻覺常常欺騙我，似有最親愛的人步步走近，喜極望外急急跑去開門，長長走廊裡卻是一片昏昏而且空空。很久沒吃飽過肚子，我的腸胃習慣了半饑不飽，每當夜色臨窗，我都會扭亮那盞檯燈，它是我稍縱即逝幸福的最後信物，這盞燈只短暫照亮過我們新婚的纏綿與甜蜜，如今卻映射著我無盡的孤獨與悲慟。

守著孤燈夜讀，生平第一次發現世界名著文字的美，跟當年閣樓讀書的狂喜衝動相比起來，我如今帶著許多的世故，去感知先哲們含淚的笑，帶血的歌。情感和思想的狂潮，來而復去，終在靈魂孤島的長灘上，化為一道道人性博愛的輕浪。

過去的我聆領父親教誨其實不多，其中一句卻謹記下，畢生受用不盡：「最饑、最累、最冷之時，方顯身體強健與否，最落魄困難之時，才見人的意志、品格與德行如何。」

常常懷想母親的素雅清嘉，她端莊得像畫中人，線條明晰而柔和，皆因其身濡染了一點那個年代最後的典雅餘暉。在世為人，超脫得不著紅塵，不沾俗氣，故在山村也如桃源，全憑她個人與生俱來的仙風道骨。

父母留給我的惟剩下「自重、自愛與自許」。錢財短絀，不是寒傖窮酸的理由，失意失戀，更不足令男兒屈膝，決不能動輒放棄，輕易言敗。

那時的廣州以致整個中國仍是一片紅彤彤的喧囂，偌大天地，就剩下我自己了，我心寂然如水，不欲人知也不為人察。

儘管也曾半夜被叫醒拉到大街上，為最高指示發表敲鑼打鼓，遊行隊伍裡的我卻是在夢遊，滿腦子想的都是雨果與哈代的書，列維坦的畫，舒曼的音樂，這些藝文瑰寶我文革前熱愛，文革中也熱愛，永遠熱愛。

關在牛欄裡還默寫、默讀、默唱與默畫，藝文之中有生活，生活之中有藝文，她或許並非人生之全部，但肯定是重要之一部，沒有藝文的人生是缺陷的、淺陋的，短少了人性和愛的人生，更是動物的、功利的。

人禽之別就在這一點上。

我努力從內心重建真正的自我，用學識、才華、智慧充實自我，練就強健的體魄，使自己變成一個在精神與肉體上都高大的人。

這一內在的轉變，使我變成另一個人，在盲人工廠裡我地位最低賤，家庭成份不好，父母都有問題，自己又思想反動，連妻子都棄我而去，屬於政治賤民。

我卻在內心保持高尚尊貴。

一些要求「進步」的工友都避我如瘟疫，不跟我交談，這樣的人有十來個。其他工友則待我如平常一般，這些人本來自社會底層灰色地帶，在講究紅色血統的政權眼中，這些人也被內定為「社會渣滓」，受到歧視及內部控制。盲人工廠實在是袖珍社會，微型江湖，皆因這裡是天地的縮影。一個看上去貌不驚人的工友，可能是見多識廣的江湖老手，如今為求生存收斂了鋒芒，面懵心精而已。

沒有人跟我談論過我的案情，但我是不是壞人，眾人心中都有數。許多真正人心仍在世間底層，我第一層的社會經驗，便是在這個微型江湖裡積累的。

知道我因落難妻離子散，工友們都一番唏噓，他們給出的幫助是一頓飯票，幾斤糧票，在廠裡碰面，一聲不響塞進我手心裡，有折疊成一小塊的鈔票，或區區幾元，雖是言借，卻從不叫你個償還。

我的饑饉逐漸得以紓緩，剛稍微吃飽，亞女突然來家，把女兒丟給我，留下一個小包，裡面有尿布、小衣服和半包奶粉。她要忙自己的事，女兒就此歸我了。

「她不是一直由你餵奶嗎？」我表示不解。

「哦，對了，忘記告訴你，從今天起她戒奶了。」

「你也知道我一家人分開幾個不同的地方，老爹關在幹校，母親小妹剛被遣送去了山區，我那能對付得了？」我嘗試能否緩頰。

「你也應該盡父親的責任了。」亞女說得也沒錯。

做父親的只好抱起九個月大的女兒，把裝奶粉尿布的小包往肩上一挎，父女坐人民汽車去上夜班也。

一米九幾的大個子擠在人群中，一手抱女兒一手握住車上扶手，從起點一直站到終點，無人讓座。回到工廠，工友幹部都圍過來看，嘖嘖讚美女兒像洋娃娃，有的則搖頭歎氣。工友找來一隻紙箱，墊上我的舊工作服，把詩湄放進去，捧進了我接受監督勞動的車間。

女兒很乖巧，餓了只啼哭幾聲，我便調奶粉餵哺她，為了節省奶粉，一匙奶粉兌半瓶開水，她啜了兩口，嫌太稀不再喝，再哭，我仍以稀奶餵她，她太餓也就一口氣喝完。我偷跑去看她，隆隆機器聲中，她不是在紙箱裡酣睡，就是燦爛地向我微笑。

「你這女兒通人性，知道爸爸艱難，不哭不鬧。」小盧盯著紙箱裡的詩湄，輕聲誇獎她，下班的工友也圍過來看我的小詩湄。那領班的余某，由哈迷蚩交代過看緊我，見我抱女兒上班早已鐵青般臉色，一百個不高興，此時便藉口搞清潔，故意揚起滿車間白灰，這灰是蜆灰添加工業油炒成，吸入人體會粘附在氣管和肺部。這廝拼命把白灰往我這邊掃過來，我只得抱起女兒就逃。

我上夜班，女兒大睡，下了班回家，她不肯睡，我卻需要睡眠。她剛蹣跚學步，在小房間裡搖晃著走來走去，跌跌坐坐，我實在睏倦，便睡著了。「匡噹！」一聲驚醒了我，原來是她打破了一隻大碗。嬰孩手短但很快，甚麼東西一下子就被她抓住，抓住了不是撕就是摔。我是睡睡醒醒，一邊顧她又要顧工作，漸覺體力不支，但有她在懷，父女對視，詩湄必笑，帶給我無限欣慰歡樂，我又忘卻了那許多的勞苦辛酸，總把餓睏疲倦來克服，有女萬事足。

只是念及撫養一個孩子不是一天兩天的事，而是幾十年的事，自己又並無甚麼生活根基，內心又很有些放不開。我是拿定主意要出逃的，但自從女兒歸我，雄心雖猶在，卻多了一層顧慮，我若走了，她怎麼辦？

過去常聽人講甚麼後顧之憂，這便是了。

詩湄學會走路，就不能再把她放進紙箱，車間裡充滿危險，帶她上班已經不可能。

一位善心大發的世伯母答應替我照顧她，包詩湄兩頓飯，每月只收十五元人民幣。我一個人肉票、油票、付食品票，統統要預留給女兒，用本來就有限的薪水支付這筆開銷後，剩下二十四元無法應付衣食住行費用，只好先縮衣後節食。

世伯母只在白天帶詩湄，天黑前我還得領回孩子。下了晚班實在無力再擠公車回家，就和女兒睡在俱樂部的乒乓球臺上，把宵夜的包子餵給詩湄，又餓又睏地昏睡過去，如銀月色常在夜半照在枕上，一旦醒來便無法再入眠，望著天邊的明月，念及孩子遭受之苦，還有自己命運之悲，終難忍灑落兩行傷心淚來。我萬分思念母親父親，他們怎麼樣了呢？你們可聽到愛兒心裡的悲苦呻吟？

成為政治賤民之後，在一次接一次的運動衝擊下，我有一種感覺，自己如同一個純潔無瑕的少女，突然遭到欺犯輪暴，還要被搜遍靈魂每一個角落，反覆忍受千百次蹂躪與侮辱。環顧四周，眾叛親離，甚至沒人敢跟我通信，連妻子都離我而去，沒有親情友情與愛情，我感到自己胸膛裡那顆又軟又熱的心，漸漸又硬又冷，幾近破碎了。

在這個狂暴殘酷的年代裡，我曾經軟弱，不只一次萬念俱灰，失去存活下去的信心，很想就這樣從天臺踏著月色走出去，摔個肝腦塗地，以死抗爭。但每次都是身邊的小詩湄，令我放棄輕生，掙扎著苟活下去。

甚麼是父女相依為命？就是從積滿黑塵的球檯上爬起來，見女兒臉上沾滿烏煙，便用毛巾去擦，不料孩子見我臉上也是斑斑，奪過毛巾也替我擦，然後由書包裡撿出牙刷遞與我，在我帶她去廁所洗漱時，她會乖乖地站在門邊候我，還目不轉睛護著腳下的書包，那裡面有父女倆全副家當。

我餓著肚子餵她吃昨晚留下的包子，她必是餓極，小小人兒吃光一個大包子。吃罷早餐，由我替她梳小辮，女兒金黃色的頭髮柔軟，乖巧地一動不動，還隨我背誦詩篇。

今後父女如何度日，始終是一個必須立即找到辦法解決的問題，每次送她去外婆家，詩湄都抗拒，看得出詩湄十分滿意跟隨我過的生活。每月十五號付托兒費，待那一天將近，我便心慌，照顧女兒的世伯母心也善良，遲兩、三天未付她錢，也不言語，依然和顏悅色。但我卻是為拿不出十五元羞愧，每日接送，在樓梯間都躊躇得很，邁上兩級梯階復又倒退一級，只怕見世伯母的面。

平日穿的都是球隊發的「回力」球鞋，開工是它，上街也是它。那一年球隊遲發了鞋，鞋底磨穿了洞，以硬紙皮墊之，仍穿出去。某月已二十號了，托兒費尚未湊齊，工友之間賒借的人情又欠了許多，難為情再開口。想來想去，想到了舊友阿堅，他母親仍住寶華路家中，只得硬著頭皮去借。

走到第十甫天就下起雨來，但仍有騎樓遮擋，待轉入寶華路，就沒有了騎樓，廣州的馬路一下雨便盡是又泥又水，而且黑如泥湯，我的穿底球鞋進水了，待來到陳家大屋，腳下那雙破球鞋裡已是兩泡水了。

阿堅母親拉開趟攏邀我進屋，她煲了菜乾豬骨湯，要我也喝一碗，我當然求之不得，正想脫鞋進屋，轉念一想，兩腳又泥又水豈不弄髒了那一地瓷磚，穿了洞的兩隻龍船般大的球鞋，往門口一放又是多麼丟人。只得立在門外，死活不肯往裡邁步，陳伯母一再請，我一再推，又不好意思在門外直截了當開口借錢，只好轉身冒雨而逃，留下陳伯母滿面愕然。

一位畫友知我父代母職的困窘，請我到清平飯店吃了一碗大肉飯，問我可想賺點別的錢，「想呀，不過犯法的事不能做！」我滿心狐疑答他。

「你身體這麼好，去賣血吧！」

自己身上的血也可以賣？我聞所未聞。

畫友安慰我道：「每次三百ＣＣ，三個月可賣一次，又不用出力。」我對三百ＣＣ是多少根本沒概念，他舉起玻璃杯晃了晃：「大概是一杯半左右吧，女人來『大姨媽』流的血都比這個多，可以得六十元呵。」

「六十元？」我兩眼一亮，女兒四個月托兒費有著落也。

真是天無絕人之路，正要為感謝他付帳，被他搶了先，他還要多一碗白飯，扣在我的碗裡，「你個子大，未吃飽的，再吃。」細心的畫友又端來一碗五分錢的例湯，讓我淘飯吃，不必「椿白灰」。（廣州俚語，沒有菜光吃白飯者，「椿白灰」也）

經過畫友這一番指點，我摸到了正義路的「廣州中心血站」，這條靜靜的馬路兩旁圪立著高大挺拔的尤加利樹，光滑的灰色樹身上有許多紅黃淺綠的斑塊，顏色十分豐富。血站雙層樓房前有一塊很大的空地，擠了足有兩百多人，都是來賣血的。我是新報名者就要填表體檢，抽血鑒定血型，那護士只用幾分鐘就完成了體檢，著我出去等結果。

一些早就登記排隊的老手，豎起耳朵聽護士唱名，唱名的人沒有甚麼耐性，唱了你的名，你若不立即應答，她馬上唱另外的名，今天你就沒機會賣血了。所以被叫到名字的一定馬上要應答，然後接受指示去哪一間醫院，務必盡快趕去指定目的地。

我的體檢報告被人從窗戶口扔出來了，全部及格！裡面的人知道你會在那裡眼巴巴地等，所以隨手就扔出來。接過來一看是「O」型，我馬上成為一個中了狀元的幸運兒，被「血友」圍了起來頻頻恭喜，恭喜我成為「萬能輸血者」！

「O」型意味著我被選中去輸血的機率，將比其他血型的人要高。一位衣著筆挺的男士很羨慕我：「你有得偷雞啦！」他的「偷雞」是指取巧賣血，別人三個月賣一次，但O型血最短缺，「運氣好的話，兩個月未足就可以賣一次」也是「O」型的他洋洋得意地說。

賣血，還講運氣，還可以「偷雞」，我近乎崇拜地注視著這位「血友」，真是又長一分見識。

環顧四周男女都穿得比較體面，一個婦人凝視著左手上的綠玉戒指，語帶不屑地說：「我這是搵錢買花戴，誰愛等誰等，再不叫我，我要去『華北』吃水餃了。」旁邊那乾瘦的女人，風大一點都可以吹跑她，接過話題來說：「當然呢，賣血賣開了頭，到時候不賣，周身唔舒服，所以才來賣血的喲！」她也是滿臉的不稀罕，但兩隻耳朵倒是豎起，一點也沒放過每一個唸出來的名字。

自有了工友、球友、畫友、朋友之後，今又平添一「血友」，血友人數相當有規模，也算是自己人生收獲吧。但賣血也講運氣，還要頻頻抽出自己的血賣掉，才稱得上好運，我則難以理解，須知道賣的是血呀，畢竟人血不是水！

我被命令去市第一人民醫院報到，趕到醫院剛進門就要我喝一大碗糖水，那搪瓷碗像隻小臉盆，忙了一上午口焦唇燥，當即牛飲而盡。另一血友見狀拼命搖頭，也不跟我說話，他只喝了幾口，就把糖水全倒在洗手盆裡了。幾個月後我才弄清個中奧妙，糖水可致血液濃稠，故切不可在輸血前飲用，反過來應該多喝鹽水稀釋全身血液。

為我抽血的女醫生，戴大口罩，只露出一雙眼睛，有一雙靈巧而柔軟的手，那雙手接觸到我的手臂時，我不由微微顫抖了一下。她敏銳地覺察到我的反應，輕柔地安慰我：「不用怕，不痛的。」

她用橡皮管綁住我的上臂，動作柔和但很有力，青藍色的血管立刻明顯隆起，她用拇指按住蚯蚓般粗的血管，又問了我一句：「你是搞運動的？」我點頭稱是，她抬頭望望我，黛眉輕揚表示驚訝，拿起那火柴棒一般粗的針頭，迅速而準確刺進我的血管，針頭與一根導管相連，親眼見到鮮紅的血液沿著導管流向玻璃瓶，感覺很是怪異，雖然沒有疼痛，心理作用覺得身體的一部分在分離出去，漸漸失去。

我閉上眼睛不忍再看，直到女醫生拔針，柔聲吩咐我到隔壁房間休息，「你記得去領一杯牛奶喝，可以休息一下才離開。」

房間內坐滿了人，領了牛奶，站在門角落一小口一小口地享用，我感到遺憾，要是能讓女兒也喝上兩口該有多好。

六十元人民幣放進口袋，走到大街上在陽光下一陣眩暈，眼冒金花，找到一根電線杆扶著才漸漸緩過氣來，我意識到這是長期營養不良與重體力勞動的後果。回到工廠，在對面小食店叫了一碗例湯，添一碗白飯，俏廚娘同情地往湯碗裡撈了許多帶肉的骨頭與霸王花，我感激地點頭向她致謝，湯淘著飯，又專心把那幾塊豬骨啃了個乾乾淨淨，在木桌邊將那豬骨砸斷，吮吸骨腔裡的骨髓，砸骨頭像擂鼓一般，鬧出不小動靜。俏廚娘充耳不聞，她是小店負責人，她不干涉，其他兩個店員也就不敢作聲。

痛快吃罷，便去世伯母家交托兒費，人有了錢在口袋裡，又吃飽了肚子，上樓梯竟然是跳著跑著上去的。

晚間去謝畫友，聽我眉飛色舞描繪一番賣血經歷，他一改常態，反而變得鬱鬱不樂，最後還說出一番消沉的話來：「女人出賣肉體為最下賤，男人呢，出賣鮮血恐怕也是最不得已的了。」他這麼一說，我也無語，也不敢告訴他，剛才所謂的歡喜，還有輕浮，其實都是故意的做作，我的心裡何嘗不是一直在淌血。

母親知我賣血養女，悲慟莫言，萬分痛心，又怕我弄壞身體，山中來信囑我珍攝，頻頻自責她無法幫我照看女兒。

父親來信匯上人民幣十元，隻字不提我賣血之事。

將女兒交給我後，亞女一直在忙中，挽著一位金山伯進出華僑大廈，那美籍華人做軍火加工生意，有過兩任妻子，九個兒女。

亞女母親極力從中撮合，並不介意自己比這未來女婿還小二歲，她只盤算如何先把女兒弄出去，再把自己一大家子也弄出去。我與亞女的感情被她視為障礙，自然是要排除的，這跟當年她女兒上山下鄉，我成為唯一救命稻草，當然要抓住不放同一道理。

至於我妻離子散，情何以堪，那只是我的事，與她毫不相干，她就顧不了那麼多了。

我對真心愛過我的亞女一直無怨無恨，她為了要拋棄我下嫁老頭，不是沒有掙扎過，也曾經死活不從，痛哭過，難捨過，斷不能說我倆之間一切都是虛假。她只同天下苦命的男女一樣，墜入了這世道的羅網，命運的漩渦，身不由己另擇枝棲而已。

自始至終無法恨她，我和她當初之所以開始交往，正是為了救她，後來她對我又那麼大無畏的仗義痴情，我倆因愛而在一起，如今她要另尋生路，又何苦因恨而分開？

亞女母親、家人包括她，花了許多心機與口舌來掩飾、誆騙，欲擒故縱，甚至利用我對她與女兒的真感情，無非就是為了教我能夠放她一馬，答應離婚，這些我都是分分明明看在眼裡的。

亞女永遠不會知道，其實我自始至終沒有想過為難她，傷害她，她根本不懂得我對她的愛有多真有多深。

亞女變心，離我而去，我時年二十四歲，生平第一次領教生活殘酷，人心險惡。

出逃的意念再次浮上心頭，為現在的絕望，也為未來的希望，該是行動的時候了。

第十八章　冒死偷渡

文革時期，試圖偷越邊境是滔天大罪，一頂「投敵叛國」帽子扣下來，後果會很不堪。一九六七年一月，小提琴家馬思聰一家在廣州黃埔乘０２號電船成功逃至香港！此一消息不脛而走，許多廣州人，特別是偷渡客，似是得到一種信心和鼓舞，在街頭巷尾，竊竊私議，關於他一家成功脫險的故事越傳越離奇，變成一則神話。

這位著名音樂家敢冒天下之大不諱，在被揪鬥批判時合家出逃，實在需要很大的勇氣，更是一種難得的反抗，馬思聰一度成了有心投奔自由人群的精神領袖。他的女兒馬瑞雪寫了一本《黎明之前》的回憶錄，是在文革初期向世界揭開鐵幕第一人，通過她對父母及親朋經歷遭遇的描述，世人知道了馬思聰一家經一夜風浪船抵彼岸，迎來重生後第一個黎明的驚喜與振奮。也終於瞭解到文革不為人知的真相，以及一個音樂家為甚麼會遠離故土家園當了牧羊的蘇武。

曾任中央音樂學院院長的馬思聰，文革爆發之後，他作為留法英才、學院領導，立即成為批鬥對象，反覆領教革命小將的污辱與毒打，戴高帽掛黑牌，拳打腳踢，甚至因為姓「馬」而被強迫像牲口一樣吃草。批判他的大字報封住家中門窗，只留下一個三尺高的洞口，僅容這位音樂家和他彈鋼琴的妻子王慕理，像狗一樣爬出爬入。

關於這些，通過紅衛兵小報作為勝利果實洋洋得意的報導，廣州人都知道了，但當時很多人還不知道，身處絕境的馬思聰，很幸運有兩個人救助他：頑強而勇敢的女兒馬瑞雪，善良而忠誠的廚師賈俊山。沒有馬瑞雪走南闖北、搭線識人、尋找逃亡途徑，不是賈俊山冒死暗中加以援手，馬思聰是很難從北京來到廣州，又偷渡往港的。

我最初聽到的版本是傳說他們搭乘一艘電船從水路由廣州到香港，後來才慢慢弄清楚是船廠的工人何炳權組織這次偷渡並且親自掌舵，價錢也是他與馬思聰二人談妥，運送馬的一家共收五萬港元，當時這筆錢是相當驚人的鉅款。

何炳權的「００2號」是一艘十米長、二點三米寬的電船，載著五家人，計有他自己的妻兒，街道服務站工人何天爵父子、弟弟何樹根父子，陳樹、粵劇演員黃敏彤及丈夫，還有一家四口姓名不詳。每個人行前都下定了決心，並作了最壞的打算，一旦被捕將以「投敵叛國」罪名受到嚴懲，包括被槍決。

何炳權之所以幫馬思聰，一是為錢，二是為自己與家人求前程，三也是賞識與崇拜音樂家的才華、同情他的不幸遭遇。為甚麼這樣講，是因為當時落難的馬思聰並沒有錢，只是開了一張字據給何炳權，答應抵港後償還偷渡的人蛇費。萬一到了香港馬家反口，何炳權也奈他不何，但馬思聰的確是君子，該給的錢是不會抵賴的，也證實何炳權沒有幫錯人。

馬思聰逃港成功後，美國駐港領事給了他很大的幫助，在很短時間內馬思聰一家就到了美國。北京成立了「００2」專案組展開追查，株連馬家親屬朋友數十人，二哥、其岳母、姪女和廚師相繼被迫害致死。其中他的二哥馬思武整整一夜被摑耳光，次日晚上就跳樓自殺。廚師賈俊山遭受嚴酷迫害，貧病交加慘死。

從中國大陸往香港，自古都往來自由，上一世紀五十年代初，廣東與港澳邊界被封鎖，在鄰近港澳一帶設立邊防地區，按照離邊境的遠近，建立三道不同防線，進入不同防線地區都要出示不同證件。民眾欲正式前往港澳，須向公安部門提出赴港澳申請，領取通行證方可出境。通行證分單程與雙程兩類，持單程通行證者，可獲在港定居。由於申請前往港澳手續審理極為苛嚴，加上歷年政治運動接連不斷，港澳與內地生活水準差距懸殊，大陸民眾遂被迫以各種方式及管道偷渡進入港澳，廣東省與港澳的水陸邊界，亦一度成為許多民眾的生死線，其間發生的許多故事極為慘烈悲壯，偷渡的方式之多，所採用的工具之千奇百怪，偷渡人數之眾，所經歷之驚人危險，毫不遜於當年柏林牆，甚至有過之無不及。

從大陸通往自由的路上，陸地有邊防線的鐵絲網，有武裝哨兵牽著軍犬巡邏，沿途更遍佈民兵暗哨，高山深谷，密林荊棘。水上有公安快艇與民兵漁船攔截，滔滔海水、座座青山曾經將無數青年送至幸福彼岸，也曾經吞噬了許多無辜而年輕的生命。

當年爬山涉水的數十萬偷渡大軍，每個人都知道什麼叫「九死一生」，九死就是餓死、病死、摔死、淹死、毒蛇咬死、被槍打死，被軍犬咬死，凍死、累死；惟有抵達彼岸，方可獲得重生！

有關資料記載：從一九四〇年開始，中國大陸先後發生過四次赴港移民潮。

第一次發生在二十世紀四十年代末，第二次世界大戰結束，戰時由香港逃往大陸避禍民眾紛紛返港，大批大陸人士因國共兩黨爆發內戰而湧至香港。由一九四五年至四九年，短短四年間，有約一百三十萬人為逃避內戰由大陸遷移到香港。

第二次發生在一九六〇年初，大陸由於從一九五八年起推行大躍進運動，國民經濟受到重創，陷入所謂「困難時期」。為逃避饑荒及經濟困難，大量廣東省的農民及工人還有城鎮居民偷渡往香港。在一九六一至一九六三年有十六萬新移民來港。當時大陸曾「開放」邊界數日，以致省內各鄉鎮縣城民眾大批涌向邊界，廣州民眾也成群結隊沿廣九鐵路步行到深圳。還曾發生民眾衝擊廣九車站爭搶登上火車的群體事件，後由廣州軍區派出駐軍才平息騷亂。

第三次發生在一九七〇年初，偷渡潮再次重現。僅一九七四年便有超過二萬七千名非法移民進入香港。香港政府遂被迫實施「抵壘政策」，首次提出會遣返未能進入市區而在邊界捕獲的中國非法入境者。但在一九七八年，逃避追捕而成功「抵壘」的人數突然增加至三萬人，而在一九七九年更劇增至近二十萬人，僅在一九八〇年頭十個月，成功「抵壘」人數亦已達十五萬之多。

直至一九八〇年末，港府取消「抵壘政策」，實行「即捕即解」將所有非法入境者遣返中國。根據統計由一九七六年至一九八一年五年間，由中國到香港的合法及非法移民合計共達四十八萬人，相當於一九七九年香港總人口的十分之一。

當年廣州與香港之間的珠江三角洲成為偷渡必經之地，偷渡路線分成兩條，一條通往大港（香港），另一條通往「馬交」（Macau，即澳門）。

這兩條路線每一條又分為水陸兩路。

陸路「馬交」線多從石岐（中山市）下翠亨，經三鄉、坦洲至前山，越境到澳門。

「大港線」陸路又分東、中、西三線，西線由廣州下東莞，經大塱下長安、松崗、至西鄉、蛇口，泅渡深圳灣至香港。

中線由廣州下石龍，沿廣九鐵路南下經常平、樟木頭、塘厦、平湖，至此向南，可下橫崗至鹽田及布吉一帶，爬鐵絲網越過邊境。

東線由廣州至惠州，經馬鞍、秋長或淡水至坪山，泅渡大鵬灣至香港。

水路多以珠江沿岸大小村鎮為出發點，廣州的黃埔、琶洲，右岸的番禺、魚窩頭、萬頃沙至南沙十八涌，或從左岸的道滘、虎門乘漁船或小艇出伶仃洋，這條水路左可往香港，右可往澳門。

還有另外兩條水路，也可從江門經鬥門或由汕尾乘船前往港澳。

另外一條路線是利用廣九鐵路爬運輸供應港澳物資火車偷渡，這是各條路線之中最晚形成的偷渡路線。

當年廣州的偷渡者發明創造了一套「暗語」。「暗語」一詞，民國時代稱之為「切口」，一九二四年上海東陸圖書公司曾出版過吳漢著的「全國各界切口大詞典」，書中收錄全中國社會各界暗語，其中有「粵妓之切口」專章介紹廣東風月場所的暗語。今後若有人重編再版「全國各界切口大詞典」，絕對應該添加「粵人偷渡之切口」這一章。

可以這樣說，不懂得流行於省港澳的偷渡暗語，就不懂得偷渡。

當時的偷渡客將偷渡統稱為「校腳」、「起錨」或「督卒」。

由水路偷渡稱為「著屐」、「屈蛇」，從陸路偷渡稱為「操路」、「攀山」。密謀偷渡稱為「搭路」與「斟路」，中介稱為「駁腳」，行動前鍛鍊身體稱之為「操兵」。

曾經多次偷渡者被譽為「老卒」，或「盲公竹」，因熟悉地形、經驗豐富，受到一些有意「督卒」者的尊重與追隨。成功抵達香港者叫「到左」或「生左」；失手被擒者叫「衰左」。在水裡被抓上船是「撈蝦餃」，進收容所叫「入格仔」，在牢裡有幸被上背銬，還有個很詩意的名堂：「美人照鏡」或「蘇秦背劍」，如果你戴的是土製手銬，它還有一個非常洋氣的名字：「土羅馬」。

將偷渡食品等物品藏在出發集合地點稱為「掟堆」，偷渡過程中要找地方隱蔽休息叫「埋堆」，理想的藏身地點叫「堅堆」，容易暴露的地點叫「流堆」。抵達邊境稱為「到邊」，越過鐵絲網叫「撲網」，爬火車叫「攀火龍」。邊防軍的狼狗叫「大貓」。關偷渡犯的收容站以樟木頭與廣州沙河為最著名，故前者稱「樟木櫳」，後者為「沙家浜」，裡面的管教「大金牙」、「細金牙」與「曲尺」，每一個綽號都令落在他們手中的偷渡客生不如死……

去探監稱為「拜山」，因籌劃偷渡要回城的知青，往往要東躲西藏，稱為「曬飛」或「曬飛格」。公安員警稱為「老二」、公安便衣叫「灰佬」，向公安舉報偷渡的告密行為被稱為「點灰」，被捕後報假名假地址稱之為「報流」，如此類推，真正可行的偷渡路線稱之為「堅野」，那時很多人靠一張嘴巴瞎編胡謅的稱之為「流料」。

暗語成為一種特殊的語言，方便了偷渡客之間的聯絡與交談。

一些幸運兒逃出生天的消息很快就傳開，會有親友來家中探訪，恭喜祝賀，但都是悄悄的，不可喜形於色，只能偷偷竊喜，不過整個家從此都有一種洋洋的喜慶貴氣。也有人「起錨」之後杳無音訊，一去不返的，在港澳親友多方查找沒有著落，大陸這邊收容站又榜上無名，家人接不到「拜山」通知，如是等待數月備受煎熬仍沒有消息，便可以估計此人應是歿於偷渡途中了。

永遠都沒有人知道，這些年輕人究竟是埋骨青山，還是葬身魚腹？而他們的父母家人，明知道自己的孩子沒了，還要瞞著單位、街道居委會和派出所，不敢報人口失蹤，不敢設立靈位，也不敢流露半點悲傷，只能在夜深時分一家人哀悼亡靈，相擁而泣。

文革初期，「督卒」均以「投敵叛國」罪名論處，偷渡者受到嚴厲處罰與殘酷迫害，包括批鬥關押、處以徒刑或勞改勞教。直到一九七〇年後，周恩來總理指示將無限上綱的敵我矛盾「投敵叛國」，改為人民內部矛盾的「非法探親」，對「督卒」者的處罰才開始略見緩和減輕。

偷渡方式從步行與坐船，後來發展到乘火車，稱為「扒火龍」，也有人自稱「鐵道游擊隊」。此事可以追溯到七十年代後期，廣州一批知青與待業青年，與湖南衡陽一些本地人搭上關係，由廣州北上至衡陽站，通過鐵路內應，潛入往港貨車內偷渡。趁前往香港的貨卡裝滿貨物仍未發車，在用火漆印封門之前，安排偷渡者潛入車廂，在貨物中騰出一塊藏身之地，帶上飲水食物以及盛裝排泄物的塑膠袋，匿藏到火車進入港英界內再現身。

遇上誤點或鐵路故障，貨車滯留邊境多日再過境，抵達香港後，海關人員打開車廂鐵門檢驗，經常會發現焗死、被塌下貨物壓死或凍餓致死在的偷渡客屍體。有許多偷渡者為逃避港英海關的緝查，在火車行進中跳車逃生，喪生輪下輾成肉泥者有之，活活摔死者有之，跌傷致殘者亦有之。

這一時期「扒火龍」抵港的青年，有的成為「大圈幫」，亦稱「旗兵」的主力，其中亦摻雜一些湖南青年，俗稱「湖南仔」，這些人後來都成為港澳黑社會新興勢力。

之前偷渡客的「九死」，如果再加上喪生車輪下的「輾死」，應該改為「十死」，許是粵語中「十死」與「實死」諧音，為避免講成不吉利的「實死有生」，遂仍沿用原先的「九死一生」。

咫尺之遙的省港兩地，數十年前因政治原因曾發生過這麼一段飽含血淚的歷史，曾親歷其慘境者不下數百萬之眾，在投奔自由的過程中，千辛萬苦、生死考驗，畢生難忘。其中或有人是受文化與寫作能力的限制，無法通過追憶記述還原這段歷史，而更多的人因種種緣由，視自己九死一生的遭遇為一己私事，絕口不提。中華民族歷史如此漫長繁浩的巨卷，因缺其一頁而欠翔實，永遠是一種不夠完整的遺憾。

在這裡記寫下我偷渡的經歷，謹為這一段湮沒的歷史留下注腳。

在一九七二年一月某個冬日凌晨，經過八天八夜晝伏夜行，我和同伴終於來到距離邊境不遠的地方。

人，原來是可以聽到自己心跳的！

一月的風是那麼地冷，與建華一起匍伏在寶安鹽田公路旁邊，手腳凍得發麻，不知何處曬穀坪上響起開工的廣播聲，幾輛單車緩緩經過，搭車尾的村姑「咯咯」笑著，有人唱起客家山歌調情，他們和我倆距離這麼近，甚至可以嗅到村姑身上俗不可耐的香皂味。砂石鋪成的公路兩邊長滿高高的茅草，鋒利的葉尖，劃破了我的皮膚，此時我聽到一陣陣強烈的「澎！澎！」聲，像一面大鼓在耳邊擂響，幾乎震破耳膜，這居然是來自胸腔裡心臟搏動的聲音。

寒夜裡村姑歌聲漸漸遠去，「澎！澎！」巨響顯得格外可怖，我擔心村姑會聽到聲響折返，只有一個迫切願望：自己的心跳能夠馬上停止！

我臥在濕冷的草叢中，喉嚨乾灼，絲毫不覺得飢餓和疲憊，大量的腎上激素使我保持高度亢奮，恐懼喚醒了每一根神經末梢，我彷佛化身為一隻高度戒備的野獸，繃緊全身肌肉，伺機撲出最後一擊。

九天之前，我和好友建華與另外三名偷渡客在惠州馬鞍付近出發，經過整整一周跋山涉水南下，在全部口糧僅餘最後一袋豬油砂糖炒麵粉的關頭，那些人竟盜走口糧拋下我倆自行離去，我和建華斷糧後陷入絕境，決意離開隱蔽的山林，沿公路直奔邊境。

我們本來走的是東線，現在變成了不分東南西北的橫衝直撞。

選擇由東線「督卒」的理由，是我的身材過高，太惹人注目，所以只能在惠州付近的馬鞍「掟堆」。而選擇春節前「起錨」，是因為「督卒」高潮多在夏秋兩季，入冬至仲春因海水溫度下降，不利泅渡，故偷渡客驟減，邊防巡邏及沿途民兵守衛亦多有鬆弛。

這次「督卒」找到馬安公社的知青阿仁、阿蓉作內應，預先付錢給他們幫忙準備乾糧（用麵粉加入砂糖和豬油炒熟）、雨衣、藥物等物品，出發前一天他倆已在約定地點「掟堆」，將行裝預先埋藏好。

這個組合從一開始就存在許多變數，建華是「老卒」，和我肝膽相照，我倆苦於無人在理想地點「掟堆」，阿仁與阿蓉是知青情人，在馬鞍務農可就近「掟堆」，但需要「老卒」引路。彼此互有依賴所求，惟缺少同生共死的一股勇氣。

矮胖的阿蓉又有身孕，建華說為了照應她，行動將會十分緩慢。在最後一分鐘，隊伍裡竟然多了一個大近視的阿華，弱不經風，呆頭呆腦，那都是阿仁阿蓉的主意，想改變也太遲了。

我們的行裝中最特別的是一隻兩米長的自製橡皮艇。從六十年代末起，為防止民眾偷渡，廣州大小商店、百貨公司，一律憑單位證明購買救生圈、指南針、醫用膠布，球膽、汽車內胎。我發揮造假功夫，仿冒出幾能亂真的單位公函公章，在上九路醫用器材商店買到六米多醫用膠布，經一番剪裁，以修補車胎膠水粘合之，居然自行製作出一只有雙氣囊的橡皮艇，外型方頭方腦，我覺得她有點像諾亞方舟。

我們的「諾亞方舟」在白雲山大金鐘水庫處女航，時值十一月，南國早冬尚不冷不熱，我等一上船，水已浸入，腰部以下盡濕透了。四人以乒乓球拍作槳，奮力划船，卻如蟻蟲蠕行，未足三十分鐘幾近凍僵，上牙磕下牙，不能言語。待眾人力竭勉強劃回岸邊，只行進了五百米，計算起來時速未達兩公里。用這艘單薄又笨拙的自製橡皮艇，要在寒冬裡渡過大鵬灣滾滾波濤，簡直近乎兒戲，形同玩命。

可是我不打算放棄，卒仔過河，只進不退，這卒督定的了！

行前把詩湄交托給亞女，得悉我要偷渡，她亦動容，欣然答應接回女兒，更不再催我辦理離婚，她母親也態度立變，還找來一隻活雞，吩咐她提來我家，宰了之後燉出一鍋雞湯來為我們餞行，建華同我飽餐完畢，就往長途車站去了。

臨別前亞女叮嚀再三，要我倆一路相互照應，直教建華感動得兩眼含淚。

車到惠州，天色尚早，與建華去了西湖，六如亭頹坍，王朝雲墓被毀，景色原先極佳的西湖一片死寂，我倆在湖邊歇息，為了偽裝我背了一個寫生夾，最滑稽的是我身上還揣著退伍軍人證書，上面有一九六四年國防部長林彪的簽字。我們在作準備偷渡之時，這位副統帥早在一九七一年九月折戟沉沙溫都爾汗，帶上這麼一位也是歷史罪人頒發的證書，到底有利還是有害，我相信自己根本沒有想清楚。

走出馬鞍不到幾公里，建華便領著大家背著沉重的自製書包，進入丘陵山林，我們沒有任何指南針、地圖之類的東西，各人只有一個信念：向南！因為香港在南面，所以我們向南！

面前是南粵大地一望無際的青蔥山巒，還有河溪密布，阡陌縱橫，以及數不清的村莊。為了避免被人發現，從這一刻起我們只能在夜行日宿，遠遠避開村莊，盡量往深山野嶺裡鑽。關於這些之前都在偷渡客的故事裡若有所聞，但如今輪到自己揹著行裝，在昏暝暮色中走上這一條生死未卜的艱險征途，想到它通向自由，但也可能通往劫難甚至死亡，我的心充滿惶恐不安。

回首望了惠州萬家燈火最後一眼，腦海裡浮現兩歲的女兒可愛的臉龐，還有在幹校的父親、在山村的母親和妹妹，甚至在我五歲時就失去的爺爺，唯獨沒有出現過亞女的面影。

按照偷渡客的傳統，出發之後過多回頭意味著自己會被抓回來，所以我抑制住自己，沒有再回頭。阿蓉掏出一些蘋果與桃子分給大家，山林裡飄著水果芳香，大家邊走邊吃，在心中祈求平（蘋果）安逃（桃子）港。

山勢漸漸變得陡峭，腳下無路，建華在前面「開路」，以手撥枝丫，腳踩茅草，五人魚貫向前。我尾隨建華，聽他指點一些竅門，譬如黑暗中走夜路，如見地面反白，可能是石塊也可能是水。問他如何分辨兩者，他說白色而又反光的必是水，否則則是石也。

那晚的月色極亮，夜空彷彿懸著一盞碩大無朋的明燈，我們一行人走在高山的山脊上，山間無樹，茅草叢生，月色下五人的影子都是鋼青色的，我們的腳步掠過隨著山風起伏的草浪，一直向前。我神清氣爽，意氣風發，羅曼蒂克的文藝病又發作了，如果不是山下閃爍著幾點人家燈火，我真的以為自己是在旅行，正在進入神仙境界。

建華提醒大家，幾乎每個「新卒」剛上路之際都會有這種亢奮，但只有堅持繼續往前走，方見真章。

凌晨之前大家「紮堆」，由建華選了半山腰一片灌木林，半高不大的小樹分佈在相當於一個籃球場的面積裡，枝葉交叉纏繞蔓生，交織如網一般稠密，人畜皆無法進入，十分安全。五人分成三組鑽進去紮堆，阿仁和阿蓉一堆，我和建華一堆，阿華獨自一堆。

建華熟練地選得一處低窪之地，搜集落葉枯枝，以少許鋪地，我們都穿上了雨衣躺下，身上再覆蓋以枝葉。安頓好後各吃了幾撮炒麵粉，飲水，業已覺得疲倦，很快就睡著了。

我睡得很熟，醒來時已是正午，睜眼就見在我頭上的搖曳樹影，冬日照在身上只有極微的暖意，山谷吹來的風很冷，還帶來潺潺水聲。身邊不見建華，我低聲問阿仁，知他去了取水才放下心來。

建華提著兩隻軍水壺鑽進樹叢，目光一掃，發現阿華的堆是空的，焦急地抱怨：「說好紮堆之後不得隨便出去，遲早被他累死。」

那阿華許久才回到樹叢中來，大家質問之下，他說自己拉屎去了。「埋好了沒有？」建華追問阿華，新鮮糞便易招來畜犬，引起村民注意，所以一定要埋好以免散發出臭味，這種經驗阿華哪裡會有，阿仁作勢要踢他，他才再次爬出去善後。

不料才半小時，這阿華又內急要爬出去解決，先後四、五次，原來這廝拉肚子了。偷渡客最忌腹瀉，迅速損失水份、營養，就會失去前進的力氣。讓他吃了幾種止瀉藥，阿華仍是滿臉痛苦的模樣，又瀉了數次。阿仁阿蓉自是罵他「累街坊」。

黃昏後眾人整理行裝，趁著夜幕降臨繼續出發，山勢愈顯崎嶇，路亦愈難行，建華連續開路兩夜，雙手已鮮血淋漓，臉上也傷痕累累，體格極為壯碩的他也疲態畢現了。

第三夜，我替下建華在前面開路，群山鮮見完整大樹，拜一九五八年大躍進全民煉鋼所賜，大小樹木都被濫伐殆盡，禿山荒野叢生出荊棘與齒蕨類植物，高及下巴，寸步難行，我以雙手撥之，被割傷劃破，乾脆兩手環抱，以身軀衝破樹籬，如蠻牛開路，行過之處，草木倒伏，可容一人通過，阿仁笑稱，這將是有史以來最好的「卒路」。

行進中發現了一條「卒路」，我蹲下檢視被人踏倒的山草，葉片萎黃中仍殘存綠色，在草叢中有一個煙頭，半張包食物的舊報紙，盛「濟眾水」的小藥瓶，這一種黑色的藥液不僅有神奇功效，而且它的味道會令喝過的人畢生難忘。在深山發現的這麼一點痕跡，就是我們那些奔向自由的卒友弟兄留下的，一隻煙頭、空藥瓶、舊報紙似乎在告訴後來人，你們選準了方向，走對了路！

隊伍裡每一個人都感興奮莫名。

沿著這條「卒路」走了大約兩三公里，所有的痕跡都消失了，人高的山草如牆攔住去路，他們走到這裡為甚麼沒有再往前，成了永遠的謎。

阿華也消失了，轉入一片山林時我們沒有等他，他也沒有追來尋我們，漫漫黑夜裡，彼此就這樣在深山裡分開了。從此我就再也沒有見到過這位年輕人。

山中風景極美，山坳開有桃花，雪白泛著粉紅，一溪清流，從滿谷青石中漫溢下來，使人忘卻自己正在冒死偷渡逃亡，似是好友把臂同遊，深山漁樵對話，留連山美水美勝境。我舀起冰涼清甜的溪水，分食炒麵粉，真是有生以來最難忘的美味。在深山人跡罕到之處，幾人共患難數日，也開始說起一些閒談之外的知己話來。

阿仁、阿蓉下鄉三年多，當地土地貧瘠，始終無法吃飽，阿仁評為二級勞動力，出工一整天只掙得九個工分。村中一共十九個知青偷渡，淹死了兩人，失蹤一人，一個墜崖跌致終身殘廢，八人成功去了香港，其餘的被抓回來。他倆原先幫人「掟堆」賺些錢，待阿蓉有了身孕，實不忍孩子生下來就是農村戶口，所以下決心一走了之，只盼能讓孩子在香港出生。

建華最年輕，還是在校學生，他只想離開大陸去嘗試另一種新生活。

我的故事最曲折，阿仁、阿蓉聽後很感動，兩人十指緊扣，為自己能患難與共慶幸，為亞女的寡情薄義嘆息，他們說這個故事在香港可以拍成電影。我覺得亞女其實也是受害者，一樣可憐，她只不過想為自己找一條出路罷了，建華聽了立即表示贊同。

環顧山中溪邊這幾個年輕人，經過幾天的夜行晝伏翻山越嶺之後，個個臉色鐵青，形容憔悴，身著的衣褲也被掛破撕裂。

是甚麼把這些年輕人逼上這條以生命搏取自由的險途？

阿華不在，沒能說出他的故事，這個戴眼鏡的年輕人並沒有給人留下多深的印象，建華、阿仁、阿蓉很快就忘卻了他。我心裡卻一直自責不安，也許這是自己一生中做過最殘忍的事，把一個不知所措的同伴扔在了荒山野嶺，為此我深受良心責備，畢生不能原諒自己。

背上的書包愈來愈重，因為不停地走，走的又是一些不平的路，雙足觸地便痛，從痠痛漸漸變得不痛，麻木、機械地左腳邁一步，右腳再邁一步，走下去，向南走下去，向著我們渴望的自由一直走下去。

在第四夜，沒有月色，我在隊伍前面蠻牛式開路，行進間我和建華突然在一片漆黑中墜下，焉知這是懸崖還是絕谷，在空中我直呼此番休矣！豈料我倆跌入一道很深的山溝之中，溝裡長滿碗口般粗的棘竹，不知這是何種毒樹，竹身上盡是長達逾寸的尖刺，狀似魚鉤彎曲，扎入皮肉即自行折斷，那倒鈎刺就留在人身體內，傷口很快潰膿。

我倆從溝裡竭力擺脫棘竹圍困，掙扎著往上爬，衣褲俱爛，連鞋底也被竹刺戳穿，遍體火燎一般灼痛。爬上來後環顧四週，如同置身魔界，我們被陡峭的石壁包圍住，老樹蟠曲作張牙舞爪怪狀，更見許多巨大的岩石歪歪斜斜危危欲墜，似乎剛剛經歷天崩地裂，極其恐怖險惡。

穿越這個詭異的峽谷，步步驚心，足足走到天明才完全走了出來。

那天「紮堆」之後，建華用小刀替我挑出竹刺，從一隻手掌心裡就挑出了二十多根竹刺，此後這些傷口一直流著青黃色的膿液。

第六夜，我們走出了山區來到龍崗平原，前面有一條寬不到兩百米的河，河對岸有兩條很大的村子，數百農家清一色黑瓦屋頂黃泥磚牆，清晰可見。兩村之間隔著一片約四百多米的開闊地。

無論如何必須在黎明前渡河，唯一捷徑就是從兩村之間穿過稻田，登上後面一座小丘陵，丘陵的那一面就是邊防區了。

我等開始涉水渡河，河水冰涼徹骨，兩腳一泡在河水裡感到寒意砭骨，河床是泥砂石礫混合而成，最初三、四十米水僅及膝，再往前水就深了，迅速沒頂，接著就變得深不可測。嘩嘩水流非常湍急，阿蓉游到水中央就沉了下去，建華急急游過去托起她，她的書包卻沉沒在河裡了。

我們彎腰小跑穿過兩村之間的空地，村邊的芭蕉林在晚風中簌簌作響，從那些門窗緊閉低矮的農舍裡，傳來陣陣犬吠，此起彼伏，也不停歇。農舍裡有人推開板窗，昏黃的燈光照射出來，我擔心是否有人發現了我們，但建華要我放心，說那些燈火可能是早起的農婦點亮的，但是如果看見許多手電筒四處亂照，那就要小心了，因為這裡村村都有民兵，他們特別熱衷於抓偷渡客。

穿越兩村之間的開闊地花了十多分鐘，去秋收割遺下的稻梗，在腳下窸窣作響，破陋的屋舍，荒蕪的農地，露骨地呈現出這年頭的凋殘，皆因當地鄉間壯丁紛紛逃港。

那些狗吠實在令人心驚肉跳，也使穿過村莊的短短路程顯得十分漫長。待我們翻過一道山脊，在陡峭的山坡上「扎堆」，東南方天際層層密雲的間隙，已出現微弱白光，天快亮了。盤點口糧，阿蓉過河丟失的乾糧足有四公斤之多，這個損失使大家缺少了整整兩天口糧，如今只剩下建華背包裡最後一袋了，估計只能讓我們四人再支持兩天。

阿蓉體力不支，可能會使整個行程再延長三、四天。我建議從現在開始節省口糧，定量分配，各人都無異議。

入夜後開始下雨，天雨是最佳的掩護，哨兵的能見度與軍犬嗅覺的靈敏度都會下降。我們要趁下雨加快前進速度。

山草濕滑，手腳並用，爬上去三、四米，卻滑跌退後一兩米，阿仁阿蓉邊爬邊抱怨建華，把大家領到如此難走的山路。但是當我們登上山頂，才看清楚山的左右兩邊全是村莊星羅棋布的平原，惟此山一直延伸往西南，大家才明白，建華選的這條路是唯一可行的路。

我們經過整整一星期的跋涉，吃得太少，體力下降，背包變得越來越沉重，建華揹著乾糧和橡皮艇，又擔任開路，是我們之中最受累的一個。

從山頂眺望，萬頃平疇與天際交接處，已經可見波光粼粼，如果能夠順利穿過這片平原，自由就近在咫尺了。

第八夜順勢下山，從由此再往前，直至海邊都是平原，只有一些無法藏身的小丘陵，村莊一個接一個，我們只能從農田中穿行，所到之處，引起陣陣狗吠，可慶幸的是沒有一扇門窗打開，也見不到一個人，在那個陰雨綿綿的黑夜裡，仿佛整個世界都著了魔法般沉睡著。

天快亮了，我們焦急萬分找了許久，都無法決定在哪裡「扎堆」，機靈的建華發現一片木麻黃樹林，林中有四個長方形深穴，恰好可供一人平躺，建華選了一處比較乾燥的空穴給我，墊了些枯葉在穴底，軟綿綿的還有一點彈性，我開心地躺了下去，蓋好雨衣合上眼睛。此時聽阿蓉一聲驚呼，睜眼便見阿仁站在穴邊，居高臨下俯視著我，陰惻惻冷笑。從我的角度仰望，他就像送殯之人，只差拋一撮泥土下來了。

我迅速爬上地面，只見阿蓉渾身發抖，戰兢兢用枯枝把一根褐黃的枯骨撥開，建華取出三根香煙點燃插在穴邊，跪拜時口中還唸唸有詞：「先人有怪莫怪，今為求前程路經此地，借用寶地藏身，求前輩保佑我們順風順水到達大港！」

我等棲身之處原來是廢置的墓穴，依當地村民葬俗，死者安葬入土後三年便要「起山」，由專人「執骨」，將骨殖收撿於瓦埕之中存放，我剛才躺進去的止「起山」後的空穴，我立刻全身毛髮倒豎。足下之穴，土色如新，應是「起山」不久，穴壁上清晰可見鋤鑊印痕。建華拜罷，跳下墓穴大睡，我亦躺回穴中，想起連日長途跋涉千山萬水，與幼女還有父母家人的生離死別，我所經歷的奇冤屈辱、妻離子散的慘澹人生，今時今日竟要藏匿荒塚，棲身棺穴，如此冒死赴難，只不過為求一線生機，我雙手合十誠心祈求上天庇佑，更寄語曾經埋葬穴中的亡靈相助，使我等如願抵港，從此脫離人間煉獄。

凌晨時分下著細雨，建華推醒了昏睡中的我，他發現阿仁、阿蓉帶著最後的口糧和橡皮艇偷偷溜走了，禍不單行的是，此刻突然有人鑽進樹林，用槍刺撥開我倆身上的枯枝落葉，三個穿黑衣褲的民兵持著步槍瞄準我們，聽到拉槍栓的響聲，我條件反射地盡可能高高舉起兩手。

一個戴著褪色軍帽的漢子蹲下來問我：「從哪裡來？」

「廣州！」

「想去香港？」

「是！」

「你當過兵？」他注意到我身上的舊軍棉褸，接著盤問我在哪一個部隊服役。當他知道我曾經在體工隊當過球員，戴軍帽的撥開兩支指向我們的刺刀，示意那兩個黑衣民兵也蹲下，繼續問我「你原來是哪個部隊的？」

「廣州部隊，就在沙河頂的軍體院裡面。」

「你可別騙我？」戴軍帽的瞪起兩眼：「你說，體工隊在哪裡出操？」

我一一娓娓道來，當我講到文革前羅瑞卿總長陪同朗諾訪問軍體院，觀看偵察系學員搏擊對打表演時，他伸手過來拍拍我肩膀，笑著說：「我那時就在偵察系，我還見過你們男籃練球哩！」乖巧的建華看見氣氛轉變，連忙掏出「豐收」香煙，點燃敬上，戴軍帽的接過去猛吸了兩口，嘆氣說偷渡實在太危險，幾天前在海邊就發現幾具浮屍，臉都讓魚啄爛了，都是年紀輕輕的青年。「依你這麼好的條件，弄個教練當當豈不更好？」他上下打量我，也不知為什麼，此時我的眼淚忍不住簌簌流下來。

戴軍帽的嘆了口氣，捺熄煙頭，接過建華遞上的三十元人民幣，起身帶著手下離去，一邊還自言自語：「欺山莫欺水，這種豐收牌香煙太差勁，到了那邊就抽上萬寶路啦！」

建華和我都不敢相信這麼容易就脫險，他還肯定戴軍帽的最後那句話，是在暗示我們，一定要走陸路，不要下水，因為這裡距離香港不遠了。阿仁拿走了橡皮艇，走水路邊不可能，即使戴軍帽的不給我們這個暗示，建華和我也只剩下陸路這一條可走了。

邊境一帶民兵暗哨多如牛毛，我們繼續繞道小心翼翼避開村莊前進，走走停停，可能還需要再走一兩個晚上，反正彈盡糧絕，我和建華最後決定冒險一搏，直接走上鹽田公路，前往深圳附近從梧桐山越境。

第九夜，雨突然停了，午夜後的黃泥公路上，只有我倆急促前行，連續步行了三個小時，可見西南方那邊的天空如日出般光亮，那是香港萬家燈火輝映而成。

再過一兩小時，真正的日出時刻就會到來。此刻公路兩旁都是水稻與河涌，似無盡頭地一直延伸到遠方。村屋農舍很密集，天色微明下的瓦頂，已見炊煙裊裊，喔喔雞啼，聲聲催告追魂，提醒我們「天快要亮了！天快亮了！」

一陣陣「叮令！叮令令！」車鈴聲漸近，隱約聽到男女笑語，我和建華迅速離開公路，匍伏在香茅之中。此時我倆已步行九日九夜，距離香港最多不過兩小時路程。就是在這裡，我聽到了自己心臟的跳動聲。

避過這一隊人，繼續走了不遠，建華和我已經十多小時沒吃過任何東西，體力消耗殆盡，無力邁開步子，兩腳發軟，實在無法前進，我們只好躲進了一間低矮的豬舍，又餓又累地偎依在一起昏睡過去。

雞啼聲中，豬舍的破木門「咿呀」開啟，走進來一個披頭散髮的村姑，手捧一盆冒著騰騰熱氣的豬食，她見到我們，手一鬆那盆子掉落地上砸碎了，村姑奔出豬舍尖聲厲叫：「捉特務呀！捉特務！」我頭一次領教客家方言的威力，我懷疑「特務」這一錯覺，是因為我身上這拔綠色軍棉褸。

持槍民兵率十餘村民荷鋤握叉迅速掩至包圍豬舍，喝令「舉手投降！繳槍不殺！」我倆無槍可繳，惟有舉手而出二人，有人一見我和建華便大失所望：「嗤，又係偷渡佬，唔係特務！」村民四散下地掙工分去了，留下民兵處理我們。

我們被勒令蹲在豬舍裡，那村姑離去再返，梳洗已畢，還蒙了一塊藍花布頭巾，我也不明白她打扮一番來見兩個偷渡佬所為何故，只猜忖那是女人天性使然吧。

村姑又煮來一鍋豬食餵豬，她也給我倆帶來白米飯，用瓦砵盛滿，上面還加了一些客家鹹菜和魚乾，她用衣襟拭乾兩對木筷遞過來，就在她忙著餵豬的時候，我和建華吃光了這頓美味的早飯。飯後我倆被綁住雙手，坐上「突突」直響冒著濃煙的手扶拖拉機，被送到公社，然後再轉送去寶安移交收容所。

在顛簸得很厲害的拖卡裡，還綁著一頭帶去獸醫站閹割的黃牛，它瘦削的身子不停地趾撞我們，拖拉機在公路緩緩行駛時，西南方那一脈青山越來越近，那就是香港，甚至已經可以看見粼粼波光的海灣，它曾經無數次出現在夢境，我們離自由近在咫尺……建華沮喪失望，被荊棘劃破的臉緊貼在欄杆上，臉色死灰，那上面有著與年齡不相稱的滄桑留痕。收容所的大門打開了，我深深再吸一口氣，那是海水的鹹腥味、牛糞、草香與田園清風的混和氣味，但也是最接近自由的氣味。

大門關上了，那一脈青山還有海灣也從視野中消失了。

第十九章　進收容站

太陽升起來了，落在這個與香港只有咫尺之遙的收容站大院裡，撫照著一片黑壓壓蹲著的人群。四周的磚砌院墻有三米多高，頂端居然拉有鐵絲網，想起廣州倉邊路準軍事級別的正式監獄，那高牆上的電網如琴弦一般緊繃筆直，眼前這鬆鬆垮垮的幾根生鏽鐵絲，實在連平常人家曬晾衣服所用的都弗如。

過去整整十天，做了不見天日的幽靈，入夜潛行，白天匿藏，如今我貪婪地迎向陽光，感覺到一種難以言喻舒坦的洋洋暖意。無處不在的陽光，也普照著院外的一脈青山，不久之前我們差一點就接近它，自由曾經離我是如此之近，現在它已經可望而不可及了。

寶安收容站是臨時關押偷渡客的地方，被捕的偷渡客在這裡只關一到兩天，一批走了，另一批又進來。在邊防水陸截獲的偷渡客，很多經歷九死一生，千辛萬苦才來到邊境，他們衣衫不整，有的還赤足，不少人因為掙扎、逃跑，遭受毒打和軍犬撕咬。有過這些恐怖的經歷的人，帶回來許多催人淚下的故事，經過祕密口耳相傳，數不清的轉述者又添加許多想像，再加上渲染發揮，也許令這些偷渡故事匪夷所思難以置信，但箇中包藏千真萬確的事實是毋庸置疑的。

在許多偷渡者的故事中，守邊防的士兵都被描寫成小眼睛的蒙古人，性情殘暴，動輒開槍，喜歡縱狗咬人，用槍托撞人，捉到你之後會把你關進狗籠，有些人因此自嘲，雖未到香港卻已到過「九龍（狗籠）」，在粵語中「九」、「狗」同音。入過狗籠的人都知道，在那裡面關得太久，即便放你出來，你也會像狗一般趴著，要過半天才能直起身子來行走。在收容站餓得天旋地轉暈倒的人，往往自嘲曾經光顧「旋轉餐廳」，充滿苦澀的幽默，彰顯出年輕人的大無畏，令人欽佩。

落在蒙古兵手中的確是一場災難，他們押解到寶安收容站的偷渡客，身後往往留下一條血路，那是年輕人淌下鮮血染紅的。

落到民兵手裡也不是甚麼好事，在邊防區山頭、公路與村口佈防的民兵，各守自己地盤，通宵守候，風雨不改，是苦差更是優差。許多偷渡客身藏港元、首飾，行裝中的鬧鐘、手錶、食物、雨衣、藥物、香煙、衣物也統統可以沒收，就地分肥。這跟下象棋吃掉對方全部棋子一樣，也叫「剝光豬」。一些民兵獸性大發，也會百般折磨，毆打偷渡客。偷渡客都很年輕，民兵見有貌美女孩者也「剝光豬」，還猥褻奸污之，僥幸存活者自不敢張揚，有些女孩在受盡蹂躪後還慘遭滅口。這一類的故事即使流傳，也十分隱秘，多在女性偷渡客中相傳，我也是從她們其中之一位口中聽來的，情節都很不堪，也極難啟齒。

有一個偷渡客告訴我，他和同伴行至「東線」深山被一班民兵追捕，四散逃走，他跑到了對面山上，那兩個女「卒友」是姐妹倆，一個十七歲，一個十九歲，被嚇得腳軟，束手被擒，受到虎狼一群凌辱侵犯，哀嚎慘叫聲響徹山野，遠近可聞，撕裂人心肺腑。

這對姐妹從此人間蒸發。

偷渡的年輕人之所以受到慘無人道的對待、污辱甚至虐殺，緣起於偷渡被定性為「投敵叛國」，即使後來修為「非法探親」，但「敵我矛盾」一念已經深植一些人的思想之中，你若偷渡就是背叛祖國，思想反動，貪慕虛榮，任何人有權打罵之、關押之，侮辱之與虐殺之。

一個人從偷渡到失手被擒，全過程之中，他所有的家人親友為避免受牽連，不敢吐露隻字，即使發現其失蹤或死亡，也不敢申報尋人。遭到毒打或受辱，更沒有人敢講出來或者加以追究。

可以這樣說，一個人如果離開家庭、鄉下或單位去偷渡，從他踏上這條路那一刻起，就只有聽天由命了。能到達目的地，算你命大，半路被抓回來沒有死掉，算你命硬，如果一去不返，人間蒸發，就只能怪你命苦了。

我一路上就是這樣跟卒友們說的：「聽天由命吧！」成敗生死，且都由命定，由不得自己了！

我進了收容站，第一件事就是想辦法如何活著出去！保住生命，才最重要。所聽到的故事裡，進收容站後不明不白死掉的事，經常發生。一些「老卒」告訴我，在收容站你只會遇到兩種人，管教人員與被收容人員，但這兩種人都有弄死你的可能，要活下去，只能打起十二分精神。

「被收容人員」包括偷渡客、盲流、乞丐、扒手、暗娼等等，這些灰色地帶的社會邊緣人物，他們的名字，進了收容站之後是可以跟粉筆字一樣被抹掉的。管教人員自身並不是執法人員，比幹警、獄卒身分更低，不少管教本身也有歷史污點，他們對行使自己權力表現出來近乎神經質的偏執狂燥，說明其內心的陰暗與扭曲。

我和建華經過了藍衣管教搜查，之前在客家婆的豬舍裡，所有稍微可用的東西都被洗劫一空，所以對我們的搜查只用了幾十秒，接下來進行簡單的登記，由你自報姓名、住址、工作單位，負責登記的管教也不同你計較，只關心你的地址，因為收容站只想把你遣送回原來的地方。

你會受到警誡，一旦假報地址姓名，把你遣送了另一個錯誤的地方，你很可能從此被人遺忘，腐爛在某處，這就是對你浪費國家的人力物力的懲罰。

所以為你自己著想，最好從實招來。我當然如實申報，誰不願意早一些回到廣州。

我們被關進了「大倉」，水坭地面上佈滿爛蓆、垃圾，四壁積有塵垢，刻著歪歪斜斜的字，像塊大留言板，一些在這裡關押過的人，希望留下一些信息，讓失散的同伴瞭解自己去向。我和建華根本沒看，料阿仁、阿蓉二人也不敢在此留言，他倆偷去一切拋下我們這筆賬，還沒算哩。

這座倉房的人字型屋頂，從來不打掃，柱樑之間成了大蜘蛛的安樂窩，織出的蜘蛛網有雨傘般大，非常完整無缺。

沿牆坐臥著三十多人，都很年輕，見我倆進倉，也沒有人理會，即便有目光掃過來，也是冷冷的，很是漠然。一屋人只是靜靜地眈著，彼此很少交談。這些人心裡明白，最多關一兩天就要押往原居地收容站。歷盡千辛萬險好容易才到達邊境，功虧一簣失手就擒，或被軍犬噬咬，或受鳴槍示警，人人都驚魂未定，實在沒心情同任何人搭訕。

廁坑旁邊還有一小塊空地，滿佈尿漬，臭氣薰天，大家都嫌太臭無人佔用，我和建華草草整理一下，所謂整理，不過是用腳掃了掃地面，就躺了下來，我距離三十多人拉撒之處實在太近了，廁坑裡積滿糞便尿液，大群綠頭蒼蠅，正忙著享受它們的盛宴，一邊滿意地嗡嗡稱快。

有排泄物溢滿流將出來，幾條尿液形成的支流，正迅速地越過二十公分高石階，形成一道小小的瀑布，落到地面之後，輕快地向我這個方向奔來。我嘗試用腳跟刨起塵土，築起一道小小的堤壩，改變尿的小溪的流向。我的努力成功了，那些尿的小溪改道，向我對面的卒友棲身之處奔流而去。在我追隨大禹實施治尿工程之際，建華發出了鼾聲，人的適應能力之強，再次得到了證明。

那天的晚飯欠奉，只得在饑腸轆轆中昏睡過去，夜深忽聞十多下槍聲，並非一陣亂槍，聽得出是訓練有素的點射，岑寂中一聲，又一聲，再一聲，聲聲槍響，間隔只有數秒，槍聲帶著一股陰森的殺氣，大家都知道這是在向亡命越界的青年射擊，許多人睜大眼睛屏息諦聽，我的心緊縮著，一陣悸痛。

被槍聲驚醒後，再也沒有闔過眼。建華踡縮在我身邊熟睡著，近在咫尺的茅坑，有人黑暗中摸索著夜尿，臊味撲鼻而來。我睜眼望著那兩尺見方的鐵窗，那一塊小小天幕正由漆黑漸轉灰白，終於有曙光照進來了。

倉門大鎖打開了，管教呼喝眾人走出牢房。

「快開飯了！出去排隊，但不要站在前排。」建華緊張地同我耳語。

大院裡蹲著一列剛剛押到的偷渡犯，昨晚槍響，就是這班年輕男女「撲網」引起的。一個解放軍在和管教交談，另一個士兵解開綁人的長繩，那繩有十多米長，用它把這麼多人綁成一串，又讓每一個人無法解脫，也是一門學問。

有人挑來飯菜，盛在木桶裡，一陣香氣飄來，餓極了的眾卒友伸長脖子死死盯著那幾桶飯菜，像一群引頸張望的瘦鵝。

我們列隊報數，那管教只顧和士兵說話，懶得過來復核，只揮揮手示意「開飯」。

卒友們依次從地面自取一隻瓦砵，人稱「砵頭」，這種劣質瓦砵塗有薄薄一層黑釉，很醜陋粗糙。六十年代初我唸中學時，學校飯堂就是用這種砵頭製作「雙蒸飯」的。領了飯菜後只可以蹲著吃，不可以站，也不可以坐。

人人都吃得非常滋味，只有在這幾分鐘短暫的用膳時間裡，卒友們臉上有了些血色，才作交談。

「飯菜還可以嘛！」我嘗試跟建華開玩笑，他捧著那砵頭，正眼淚都快掉下來了。砵中一點點糙米飯上面，鋪著些鹽水煮的菜葉，稀罕的是竟然有七、八條小魚乾，還加了辣椒。自從昨天早晨在豬舍吃罷客家農婦施予的那頓飯，足足二十多小時滴水未沾，粒米未進，手中這一砵飯菜，三抓兩撥就吃光了。

收容人員和監獄裡的囚犯一樣，也有伙食標准，一天兩頓，平均每頓大米三兩二錢七。所以粵人相罵，往往咒對方去「食三兩」。食過三兩之人，方明白餓得半死不活的難受，這一種飢餓折磨直教人生不如死，進收容站後才感悟到罵人「食三兩」真是很歹毒的詛咒。

也有人吃不下的，砵頭未放下，已有一群偷渡客圍上來爭搶，作餓狗搶屎狀，立在一邊監視的管教也不喝止，只輕蔑地旁觀訕笑，把這當作了一種消遣。

我有過餓肚子的經驗，學會了忍耐，其實我比這裡任何一個人都要飢餓。念及自己是為求前程而冒死犯難，即便失敗，也只有再戰，我是「士」不是犯，斷無淪為豬狗爭食之道理。

管教命令蹲在牆邊的年輕人們站起來，一個留長辮的女孩顫抖著站起來，她很年輕，長得也很美。我只能望見她的側面，女孩的褲子被撕裂了，露出白花花的大腿，破碎的上衣只剩下兩粒紐扣，她低著的頭緩緩轉向我，此刻我和眾人都忍不住驚叫起來。

女孩子頭上半邊的頭髮和辮子全都沒有了，露出一大片粉紅色的頭皮，只能用手捂著，殷紅的鮮血從指縫流出來，她染血的半邊臉頰，因為痛苦劇烈抽搐著，女孩子只能用另一隻手護著自己裸露在眾目睽睽之下的乳房，她的衣褲只剩下一些碎片，裸露出少女苗條皙白的軀體，光滑的皮膚上遍佈傷痕血跡，還粘著許多泥巴與青草。

「一定是大貓咬的！」建華同我耳語，他的聲音都顫抖了，一片男卒友被眼前這個遍體鱗傷失去半邊頭皮辮子的女孩所震撼，她坦坦然從一大群男子面前走過，我們全體默默站立目送她，猶如告別一位遭受褻瀆的尊貴女神。

回到大倉，我們立即熱烈討論剛才所見駭人一幕，個個都對「大貓」有切齒之恨，一個年輕人還脫下長褲，讓大家看自己的舊傷疤，被軍犬咬過之後，他的大腿上留下一個凹下去的三角形深坑，總有四、五公分深，狀極可怕。為了對付軍犬，有人潛入動物園盜取老虎的糞便，欲籍「森林之王」虎威震懾惡犬。豈料老虎糞便更易被軍犬嗅到，反而暴露自己受到追咬、攻擊，此法可以制伏軍犬應該是訛傳。

也不知那位血肉模糊的姑娘如何清洗包紮傷口，只隱約聽到女倉那邊傳來陣陣慘叫，聲極淒厲，想必她沒少受罪。

第二天上午，我和建華等被押上了一部舊卡車，轉解往樟木頭收容站，自此一路向北，離我們渴望的自由彼岸漸行漸遠了！望著向後掠去的田疇，許多魚塘在陽光下閃著亮光，公路上有人荷鋤踱步，也有人肩挑瓜菜，更有三兩輛單車，尾架載著四、五個鼓漲的麻包，高高堆起過出騎車人的頭頂，幾部單車都搖搖晃晃，似乎下一分鐘就會失去平衡跌到河涌裡去，但是那幾輛單車就是這麼搖晃著向前，在卡車上看著他們愈去愈遠，甚麼事也沒有發生。

樟木頭收容站孤立在一片雜草叢生荒地之中，許多年後這裡改名為紅嶺北路。長年使用而不維修，使這一組設計拙劣的建築物，從來沒有漂亮過就變得醜陋了。經過五十年代蘇聯風格的熏染，從省城到鄉鎮政府造的房子，建築風格千篇一律，毫無美感，單調，方方正正，沒有任何裝飾，而且外牆永遠都塗有革命口號大標語。

眼前的收容站紅磚外牆上，就有這樣一條大標語：「加強無產階級專政！」

偷渡客把樟木頭收容站簡稱為「樟木櫳」，在裡面待過的人把它形容成煎皮拆骨的閻王殿一般恐怖，兩名管教「大金牙」和「小金牙」便是殿上索命的牛頭馬面。

鐵皮大門開啟，神祕的「樟木櫳」展現在我的眼前，中間一方紅土空地，四周有平房數間，分隔成八間倉房，每倉可容三、四十人。倉房窗口窄小，還安裝了鐵枝，門是鐵門，有很粗的橫閂，一律上拳頭般大的鐵鎖，每位管教腰間都別著一串大鑰匙，用來開這些巨大的鐵鎖。

十多個穿藍衣制服的管教在大院裡忙碌，我們奉命蹲下後，我一直好奇地尋找「大金牙」和「細金牙」，但所有的管教凶狠狠地，嘴巴閉得緊緊，沒有一個露齒的，看不出哪一位鑲有金牙。

在這裡早晚兩頓飯是「關鍵時刻」，稍不小心不僅皮肉受苦，還會吃不上飯，對於卒友們來說，是寧肯捱打也絕不想被罰停飯的。

管教吹哨集合，我等列隊報數：「一、二、三、四、五、六……」站在我身邊一個年輕人，張口把「七」報錯成了「八」。一個灰藍色的影子「颼」的一聲撲過來，碗口粗的竹槓子，擊中年輕人的後腦勺，「澎」的一聲立即倒地，接著往腰背、大腿一陣狂打，打得那人只抱頭在地上拼命打滾，帶起一團紅土塵霧。

又一名持大竹槓的管教站到了我面前，昂起的尖下巴僅僅觸及我胸口，嘴裡金牙熠熠閃光，我立刻乖巧大聲喊：「八！」他狠狠瞪我一眼，手裡的竹槓重重頓在地上，重重踢那還地上打滾的年輕人一腳：「連數都不會數，還想學人去香港？呸！」那挨打的人的耳朵裡正淌出血來。

這就是細金牙本尊。

我們吃飯的時候，挨打的那人被喝令不准吃飯，踡縮躺在地上不斷抽搐。建華拉拉我，神色凝重地說：「看看這裡的氣氛，你目標大，本來是想收拾你的，排在旁邊的那人報錯了數，替你擋了那幾棍，你要小心！」

大金牙出場了，他比細金牙高出半個頭，未算是虎背熊腰，但長得很結實。呼呼喝喝，露出滿口金牙，顆顆都是長牙，給這口長牙包金，大概要花掉牙醫加倍的黃金。大金牙手執一根木棍，驅趕我們來到收容站後面一座百米高小山之下，許多大小不一的石塊堆放地上，都是麻石，大的像臉盆，小的如籃球，我俯身拾起一塊籃球般大的麻石，沉沉的也有二、三十斤。

大金牙用木棍往山頂一指，命令我們捧石上山，二三百卒友紛紛趨前，各自挑一些小塊的，前前後後地往山上爬去，我抱石爬到了山頂，直冒冷汗，腹鳴如雷，再回望山坡上人頭攢動，眾卒友如蟻群一般，只把石塊又扛又抱，臉色鐵青，咬緊牙關奮力爬上來。大金牙、細金牙率領四、五個管教，隨後揮著竹鞭木棍驅策眾人：「快點搬！爬上去！」，「滾下來，再搬！」稍有遲緩者，立即鞭下如雨。有人滑跌失手，大呼：「小心！」那大石順著山坡連跳帶滾下去，眾人扔下石塊四逃，避之惟恐不久，這邊管教又撲過去打罵制止，哀號哭叫聲四起，那情景如見地獄門開，如同履刀山蹈火海一般可怖。

如是反復折磨，持續五日，苦不堪言。我們就像希臘神話中的西西弗斯，因遭天譴，被眾神懲罰推巨石上至山頂，石頭又滾落山腳，次日又不得不重新推。

「你們不是喜歡爬山去香港嗎？今天就讓你們爬個夠！」大金牙對「搬石遊戲」樂此不疲，情緒十分高漲。

我在樟木頭又重新登記了一次，一旦被登記，意味著已經列入遣送名冊，將要大起解了，想到不用再當西西佛斯，可以告別那座小山和大、細金牙，我和建華不禁擁抱起來。

大起解動輒數百人，最近每星期都要舉行一到兩次，從邊防區遣送的偷渡客源源不絕湧進樟木頭，最高峰時站內關押人數超過二千三百人。每倉原先僅可容四十人，現今要關百餘人，眾人不能坐臥只能日夜站立，莫說飯菜，連飲用水都無法供應，收容站被迫加快遣送速度。

我們四人一排蹲在廣場上，盛滿手銬的竹籮在地上排成一列，先要戴上手銬才能出發。細金牙拿來一隻「土羅馬」（自製手銬），把我和另一個很矮的年輕人銬在一起。

用八毫米薄鐵製作的「土羅馬」，鑽有洞眼便於調整寬緊，它雖然簡單，但那堅硬鋒利的薄鐵，能給被銬的人帶來難以形容的痛楚。身邊的矮個子手腕細，手銬可以收緊到最後一個洞眼，輪到了我上銬，粗大的手腕接觸到冰涼的鐵圈，感覺到它在收緊，本能地往回縮。細金牙瞪著我，故意「啪啪」把銬子收緊至最後一個洞眼。只過了幾分鐘，我的左掌就全腫了，手臂也麻木起來，每走一步，都痛心徹骨，只得盡量彎下腰，試圖減輕來自手腕的痛苦。

四人一排的偷渡客隊伍沿著公路走到火車站，細金牙命令全隊沿著一條空置的鐵軌蹲下，同時沒有忘記狠狠敲打那些東張西望的腦袋。

從羅湖開往廣州的廣九快車進站了，許多衣著光鮮的港客，伸出頭來張望蹲在路軌邊的我們，沒有人說話，也不指指點點，蹲在路軌上的年輕人也抬頭看著他們，彼此就這樣默默對望。

車窗裡扔下幾支濾嘴香煙來，引起一陣爭搶，卒友們又餓又倦，如驚弓之鳥，臉色蒼白，眼神閃爍，四下尋找地面上的煙頭，有人抬頭呆望列車上吃著早點的乘客，不住地吞口水，突出喉核上下抖動。

緊跟男偷渡客的是女偷渡客，被惡犬撕去頭皮和辮子的女孩也在隊伍裡，頭上傷口用一塊淺色的布包紮，她有一張秀氣的臉，早先的血跡洗去了。遠隔百米，我倆四目相接，這女孩目光清澈坦然，不露一絲恐慌。我彷佛受到莫名的鼓舞，忍著手銬帶給我的劇痛，拉扯著小個子，一起登上了火車。

廣州市收容站位於沙河十九路軍墳場之側，被偷渡客戲稱為「沙家浜」，持有廣州戶籍的偷渡客到了「沙家浜」，就由收容站通知工作單位來領人，如果是街道居民還要轉解到各區收容所，再由街道來領人。那些戶口或工作關係在外縣或外省的，便轉解去省收容站，再從那裡遣送到各地。

「沙家浜」也有一位讓大金牙、細金牙瞠乎其後的人物，名叫「曲尺」。此人早年因腰疾變得佝僂，彎曲成九十度而得名。曲尺長得比較胖，要能直起腰來的話也算是個高大的漢子，可是這些年來他都是這個形狀，像一把木匠用來度量的曲尺，背脊朝天形成一具天然的馬鞍，胸部與地面平行，為了保持這一奇特姿勢的身體平衡，他必須在任何時候都昂起腦袋，後腦勺和脖子又形成另一個直角，好像上天當初造他的時候，有意把他的軀幹扭成這麼一種古怪的形狀，要說鬼斧神工，眼前的曲尺就是一件「傑作」。

曲尺不僅外表扭曲，性格更是扭曲。他的凶狠，是廣州人所形容的「陰毒」，不聲不響，不緊不慢，但針針到肉，入心入肺，一邊施虐，一邊還很享受。

只要他往牢房門口一站，各倉的人立即鴉雀無聲，據說「曲尺」弄死過好幾個收容人員，對此沒有任何收容人員表示懷疑。

建華關在「沙家浜」唯一的一號大倉裡，我被關入三間小倉的二號倉。三間小倉的牢門都是三根大腿般粗的圓木構成，我們就叫它「三支香」。清末民初楊乃武伸出雙手來鳴冤叫屈的，就是這種古老的牢門，它的好處是非常通風，使狹小擁擠的倉房，空氣變得流通，管教又可以對牢內一覽無遺。

建華獲得選派外出勞動，一天辛苦後可掙得兩隻白麵饅頭，他就從「三支香」外面遞給我解饞。

二號倉居然很奢侈地鋪有木板，從寶安到樟木頭一路，睡的都是潮濕的泥地，身下的木板給我們的軀體帶來難以形容的舒適感，不過無數臭蟲很快就從縫隙鑽出來，百無聊賴之際，用指尖逐一殺死四逃的臭蟲，成為一種消磨時間的方法。

在靠近「三支香」的一角有隻木桶，供各人小便。若要大便，則要忍著，等到放風時間才有機會去廁所解決。我算了一下，從落網前一天起到現在，已經有整整一星期沒有上厠所了，同倉卒友勸慰我，他們都是一樣，吃下去的全消化了都不夠，哪裡還剩下甚麼可以排出來的。

靠著破牆坐下來，同卒友逐一打招呼，除了三兩個抱頭大睡，其餘人都很友善，我們彼此只問貴姓，除非是有意結交，否則都不提名字。關在二號倉裡的人很雜，有工人也有知青，甚至有黑龍江人。

躺在屋角的一個四方臉，吊梢眼，鷹鼻，蛤蟆口，我倆眼神一交接，就覺得看對方不順眼，建華說那人是貓命，而我肖狗，天生的對頭。

四方臉身邊跟著三個卒友，幾個人湊在一起開賭，用烟頭下注。他精於賭術，又出老千，贏了許多烟，便換些吃的，同倉不得不向討好她，四方臉就成了倉霸。我入倉後他要給我下馬威，讓我睡尿桶邊，我見對面有空位置，也沒搭理四方臉，就過去睡了。四方臉視此為對他權威的挑戰，總想找我的麻煩。

對偷渡過程作回顧與檢討，是卒友之間主要話題，東西中三線對比，水陸兩路利弊，從私刻公章技巧到走山路的方法，都是經驗之談，娓娓道來，你一言我一語，一張張憔悴但年輕的臉龐，談到投奔自由就充滿希望的光彩，生存需求被暫時忘卻，我仿佛置身講堂而不是監倉，如果若干年後出現「偷渡學」，今日所談的應該是這一門學問的入門基礎。

二號倉裡的卒友大半人走的是東線，只有一人是坐船，那個穿破棉襖的黑龍江人既不是東線，也不是西線、中線，更沒有坐船，他是從廣州北岸這邊跳下珠江，游到對面南岸時被擒的。這個故事在卒友們之中迅速流傳，我在「樟木櫳」就聽人講過，還添枝加葉描述這位黑龍江人上岸後，首先向公安興沖沖問道：「同志，這裡是不是九龍？」

此人姓史，是黑龍江種玉米的農民，還不到三十歲。四方臉欺他老實，罵他「死佬鬆」，還搶他的飯吃。老史孑身一人，言語不通，只得任四方臉魚肉。

就巴掌般大一塊地方，又都是同一命運的卒友，還彼此傾軋，我看不慣，偏我又是吃廣東米長大的北方人，便一有空就同老史「嘮嗑」，聽他絮叨一些東北鄉土人情，農家的疾苦。

一日開飯，四方臉又伸手入老史的砵中取飯，被我出言制止，要他住手。他遂發作，破口大罵，粗言穢語，問候我十八代祖宗。曲尺聞聲而至，他處理爭端一向不究對錯，各打五十大板，雙方併罰被停飯一餐。那天氣溫特別低，倉內有如一座冰窖，老史空著肚子頹然躺下，沒吃上飯的四方臉也在另一頭無聲無息躺下了。勞動回來的建華，累得走起路來都一拐一跛，還掙扎著來看我，隔著「三支香」又遞進來一隻凍硬了的饅頭。

此時天色已黑，我也早就餓了，用軍棉襖蒙住頭，打算獨自好好享用我的饅頭。入夜的「沙家浜」一片死寂，曲尺巡視查看各倉門鎖，然後把大門鎖上，留下值夜班管教夜裡逡巡，他腰間的那串大鑰匙「鏘鏘」有聲，在院落裡迴響。

寂靜的夜，倉房裡傳來抽泣聲，微弱但很清晰，除了老史哭，另一人也在哭，我掀開軍棉襖，望見四方臉在屋角痛哭，兩個男人的哭聲都很低沉，聽得我心裡一陣陣悸痛。

當我想到彼此都是為求一條生路，都在受牢獄之苦，那四方臉其實同我等一樣，他雖在倉內賭煙搶食，只不過是飢餓難忍，想多吃一口飯罷了。我同他鬥，勝了又如何？都餓成這副模樣了，再缺一頓飯，意味著甚麼，那真是比死還難受的磨折。

我的心軟了下來，自責不已，珍貴的饅頭，緊緊握在我的掌心。此刻若有人想搶走它，我會毫不猶疑擰斷他的脖子，如今真的要與人分享？

良知與自私激烈地搏鬥交戰，猶豫了許久，最後我終於把饅頭掰成兩塊，又仔細作了比較，發現這半塊比那半塊似乎稍大了許多，遂將其中一塊再一分為二，才爬過去分一塊給老史，他一接過立刻放進嘴巴，感激的眼淚一串串掉下來。另一塊給了四方臉，他滿面愕然接了過去，羞慚地輕聲道謝，緊握住我的手，欲語還休。我示意他一切心照，便回到鋪位繼續享用剩餘的半個饅頭了。

建華與我分享，我再與老史、四方臉分享，這是一次難忘的分享，也是真正的分享，給了我終身的啟迪。

「高佬，你唱的是『天涯孤客』嗎？」四方臉爬到我身邊躺下，親切地問我，我正思緒萬千唱起這首偷渡客之歌：

夜靜更深對朗月，朗月清輝亮。
行遍天涯離開家園，沉痛看月亮
何堪天涯回首家鄉，夜夜暗盼望。
……
遠處裡隔阻千里白雲晚望，
想想想別離後寸心怎會不思鄉？
每夜每朝抱愁眠悲痛流浪，
……
人去天涯萍蹤飄流何處有岸？
離開妻兒懷想家鄉，異地兩處望
去去去去家千里夢迴故鄉上，
悲秋風獨流浪，那堪飄嗟風霜，
冷落痛心歲月無情，飄泊流浪
那日那朝鳥倦還巢，春柳岸
啊……秋深倍念家鄉最斷腸！

四方臉和聲同唱，吊梢眼滿含淚水，他將頭偎靠在我肩上，老史也過來靠在我另一邊，三人親如弟兄，相互偎依著，又說了許多的話，到半夜才分頭去睡。

這二天建華說在大倉裡隱約聽到我們的歌聲，「我們那邊不少人聽得都掉眼淚了」建華在圓木外面告訴我。

他仍然在每天勞動歸來後，塞饅頭進來給我。

兩頓「食三兩」，飢餓成為一種最可怕的懲罰，胃裡似是受燒紅烙鐵灼燒，腹中腸子劇烈蠕動，象長蛇不安地尋找食物供它消化，為了安撫來自體內的抗議，我不停用兩手按摩腸胃。在黑牢日記中讀到過，囚犯之間為解饑，拼命憶述各式美食進行「精神會餐」，也還記得祖父當年在勞改場和胡叔高談南北美食的故事。

可憐我那餓得發昏的祖父，最後還是倒下，沒能走出禁錮他的大門。

我從鹽焗雞說到老火蛇湯，四方臉說蒸白糖糕，連老史也來添上一道豬肉粉條，眾人越說越餓，越餓越說。終有一日，我從板鋪上站起來，兩眼發黑，暈倒在地。

我在昏迷中躺了兩天兩夜，曲尺見我虛弱得連砵頭裡的「三兩」都沒法下嚥，便教四方臉帶著人抬我去大院外另一幢平房，負責給駐站管教洗衣做飯的蘭姨，還有一個左手畸形的雜工日仔，先給我喝了半碗米湯，整理出一個鋪位，扶我躺下了，一個多月裡和衣而眠，如今第一次擦了身，蓋上暖和的被子，我很快就熟睡過去。

待醒來已是中午，足足睡了十八個小時。日仔打掃院子完畢回來，買了一個西樵大餅給我，就著剩下的米湯吃完大餅，體力已恢復一半。蘭姨讓我不要離開房間，坐在門邊曬太陽，幫她摘豆角。

曲尺沒有出現，蘭姨做晚飯時，蒸一碟欖角，炒蘿菜，煮了滿滿一砂鍋白飯，我都吃光了，她和日仔見狀，並不言語，蘭姨把菜汁連那金黃色的飯焦都倒在碗裡，我把這碗泡飯也吃了。

一牆之隔的音樂專科學校，傳來宣傳隊排練節目的樂聲，幾個女孩子在笑，清脆的笑聲，使我記起彈鋼琴的明明，還有久違的平常人平常生活，我多渴望回到平常中去呀。

晚上三人在燈下說話，嘴尖下巴尖的蘭姨，年近五十，日仔偷偷告訴我，蘭姨過去的老公是國軍軍官，當年曾有過官太的風光，如今雖然依然十指纖纖，但洗衣煮飯，粗細輕重的活兒，都做得很麻利。日仔自稱是棄兒，在芳村孤兒院長大，他獲得批準可以自由進出收容站。

兩人都說從未見過像我這般高大的人，蘭姨笑說我的大鞋可比龍船，我這才察覺自己赤足，蘭姨昨晚已經把我那雙四十四碼發臭的球鞋洗得乾乾淨淨，掛在門前千層白樹上晾著。

我就住在這幢平房裡休養著，閒時替日仔畫些三國的劉關張，西遊的唐僧師徒的圖畫，他歡喜地逐張拿去給蘭姨欣賞，正在洗管教制服的蘭姨，也笑贊畫得生猛，陽光下的她笑了，露出一口皓齒，她飽經風霜，不提往事，不苟言笑，也是實在高興，才忘形燦然一笑。

日仔左手只剩一指，彎曲如鉤，因為他的仗義，我形容日仔是獨腳海盜船長的化身，帶鉤假臂，智勇雙全，還跟他講了《金銀島》的故事。正是這個貌不驚人的殘疾人，冒險替我偷寄出一信，信中相約阿堅的表弟帶些食物和錢來，約定在十九路軍墳場的羅馬柱廊與日仔接接頭，不見不散。

那一天，日仔氣喘吁吁帶回一包食物及三十元，餅乾三人分享，錢交由蘭姨負責加菜。自此有魚有肉，還有雞蛋，蘭姨怕被人看出破綻，很小心地只在晚間加菜，一邊諄諄叮囑日仔不要亂說，「小心行得萬年船」她如此教訓日仔。

曲尺有時也過來在門口張望，每次他來我都乖乖躺在床上，他問蘭姨，蘭姨只稱我仍然腳軟，身體還是太差。

「你要看住他，不准他出門口。」曲尺吩咐。

蘭姨連聲稱是，日仔在一旁陪笑，但曲尺自始至終沒有看過他一眼。

建華放出去了，去過我家，不得其門而入。建華又去亞女家，想告訴她我失手被擒，順便為我討些幫助，待我放出去後能補補身子，但亞女與家人沒有搭理他。

我離開「沙家浜」時，沒有機會見四方臉和老史一面。哈迷蚩同曲尺辦交接後，帶我坐人民汽車回廠，途中多次打量我，終於忍不住問我：「為甚麼你又白又胖？」

我沒有答他，也不想告訴任何人。

我離開時，蘭姨倚在我曬太陽的地方，默默目送我走出收容站大門，日仔還用那只殘缺的手頻頻抹去惜別的淚，蘭姨的米湯，日仔的饅頭，當時真的救過我一命。

第二十章　打歸原形

像一隻小小蒼蠅在共和國天羅地網裡面嗡嗡亂撞，我終於鎩羽而歸，又回到了當初打算永不回來的盲人工廠。

四層大樓和它背後的善堂老屋依舊如昔，又見熟悉的蒙塵的雕梁畫棟，充作車間的大堂裡，擺著烏黑油污的機器，昏暗之中巡視操作工友的身影，看上去那麼單薄、萎靡不振。當轟隆的機器沉寂下來，工友們嘈雜嬉笑離去，此時我會回到宿舍。作為對我偷渡大膽反抗的行為的懲罰，我被安排搬到車間的樓上居住。這是舊房東發跡後在大屋旁邊加蓋的一幢雙層洋房，它的樓上有六個帶鑄鐵花窗的房間，全部空置，堆放許多雜物，奇怪的是工友們寧肯擠在大樓八人一間的宿舍裡，也沒有人原意住在這裡。凡有年頭的老屋，總會發生過一些離奇古怪的事情，沒有人知道這幢小樓裡有沒有發生過謀財害命，是否有薄命紅顏服下鴉片殉情。我只知道此地作了善堂義莊之後，曾經停放過不少街頭棄屍，或許還剩下幾個無主孤魂到處遊蕩。

我獨自睡在二樓一個房間裡，隨父母離開澳門後，還是第一次擁有私人房間。

在經過一番徒勞無功的清掃之後，我放棄了使它窗明几淨的企圖，因為從車間冒上來的白灰，二十四小時從不休止，它們迅速地籠罩了一切，連窗外視線所及之處一大片人家的屋頂，都變成了灰白，如同蒙霜降雪一般。這種白灰的成份是蜆灰加工業油脂，很輕但附著力非常強，落在任何物體上面都能牢牢粘住，極難除去。盲人工廠裡到處是這種討厭的白灰，它無孔不入，連空氣裡都永遠瀰漫著它令人反胃的味道。

工廠裡另一個足令人發瘋的東西，就是是日夜轟鳴的噪音，你可以想像二三十挺馬克沁重機槍不停連續射擊的盛況，我就是在噪音與塵埃的伴隨下，睡在這個空蕩蕩的房間裡，木板床上放著我的書和畫，一隻益豐搪瓷廠出產的破碗，搪瓷剝落，露出銹蝕了的鐵坯，這隻破碗既是我的盥洗用具，也是我的食具。

破碗旁邊放著我僅有的幾件衣服，如何把這些很舊的衣服體面地穿出去，給人留下整潔有教養的印象，絕對是一門學問。要感謝父母從小對我的教誨與影響，在海關做事多年的父親，養成長褲必須摺出中線，顯得畢挺才可以穿去見人的習慣，每晚就寢前，父親都要把那條穿了六、七年的藍布長褲仔細摺疊好，放在枕頭底下，第二天上班前，他就可以穿上一條筆挺的褲子出門了。

我一直被父母要求保持個人儀容整潔，端端正正的坐姿、立姿與行姿，規規矩矩的吃相和睡相，久而久之也就成了一種習慣，這種習慣不會受環境改變的影響。

母親常常要我記住自己的高尚出身，她說一個人記住自己的出身，不是為了看不起別人，而是要警醒自己所作所為是否配得上出身，千萬不要讓自己墮落而被別人看不起。

我多年來堅持冷水浴，練就一身精瘦的肌肉，睡前從不胡思亂想，既不思人過也不記人惡，只讀自己的書，礪自己的志。雖身蓋破絮薄被臥硬板鋪，照樣如臥高床軟枕，一夜無夢，睡得香甜。

更深人靜，睡意朦朧中似乎聽到過男人咳嗽，還有女人衫裙窸窣之聲，在空空的房間黑黑的走廊裡響起，我並不覺得驚恐，許是偷渡時睡過了棺材空穴，又經歷過九死一生，世上再也沒有能令我懼怕的鬼魂神靈了。

一九七四年，文革已經搞了差不多九年，林彪反革命集團定性，鄧小平復出，紅牆內外政治權鬥仍然在明暗之中角力。我唯一能夠感覺到的是劍鋒所指從民間轉而向上層，「批林批孔」政治運動漸漸取代了「一打三反」，政治壓力正在減弱。

母親帶著小妹從山村請假回到了廣州，小妹長高了，小圓臉上泛著與年齡不適稱的滄桑，她和母親像驚恐的夜鳥終於回到了久違的巢。這是幾年來我第一次見到母親，她兩鬢花白，曬得又紅又黑，身著藍布衣褲，腳踏一雙沾著泥巴的舊布鞋。我只叫了一聲：「媽咪！」就緊緊抱住她，母子相擁而哭。

母親流放粵北山村時，我只能從歷經劫難殘存的老照片上懷念母親。在秦皇島時的母親，手裡還抱著剛滿百日的我，其時母親二十二歲，身穿一襲蘇格蘭絨旗袍，卷翹得有點誇張的髮型，臉上有著那個年代男女特有的敦厚靦腆，完全不像已為人母的少婦，只像個早熟的大姑娘。

母親恬靜地倚在門邊的倩影，不經意地顯露了那一個時代的流風餘韻。這些年來任憑生活風霜磨蝕、革命狂瀾翻卷，母親始終以這雙澄澈的明眸，善意而與人無尤地望著這個殘酷苛待她的人世。

經歷了這許多磨折的母親顯見蒼老，但她的蒼老，仍是安然自在的蒼老，即便是哭，也是腰板直挺地坐在床沿，捏住小手絹輕輕拭淚哭泣，不哀嚎也不呼天搶地。在和母親相處的幾十年裡，數度見過她嚎啕大哭，不是她控制不住自己，而是人生實在太坎坷，命運實在太殘酷，她百般無奈逆來順受依然不得安寧，所以不得不爆發！

家裡有了母親，一切重新變得井井有條，她也許不是巧婦，卻是一個責任感很強的主婦，曉得如何將這個七零八落的地方，盡量恢復起來再像一個家。

母親從行李包內拿出米和雞蛋，自曬的蕃薯乾、欖角，還有一瓶真正農家自榨的花生油，將凌亂的用物一一歸位，最後把家裡被我戲稱為「客廳」的那塊空地，用清水擦了兩遍，才去做飯。

塵封經年的碗筷洗淨了，盛上冒熱氣的米飯，還有炒雞蛋，破舊的瓷器竹筷似乎被賦予了生命，在桌面上熠熠生輝。母親頻頻夾菜給我和小妹，我發現她拿筷子的手佈滿皺紋，皮膚變得很粗糙，指甲也黃黃的。

我們重聚一起了，不能不掛念迄今未歸的父親，母親回憶父親那次到翁源山村的情景：「老爹身體也不如從前了，在五七幹校時被分配負責卸煤，一天要卸一卡車，每車七噸煤呀，就他一個人。還常常讓他挑重東西，足兩百多斤的擔子，年輕人都承受不起，你父親就這麼撐著，只想表現好些，得到批准他探親。」

我不禁怒火中燒，說他們公司保衛科長跟我們廠的哈迷蚩一樣，這是存心想把咱父子倆整死呀！鬥不死你，也累死你，爺爺不就這樣被他們弄死的嗎？

把筷子往桌子上一摔，我告訴母親和妹妹，自己絕不這樣忍聲吞氣苟活，也絕不倒下，無論如何都要逃出去，我寧肯倒在山上、淹死在水裡，也不在他們面前倒下。

母親放下飯碗，正色對我說：「你跟你爺爺一樣，不只身材像他，裡外都像他，都一個脾氣，我行我素。可惜呀，要是他還在，見到你這麼像他該有多高興！只是老爹非常擔心你，

在歷經文革的嚴酷生活後，作者於一九七四年二十八歲時生日留下這張照片，年輕的臉上已多了些艱苦歲月的滄桑，此時的他已經立志要逃離中國。

信裡又不方便寫，他只希望你別再去冒險了。」聽她這麼一說，我又覺得羞愧，有點責備自己的荒唐與不是，我只想到自己，也不看看父親如何處世，哪怕學會他一點的埋頭苦幹和穩重，就不必讓父母為自己操心擔憂了。

畢竟是這麼多年來母子團圓的第一頓飯，望著母親憔悴的面容，被深山嚴寒凍壞的雙手，我欲言又止，實不敢再舊事重提來刺激她，把心頭疑惑壓抑下去。當時那些話已到了我嘴邊，自懂事起隨著父母過的這十多年，說長不長，說短不短，始終弄不明白，像爺爺、父親、母親還有我，一不殺人越貨，二無奸淫擄掠，三沒有聚眾謀反，不過是人間普通一常人罷了，循規蹈矩做自己的事。為甚麼會遭遇坐牢、勞改和批鬥，被整得妻離子散，家破人亡？這是我們祖孫三代自己造的孽，還是別人對我們下的毒手？

這些人為甚麼、憑甚麼如此侮辱禍害我們？

我還想對她懺悔，自己曾經深深埋怨，當初要不是她吵著回大陸建設新社會，我們家如何會有今天？後來我終於懂得了根源何在，也就懂得了母親當年的抉擇，跟後來的遭遇一點關係也沒有，其實我們家最痛苦最懊悔的就是她，只不過孫家四小姐的自尊心，使母親羞於啟齒承認而已。眼見丈夫兒女備受煎熬，母親這些年又何曾停止過悔疚自責，她早就給自己定了一個害死家翁連累全家的罪名，每天冗長的禱告，充滿虔誠的敬拜，只是在泣訴數落自己的罪狀，求神宥諒饒恕而已。

如今回想起來，爺爺、父親還有母親遭罪時都還很年輕，爺爺五十四歲入獄勞改，父親三十七歲蒙冤，失去丈夫那一年的母親剛滿二十八歲。

他們適值風華正茂盛年，熬過了艱難時世，本想安享太平，復被人禍吞噬，無端吃了這多的苦，帶著他們的兒女，惶惶苟活於赤貧與恐懼之中，從此不復享有富足與自由。

他們都是規規矩矩的普通人，只不過因為家境較好的關係，個人又付出了努力，受過一點教育，收入高一些，生活境遇也比較好些，緣何這些都變成了這一代人的原罪。

難道這不也正是今天的人們夢寐以求的好日子嗎？

他們的確誠心誠意想在「新社會」做點事，可惜即便是畢恭畢敬的順從，鞠躬盡萃的服務，都沒有能夠讓他們免於恐懼與苦難，他們的家庭出身，他們苦日的成功榮耀，包括他們真心真意的皈依來歸，反而成為被懷疑、被監視、被審查、被迫害的原由，從而淪為政治賤民，社會棄兒，被歧視的異類，生活殘酷無情的欺騙愚弄了他們。

只有經歷過刀鋸鼎鑊煎熬磨折的人，才會真正懂得人的自由，人的權利，人的尊嚴，有多寶貴與重要！

這些心中所思所想，我隻字不提，只起身幫忙收拾碗筷，我觸碰到母親的手，如同碰到一柄銼刀，粗糙、堅硬，灶頭黑烟，田間黃土深深滲進龜裂的皮膚之中，仔細端眸母親的眉梢嘴角也現出許多皺紋，深如刀刻一般，只不過幾年的分別，就能在一個人身上發生這般劇烈的變化，的確非我始料之所及。

那天晚上，母子倆坐在床沿上，說了許多離別後未及傾訴的話。對我和亞女的婚姻，母親的意思很明白，她不忍心見到自己的兒子遭此劫難，她對亞女母親拆散小一輩婚姻的做法非常鄙視，雖然彼此有幾十年交情，但母親從此沒有原諒亞女母親，從她母女如此絕情傷害我的那一刻起，母親已經與她們絕交了。

十一月的廣州，寒流遲遲未南下，亞女約我跟她見面，這是我們分手後，第她一次再來相約。不過這次約會是她和我一起去法院，了結這一段婚姻。我和她各自簽名，分別領一份離婚判決書，裡面注明結束我倆婚姻關係，判決女兒歸我撫養，前後不足一刻鐘就完事了。

之前她和家人都十分擔心我會為難她，故意不同意離婚，所以依然與我維持著一種友好關係，我們之間還有女兒詩湄，亞女和她母親巧妙地利用女兒，讓我存在愛屋及烏之想，用女兒作為維繫彼此的紐帶，這是一條我不情願也不忍心掐斷的紐帶，只要見到女兒，就會立刻想到她是我和亞女的結晶。

幾乎每一位認識我倆的人，都叮囑我千萬不要簽字同意離婚，這樣一來她就無法與金山伯登記結婚，也就去不成美國了。我的良心，我對她的愛告訴自己，既然彼此相愛過，即使分開，也不可以再傷害她，就隨她去吧。

我的妥協與讓步，引起親友的不滿與譴責，一位曾經和我很要好的知己，將我的這種態度視為懦弱，沒有大丈夫氣概，覺得自己看錯了我，甚至因此與我逐漸疏遠。

我內心的悲苦又有誰知？

當今世上沒有人明白我有多愛亞女，我永遠記得她瘦小的身影出現在牛欄門口的那一瞬間，我始終忘不了與她的這一段真感情，因為這是我一生中第一次的愛。

因為這樣，我一切都由她，連離婚的理由都是我替她編造出來的，只為了能助她去美國，這是我這輩子能為她做的最後一件事了。

我倆並肩走出門外，亞女推著金山伯買給她的單車，車把上嶄新的噴漆在陽光下閃閃發亮，她揚起頭把兩條小辮甩向腦後，看了一下手腕上的新錶，只說了三個字：「係咁先！」就跨上車揚長而去。

怔怔望著她的背影，遙遙可聞春風得意的她響著車鈴，似是在如釋重負，雀躍歡呼，亞女沒有回頭看我一眼，就這樣永遠離開了我。

我又一次走過當年畫畫被捕的街角，新婚燕爾的往事一幕一幕重現眼前，這些年天下大亂，歷史顛倒，人倫盡失，海誓山盟皆可背棄，世間還有何人何物可相信，可與之同心恪守呢？我對這一段愛情仍有著刻骨蝕心的萬般不捨，但是她畢竟已經離開我遠去，我人生的路還很長，我告訴自己，將來無論去到哪裡，無論發生甚麼事情，有一樣東西是絕對不能改變的，那就是我自己的良知，我自己對生活的熱愛，對藝術的迷戀，對自由的信念！

有如核爆的文革，摧枯拉朽，威力之大連國家主席尚家破人亡，把中國人的自相殘殺發揮到了盡致，我們的小我小家焉能倖免。但是文革狂瀾到了一九七四年已是強弩之末，眼看最凶猛的衝擊波已經過去，我們同其他浩劫餘生的倖存者一樣，小心翼翼開始試圖從紅色權力的網絡中尋找哪怕一道小小縫隙，鑽營努力使一家人再聚廣州，為重建安定生活盡力而為。

母親嘗試托一位身居要職之人幫忙把她和小妹戶籍遷回廣州，開始用父親有限的工資托人送禮。

母親和小妹回城後，我一人的配給定量要養活四人：詩湄、母親、小妹還有我，往往還不到十天便耗盡所有配給定量，餘下日子則靠從黑市購進食物度過，我在中心血站繼續當「血友」，一家日子過得相當艱難。

正在幫幫女兒詩湄洗澡的亞女，攝於一九七一年。照片提供：詩湄。

母親和小妹在家中住了一段時間，搭好了回城的門路，又回到翁源山村去住下，著手疏通打開那一邊的門路。當時要辦成一件事，必須層層打點，不得疏忽，只有一道關係沒有打通，就會被卡住甚至前功盡棄，當時稱之為「走後門」。

母親同時也在為小妹物色對象找出路，不少人來給小妹介紹男人，都稱這些男人屬於難得的廣州「三寶」。母親極少過問市井之事，竟對「三寶」一無所知，要麻煩那好心的朋友為她詳詳細細解說一通。

廣州三寶本是「陳皮、老薑、禾稈草」，頂多還搭得上「荔枝、燒鵝、涼茶鋪」，現今的廣州三寶竟然是「醫生、司機、豬肉佬」。

醫生、司機、豬肉佬、賣魚婆以及酒樓廚師、服務員、列車員在社會上地位之尊，吃香之最，在文革後期成為一種最熱門最流行的社會現象，原因只有一個，就是長期物質匱乏形成的渴望需求，以及民眾磨洋工、泡病假單，逃避單調而令人厭倦的勞動的需要。

平民百姓吃不飽，穿不暖，且無心無力工作，只得磨洋工泡病假，這就需要去巴結醫生，看病不用排隊，又得方便開病假單；要改善生活，則需要結識豬肉佬，他刀下留情便可以砍一塊大一些、肥一點的豬肉給你，攀上司機，就能由外地買回來鷄蛋砂糖餅乾等副食品還有雞鵝鴨。

廣州新「三寶」身價百倍，很多人巴不得自己的女兒快一點長大，可以嫁給「三寶」，讓一家都能改善生活。

母親只說了一句：「要我女兒嫁給豬肉佬，我情願吃素！」

我們都笑了，小妹年齡尚幼，又在自學聲樂，嫁人的事也就擱下了。她們回山村去之後，廣州幾間大工廠先後相中了我，要招聘我去當廠籃球隊球員，這是能使自己擺脫盲人工廠的一條途徑，我又打起籃球來，各地球場上開始出現我活躍的身影。

哈迷蚩和秦支書故意刁難，對所有來洽談對調的單位一律拒絕，他們存心把我困在盲人工廠終老。我也不與之理論和爭吵，又不堪終日困在工廠，便像其他人一樣「泡病假」，親身感受到「三寶」中的醫生這一寶有多重要。

在「牛欄」監護審查，勞動改造期間，我有時也要求到廠醫處「看病」，真正原因是為透口氣。然而把持醫務室的是個臉部浮腫佈滿橫肉的悍婦，心腸歹毒，我進了門還未說病情，她就嚷嚷著說我根本沒事，把我趕了出來。

每逢週三醫務室都會有一位醫院派來「巡迴醫療」的女中醫出診，她穿一身白大褂，大口罩遮住了小臉，只露出一雙濃眉大眼，白帽底下耳後垂下數縷青絲，女醫生端坐在桌子後面，先是診脈然後問症，嗓音有點沙啞。除卻有關病情和服藥須知，她從不與我交談，卻讓人覺得有股善意自她身上傳來。我只知道她姓陳，三十多歲，陳醫生醫術的確精妙，一次我扭傷的手腕，經她用藥酒推拿，僅兩次即痊癒。

她每週都來廠裡診病，又經醫療室那悍婦毒舌的搬弄，陳醫生是知道我的身分的，但每次見我，眼中都帶笑意或掠過一絲的同情。

當時廣州市民詐病的方法很多，針刺手指滴血在自己的尿液裡，繃緊肌肉促使血壓上昇，以熔化軟蠟烘體溫計等等。一旦騙得醫生開出病假單，便如獲大赦，像出籠鳥一般開心。

在陳醫生面前，我不必使用「詐病」伎倆，她診脈問症開方子之後，也無須我開口求她，便大筆一揮「連休三天」，我和兩人之間仍然無話。

有一次去看陳醫生，把一本書漏在她桌子上了，第二天她來廠診病，見我只說了一句：「我在看你那本書，下周還你。」那是她跟我說的第一句話。

陳醫生和我的交往就從這本書開始，很快她也喜歡看我寫的一些文字，這是很危險的，她可能被革職，我也很可能被出賣，白紙黑字的證據，足以置我予死地，但不知為甚麼，我感到可以信任這個我只見過她一雙眼睛的女人。

有一天她開給我的假單裡夾了小紙條：「今晚請到我家。××路××巷25號」。

那天晚上，我來到陳醫生潔淨而布置得很別致的小房間，終於見到她的真容，也知道她是許多對分居兩地的夫妻其中之一。

跟一個比自己年長八九歲的美麗女人，在她的閨房裡獨處，聽她用如此平靜的口吻講自己跟丈夫的事，我覺得有點不太自在，但陳醫生用又白又軟的手托住下巴，只顧絮絮地訴說。

她大學畢業後就和丈夫結了婚，不久丈夫被調去北方，自此兩人一直不敢要孩子，只怕工作調動時多一口人成為累贅。兩人來回探親幾年，每年相聚二十一天，好像剛見面就又面臨離別。先是丈夫變了，托故不回來探親，又說要下鄉，著她不要去探他，接著就是要求離婚，雙方醫院領導班子都砸爛了，沒有人管事，一拖就是兩年多。

「就這麼一個人過，也習慣了！」她嘆口氣，望著牆角那盒久涸枯黃的芍藥花，無奈地慘笑。

陳醫生說，像她這樣的「牛郎織女」天上只有一對，人間卻有無數。對於我「為甚麼不將夫婦調動在一起」的疑問，她感覺上是很多當領導的願意維持這種兩地分居，因為另一半不在身邊，已婚形同單身，不用忙家務，做起事來更專注也更賣力一些。

她同科室的兩個醫生，男醫生的妻子在河北當醫生，女醫生的丈夫也在河北當醫生，只要對調其中任何一個人，兩對夫婦就團圓了，但四人申請對調，就是沒有任何下文。

我說這就是小人物的「變態」，手裡有了一點權力，不用就無法顯得他很重要，而且絕不與人方便，不用來刁難折磨有求於他的人，他就心裡不舒坦。有幾間大工廠用兩個技工換我一個，不也沒換成嗎？

陳醫生點頭稱是，我說妳不是也有權力嗎，多少病人都來求你開病假條，她辯解自己從來不卡別人。

「那我呢，你為何幫我？」我這一問，她反倒語塞，靜默了好幾分鐘，才輕舒一口氣，說出下面這番話來：

「我第一次為你看病，廠裡就作過交代，不准與你交談。打聽出你是因為畫畫被抓的，這麼一個小廠裡冒出這樣高大的年輕人來，還愛好藝術，就對你起了好奇心。又聽說你妻子跟了金山伯，一個大男人帶小女兒，再知道你為了養她還去賣血……你知道這有多傷身子嗎？給你把脈的時候，見到你臂上抽血留下的針口密密麻麻，我心裡很難受，真的很難受。」她語帶哽咽，兩眼紅了。

「妳開的那些假單還真的救了我，如果天天這樣幹重活，我自知也熬不下去了……」

兩人就這樣談著，她話語平淡，沒有多餘的字，像她開出的方子一樣十分準確，她那很特別的嗓音，沙沙啞啞又充滿柔情，不覺間我也敞開心扉，向她講了許多男女第一次對談不應該講的話。

彼此命運不同卻又那麼相似，想不到的是外冷內熱的她居然嗜書如命，尚且喜歡上了我寫的那些稚嫩的所謂文章。她說自己很像《遠大前程》裡的老小姐郝薇香，被情人拋棄之後困在古宅孤獨地終老。

「哪裡，不像，不像。」望著她勻稱端正的五官，我搖頭否認。

「那你說我像誰？」她反問。

「艾絲泰娜」我不假思索地回答，很想接著往下說：「我願意做你的皮普。」但實在沒有這個勇氣。

她笑了笑，沒有再說話，只別過臉去，昏黃的一盞燈照著她，在灰坭剝落的粉壁上留下迷人側影。

那年代如果不去造反也不鬥人，生活會很單調，只有八個樣板戲反覆上演，讓八億人看了許多遍，個個都能唱會演了。除了上班，下班後只能回家，空肚子太早上床也是一種折磨。所以讀書作畫之外，與朋友坐坐聊天，已是最好的消遣了，我便常來陳醫生的小房間，只是內心一直疑惑，女人家中不見油鹽醬醋，也無雪花膏和花露水，黯淡一燈之下，她美成這樣但又如此蒼白，臉上沒有一點血色，莫非她是不食人間煙火的狐仙？

我有許多心間鬱悶與理想追求向她訴說，她只用那一雙明眸直視我，傳輸自己內心的理解與同情。我漸漸迷上了陳醫生，在她的小房間裡兩人之間隔著一張小桌，端坐對談。我的心靈在這個女人的笑靨裡復甦激蕩，但我的情感卻與欲念痛苦交纏，當四周親友同事甚至妻子皆背叛或遠離，她恬靜的顏容，令我尋回一種在母親懷裡才能擁有的溫馨。

這是我在妻子之外接觸過的第一個女人，我和她今後如何，我倆都沒有談過，不過這個淒美的故事總要有一個結局。某日陳醫生既沒有來廠出診，也沒有在醫院上班。我去找她，小巷深處的家門扉已經緊閉，漆黑一片，她像當初突然出現那樣突然地消失了。

陳醫生數度出現在我夢境裡，每次都穿白大褂還戴著口罩，只露出一半的臉。她為甚麼和我突然中止來往，為甚麼消失，為甚麼不辭而別，始終是一個謎。在盲人工廠小樓空蕩蕩的房間裡，長夜漫漫，孤枕獨眠，一度非常非常想念她，以致我寧肯相信，這個美麗而蒼白的女人，本來就是一隻善解人意的狐仙，如今只是塵緣已了，返回仙界去也。

「生活一旦歸於平淡，就會有閒情逸致」，這便是林語堂筆下的吾土吾民，形勢逐漸舒緩，造反派無反可造，廣州的逍遙派開始大行其道。

城裡的成年人除了忙著找吃的副食品，還開始「鬭傢俬」（廣州人稱木工為鬭木佬）不是「鬥私批修」，而是動手自製傢俬，一些心靈手巧的廣州男人，四出搜集木料，做成五屜櫃，杯櫃，衣櫥，靠背木椅，大床，還塗上一種叫「士叻」的蟲膠漆，造就顯示木紋又閃亮的效果。

不少年輕人也開始學畫畫、唱歌和拉琴，暗中傳遞插畫歌本、小說手抄本以及古典文學作品，即使像文革那樣無堅不摧無孔不入的猛烈衝擊，都沒有能夠消滅與根除「封資修」文化，那些扎根深植在人們心中的東西，又回來了，無聲無息卻如春潮澎湃地回來了。

我同美術、音樂以文學的新知，常在家中或野外研究、創作與討論，越秀山「聽雨軒」是我們常到之處。

軒者，乃古建築小品也，《園冶》雲：「軒式類車，取軒軒欲舉之意，宜置高敞以助勝則稱。」湖畔的聽雨軒空間開暢，依山勢修築，迴廊曲折之中也有些沿階上落的高高低低，其造型富有南國園林風味，一窗一幾都在胸臆之中。

文革前「太陽雞」是聽雨軒招徠食客的一招手段，並非用料與泡製特別，而是加熱的手段特別：以一隻類似衛星天線「小耳朵」的聚光鏡，收集太陽光聚焦反射在密封鋁鍋的底部，利用太陽熱能將鍋中全雞烹熟。

我隨家中親朋去吃「太陽雞」時還是個學生，從座位望出去可見到那座聚光鏡置於草坪上，少不更事我覺得此軒既名「聽雨」，須逢陰天降水，方可臨窗聽雨，但它卻又出售非晴天而泡制不成的「太陽雞」，可謂有雨無雞，有雞無雨，兩者豈不自相矛盾？待我在席間道出此番疑問，直教座上世叔伯一邊大啖太陽雞，一邊搖頭晃腦，很給了我一些「終非池中物」的誇獎。

文革前常有羊城文人騷客來聽雨軒吟詩寫畫，嶺南派畫家陳子毅就在這裡畫過木棉，他文革落魄被安插到街道服務站，依靠應眾求畫，寫幾筆木棉賺些下酒小菜。我的年紀與家庭遭遇都與這班文人錯開了生活軌道，不曾有緣交接，故未能躬逢雅集一睹風采，只在文革中才有緣與這些藝術家前輩有過交往，長了不少見識。

文革之中羊城文人畫家遭了罪，生活潦倒。有人托關係替酒樓飯店畫中堂壁畫換取酒菜祭五臟廟。城中「北園」、「南國」、「廣州」及「利口福」、「泮溪」等大酒家甚至一些中型茶樓，都可見掛有名家字畫，若是在以前足值千金，然而到了亂世，只不過值幾隻「太陽雞」的價錢罷了。

這些食肆的「單位負責人」，應該都是文革前參與過經營管理的，故認識不少文藝界人士，為他們打點安排過飯局酬酢。如今以酒菜換字畫的形式，既幫助了落魄文藝中人，又變相替名家作品辦了「公開展覽」，在當時情勢下實屬難得，也盡顯粵人「你有張良計，我有過橋梯」的智慧。

有的名家為幫補家用私下授徒，叩門者遞上雲片糕、合桃酥之類見面禮，有時主人嫌棄禮薄，便會婉拒請求拜師之人。一般所謂「薪酬」，只不過是少許糧票與副食品而已。但不少平民卻也因此而成了名家子弟，有機會就教於當代文藝精英，為自己日後的藝術創作打下紮實基礎。

十年浩劫中，廣州藝文人士以及愛好者除了風頭火勢受到批鬥衝擊，以及在「清理階級隊伍」運動中被審查。其餘時間沒有停止過「地下活動」，尤以文學、美術和音樂愛好者為甚。一大批劫後餘存的唱片、書籍、畫冊在痴迷藝術的人群中祕密流傳。足以證明真正的經典因得大眾深愛而不朽，任憑甚麼力量也摧毀禁絕不了。

記得一日我和幾位畫友到「聽雨軒」，他們散去寫生，我則以紅色小說作封面，包著司各特的「皇家獵人」，倚著大字報殘跡猶在的朱欄閱讀，在晨間的清風中享受動亂中的片刻寧謐。

聽雨軒凋蔽失修，室內一片凌亂，有個女孩在低聲唸英語課本「凌格風」，幾位老者拄杖踽行，忽聞林中鳥鳴，便都止了腳步，其中一位側耳諦聽後說：「係隻『豬屎渣』！」另外兩位，一人說是，另一人說不是，一邊爭論一邊行遠了。

兩個戴紅袖章的巡邏過來，我小心地合上書頁，露出封面「金光大道」四字。忽瞥見廢棄在一角的太陽雞聚光鏡，上面的鏡片早被惡作劇地敲碎，不由想起多年前食過的這道菜，竟覺得有點餓了。

這時幾位老者又折返回來，每人手提一串木棉花，我這才醒覺已是初春了，只見軒外草坪上木棉花落了一地，有些大概是昨晚被風吹落的，色仍鮮紅，露出金黃花蕊。老人家又在爭拗用木棉花煲水還是煲湯。他們嘴邊的話，手中的花，則使我很是想念遠在粵北山村的母親，若她還在廣州，定會煲木棉花粥，那可不是一般的香甜。

我呆望窗外地上的繽紛落英，只想起陳子毅畫的木棉，此刻他若在軒中，其實可以畫畫地上的落花，剛結束了短暫的生命，卻還未捨得離開這美麗而令人留戀的世界，作為一個高明的畫家，他應該能用筆墨表現受盡風雨摧殘過後的淒美。

我自幼隨母親唱歌，她在上海務本女中時就是唱詩班領詩的。母親的嗓音圓潤柔和，經她燻陶濡染，姐姐、我和小妹都愛唱歌。所以我也成「地下音樂會」的歌手，那些音樂青年多以拉提琴為主，為掩人耳目，以大衣裹住琴匣乘車赴會。起初還小心防範，緊閉門窗，壓低音量，後來才愈加大膽，放聲歌唱起來。組織得較好的音樂會，通常會加多一段精彩的古典音樂唱片欣賞。

這樣的地下音樂會有時一周要在不同地點舉行兩三次，參加的人員事先都有聯絡，樂手歌手亦都一一請到。除了「地下音樂會」的策劃人，參加者彼此之間純粹「以樂會友」，不互報家門，或唱或聽，純粹欣賞，散會之後不再聯繫，這樣做是因市面仍未完全安定，要顧及大家的安全。

每次音樂會人數往往比預計多出一倍，原因是很多人最後一刻才知道將有這麼一個聚會，堅持要求參加。這個人或者是一個馬上要返回鄉間可憐的知青，又或者是個即將「起錨」的卒友，這些人要求享受最後美好時光，假使拒絕他們是十分殘酷的。

只能容下幾個人的客廳，擠滿十幾個人，倚牆而立，席地而坐，更有人靠在臥室的床鋪上，甚至站

一九七六年文革結束後攝於廣州沙面

在潮濕陰暗的廚房裡。琴音一響，歌聲一起，舉座寂然，全神諦聽，陶醉箇中。偶爾也有朗誦詩歌一兩首，多是彭斯、雪萊、海湼、萊蒙托夫還有普希金的詩。

在中山五路一戶人家二樓，我參加過一次難忘的音樂會，不僅用唱機播放「老柴」（柴可夫斯基）的《悲愴》，還有一位深諳樂理的中年男士講解樂曲創作背景、技巧與風格，甚至不同樂隊的演奏風格都有論及。聽完唱片接下來就是演奏與演唱，雖是即席發揮，但彼此都瞭解孰優孰劣，拉得好、唱得好的首先被推舉出來。我的首本名曲是「三套車」、「小路」和「紡織姑娘」，算是比較受歡迎的男歌手。當時流傳「廣州青山」，我沒有見過，有人說我便是「廣州青山」，我亦未在意，因為我只享受唱歌的樂趣，別的與我無關。

那天拉提琴曲「流浪者之歌」是一個女知青，肥胖鼓脹的手指，以意想不到的靈巧，在琴弦上跳動，她的琴聲也許略帶稚氣，但飽滿熱情有活力。

我唱了「三套車」，唱歌的時候，我沒有按照拍子，喜歡隨意演繹一下，唱到「小夥子你為甚麼傷心，為甚麼低著你的頭？」我總要在「傷心」和「低著你的頭」這兩個地方拖慢節奏，那傷心的趕車人，為將要與老馬分離而悲歌，應該在這裡多表達一些他的憂愁。

我覺得唱歌是一種胸臆抒發，又何必拘泥半拍還是四分之三拍。女知青為我伴奏，她掌握了我這種不正規的即興唱法，很得體地用琴聲托起我的歌聲。這個胖姑娘仿佛為音樂而生，對提琴如此痴狂。有時我覺得她的琴聲象一位探戈舞伴，把頎長的美腿伸過來，插入我胯下，兩人腰肢交纏，四臂環繞，搖擺、跳躍，前進、後退，琴與歌合為一體，齊齊高飛遠揚。

房間裡所有的人都被感染，琴音歌聲終止，一片靜寂，窗外飄著秋風雨絲，我等彼此都飽經患難，少年老成，對荒誕與暴戾反感而心照不宣。琴音愈悠揚，歌聲愈嘹亮，就愈加分明表達我等愛憎之所在。地下音樂會並非僅僅因為缺乏娛樂消遣，它是一代青年對美的追求，對暴力強權的逆反，這些性情中人在藝術裡，洗滌自己被侮辱與受損害的魂靈。

第二十一章　人生由命

一九七四年春，一輛半新不舊的解放牌卡車從四會五七幹校開到外貿新村，車上載著我父親，還有兩頭幹校運給總公司飯堂改善伙食的肥豬，牠們不堪長途行車顛簸，不耐煩的「哼哧哼哧」直叫。兩個穿灰色制服的男人，用一塊沾滿黑色煤粉的門板把父親抬進屋來，木板上還殘留著門神畫像，拙劣的筆觸畫出來的五官，一雙丹鳳眼望向右方，也分不清那是「秦叔寶」還是「尉遲恭」。

斜挎軍用書包的保衛科長告訴對我，你父親身體不好，買點好吃的給他吃吃吧，便轉身走房門，我記得這個又高又壯的人，父親在公司就歸他管，他也一直窺伺如何把我父親抓在手心裡，在他這個政工保衛幹部看來，父親的老實跟勤奮都是一種偽裝，這種舊社會過來人永遠都是紅色政權存在的隱患與威脅，要時刻盯緊，必除之而後快。

文革一開始，保衛科長覺得可以了結一件多年未了的心事，忍不住對被關進牛欄的父親說出下面這番話來：「老王，這次你可跑不掉了，反右、肅反、四清都讓你矇混過關躲過去，這次咱們老帳新帳一起算，你等著吧。」

奉中央文革領導人江青指示，民國海關高級職員要按軍統特務標準審查，那些人也真神通廣大，居然連父親以前在海關歷年寫的英文報告都翻出來譯成中文，逐條審查。就這樣父親被關在一處祕密地點數年，然後又押去五七幹校，沒過多久，保衛科長也來到幹校，父親又在他管轄之廠。

保衛科長雖然找不到我父親歷史上任何「罪證」，卻山人另有妙計整他，保衛科長安排父親負責這個大型幹校的燃煤，父親每天要從運煤卡車卸下數噸原煤，然後再一擔一擔挑到倉庫裡。如是寒暑雨晴，日日重體力勞動，才兩年功夫父親就被累倒了，用卡車載著以門板抬入家來。

保衛科長隨車押送，要親睹這個被自己整倒的男人，如何不堪地走完餘下的最後一程。

科長大人心滿意足地走了，另一人尾隨出去，科長訓斥他：「門板呢，那兩頭豬用甚麼抬？」那人折回，拾起破門板就走了。

攙扶父親上床躺下，隔著那件破汗衫可以感觸到他皮包骨的軀體，希臘雕像般的肌肉全不見了，父親如同一片羽毛那般輕。昔日的美男子鬍鬚逾寸，病容枯槁，兩眼半睜半閉，最令我吃驚的是他的雙眉，那一對濃密的劍眉全都變白了。我情不自禁伸手去撫摸他的額頭，父親的臉頰抽搐了幾下，避開了我。

「疼！」他只說了一個字，向我要了半杯水喝下便閉目養神。

小房間裡除了父親的微弱呼吸聲，一片死寂。微風掠過窗外剛抽芽的紫荊樹，光禿的枝條發出陣陣嗚咽的顫音。從十六年前搬進來新村到現在，屋前的樹長高了一倍，樹梢已觸到三樓瓦頂了。

父親在床上躺了兩天，就下地支撐著去上班。我說你一身病，又是心臟動脈硬化，又是高血壓，還有偏頭痛，還不好好在家休息，去上班幹甚麼呢？

父親半闔眼睛倚在床上，新買的英文雜誌也沒精神打開，他說你母親和小妹戶口還在山村，要遷回廣州少不了依仗公司，我不上班不行呀！

父親得病被抬回來，宿舍裡家屬都知道，但全都佯裝不見，無人過來看他。只有一位住樓下的老太太，每天送幾條「魚肚龍」過來給父親。「魚肚龍」即是把巴掌般大的鯪魚，起去兩邊魚肉，剩下魚頭連帶少許魚腩的魚骨。唯一有肉可食的就是那一小塊魚腩，這塊矜貴的魚肉大約有兩張八分郵票一般大。

老太太每次都拿來五、六條「魚肚龍」，我以薑絲加醬油蒸之，可送白飯三碗。老爹胃口因此大開，如是數月，逐漸見好。老太太囑我買些蜂王漿給父親，我點頭稱是，心中卻叫苦不迭。自父親得了這麼重的病，我每每路過藥房，都死死盯著櫥窗裡每盒三元三角的蜂王漿，但如何買得起呢？何止一次，我幾乎抑制不住自己，想一拳擊碎玻璃，搶幾盒回去救救父親。

父親雖患病，領到薪水從不為自己進補，只留下交通、伙食費，每月理髮費，外加一本英文雜誌《中國》，共二十元，餘款悉數寄給母親，自己從不多花一文。

有了「魚肚龍」的營養滋補，回到家裡心中踏實，經過幾個月調養，父親的身體漸有起色，但之前他那一身令許多年輕人都羨慕的肌肉，恐怕是永遠消失了。

自此每日黃昏，我又像文革前那樣，站在窗旁等父親回家，塵土飛揚的大路上，再次看見那熟悉的身影，只是那身影多麼單薄羸弱，才五十多歲的父親已經鬚眉皆白，腰背佝僂，不能再像昔日大步流星，行動如風。

我不忍再看到他瘦弱的身影，漸漸不再等他。

週末的晚上，我陪父親去看電影，阿爾巴尼亞和朝鮮出品的電影，是唯一可以看到的外國電影，雖說演的也是革命，但起碼尚有一絲溫情人味。《賣花姑娘》姐妹骨肉分離的故事，撩動電影院裡所有觀眾心底裡柔弱多情的一面，很多人從偷偷拭淚到抽泣、痛哭以致唬啕，人人都哭，為何而哭，為何如此傷心哀慟，當然有他們的原由，這些年所有的傷心、離愁、別苦、委屈、冤情、哀痛，全籍機渲洩出來了，哭著哭著，戲院裡一片哭聲震地，誰都心裡明白，那當然不是被劇情而感動，而是觸景生情，由人及己的控訴。

走出又舊又破的電影院，父子倆在白蘭花樹下踏著月色走回家去，我告訴父親街道造反派和派出所就是在這所電影院裡批鬥母親，二千多人齊聲狂喊，往母親脖子上掛破鞋，扯她的頭髮，踢打她，還押著她遊街示眾。父親的呼吸變得急促，良久無言。

父親知道了母親的遭遇，臉上表情變得很痛苦，兩道白眉緊鎖，他說有人勸說他跟我母親離婚，停下腳步後他正視我的眼睛，緩慢、堅定地說出下面這番話來：「他們說你母親將終老深山，永遠不准回城，勸我離掉她。但我決不會和你母親分開，否則她必尋死，活不下去。如果你母親真的回不來，我會去那邊陪伴她，只是可憐了你小妹。」

「沒有人曉得那裡有多苦，」父親告訴我：「村裡的人家連褲子都穿不上。冬天下雪，破屋裡點火取暖，風雪在門外整夜地颳，那才叫寒窯苦守！」

「你母親從來沒受過這種罪！我去看她那一年，恰好是春節，山中天天下雨，半夜裡你母親把門打開，呆呆望著外面的山影，不停地問我，自己究竟做過哪一點對不起上帝的事，會落到今天這個田地？她使勁抽自己耳光，自責當年從澳門回來，害了全家，害死了老頭子……妳母親心疼小妹，更心疼你，她說十月懷胎生你下來，只讓你過了幾年的好日子，其後一直教你吃苦，她知道你賣血養女兒的事，難過得心都碎了……」

我不讓他再說下去，挽著父親枯瘦的胳臂，我說一切的一切跟他與母親一點關係都沒有，我從小到現在沒有怨過父母。我承認自己很任性，做事說話太衝動不顧後果。但我告訴父親，我覺得沒有人有這個權利，把我們弄成今天這等境況，這不僅不公平，還天理不容。

父子同行，腦海裡不斷浮現那些老照片，父親把我放在單車上的畫面，他那麼高大帥氣、年輕強壯，皮夾克裡露出絲綢襯衫雪白，笑容如此燦爛。才二十年，身邊的父親已經判若兩人，體弱多病，全無活力，那麼的乾癟，身上那套藍制服又皺又舊，極不合身，鬆鬆垮垮隨時都會掉下來似的。

我讓父親放心，自己一定想法離開盲人工廠，改善個人處境。今受的這些苦，我並不放在眼裡，也不恨誰怨誰，我活得有意義有尊嚴，就是最好的回答。但總有一天我是要走到外面的世界去。

父親聽了我以上這番話，沉吟良久，此刻不覺已走到了外貿新村，他幾乎耳語地：「現在還是很危險，一切多加小心！」兩父子就走進了沒有燈的黑暗門道，摸索著上樓梯，父親掏出鑰匙開了門，沒有再跟我說一句話。

房間裡是那樣安靜，安靜得使我似乎聽到了左鄰右舍一牆之隔竊聽者的呼吸聲。這個燈盡油枯，風燭殘年的老實人，健康與精神都備受摧殘，仍然有人一百個不放心。

餵父親服下那一大堆藥丸，望著他吞咽時上下移動的喉核，只覺得他很可憐，內心一陣無奈悲涼。入夢之前，仰望牆角那條灰色的壁虎，夜深人靜，它會發出令人毛骨聳然的「嘓吱嘓吱」的叫聲，我想像左鄰右舍也有兩條這樣的大壁虎，入夜時分，紋絲不動地貼緊粗糙的磚牆，捕捉從我們房間裡發出的任何聲音。

左面一家是黨員科長，負責統管「廣交會」與外商洽談，他白天出門執拾得很體面，頭髮梳得光溜發亮，待人彬彬有禮。關起門來，卻是個忤逆的兒子，無能的丈夫。他聽得見我們，卻沒想到我們也能聽到他。

回到家他嘴巴不乾不淨，談吐粗俗，完全不像交易會的談判專家。夜裡造愛，那張破床只虛張聲勢搖晃那麼幾下，「哼哧哼哧」兩三分鐘，科長就鳴金收兵了，老婆也不給面子，張口就損他：「比打針還快，嗤，隔夜油炸鬼！」科長氣極動手揍她，小倆口就打了起來，老母親睡在另一張小床上，被兒子兒媳吵醒後就嘮叨：「別打了，你們這樣，李家幾時才有後呀！」科長咒罵自己的老母，要她閉嘴。老母生氣了，便向逆子追討「租金」。

「笑話！你吃我的，住我的，豈有我欠你的之理？」

「笑話！當年你在我肚子裡又吃又住，足足十月，還我這十個月的租金來！」老母親嗓門大，莫說一牆之隔的我，整棟大樓都聽見了。

右邊的是「八婆珍」，丈夫得了鼻咽癌，要吃些穿山甲，「八婆珍」去街道申請補助，居然遭拒，分文不批給她。她晚上就跟丈夫吵，要男的去公司討錢，「你要不來錢，我一樣要不來錢！娘希匹！」丈夫是粗人，出口就是髒話，「八婆珍」急了，擔心這道坎恐怕過不去，又惱怒上頭那些人兔死狗烹，便罵起人來：「老娘如此賣命，喲呵，打完齋不要和尚啦！」最後一句居然用上了半鹹不淡的廣東話。

隔牆聽到的左鄰右舍家常閒話，有點像收音機裡的廣播劇，聞聲不見人，完全想像得出那些狹小房間裡發生了甚麼事，夫妻母子的關係牽扯，恩愛溫情中的齟齬。之前視若無睹的東西，貌似瑣碎，渺不足道，都是歲月人家的投影，千奇百怪的社會萬象，更是角色變換情節生動的莎翁戲劇，曲折緊張，扣人心弦，那些角色的個性都很鮮明，我閉上眼睛就見到他們的音容表情，只把自己當作站在舞臺邊旁白的小丑，不惱不恨，無仇無怨，點評兩句，嘲弄一番，閒話人生，笑看世態。

母親和小妹戶籍遲遲未遷回廣州，我們十分珍惜再次團圓，劫後餘生彼此相對唏噓，心有餘悸。飯桌上的父母說話聲音很低，昏暗燈光下，兩人鬢髮皆白，臉色蠟黃，愁雲密佈，流露出大難不死的驚魂未定。形勢難以捉摸，表面稍有緩和的局勢，仍暗藏危機，一向高效率運作的專政機器毫無鬆懈跡像，殘酷的鎮壓仍在進行。父母一直在擔心，擔心來自任何一方的任何一個小小的動作，都能令這一次難得的團聚頃刻化為雲煙烏有。

妹妹二十歲了，她長大了，我不便再在家中過夜，仍回到廠裡那蒙塵的房間，在那裡住了整整十年，對噪音與塵霧早已安之若素，那裡已經成為屬於我的小小世界。

換上油污的工作服，在眾工友簇擁下，走進環境惡劣的車間，從事令人厭惡而沉重的體力勞動，是一個我；洗去汗水塵垢更衣之後，拿起畫筆寫生，打開一本書閱讀，又是另一個我。

我在成長，思想的觸角變得靈敏，開始學會觀察與思考。

斜陽巷深，我常常和小盧坐在麻石路面上聊天，參差的晾衫竹桿橫跨我們頭頂，各色衣衫組成的「萬國旗」風中飄揚，為兩旁老屋舊宅平添許多生動色彩。經過幾十年的繁衍生息，廣州人口倍增，可是人們的住處沒有擴建改善。這座城市裡的人們，住得越來越擁擠，廣州人早已變沙丁魚了。

他說沙丁魚是怎樣擠在一起的，倒是從來沒見過。但聽你這麼說，還真有同感，此時的民間，像你家這般境況有一間房已經不算是很差，還有更不堪的呢。

我說自己只記得錢鍾書的作品有過這樣的描寫「車廂仿佛沙丁魚罐，裡面的人緊緊擠得身體都扁了。可是沙丁魚的骨頭，深藏在自己身體裡……」

小盧咧嘴笑了，貌不驚人的他，臉頰皮膚凹凸不平，長了七、八粒暗瘡，頭髮又硬又蓬鬆，我比他高出兩個頭，我常常自比唐•吉訶德，小盧說這樣一來自己沒有別的選擇，只有認作桑丘•潘薩。

除了畫畫，他很愛讀書，唸起詩來搖頭晃腦，而且記憶力非凡。

說起廣州人的住，小盧見過一種時下很流行的「櫃床」，有三個大抽屜，可以睡進去三個孩子，比「碌架床」更省地方，也更有私密性。

我有一位朋友阿蕊，她家只有六平方米，僅可容下一張床和一隻小衣櫥，阿蕊跟丈夫、兒子一起吃午飯，小圓桌要擺到家門口，阿蕊坐在門檻外，渾圓豐滿的臀部堵住了一半巷道。遇有行人推單車經過，一聲「唔該借借！」（請讓一讓），阿蕊就要放下碗筷，收起胯下的小凳子起立，讓行人推車通過，「叮伶」車鈴聲遠了，再坐下繼續吃。此時又一聲「唔該借借！」，何萍再次站起來，把路讓給買菜回來的鄰居。就這樣阿蕊在「唔該借借」聲中頻頻起立坐下，一頓飯起立坐下總有十次八次之多。

我每去她家都要脫鞋上床，賓主就在床上說笑，年輕的丈夫摟著健美的妻子：「妳甚麼都好，就是屁股太大。」

「為甚麼？你不是說屁股大的女人最好，能生孩子？」阿蕊反詰。

「沒錯，可是你阻街呀，成日要唔該惜借！」

「桑丘・潘薩」聞言大樂，笑我又在添油加醋，誇大其詞。

說起「住」，小盧認為還是向空中發展搭「閣仔」最妙，可以一層變兩層，「閣仔」雖然低矮，在上面直不起腰，但畢竟是一方私人空間。

其實他有所不知，「閣仔」並不是誰都能睡的，只能讓家中重要的成員優先佔有。睡閣仔的是「閣王」，當不上「閣王」就只能睡客廳做「廳長」，「朝拆晚行」，級別不同，待遇也不一樣。

「空中樓閣」不容易搭建，每一根支承的木方都要入牆，工程不小。也有的廣州人「間房」，把原有的一間房用木板分隔成兩到三個更小的獨立空間。

我的姐姐家就在「間房」間出來的。

姐姐家在西華路一處倉庫，裡面一共隔了八間房，有門無窗，只砌兩米高的磚牆作間隔，一為空氣流通，二為省錢，牆以上至屋頂開放相通，很像清代京試的考場。

八家人居住空間仄迫擁擠，日常為一點微不足道的生活小事，相互爭執，傾軋，變得易怒，多疑，錙銖必較。

八家人都在過道裡煮飯，各家盛放油鹽醬醋的瓶瓶罐罐，羅列雜陳灶頭，蜂窩煤比鄰而堆，蜂窩煤用煤粉經機器壓製出來，呈圓柱形，高十五公分，內有二十多個氣孔，故名蜂窩煤，每隻可燃燒大半小時，耐燒易燃，火力也猛。

姐姐抱怨蜂窩煤經常不翼而飛，我說為何不往蜂窩煤裡塞一枚炮仗，誰家爐子爆炸，那定是偷煤之人，她連稱妙計如法泡制。

次日姐姐興奮地告訴我，頭房的老張家爐子今早果然炸炸了，爐灰煤渣飛濺一地，老張夫婦滿臉通紅，低頭收拾不敢看人。

「還是黨員幹部呢，真不要臉。」姐姐罵完盜煤賊，又嘮叨有人偷油。她的臉漲得通紅，這個知識份子之所以憤怒，是因為全家整個日做菜都要靠那一瓶豆油，任何人來竊取，無疑是侵犯了他全家人。

姐姐說自己並不是唯一的受害者，這所房子裡的住戶其實都在偷來偷去。

我說外貿新村也一樣，一到做飯時刻，眾生相紛紛呈現，買到一點葷腥的家庭，難得加一次菜，夫妻扯開嗓門大談如何燒魚煮肉，菜刀在砧板上剁得震天響，說甚麼炒魚片要熱鑊冷油，武火爆炒肉丁，一派整桌滿漢全席的大陣仗，其實也就是手板大的小魚一尾，半肥瘦豬肉幾兩，「走後門」另得了幾枚雞蛋而已。

在集體廚房裡，八家人洗菜、涮鍋都在一條水坭長槽內，四個水龍頭接在生銹的水管上，天花板吊下來一隻二十五瓦的燈泡。做飯的人，要藉助自家爐膛火光，才能分辨出鍋裡食物的變化。集體宿舍沒有個人隱私，家庭生活的細節，起居作息的規律，都在眾目睽睽之下。在公用廚房裡，吃得好的人家，才顯得有面子。

我家無後門可走，一家五口分開數地，灶經常是冷的，鍋裡不見魚肉，在四鄰眼中，那就叫做「折墮」（「潦倒」之意）。

父母親很講究體面，穿著整潔，打扮斯文，從不與人飛短流長，在別人眼中這也是一種罪過，起碼也算是資產階級知識份子的臭美。所以幾乎每一家的男女主人，都在公共廚房裡極力炫耀自己的種種優勢，壓制你，羞辱你。

母親進了公共廚房只顧做飯，目不斜視，對廚房中眾人聒噪，視若不見，充耳不聞，即便青菜白飯，一碗素麵，也燒得齊整規矩，挺直腰板施施然捧回房去，先祈禱爾後與家人一起誠心享用。

她和父親很重視每天一家共進晚餐，我每天乘車往返兩個多小時，都要回家與父母小妹聚在一起，彼此也沒有太多的話，燈下只有少不更事的小妹嘻笑，父親平臥閉目養神，母親織毛衣，我在她旁邊說些小詩湄的瑣事，孩子四歲了，不再托人照顧，由外婆帶著。父母都非常疼她，詩湄受外婆調教，姓和名都改了，但她乖巧，到了我們這邊，會一再重申自己還是原姓原名，甚至卑視那邊為她取的姓名。

母親織的毛衣是給我穿的，所以要我坐在她旁邊，方便在我身上比劃量尺寸。織毛衣用的是棗紅與銀灰兩種毛線，那套純鋼織針用了二十年，還是和毛線一起從澳門帶回來的有年頭的舊物。她一邊織一邊跟父親絮叨：「兒子快三十了，還沒一件穿得出去的衣服。我拆了你那件毛背心，湊夠毛線給兒子織一件杏領套頭。」

父親睜眼看了看快成形的毛衣，母親妙思巧手以棗紅銀灰兩色相間，的確很醒目，柔和地「啊」了一聲，算是對拆他的毛背心，以及這件毛衣的效果，都表示贊成，就又閉上了兩眼。

母親家鄉江浙一帶有此遺俗，為出門遊子縫衣，針腳愈密，其歸期亦愈近。所以她織給我的毛衣針腳就特別細密。

見妹妹還不肯睡，母親呵斥她立即上床：「你忘了，明天一大早還要去市場排隊買魚？」小妹撅嘴嘟囔著向我抱怨：「哥哥，總是讓我去福今市場打醬油、排隊買魚，四點鐘就起床，煩死了。」與母親在粵北深山那段歲月，小妹的天真爛漫已十去八九，變得老成。許是在多年未見的父親面前難得撒一回嬌，我只誇她聽話，她也乖乖鑽進蚊帳就寢。

父親叮嚀她再檢查一下裡面有沒有蚊子，「剛才我幫你打了幾隻，又趕了一些出來，妳還是看清楚為好。」

母親說兩床蚊帳用了這麼多年頭，千補萬縫，白紗布都黴了，早該換了。父親說咱家只有兩個人的布票，過年怎麼也要做一套衣服給女兒，可買蚊帳的布票就不夠。

母親問我可不可以寫信向香港的定建要點布，我說去年已經向他要過一次，倒是寄過了一塊藍「的斜」布料來，但即使廣州最好的裁縫也無法用這塊布為我做一套衣服，就差那麼一點點布，上衣缺一隻袖子，幾經周折勉強找到顏色相近的藍布才做成這身衣服。

母親瞟了我右臂一眼，說要不細看，還真看不出來是另一塊布併湊的，「你穿上去，滿好看的！」她笑了。

我說當時聽那裁縫說布料不夠，還缺一袖，就覺得自己像安徒生童話裡被魔法變成天鵝的小王子，王子的妹妹用荊棘編織的衣裳，在黎明前來不及完工，少了一袖，王子穿上後雖然從天鵝還原為人，卻留下一隻翅膀變不回來了。

妹妹在蚊帳裡笑著插嘴：「不會啦，宿舍裡的女孩子都說哥哥這麼高大威猛，穿甚麼都好看。」

我笑答她：「妳沒回廣州以前，我穿的可都是廠裡發的工作服。」

我看重的是體面尊嚴，寧肯破衣蔽體，也實在無法啟齒再向外面的朋友求助，他們剛到外面也不容易。母親不以為然，她說你當年為朋友藏下那麼一大包珠寶古玩字畫，放在床底下幾年從來沒打開過，寧願賣血養女也不私取一文，統統完璧歸趙，他們就靠這筆「地藏」，一家都跑到了香港和美國，難道你的朋友就如此不念舊？

她這麼一發作，我也無語，但心裡仍然只記住自己偷渡失敗後，朋友們都曾幫助過我的恩情，畢竟友情是不可等價交換，端視彼此內心是否真正珍惜與記取。見識過文革中人心的冷酷，遭遇過亞女的背叛，身邊之人會變成一種甚麼面目，以及那面目是本來還是後來的，是真止的還是虛飾的，又或者是能不能再變回良善的，都已經不重要，而且不足為怪了。

在那個荒誕的年代，如果有哪一個人，自始至終沒有改變的，那才是奇怪得很的另類呢。

蚊帳傳出妹妹的鼾聲，帳子破舊多洞，有蚊子潛入，擾了她安睡的夢，鼾聲停了，母親忙去點燃一盤蚊香，妹妹的鼾聲才愈見平穩、深沉。

我見母親編織良久也倦了，便起身告別回工廠去，出家門前又看了一眼父親，他臥在床上似睡非醒，也不同我道別。自從由幹校回來，父親一直表現出氣若游絲的虛弱，令我憂心。他若倒下，即如支柱頓失，一家傾覆。

母親覺察出我的顧慮，揮揮手示意我放心，我才關上房門來到大路上，四處洞黑一片，回頭望去大樓上家裡那一扇亮著燈光的窗扉，只覺得昏黃的燈光，充滿了溫暖與光明。不管在我們的生活裡發生過一些多麼可怕的事情，大家總算活下來，也回家來了，此刻我心中強烈地渴望，憑藉努力與奮鬥，盡快改變自己與家人的命運。

這或許是最徬徨的時刻，那龐大而無形的蓋子仍然籠罩天地，前面等待我的是甚麼，我一無所知，也看不到任何改變的可能與希望。我只知道，如果自己逆來順受，不另圖計，必將庸庸碌碌度過殘生。而沒有自由的「人生」能稱得上是真正人生嗎？

那個年代貧窮、匱乏，甚麼都缺少，都不足。總使我想起在奧斯汀的小說裡讀到的一句話：「貧窮對人心是一種長期的腐蝕。」從小習慣了熱愛美好精緻的事物，那周遭面色萎黃冷漠麻木的人群，年久失修破陋殘舊的建築，櫥窗空空奄奄一息的店鋪，心裡就有一種難以諭的厭惡，這些年裡經歷太多太多物質的奇缺，精神的貧脊，文化的凋零，道德的淪喪，人性的泯滅，最令人討厭與痛恨的就是空洞的政治口號與無休止的政治運動，我們的人生就是這樣被毀掉的。

那時已是一九七五年，之前的林副統帥出逃，可以說是沒有人再相信政治謊言的分水嶺。一部高速運轉的精密機器逐漸失去效率，聰明而適應力很強的人們很快就發覺天羅地網出現一個又一個漏洞，之前善於掩藏自己以避鋒芒的人，像經過長期冬眠的靈獸，嗅到瞭解凍的氣息，戰戰兢兢悄悄開始活動。

廣州城裡除了市民更大規模地自製家具，還出現黑市買賣，為了在憑票配應以外取得更多的食物與生活用品，又或者是為了增加一點入息，人們發揮了頭腦裡最大限度的想像力與創造力。這一種底層人物狡黠又詭計多端的掙扎與犯險，反照出上世紀七十年代光怪陸離的社會場景

其時廣州人衣食住行生活所需全部憑票供應，曾有人說票證總共有六十五種之多。我錢包裡的票證計有糧票、油票（每月半斤）、豬肉票（每月五毛）、糖票（每月半斤）、魚票（每月二毛五分）、草紙票、肥皂票、餅乾票、布票（每年一丈三尺六）、輕工產品票、煤票、柴票、副食品票等。這些票證之中除了全國糧票一種可以各地通用，其餘只可在本市使用，也就是說你出了廣州到二十公里外的佛山，想買一隻漱口用的搪瓷杯，若沒有佛山市的輕工票，你即使有錢也買不到杯子。

在票證時代，雖然當時民間不具備製造偽幣的科技與人才，但對糧票、肉票、副食品票等印刷粗劣的票證，仿造的人就很多了。當年在清晨三點跑到菜市場輪候買配給的魚或肉類，苦候四、五小時後，才買到一份少得可憐的魚。賣魚佬會在你的副食品購物證蓋一個小紅戳子，標記你已用完配給定額，能抹去它而不被別人發覺，意味著一家人的飯桌上起碼多了幾頓葷腥。一般市民便用雙氧水去洗掉副食品購物證的小紅戳子，買多幾份。其動機無非就是想買多一些食品，讓家中飯桌上吃多點小菜而已。這種行為在當時要被發現了，攤上一個「擾亂破壞社會主義經濟」的罪名，量刑會很重，要送青海勞改，甚至會被槍斃。

小盧工資比我還低，單身一人，吃住都在廠裡，卻還要不時拿出錢糧周濟我，雖然每次都叫我不必介意，只不過是「互通有無」，但我心裡每次總是有愧，也很難過，我說小盧呀，這哪能算「互通有無」呢，這等同是在吃你的血肉嘛。

我倆一起上下班，一起外出寫生，一高一矮，揹著畫箱，形影相隨，徒步穿過大半個城區去近郊寫生，身邊沒帶乾糧和飲用水，卻有好興致，畫出佳境得處，往往忘了饑渴，錯過了趕回單位食堂用餐的時間。

畫成之後，把畫架在樹腳，現場點評，一說又是半日，直至落日銜山，才如飲了烈酒般醺醺醉醉同回宿舍，餓著肚子臥在板床上，還說了許多關於藝術的話，才各自入夢。

那年的中秋，兩人相約就在工廠天臺賞月。

那滿是灰塵的偌大一片天臺空無一物，小盧抱怨缺少桌椅，我說古人以履作杯暢飲，你我何不拆床取凳，拿上來賞月？他聞言即去把自己的板床拆了，扛著橋凳上得天臺來。

夜空中不見一絲雲彩，唯獨那輪巨大的明月懸浮中天，如銀月色下，西關千家萬戶的屋脊化為一片耀白，天臺上亦然，只有小盧和我的影子映在地上是黑黑的。

兩人共坐一張橋凳賞月，月下的小盧顯得愈加瘦削單薄，他生來體弱，三餐在食堂解決，頓頓清湯白菜豬油渣，幹的是重體力活，故身體日差。我身體底子好，兩人在食堂吃飯，經常分享難得一見的魚肉，推來讓去，仿佛在豐盛筵席讓菜勸酒一般，那時一人一隻搪瓷碗，洗漱進餐兩用，我的碗不時被人拿去，有時就與小盧共用一碗，凡數年之久，最後他被驗出患傳染性肝炎，我亦不以為忤，仍二人共用一碗，奇妙的是自始至終沒有染病。

賞月的食物不多，一人僅有一張月餅票，每票一隻，他買的是五仁月餅，我買的是江蘇月餅。兩餅由小盧用精確刀法分別切成八小塊，擱在舊報紙上，月色下兩人就著一碗清水，你一小塊，我一小塊，你喝一口，我喝一口，邊吃邊談，賞起月來。

我和他之間是由家世到內心情感甚至與戀人的私密，人生故事思想觀點，還有藝術，都可以毫無顧忌傾訴的一種關係。不必擔心被告發，被拿去作茶餘飯後的談資，更不會有任何被誤解的顧慮。誠摯之言皆出自肺腑，如陣陣清風，在我們的心田吹拂，話到悲處，一起淚下，情到濃時，共同歡笑，不一定是完全理解，卻可以是澈底信任。

那天晚上月色特別美，仰望蒼穹，只覺它猶如無形巨罩，覆蓋著我們所存活的世界，插翅難飛，不易逃逸。小盧說我非池中之物，鼓勵我奔向遠大前程，我將追求自由的心志相告，小盧憂心我一旦遠走高飛，從此再無人與他結伴寫生，同榻共眠，傾吐心聲：「沒了你這個朋友，我將了無生趣。」

我說自己在這裡也只有你這個朋友了，之前的朋友，如定建、阿堅、阿咪、明明，無論識了多長久，是男是女，統統離我而去了，就連妻子亞女也拋棄了我……

「你還愛著她吧？」

我頷首稱是，告訴小盧她已經去了美國，行前也沒透露半點風聲，就這樣走了，「我算是真正、永遠失去了她。」

見我又動了真感情，小盧把話題一轉，說你和那間大工廠聯繫的「對調」如果順利，說不定下個月就可以離開這裡了。

我說有這個可能，因為那工廠的黨委書記是個大球迷，他正想盡一切辦法調我過去。

小盧帶著複雜矛盾的心情自言自語：「這會不會是我們一起過的最後一個中秋呢？」

我無言以對，只捧起最後一角月餅遞與他，小盧堅拒不受，定讓與我吃。兩人推讓幾次，他拗不過我，就把那角豆沙餡的月餅，連同掉落紙間的酥皮一並吃了，嘴角還沾上許多餅屑末及抹去。

那年中秋過後，母親和我去探視多年未見的程容姨媽，她已病入膏肓，臥床不起。

「我真後悔！沒有把明明交給你。」程容姨媽拉著我的手，把這句話連說了兩遍，文革中她也遭罪受苦，昔日養尊處優的氣派蕩然無存。

望著她那張曾經美艷照人如今枯槁萎黃的面孔，我除了勸她寬心，實難說出更多勉慰的話來。

程容姨媽告訴我，明明被招兵加入了汕頭軍區文工團，以她的家庭出身，當時要參軍難於上青天，明明入伍後積極上進，很少回來見姨媽，孤獨中度日的姨媽患了癌症。

明明嫁給了那個招兵的文化幹事，那男人來廣州招兵，同時也為自己挑揀對象，偏偏看中了明明，穿上軍裝不久的明明，在他「一幫一，一對紅」的攻勢下，很快就成了他老婆，還為他生了兩個女兒。

明明的丈夫是潮汕人，婆婆從一開始就不喜歡這個長得太高，又只會彈琴的廣州媳婦，她心目中兒子該娶一個豐乳肥臀，能生許多孩子的女人，那種挑起百來斤魚獲疾走如飛的女人。

明明生了兩個都是「蝕本貨」（女兒），婆婆連雞都不宰一隻，只沖赤糖水給她喝。孩子缺奶水，明明也萎黃枯瘦，在文工團裡身材容貌和技藝都出眾的她，漸漸失寵，很少登臺演出。下了班就帶孩子，給丈夫做飯。潮汕人「重男輕女」，連生兩個「蝕本貨」之後，丈夫也嫌棄她，夫妻感情日差，兩人離婚了，丈夫要去大女兒，小女兒跟著明明回到了廣州。

姨媽臨終前告訴明明，她並非自己所生，乃是多年前從湖北民間一家貧戶買來領養，驚悉自己真正身世後的明明，曾數度北上尋找親生父母，因事隔多年，缺乏線索，全無結果。

後來明明仍侍奉照顧病中的程容姨媽，直至她因癌症不治去世。

雖然有十多年沒見到過明明，但知道她人生如此坎坷，我心中仍然為她祝福。母親曾試探我，既與亞女離異，何不聯繫明明再續前緣，當時我心在彼岸，志在遠方，已無意再在大陸兒女情長。

後來，明明和我，又等多了二十年才重相聚首，真正是「昔別君未婚，兒女忽成行」，她和我都不得不承認「人生由命不由他」。

第二十二章　他已死了

一九七五年，愛情又一次來到我心間。

我調到大廠去之後，認識了她，她的名字充滿詩意：嬋娟。嬋娟在工廠裡當車床工，身著一套藍工作服，戴工作帽，帽簷下面有意無意露出燙過的捲髮，胸前佩戴著一枚共青團員團徽，這枚有錘子鐮刀紅旗的小小徽章，代表許多青年渴望邁入的一道門坎，團員被視為黨的後備隊。只要入了團，就意味著有朝一日有可能入黨了。

嬋娟和她整整一代同齡人一樣，從啟蒙所識第一個漢字開始，就浸淫在紅色文化裡成長，她是看《雞毛信》、《野火春風鬥古城》和《青春之歌》長大的，少女珍藏的紀念冊裡，每一頁都抄錄著列寧、雷鋒、魯迅還有毛澤東的革命名言。

她被隨即而來的文革剝奪了讀書學習的機會，十歲就停課鬧革命，下廠「學工」，分校「學農」，「備戰拉練」。中學歲月留給她的，是在街頭宣傳毛澤東思想唱紅歌跳紅舞，揹著棉被抱著水桶拉練夜行軍，一邊走一邊打瞌睡，坐在水泥操場上聽政治報告，留下印象最深刻的，不是報告的革命大道理，而是終身不癒的腰疼。

嬋娟健美而充滿活力，少不更事，天真無邪，思想和身體一般純潔無瑕，散發著少女才有的青春芳香，單純如一池清澈見底的淨水，不藏心事。

我和她交往，沒有經過特別的追求，或始於車間裡一個四目交接的眼神，或者是有一次她下班後聽到我唱《山楂樹》的歌聲。

沒有人可以理解，一個十八歲的天真少女，會和一個當過反革命、偷渡犯的人結為好友，更何況這個男人離過婚，還撫養著一個四歲的女兒。

隨便從哪一種角度看，我們的交往都是荒誕謬誤，離經叛道的。

在當年的紅色中國，我個人以及家庭的遭遇，是屬於一個階級被另一個階級專政的必然。我和嬋娟，分別屬於兩個階級，在生活裡可以同窗、共事，比鄰而居，並肩在電影院看電影，在商店裡購物……但只要政治運動一來，立判敵我，涇渭分明，一邊是摩拳擦掌，另一邊則提心吊膽。

那時的大陸，大小政治運動無日無之，一部分人習慣了整人，另一部分人也習慣了被人整。不同階級的人相互之間如果發生感情，或者締結姻緣，所遇到的家庭、單位的社會壓力，以及「組織」上的干預往往非常巨大。許多人在這種壓力與干預之下，違心地被生生分離，痛苦地失去一生幸福。

在認識我之前，嬋娟也曾懷著革命豪情去鬥爭「階級敵人」，到家庭成份不好的同學家去抓人，她相信身邊隱藏著許多壞人的宣傳，有很強的敵情觀念和革命警惕性，對牛鬼蛇神主深痛惡絕，在大街上跟蹤監視被自己發現的「敵特」，結果發現那只是一個東張西望，焦急等人的普通市民而已。

和我交往，見過我的家人，知悉了我父母還有我的經歷，見到數年無家可歸的小妹，她起初像聽神話傳奇，天方夜譚，根本不相信這些都是千真萬確的事實，共和國土地上真的有人蒙冤受屈，家破人亡，生不如死，而且這些人都是跟她一樣的普通人，善良，實實在在，並沒有異心與惡意，那些羅織在這些人頭上的罪狀十之八九都是臆造杜撰的。

人整人的真正目的，只不過是製造恐懼，從而得到更多人的沉默與順從。

嬋娟告訴我，她有一種如夢初醒的感覺。

對我倆的交往，從工廠的領導、團支部到她的家庭都施加了巨大的壓力，人們對一個出身僑商家庭又是共青團員的少女，竟然與一個出身不好、思想反動的偷渡犯又帶著女兒的離婚男人交往，充滿各種各樣的揣測與流言，表示出強烈質疑，甚至視為一種對組織的蔑視與挑戰。黨團組織的骨幹和進步份子，都認為我的行為是對無產階級的腐蝕與進攻，各級別的幹部找嬋娟「談話」做「思想工作」，敦促她站穩「階級立場」。

「思想工作」通常都是同一模式，先是談話之人向被談話之人表明自是代表「組織」，接下來便是主題：找你談話的目的。你做錯了甚麼，錯在哪裡，然後傳達「組織」的指示，最後指出兩條路容你選擇，一是服從「組織」安排，乖乖就範，如是大有前途，必有長進；二是如果不依不從，一意孤行，就得考慮後果，這是一種威脅，因為通常與「組織」作對的人，下場都很悲慘，其中包括評不上標兵和獲得獎賞，被調換到缺乏技術性的重體力工種，提薪榜上無名，分配住房遙遙無期等等，不聽「組織」的話，意味著你在謀生的狹小空間裡永遠失去所有利益與機會，只能在邊緣默默存活，了此殘生。

不要輕視這類「組織談話」，能被找去談話是一種幸運，這說明「組織」還當你是同一階級隊伍裡的自己人，可團結對象，還可以挽救。而我就沒有嬋娟那麼好運氣，沒有人找我談過一次話，那些領導幹部在滿地油泥的車間裡蹠到我，都避免與我四目對接，也許在他們看來我早已無可救藥了。

我唯一仍值得「組織」利用的，是我那高大的身材與球技。文革十年之中，作為唯一准許以及風靡一時的體育活動，一支經常取勝的籃球隊，能給一座工廠營養不良、萎靡不振的工人帶來鼓舞與刺激，也成為該單位以及領導人的一種榮耀。我在工廠以及局籃球隊的位置幾乎是無人可以取代的，因為我的加入效力，我們的球隊甚至曾晉級進入廣州眾多球隊的十強。

可能因為這一點，我沒有為自己不知天高地厚的放肆受到更嚴厲的懲罰。我只能感謝自己的父母，賜給我如此高大強壯的身體，使我還有那麼一點點利用價值，沒有過早成為社會棄兒。

儘管如此，各方反對的力量仍然如同一部壓路機開足馬力向我們駛來，逼迫我倆分開，中止這段愛情。

眾目睽睽之下，流言蜚語之中，端賴嬋娟那一顆純潔善良的心，如大海包容我經歷的悲慘一切，掀起同情與摯愛的浪濤，撲向頑石，明知可能粉身碎骨，仍無畏無懼。

許多年後，回想起這段舊情，仍然感覺到當年的我，猶如一頭遍體鱗傷的孤狼，躑躅流浪世界，遇上了一隻善良的小羊羔，被她舔淨治愈了創傷，在她溫存愛撫與真情融化下，之前施加於我的種種摧殘，蒙難受苦的前塵，統統煙消雲散，也不再那麼重要了。

對於我而言，與嬋娟渡過的那一段時光，永遠是我生命中最幸福、最快樂也是最難忘的時光。

我和嬋娟在職的工廠有兩千名工人，這座佈滿烏烟塵埃的工廠有許多破舊的車間，設備老舊，三班二十四小時不停生產，製造中國這個自行車王國最短缺的內外自行車車胎。

它位於廣州河南工業區一角，距離珠江百步之遙，數不清的化工、農藥、電池、鋅片、鋼鐵等大小工廠沿河而建，排出的污水毒液源源注入江中，使灌溉三角洲魚米之鄉的珠水，呈現出赤橙黃綠青藍紫諸色。

每日晨昏上下班，騎自行車灰藍色的身影，密密麻麻，如潮水般進出工廠大門。我和嬋娟隨這潮水亦進亦出，日子周而復始，仿佛松鼠踩踏轉輪一般枯燥乏味。文革的急風驟雨已成過去，但是我跟其他平民一樣懵然不知，這場政治運動的餘波，正是在林彪出逃之後，北京城裡越來越激烈的內訌，在混亂的中央政策之下，工廠一方面強化對提昇生產進度的督促，另一面又不敢鬆懈政治的控制，千方百計企圖控制約束人們的思想。

被工人們視為受刑一般最痛苦不堪的，是每天班後一小時的所謂「小組學習」。

儘管人人下班之後都歸心似箭，但還是要留下來讀報與學習文件，並且依次發言。如果你不發聲，主持者就會瞪著你，甚至點你的名，敦促你發表個人感想，這些個人感想大多言不由衷，包括千篇一律類似「堅決擁護」的政治表態，還必須帶上一段聯繫個人思想言行的自我檢討。不只是發言的人感到難堪，旁聽者更覺得無聊乏味，彼此人在心不在，只想熬過這段難受的時間。

那年頭生活艱難，工友們都著急著跨上破單車，盡快趕回家去做晚飯，一想到他們年幼的孩子，放學後脖子上掛著門匙，此刻正飢腸轆轆地在大街上徘徊，人們的眼睛就不斷瞟著牆上的掛鐘，心裡咒罵這個該死的會議，可車間黨支書偏偏跟大家耗時間，似乎有意跟歸心似箭的工友們過不去，我懷疑這些政工幹部把開會學習作為折磨工人的手段，視這一種煎熬為樂趣。

如果有誰膽敢逃避學習，將被扣掉微薄收入裡的「獎金」那一部分作為懲罰，這意味著家裡孩子的飯碗裡就少了幾頓菜。我和嬋娟經常以各種藉口不參加「小組學習」，一前一後溜出工廠大門，如出籠之鳥，在大道上騎車飛馳，去尋找生活樂趣。

那時的人做人非常簡單，早上起床匆匆洗漱完畢，夫婦一齊或騎單車或擠公車離家上班，兒女自行上學。下班後排隊買菜，回家做飯洗衣，九點鐘上床。星期天休息，帶孩子擠公共汽車去動物園，再去人工湖租一隻小艇蕩槳，或者看一場電影，逛逛南方大廈、中山五路百貨商店……千千萬萬的人，都是這樣平淡無奇地渡過一生。

我與嬋娟之間開始出現這一類對話。

「那不是我想要的人生！」

「你想要怎樣的人生呢？」

在我過於理想主義化的憧憬中，有藝術有愛情，唯獨忽略了麵包。我還沒有懂得找麵包吃儘管顯得市井俗氣，卻的的確確不可或缺。我向嬋娟透露了自己逃離大陸奔向自由，做一個藝術家的夢想。

她不贊同我再一次跋山涉水冒險偷渡，但對於我登上大溪地島追隨高更遺蹤，在希臘小漁村藍頂白屋隱居的夢想，倒是心嚮往之，很感興趣，要與我同進退，不離不棄。

她申請去香港也有一年了，始終沒有得到批准，不過她說政策允許公民往港澳探親，只要耐心等待，總是會拿到通行證。知道我立志遠遊，她便把自己和我的命運，寄托在一個夢想裡，那就是在某一日，我倆可以分別先後離開大陸，然後在世界上某一個地方重相聚首。

我們就在這個朦朧而不現實的夢想裡，繼續兩人的戀情。

我和嬋娟幾乎遊遍了廣州城內外風景美麗的地方，我倆深愛這座城市，也為自己可能要離開她而傷感。一河兩岸的廣州，最令人難捨難分的就是城北的白雲山，她真是一座靈毓幽深得令人魂牽夢縈的山。

屈大均撰寫的《廣東新語》中如是寫此山：「白雲者，南越主山，在廣州北十五里，自大庾逶迤而來，既至三城，從之者有三十餘峰，皆知名。每當秋霽，有白雲蓊鬱而起，半壁皆素，故名曰白雲。」

白雲山海拔僅三百餘米，並不險峻，我從兒時起經常來爬此山。上山路線有二，一是乘公事至山後的明珠樓，另一是從山腳的沙河景泰坑開始爬。嬋娟同我喜歡遁第二條路線爬上去。

自景泰坑上山，沿途有山溪歡快喧響相隨，它來自山上的九龍泉，流至山腳後被沙河墟上的食肆舀了去製作米粉，爽滑煙韌，「沙河粉」因此得名。老廣州都口耳相傳，西關茶樓陶陶居為保證茶市點心出品上乘質量，每日半夜都派人到白雲山腳的沙河取泉水，肩挑步行，往返行走數十里。

沿景泰坑登頂便是鄭仙岩，傳說中的鄭安期於此縱身跳下，卻有白鶴舒翅迎載他升天。岩上築有開放式樓臺的「雲岩茶室」，依懸崖峭壁之勢而建，有月門照壁，也算是與環境、地勢渾成一體，從鄭仙岩望下去絕壁千仞，極深處是一片墨綠的松濤。

「雲岩茶室」起初只招待外賓，閒人免進。後對外開放出售茶水，收費極貴，不過茶葉尚屬上品，經得住三泡、四泡仍然依然香洌茶，駁了林語堂談茶的妙論：「一泡如青澀幼女，二泡如風情少婦，再泡則如索然無味。」。我每與嬋娟上山，總要先去飲這裡的茶，欣賞天際一帶迤邐閃亮的珠江，一邊品賞那種泡多幾遍香氣猶在的少婦成熟撩人的韻味。

後來再去，茶室已經承包出去賣起飯菜來，看上去很敦厚的小兩口，不知來自北方哪一處鄉間，手腳勤快。岩下水池養活著幾十尾尺餘長的黑鯇，順手挑了一條生猛的讓他做一道「生滾魚片」。

二十分鐘後，老闆娘端上來一大盅發亮鯇魚片，新鮮得發亮，還帶著紅色的血絲，上面鋪放許蔓蔥芫茜，她提著一壺滾燙又的魚湯即時注入，復蓋上盅蓋，數分鐘後開盅食之，一箸魚片入口，我與嬋娟不約而同閉上雙目，一生中從未嘗過如此鮮甜爽脆的魚片，飄飄然如乘白鶴舒翅扶搖直上。

經天南第一峰沿山道繞行，途中很容易錯過一處山邊兩扇不起眼的普通木門，裡面其實別有洞天，隱秘的林蔭小路僅容一車通過，密林深處裡面竟然蓄了一湖清水，長滿荷花，一幢精緻的房子跨湖而建，它便是省委「革命老太」區夢覺的「雙溪」別墅。

文革年代紅衛兵曾在這幢掛滿名畫古玩的別墅裡鬧了很久，痛批區夢覺「腐敗墮落」之餘，又捨不得離開，於是住了很長時候。

與嬋娟得幸入內，時已文革尾聲，革命小將遺下四壁口號標語與滿室垃圾穢物剛清理完畢，為了「創收」，「雙溪」草草維修即「半對外開放」，聽說幹活的正是服侍「區大姐」的原班廚師與服務員。與嬋娟就在湖邊亭榭上吃午飯，價錢不菲，但那是為高幹燒菜的名廚正宗料理，其中一味「茄汁豬潤」不知討過區大姐幾許歡心。

沿著山間寂靜無人的公路，經「松濤別苑」及「明珠樓」下山，沿途類似這種不為人見的別墅有許多處，座座庭院深深，精美別致，連林彪的兒子也修了一棟，「天下名山僧佔多」成了「官占多」，而黨政軍要人的豪宅門禁森嚴，一道「軍事禁區」警示，閒人勿近免進。那些聒噪毛時代沒有貪腐的人，只知其一不知其二，又哪裡見過與曉得？那個時代雖少見錢財的貪佔，但是存在涇渭分明的等級制度，背後是一個隱秘而龐大的特權階層，幹部官員衣食住行一切由公家包起支取與報銷，高級幹部居華廈，玩女人，坐轎車，有私人廚師，能夠進入特供商店購物，只須支付象徵性費用而獲得最昂貴的物品，表面上不取分文，但實際上是花費不計其數而又不付分文，等級制度下的許多幹部官員的生活根本與民間絕緣，生活在另一個鮮為人知的特權世界裡。而中國的老百姓對此毫不知情，天真的以為高高在上的黨政軍幹部個個艱苦樸素，廉正清白，跟自己一起同甘共苦，缺吃少穿。

我從中學時代就與高幹子弟同窗，家住外貿新村又與空軍大院為鄰，我的大舅父就是中共九級高幹，對等級制度和特權階層不僅有所耳聞，也曾目睹。官民之間的差別懸殊，是激勵我追求「安得廣廈千萬間，大庇天下寒士盡歡顏」人文理想世界的一大原動力。登白雲，遊雙溪，樹影下，高山巔，我向嬋娟訴說心中對貧困與特權的不平，對思想禁錮的反感，對自由的嚮往，她亦愕然，十分震驚，默然無語。

我們四處漫遊，全然不把社會壓力和非議放在眼裡，仲夏時分，我和嬋娟乘船溯北江遊粵北，於禺峽登飛來寺小住數日。當時初識明人王思任的《遊清遠禺峽飛來寺記》，因尚年輕，未領悟出作者才情爛漫後面的人生感慨，那一種由情感走入哲理的境界。和嬋娟攜手站在頹圮危牆，滿目蒼涼的寺前，望著迅即遠去的花尾渡，驚嘆此峽江水湍急，果如是「一回首舟已出峽」的奇觀。

粵北石峰頗多，峭壁筆立，險峻非常，且人煙不見，惟聞猿啼，一寺突兀雄峙於此，難怪自古有二神化居士，搬安徽延祚寺飛來至此的傳說。

向留守寺中的老僧要了一間用作禁錮違反清規戒律僧尼的禪房，安頓下來後，虛掩木門，巡遊進山。碧苔繡草，交籐古木，蔽昏日月，拾級再進，幽谷愈深，暮色四合，百鳥投林，此起彼伏的鳴囀，四呼八應，高低不同，遠近有別。

歇在琴心閣，所謂「琴心」，按王思任的講法，取四山呼應義也。只要凝聽這空穀鳥音，就想到即便這古人攜了一張琴前來，也未必捨得撥弦，他會不忍驚散一片鳥雀的天籟。

飛了一天的鳥雀，竟日覓食嬉戲倦了，喜滋滋地投奔林中而來，回到各自巢中還對唱一陣，跳躍在附近的枝端，此時的鳴聲與晨早殊然不同，差別就在晨早初醒，表達的是對維持生命食糧的渴求與期待，對於那些尚有幼雛待哺的鳥雀來說，除卻自己的溫飽，更擔憂的還是巢中雛鳥。

晚歸的鳥鳴意味著倦極之中滿足的喜樂，寢前的交唱漸漸沉寂下來了，只聞清風在林中沙沙作響。剛想起身步出琴心閣，夜色中忽聞一聲清越無比的鳥鳴，似近非遠，駐足屏息再聽，卻萬籟俱寂，不可再聞。

出了亭子行至臥仙岩、飛泉澗，幾度停下都聽不到有鳥再叫，反倒是泉澗水聲漸現，「初則綏綏然如濕雪，稍進，呼呼然雄雨之呼矣，再進，而盎傾盆覆，人語不相聞了。」

與嬋娟在空穀鳥語山澗水聲拾級登山，談坎坷曲折人生經歷，說藝術家浪漫不切實際的狂想，畢竟都還年輕，又正熱戀，我們這一對情人總是如在夢中。

一九七六年九月九日，中秋節，真是一個天下人難忘的日子。

我與嬋娟回家同父母共渡佳節，那個中秋黃昏燠熱，一家人分享了母親燒的幾碟小菜，夜色降臨，很快就見到了一輪皓月。我家在大樓底層，多了一個小院，比樓上的住客幸運，可以圍坐院中賞月。我們還沒有開始吃月餅，二樓一家人的收音機裡就傳出只有國家領導人去世才播送的哀樂，悲愴的旋律迴響在悶熱的空氣裡，令人毛骨聳然，幾分鐘後，整幢大樓內凡有收音機的人家都在收聽哀樂以及訃聞。

「他已死了！」父親只低聲說了四個字，語畢，臉色慘白，整個人因為恐懼在不斷發抖，每個人心裡都明白，這個「他」就是毛澤東，家中一片可怕的靜默。

自從五十年代初，父親領著我們響應「祖國號召」從澳門來歸，就經歷一次又一的政治運動，一直生活在恐懼之中。尤其是十年文革，他蒙受極可怕摧殘，即使在自己家裡，也很少跟家人交談，看書的時候，也是一隻眼睛閱讀，另一隻眼睛卻瞟著房門，擔心隨時有人闖進來抓捕自己。

除了父親，我身邊其他的人，內心都感到恐懼，對匱乏、不公、缺乏自由甚至欺凌侮辱逆來順受，每隔一段時間就有一些人在政治運動中被整挨批，失去自由和工作，被判入獄或處決。其他的人雖然幸免波及，但為了避免受牽連與懷疑，也爭先恐後表白自己的忠誠與不存二心。

那些負責及參與整人的人，表面上把握生死大權，革命熱情高漲，實際上他們在見證了那些表現出不力或異心的同仁的悲慘下場之後，不得不對組織鐵血紀律心存畏懼，只能以拼命折磨打擊他人博取信任與重用。

那天晚上，父親在月色下對我叮嚀再三，毛澤東一死，最近這段時間將是非常時期，不知會發生甚麼大事，要謹言慎行，不苟言笑，更不要殺雞喝酒。我和嬋娟騎著單車離開家，但見大街上行人的臉色，多難掩喜色，甚至有人大笑，很明顯地流露出抑制不住高興。

工廠裡舉行了毛去世的追悼會，先是電視轉播北京的中央追悼會，我們跟著三鞠躬，然後是省市追悼會，我們又三鞠躬，再就是由工廠黨委書記領著，再一次三鞠躬。按中國人殯葬文化拜祭死者以三鞠躬為限，一個上午竟然連續鞠了九次躬，同一個死者豈不是死了三次。可能不只我一個人覺得可笑，竟然就有一個年輕的女工，在追悼會上笑出聲來。雖然經過審查她「根正苗紅」並非階級敵人，但那一年她的年度獎金還是被取消了。

毛死後不足一個月，江青、王洪文、張春橋、姚文元「四人幫」被打倒了。像是過節一樣，全中國各地放鞭炮，市民最經典的晚餐是「三公一母」的螃蟹，外加一瓶茅臺。「三公一母」是江、王、張、姚，那麼「茅臺」暗喻誰呢，大家彼此都心照不宣。

中國人好像許多年來都沒有這樣開心過，壓抑積蓄多年的情感如熔岩一般爆發了出來。在街上我碰見了盲人工廠牛棚裡的「難友」高佬陳和白面書生，他倆激動莫名，哽咽著說不出話來，高佬陳還給了我一拳，白面書生一雙三角眼噙滿了淚水，結結巴巴反復說道：「總算等到了！」記得他在牛棚裡說過，自己「要用鹹水草駁長條命」，跟誰比長壽呢？他當時倒未明說。如今見他如此興高采烈，我也能猜出幾分他是在跟誰比賽哪一個活得更長久。

四人幫以及林彪集團一夥受到了公開審判，出乎很多人意料之外，竟然在全國電視轉播了法庭實況。江青在庭上擺出一副死豬不怕開水燙的模樣，咆哮抗辯，張春橋雙目緊閉，一言不發，王洪文看起來最為自己的小命擔憂。

看到「文革旗手」一夥坐在被告席上，很多中國人心裡都明白，人造之神已經被拉下神壇，所謂「無產階級文化大革命」實際上已經結束了。這將是一九四九年以來，唯一一場以發起者與領導者失敗而告終的政治運動，就此而言，的確「史無前例」。

人們試圖擺脫精神的緊箍咒，但是仍有人竭力維持毛的思想，控制局面。毛雖已死，但他指定的接班人華國鋒仍然鼓吹繼續高舉毛澤東思想這面大旗，建造紀念堂，提出兩個「凡是」，政治空氣十分緊張，人們口耳相傳華是毛的私生子，多得不計其數的「小道消息」不脛而走，一些急不可待的人因為過早發表個人觀點，大膽質疑毛的所作所為，批評文革而付出了沉重代價，大多數的人們在高壓下還是心存恐懼，謹言慎行。

在過去這二十多年裡，我一直在克制與袪除恐懼，但我發現，無論是毛澤東去世，或是四人幫倒臺，甚至是後來的歲月裡，到了海外生活的三十多年中，內心深處仍然存在這一種揮之不去的恐懼，這是在中國大陸生活過的人共有的恐懼。

我離開中國時才三十四歲，生命中的一半在中國度過，餘年在海外度過。但即使在是後面這幾十年民主社會的生活裡，與前半生生活有關的噩夢，一直纏繞著我。它們不斷令我驚醒，在夢境裡失去自由與親人的恐懼，使我渾身冒冷汗，輾轉反側，失聲吼叫，淚流滿面。

每一次夢中驚醒，我都在思考，世間有何豐功偉業能以千萬人無辜而寶貴的生命作代價去成就？人類歷史上又有甚麼理念需要人民作出如此巨大的犧牲？為甚麼要通過謊言欺騙、宣傳洗腦、篡改歷史，通過控制戶籍、食品配給、報名升學、分配工作甚至婚姻配對、子女出路，達到控制人的思想與情感，通過政治運動整肅異己，使民畏之，統一思想？

我覺得，製造對一種制度和理念的恐懼，令民眾缺乏獨立人格與自由思考，是毛澤東留給我們最大的遺產，一如查斯特菲爾德在寫給兒子的信中所言：「恐懼能摧殘人的創造精神，足以扼殺個性而使人的精神機能衰弱。偉大的事業不是恐懼所能成就的！」

我寫，旨在消除恐懼，但是說心裡話，幾十年過去了，即使人在海外，寫這些文字之時，內心依然感到一絲莫名的恐懼。關於大陸生活的惡夢，幾乎沒有停止過出現在我的夢境，即使是離開了中國大陸許多年，我在海外仍然不時從惡夢的掙扎與嘶喊中驚醒，出一身冷汗，手腳冰涼，我夢見自己和家人被揪上臺批鬥，夢見自己的護照被沒收，再一次被禁錮在國門之內。最頻頻夢見的，還是我那苦命的女兒，自從亞女把她帶去了美國，我已經許久沒有見她了，在夢裡孩子一雙眼睛充滿責備神色地凝視著我，不言不語，也不回答我的問題，然後就像出現一樣突然消失了。我喊著她的名字「詩湄」，那些父女相依為命的歲月似乎又都重現眼前，但詩湄還是消失了，我也在夢中哭醒了……

後來我才知道，這一種「惡夢後遺症」，原來並非唯獨自己患有，幾乎每一個受過政治運動洗禮的中國人，在餘生都擺脫不了惡夢的纏繞，他們在夢中一次又一次撕開已癒的傷疤，再次灑下傷心的淚，淌出鮮紅的血，被慘痛的記憶折磨得哭泣嚎叫。即使人身自由了，但靈魂仍捆綁著恐懼的枷鎖。

中國的形勢緩和了，嬋娟的父親開始頻頻從香港回到廣州探親。他是一個甚麼樣的人？又是甚麼促使他拋下妻兒兩度橫越重洋闖蕩天涯？都使我充滿好奇。

「這就是我父親。」

廣州西湖路一幢小樓陰暗的廳堂裡，嬋娟指著牆上一幅圓臉老人的照片，低聲對我說。

這幢樓房外牆的黃漆已經剝落，「那魯華僑會所」的牌匾蒙塵寸厚。過道裡蹲著一個穿文化衫的瘦老頭，捧著瓷盅喝五花茶，他用濃鬱的鄉音嚷嚷道：「妳就是四邑同鄉會永遠名譽副會長黃明的女兒吧？」臺山姑娘嬋娟羞澀地笑了，白裡透紅的臉龐上，與牆上那張照片形神似。廣東四邑一帶的女孩，屬臺山的膚色最白，輪廓也好，據說是當地水土養人，也有臺山人祖先來自中原，故有北方人血統之說。

父親出國當契約勞工，兩父女相隔天涯的歲月裡，父親只能在孤島上望著床頭的照片，思念愛女嬋娟。就在認識我的前三年，她才第一次見到自己父親，已經整整十八年過去了。

嬋娟的父親，像許多四邑鄉裡一樣，人生軌跡都很相似。他十一歲迎娶了家中十三歲的童養媳何留養，她就是嬋娟的母親，一個苦命的孤兒，目不識丁的女子。小兩口拜堂那天晚上，小新郎突然不見了蹤影，眾人找了半天，才在一張桌子底下找到了他，原來新郎正在那裡撿鞭炮玩呢。

與妻子生下三個兒子之後，鄉間歲月維艱，年輕的丈夫與父親簽下一紙契約，遠赴中太平洋諾魯島挖磷酸鹽礦。在許多到海外謀生的臺山同鄉之中，他先娶妻生子再出國，已屬萬幸，而許多人出國之後卻無法回鄉成親，由公雞或木偶作代表，娶新娘過門。香港作家吳昊的《懷舊香港地》一書中，就記寫有這一類關於雞的掌故。

粵人經常講「嫁雞隨雞，嫁狗隨狗，嫁著馬騮隨山走。」（這馬騮指的是猴子）。說到嫁雞，往昔廣東五邑多華僑往金山下南洋搵食，鄉間父母盼兒子早日成親，能有兒媳過門在家勞動和侍奉自己，無奈遠方遊子不能回鄉，只好讓新娘過門與雞公拜堂成親。

老一輩金山客南洋伯，為謀生計飄洋過海，一去十數或數十年，真是少小離家老大回，留下家中妻子守活寡，多少人間悲劇在此中演繹。

嬋娟的父親雖然是成了家才出國，但還是拋下年輕的妻子帶著兒女艱難度日，不識字的妻子表現出臺山女人穩健刻苦，勤儉持家，潔身堅貞的風格，默默守候遠方的丈夫早日歸來。

因為強烈思念妻兒，嬋娟父親在一九五〇年帶著積攢的一點錢財回到臺山鄉間，在那扶墟買下一幢瓦頂磚屋，開了雜食店。他沒有在意大陸發生的政權更迭，一心一意守著自己的小店與家人，過小康生活。

嬋娟父親回鄉後又生下兩個女兒，嬋娟是小女兒。父親在那扶墟上的小店，開始受到政府部門的干預，稅務人員不斷上門騷擾，這個歸國華僑首度嘗到了苦頭，被追罰稅款，而且數目驚人，如果拒繳，將面臨沒收家產及被判入獄。百般無奈之下，一九五五年的一個深夜，父親再度告別妻兒，逃出家鄉，夜奔香港，重返諾魯。

他此一去歲月悠悠，待許多年之後重返故土，小女兒嬋娟已經十八歲了。

嬋娟父親為了我們交往的事特意回廣州和我見面，他表示同意女兒與我交往。但是他希望我不要再偷渡，因為實在太危險了。

一九七七年，毛的殘餘勢力利用「兩個凡是」作了最後的掙扎，經一番政治較量，終於在一九七八年底由中共自己對文革下了「十年浩劫」的結論，並且提出「改革開放」。從社會上許多細微的變化，可以窺見控制的枷鎖正悄悄一點點鬆開，每回家中都見到父母臉上有了真正的笑容，居然還聽到鬚眉皆白的父親哼起《翠堤春曉》裡的插曲：「特啦－特啦－特－啦－啦……」

已經很多年沒有聽到這熟悉的歌聲了，兒時澳門家中那部自動翻碟的大唱機，就經常放《翠堤春曉》這首歌，父母親還帶著姐姐和我一同「特啦－特啦－特－啦－啦……」。

母親說她和父親一九四二年在上海四川北路青年會相識，第一次約會就是去國泰戲院看《翠堤春曉》，那一曲《當我們年輕時》還是他倆的定情歌曲哩。

回到大陸後，家中的十碟唱機沒有了，父母只能偶爾壓低聲音哼唱老歌，那些經久不衰的曲調，維係著千絲萬縷的往事舊情，直至文革一家蒙受生死磨難，從此家中不聞歌聲。

老歌舊曲中之情愫深意，同那個黃金歲月的過來人一樣，我也是很多年後才漸漸懂得欣賞體味。那真是一個時代的精粹，直教我等深深慨嘆，前人因何得以展現這等絕代風華，這是一種滲入骨子裡的文化，透露在行藏舉止中的優雅空前絕後，傾倒眾生，她們是怎樣消失盡毀的呢？

時隔多年，記憶起父母親這一代人，猶如重拾往昔黑白舊影，今又添加許多的五彩繽紛，《翠堤春曉》的歌聲舞影，歷盡風波依然活色生香，風采動人。心愛的父母一如故事中人以及樂曲音韻，經受住歲月風霜的磨蝕，永生在兒子心底深處，像史特勞斯的音樂，生生世世永遠奏響世人耳畔。

毛去世後不久，家中換了住房，我們遷入廣州東郊天河田野中的一幢小樓，這裡開闊，安靜，有小樹林環繞，空氣清新，母親托人製作了幾件家具，飯桌上有了魚肉，兩老臉色漸現紅潤光彩。嬋娟父親從香港帶回來一部「樂聲」四聲道錄音機，這部神奇的機器，讓我們接觸到另一個從來沒有見過的世界。

在革命豪言壯語激昂得近乎矯情的年代裡，年輕的我曾經被強迫每日反復誦唱那些怪裡怪氣的語錄歌，能在臺上公開演唱的李谷一和胡松華，把嗓子擠得又尖又高，一曲唱下來，像打了聲嘶力竭的一仗，這類炫技與輸誠的表演，真是歌者辛苦，聽者難受。

這只是製造文化荒漠工程的一角，當年在神州大地，從上到下，從古到今，從中到洋，從裡到外，對所有具有普世核心價值的藝術文化，進行過連一張小紙片包括每個人的靈魂都不放過的篩選過濾與毀滅性清洗。

人們的情感枯竭了、心靈乾涸了、思想萎靡了！

我不能不懷念與感謝文革十年那一段歲月，在破舊老屋的陰暗閣樓上，我與友人營造的一角天地，偷聽西洋古典音樂，還有民國的經典：白光、周璇與王人美的時代曲，鋼絲錄音使這些柔和的靡靡之音，多少帶上一點金屬的堅硬冰冷。我努力從民國的章回小說和音樂、電影中，尋找那個「時代的感覺」，想像燙鬈髮、穿旗袍的上海女人，如何在百樂門的舞池邊，娓娓唱出十里洋場的繁榮奢華，道出萬家燈火的悲歡人生。公寓陽臺上站著的，亭子間的走出來的，不盡是把風的地下黨，做炸彈的革命者。那是光彩照人的張愛玲，學貫中西的胡適，儒雅多情的徐志摩一類的翹楚。

曾有一段時間，我多麼渴望時光倒流，在往日那個年代重活一次，像徐志摩披一襲長衫，閒庭散步再會康橋，會晤羅素，與大師一起馳騁中西學問天地。在四月天撐起一頂油傘，細雨中同林徽茵或陸小曼那樣的才女，踏過雨水浸濕的遍地柳絮，共吟一首生活與愛的小詩。

然而現實一臉猙獰，我們這個時代的歌手啊，你在何方？

七十年代末，人還在廣州的我們，永遠忘不了扭開樂聲牌收錄機那一個清晨，突然收聽到香港商業一台的節目，往日強烈的干擾電波靜默了，賣「歐家全」皮膚水和「黑人」牙膏以及「雲斯頓」香煙的廣告詞配樂，跳躍輕快，主播輕軟平和的粵語，聽上去清晰無比。就在此時，突然響起流暢的過門音樂，有一個柔軟而親切的女聲，輕唱出小河、青山與花香，這歌聲是我有生以來從未聽到過的，音符簡單、歌詞淺白，卻像一股清亮的泉水注入久旱的心田，融化了經年殘酷鬥爭留下的麻木與冷漠。

聽了這柔情似水的歌聲，再也忍不住涌出的淚水；鄧麗君，就在這個南國早春的晨曦中，傳遍神州大地，走進我的生命之中。

港澳同胞回鄉探親開始獲准攜帶少量大陸短缺物品，鄧麗君歌曲的錄音帶，一部部單聲道或四聲道的收錄機，就這樣源源涌入大陸的千家萬戶，響徹城鄉橫街窄巷，她的歌聲唱開了竹幕，唱倒了隔絕世外的鐵絲網，唱垮了紅色文化，唱醉了人心，也唱醒了人們對生活的信心。

在不同的地方聽鄧麗君的歌，會有截然不同的感受。

當年港臺與海外華人迷戀追捧鄧麗君，是因為她溫柔婉約的女性形像，還有那磁性的清亮歌喉。對於他們來說，鄧麗君是一個偶像。但是在一九七八年的中國大陸，鄧麗君代表了一股美的力量，一種化解仇恨的魔法。對於在那個年代歷盡生死劫難的整整一代人來說，她和她的歌聲，是率先照亮悲慘世界的第一縷陽光，代表著某種精神的解放與救贖。

從來沒有一位歌手，能如此徹底而完完全全征服億萬人心。在歷年內亂苦鬥中絕望的人們，通過鄧麗君的歌聲，尋回失去的人性與愛，重溫昔日的憧憬與夢想。

可以說，是她唱醒了整個中華民族！

有人將鄧麗君與「改革開放總設計師」鄧小平相提並論，「白天聽老鄧，晚上聽小鄧」，的確如此，小鄧與老鄧改變了中國。

人美歌甜的鄧麗君深得民心，永世無雙，迄今深受愛戴，因為她是大時代的歌手，因為她的歌聲告訴我們：真正的藝術永遠由普世價值為核心，有了人性與愛比翼高飛，任何藩籬都無法禁錮她四海傳揚。

> 鄧麗君，一隻出谷的黃鶯，千啼百囀，今生不再，隔世難尋！

有了錄音機之後，我們常常接到邀請，騎著單車拎著錄音機參加各種形式的「舞會」，在某人的客廳裡，與相識和不相識的人一齊起舞，跳著「快三」、「慢四」還有「恰恰」、「倫巴」與「探戈」。

音響和場地都很簡陋，但跳舞彰顯著一種精神禁錮的解放，情感壓抑的釋放，漂亮的嬋娟成為很受歡迎的舞伴，我則作壁上觀，以欣賞她的翩翩舞影為樂趣。這樣的舞會每週可以有四、五場，但我倆仍樂此不疲，無舞不歡。

一個能聽鄧麗君，可以跳舞的中國，這在不久之前還是根本無法想像的。

天下真的變了？

一九七九年作者與嬋娟同遊省委高幹區夢覺的雙溪別墅

第二十三章　門開一縫

七十年代末，廣州城出現了許多變化，我深愛這個自己生長多年的城市，魂靈皆係於此。她的橫街窄巷裡，似乎還依稀迴響消失已久的清脆屐聲，西關大屋趟櫳後面傳來的悠揚南音，伴著那一股教人皮膚蒙著粘液似的濕熱，永遠都令你盼望來一場急雨，滌塵驅暑，這雨也是說來就來，青天白日嘩啦嘩啦灑它一通，「過雲雨」來時也快去亦急，雨後濕潤清新空氣中瀰漫著白蘭花馥香，這才是真正的醉人。「回南」時節，年代久遠的西關人家裡的階磚地，散發著一種特殊的黴氣，這氣味是門角神主牌上先人的遺跡，西關小姐面頰上塗抹的水粉，「細蚊仔」（孩童）的便溺，或是文人騷客伏案揮毫的書香墨味。

這些永遠卻不可能澈底袪除的東西，廣州人稱之為「老泥」，可指積澱之塵垢，也可以代表一種無法取代的歷史餘韻，是一股積久而成的氣味，象徵著一種獨特文化。

只有自幼在這裡長大的人，才記得才喜歡這股味道，所謂廣州記憶，離開了這些基本的味道，就顯得蒼白空泛，了無生趣。

七十年代末的廣州冬去春來，又是回南天，消失多年的廣州味道，再次若隱若現，憑著敏銳的嗅覺，生活的本能，許多廣州人試圖抓住改變的先機。

廣州從五十年代初開始經歷鎮壓反革命、三反五反、工商業改造、反右，繼有「大躍進」，遭遇所謂「困難時期」的饑饉，民生日苦，百業雕零；六十年代中文革狂潮，更是抄家遊鬥，兩派火拼，不得安生。整個城市的節奏與情調，甚至基本生活的安寧都遭到了澈底的破壞摧殘。隨著一大批文人雅士儒商學者的被整，一大批書畫名瓷、建築文物的被毀，與物質生活匱乏相隨的精神生活貧瘠，她傳統文化的根柢，幾十年間遭受被斬斷根除的重創和傷害，奄奄一息，白雲珠水失色，南國風韻難再。

廣州人的心靈飽受折磨幾十年，驚魂乍定，稍得喘息，又憑著南方人的精明與狡黠，率先嘗試打開「南風窗」。

亞熱帶氣候的廣州，長夏炎炎，南風可帶來清新爽快的涼意，一扇面南之窗，為許多忍受酷熱煎熬之人求之不得。

家中有一點港澳或海外關係，被廣州人形像地稱為「南風窗」。

就在不久之前，人們還視「海外關係」為洪水猛獸，以各種方式紛紛撇清，很多人因為「海外關係」要接受所住街道、所讀學校、所在單位的審查，為了免致惹禍上身，人們焚毀一切海外信件，斷絕與海外親友通信來往，否則隨時都會落得一個「海外關係，裡通外國」的罪名，一些歸國華僑甚至被懷疑是美蔣敵特受到殘酷迫害。

但是狡黠靈活的廣州人，暗地裡從未中止過同外界的交往，以各種方式保持與外部世界的聯繫。歷史上數次「逃港潮」都少不了廣州人的參與，其中最了不起的行動莫過於提琴家馬思聰的成功偷渡，廣州人以自己的聰明才智與勇敢精神，暗中研究偷渡的路線與方式，其中包括了從動物園盜取老虎糞便震懾邊防軍犬，鑽進香港物資運輸火車以及匿藏外國貨輪等異想天開的妙計。

家中若有人成功抵達彼岸者，其親人只能竊喜，不敢張揚，偷渡之時不幸身亡者，他的家屬則連牌位也不敢立一個，只在夜深人靜偷偷啜泣。

類似的恐懼如今都隨著文革的紅色神話破滅而不再，為了改變物資緊缺、配給供應的貧寒生活，港澳與海外關係不再被視為「裡通外國」的原罪，毗鄰港澳的廣州人，首先想到了自己在港澳及海外的親戚朋友，千方百計盡快打開這一扇「南風窗」。

有鑒大陸局勢緩和，港澳同胞和海外華僑也陸續開始回國探親，起初大陸海關只准除了隨身用品外，另帶一些規定限額內的衣物、餅乾糖果和煙酒，而手錶、照相機等都必須登記，如數攜帶出境。其後海關逐步放寬准予攜帶所謂「三大件」、「八大件」如錄音機、冰箱、電視機及單車等入境。

那時廣州人家的客廳中，開始出現一種叫「餐櫃」的櫃子，高約一米，長一米六左右，櫃子的一邊有一個抽屜，下有小小櫃門，另一邊則是大玻璃門，透過玻璃可以見到來自海外的空餅乾罐和丹麥藍曲奇鐵盒，灌滿紅茶的「人頭馬」等洋酒瓶，高高低低擺作一堆，這種櫃子便是演示我家主人有「南風」的櫥窗，也是這個家庭最引以為傲的物件。我的父母雖然一向自許清高，也不能免俗，在我家客廳裡也擺上了這麼一個「餐櫃」。

從海外寄來的錢被尊稱為「僑匯」，有綠衣郵遞員上門來給你一張印在硬紙片上的匯款通知單，你可以憑單到郵局取款，附帶還能領到一種叫「僑匯券」的票證。用「僑匯券」到「華僑商店」可以買到市面上短缺的米麵糧油副食品、衣物布料和自行車等輕工產品。經常有郵遞員上門送達僑匯單的人家，會引起左鄰右舍的羨慕和議論。

港穗直通車開通之後，廣州站前廣場開始聚集接車人群，男男女女形成兩堵厚厚人牆，長達數百米，個個引頸盼望，形成廣場上一大奇觀。直通車進站，揹大袋拎小包的港澳同胞華僑，氣喘吁吁穿過接車人牆，分別被歡天喜地的親友接過行李，前呼後擁回家去也。

嬋娟在香港的姐姐每次回來都肩挑背扛幾大包禮物，應有盡有，在一個極冷的早晨，她在火車開動前最後一分鐘，先脫下鞋襪，接著脫下「太空褸」（羽絨服）塞給嬋娟，只穿一件單衣赤足瑟縮著登上火車，嬋娟摟著那件尚帶姐姐體溫的衣服，在寒風中含淚目送姐姐，姐姐揮手叫她不必擔心：「一過羅湖橋，甚麼都買得到！」

她姐姐的行李裡有一種紅藍白三色的「蛇皮袋」，巨型的編織袋容量很大，堅固耐用，可以裝許多食品衣物，她父親則喜歡使用蘇格蘭格子的紅色袋子，它底部有四個小輪子，可以拖動。在那個年代用這種袋子裝載的資本主義產品，源源進入竹幕後千百萬家庭。紅藍白三色的「蛇皮袋」甚至成為一個時代的標誌，以致許多年後法國路易威登設計的手袋，因為圖案與「蛇皮袋」同出一轍，引起諸多揣測與爭議。

幾十年後紅藍白三色的「蛇皮袋」更被解讀為「香港精神」，寓示「經久不息，能屈能伸」。

嬋娟姐姐帶回來的東西中，有最受到廣州人歡迎的「555」香煙與「人頭馬」白蘭地酒，藍罐丹麥曲奇以及其他餅乾，鷹嘜煉奶，小方塊的瑞士糖和甄記椰子糖，罐裝花生油，還有臘肉臘腸，「紅花油」藥酒和「白花油」等等。

與內地服裝單調的灰藍，老土的款式相比，她帶回來質地柔軟、款式新穎的衣褲鞋襪，喇叭褲，牛仔褲，連衣裙，T恤，人字膠拖，鬆糕鞋，高跟鞋都成為我們愛不釋手的禮物。

當時的大熱門還有太陽眼鏡，以及稱為「縮骨遮」的折疊雨傘，更是廣州青年心頭所好，擁有這兩樣東西，再在上衣口袋塞一包硬盒「555」，走到大街上不知會招來多少妒羨的目光。

很多年輕人戴著沒有撕去商標的太陽眼鏡，夜裡八、九點天色已暗，還捨不得摘下來，雖是晴空萬裡，女孩子們手腕卻掛著一把「縮骨遮」晃來晃去，年輕人提著播放震耳欲聾的鄧麗君歌曲的錄音機上公共汽車，還把錄音機掛在單車上呼朋引類，招搖過市，成為廣州市民以「南風窗」為榮的又一生活特色。

接港澳親友乘坐的班車、回家後瓜分禮物以送車都是大事。由於入境攜帶物品仍受限制，為了多帶一些給親友，很多港澳同胞大熱天穿上六七套衣服，上車返港之前，港澳同胞及華僑還要進行最後一次「淨身」，剝下衣褲包括脫下鞋襪，把身上最後的東西留給親友才離去。因為他們心裡很清楚，對於長年處於物資匱乏的國內親人來說，急須之物實在是太多太多了。

瓜分海外親友帶回的禮物，兄弟反目，姊妹打架的現象，時有發生，在車站就可以當場目睹。一些「南風窗」人家，為躲避八竿子打不著的遠親近友上門索求禮物，尾隨到酒樓港澳廳飲茶吃飯，不得不對海外親友回穗的日期採取嚴密的「消息封鎖」，對遠親近鄰的叩門拜訪狠心地不予應答，拒不開門。

港澳同胞海外華僑享有更多「特權」，參加「廣交會」者得以佩戴一種上書「來賓」二字的粉紅色小布條，廣州市民形象地稱為「魚尾籤」。戴「魚尾籤」者被尊稱為交易會「來賓」，「來賓」可以在入境時帶進錄音機、冰箱、自行車、電視等「八大件」，到酒樓進餐還有「交易會來賓」專區，另外還有「港澳廳」，來賓和港澳同胞可以優先搭乘出租車，自由進出友誼商店或華僑商店購物。港澳同胞海外華僑中有「魚尾籤」的來賓者為一等，「歸國華僑」者次之，「港澳同胞」為最低一等。當時港澳海外的生意人，打工仔即如地盤工人，街頭小販，一旦穿得身光頸靚過了羅湖橋就成了香餑餑、搶手貨、搖錢樹，人們開始謀劃與爭取把女兒嫁給他們，期待在家中開一扇屬於自己的「南風窗」。

家中有女初長成者可以外嫁，雖然沒有甚麼真正的感情作基礎，許多如花似玉的純真少女，仍然就這樣跟隨年長自己許多的港澳同胞、海外華僑離開了大陸。人們只是看到她們離去後寄回以及帶來的物質和金錢，至於她們幸福與否、快樂不快樂，這些女孩子為「南風窗」遭遇的不幸和作出的犧牲，已經不重要，也沒有人顧及了。

「南風窗」反映了一段大陸文革年代廣東地區民間自我求變的歷史，它不僅突顯了趨光避黑的人類天性，也極淺顯地印證了「社」、「資」兩種制度的孰優孰劣。

後來大陸經濟發達，民生改善，一些同胞反過來以「恩主心態」看不起海外華人。許多人不明白，也忘記了，財富和金錢不是用來攀比或歧視貧賤困窘的。在「南風窗」年代，幾近赤貧一無所有的我們，得到的是海外同胞近乎有求必應的接濟與饋贈，他們之中除了少數商賈之外，其實大多數人並不富有，那時有的僑胞為了回國省親，盡可能滿足眾多親友的要求，省吃儉用，花掉了自己多年的積蓄。精明的廣州人在很短時間內就弄清楚了海外家電產品的各種牌子與型號，甚至比他們在港澳親友還瞭若指掌，許多港澳同胞是拿著國內親友開出的清單去購貨的。

在「南風窗」盛行的年代，除極個別的勢利之徒傲慢驕狂，瞧不起人之外，絕大多數的港澳同胞和海外華僑，是滿懷同情、鄉情與感情，為親友紓困解難的。

回看「南風窗」年代，可知我們經歷了「長貧惡抵」的飢渴、淺薄虛榮，一副有洋文貼紙的墨鏡都能帶來大大滿足，既懂得匱乏的難受與可怕，那麼，我們就更加沒有理由「暴富惡睇」，只上了區區幾級台階，就不念舊恩，沒有文化地狗眼看人低。

其時我也三十多歲了，孔子的「三十而立」，我未知所「立」究為何物，除了童年伊始那幾年的澳門生活，那以後的二十多年裡，我體驗到的只一種屈從，好像甚麼都由不得自己，學業，工作，愛情，生活情趣包括思想概莫能外。戶籍與配給制度，生活資料幾乎全部受到控制，這使得任何試圖擺脫控制體察自我的嘗試變得徒然。

因為目睹或知悉父母及祖父的不幸命運，我變得內心早熟，而自身的悲慘遭遇，也導致我厭惡政治，沉溺文學、音樂與繪畫藝術。

閱讀成了我瞭解世界的唯一途徑，文革中盜得那幾百冊書便是我的大學。我喜歡讀的俄羅斯與歐洲文學經典，給我最大的影響是托爾斯泰與羅曼・羅蘭這兩位作家，可能是偉大作家內心澎湃激情後面的人文主義思想，那種對人性與愛以及一切美好東西的心嚮往之，對被侮辱及被傷害者的同情憐憫……影響了我的道德與審美觀念，使我一心一意追隨他們獨立思考，敢作敢為，從而覺得正是這些使自己無法忍受任何形式與理由的干預控制。

多年極權制度下非常態生活的思想禁錮與新聞封鎖，社會經驗的缺乏，在我身上留下極深的認知缺陷，假若說我憑藉個人和家庭遭遇，社會巨變對生活苦難感受殊深，刻骨銘心，那麼對外部世界的缺乏瞭解，就導致我只是戴上玫瑰色眼鏡看人世，將一切都浪漫化，理想化。

我只是一心想離開中國大陸，到香港去，再到大溪地去。其實對那個遙遠的島嶼一無所知，只知畫家高更曾經遠離文明住在那裡，島上必有許多令人神迷心醉的原始藝術與哲學真諦。理想主義的情懷，使我深信中國大陸之外有許許多多亞理士多德的「幸福島」，柏拉圖的「理想國」。

我渴望自由，但自由是甚麼呢？如何立足外邦，開拓人生道路，養活自己和維持家庭呢？

我從來沒有認真思考。

二十世紀七十年代末的我，雖經妻離子散，九死一生，創痕累累，但一顆心仍然又熱又軟。生活在我看來，仍然如同一塊畫布，只須走筆揮灑，當可塗抹更多更美線條色彩。

與嬋娟結婚，是我人生陰沉黯淡的畫布上，這麼多年來的第一抹亮麗色彩。我們在華東五地以及北京展開了長途蜜月之旅。

距離上一次穿越神州大地旅行，已經十多年過去了，一九六四年一個十八歲的少年籃球運動員，眼中的中國仍有她美麗而明亮的興旺，爾今與新婚妻子再度北上，終於看到了十年浩劫給河山留下的殘害傷痕之深，就像經歷過一場大戰過後，生產力萎縮，物質嚴重匱乏，民心渙散，處處可見動亂遺跡，武鬥留下的廢墟，殺氣騰騰的造反大標語，空無商品的店鋪，一切都難掩破敗凋零。

雖說改革開放業已啟動，但與率先復甦的南方相比，華東華北的南京、上海、無錫、蘇杭與北京，仍然顯得心有餘悸、缺乏活力，城鄉民眾，衣著破舊，面色萎黃，每到一處，都見到同樣的場景，晨昏各出現一次的單車巨流，而留給我印象最深的，還是他們的動作都很緩慢，臉上沒有表情，同胞們目光中的麻木呆滯，那才是最令人痛心的。

沿途所見使我受到極大震撼，即使如此，我們這對新婚夫妻仍然遊興不減，一路說笑玩來，暢遊名山名水，順道探視散居各地的親戚。

當穿連衣裙的嬋娟和身披蘇格蘭格子夾克的我，背著照相機突然出現在南京半山園海軍學院大表姐家中時，我那位多年未見的大表姐驚訝得半天說不出話來，已是高級海軍軍官的表姐夫，更是不知所措，他後來當上海軍訓練學院院長，授中將銜。因為職務的敏感，他們不敢讓我們住在軍官小樓，而是到招待所為我和嬋娟安排了一個潔淨舒適的房間。

南京城內迎陵大道非常寬闊，十分氣派，兩旁是高大參天的法國梧桐，綠意濃濃，蔭可蔽日，我倆踏著斑駁樹影沿著二十多公里長的林蔭大道漫步，走了近三小時才抵達中山陵，途中造訪了明孝陵與梅花山。南京留給人深刻印象的唯獨這條大道，時逢早春，她的美麗更帶幾份嬌媚，顯得格外婆娑多姿，那一種難以形容的翠綠，近乎透明，仿佛能夠滲入遊人肌膚，簡直妙不可言。遊莫愁湖、秦淮河的餘興就不再一一了。

江南春雨中從南京來到蘇州，居於裝駕橋四舅家中，推窗便見如畫卷中的小橋流水，我和嬋娟牽手走下門外的石板台階，還清晰記得她皙白的纖足，在春寒中凍得白裡透紅，泡在綠波裡若隱若現。

院牆一角數枝紅梅橫斜，欲折一枝送與伊人，又恐舅媽發嗔，只得悄悄揉碎它幾朵，撒落在她髮際，迄今仍未忘記她迎著梅花送來的笑靨。

和嬋娟在小院裡讀詩，「春天裡的雲煙，那黃昏的軟風，雲化後的鵝黃，新鮮初放芽的綠」是詩中的意，還是人間的情？意也罷，情也罷，都隨早春二月一陣柔和的風飛向遠方，新婚遊江南真是一段難忘的日子。

四舅書房在文革中經過浩劫慘不忍睹，壁上無畫，架中沒書，僅存不多幾本殘籍中有一冊《浮生六記》，與愛妻同讀，不知高低地自比沈復與芸。

讀沈復文章，一如閱盡人生，喜樂哀樂都有了，也足夠了。「浮生」這個書名起得好，浮生若夢，才是沈復對生命的慨嘆。

在書房中讀書，窗外的蘇州河潺潺流淌，我覺得人其實都是一樣的，不管甚麼時代，不管甚麼族裔，一個人生下來直至老死，都必須經歷同樣的過程，愛上某人，成家立室，有自己的嗜好與趣味，作過努力與奮鬥，到過這裡或那裡的地方，經歷這樣或那樣的波折，最終殊途同歸，都要離開這個美麗而令人留戀的世界。

都是浮生，都是生命，壽命長短相差無幾，精彩與快樂的程度往往十分懸殊。我和嬋娟的前方，將是甚麼樣的命運呢？我倆充滿期待與憧憬，沈復與芸清貧中自得其樂，歡度人生的故事，對我們產生很大影響。

我要活得精彩！活得有聲有色！

沈復何幸，得了一位絕好的妻子芸，事上以敬，處下以和，兩人談詩論畫，耳鬢相磨，親同形影。這芸也是奇女子，能說這一番話來：「他年當與君卜築於此，買繞屋菜園十畝，課僕嫗，植瓜蔬，以供薪水。君畫我繡，以為持酒之需。布衣菜飯，可樂終身，不必作遠遊計也。」

足見有知心人相伴，不離不棄，果乃人生至幸也。

讀到這裡，直教我掩卷長嘆：中國的古人是何等的灑脫，家貧清寒，尚可拔釵沽酒，一樣可以如此豪爽、風流、澄靜與不羈。

沈復的經歷說不上曲折離奇，他與眾不同之處，是因為他悟出並寫下了浮生若夢這個真理，我覺得這個沈復要麼便是根本不存在，要麼就是半人半仙的高士，否則那裡能有如此的胸襟與識見。

浮生若夢，境界絕妙就在乍睡還醒，似夢非夢之間：「與外物相遇，不可著意，著意則滯；不可絕緣，絕緣則離。」

浮生有此一夢，不亦快哉！不枉此生！

浮生，浮生，其妙諦又在一個「浮」字。

浮而不定，在世情風雨中飄零，悲喜苦樂由不得自己。

若夢，若夢，其真相就在一個「夢」字：乍睡還醒，似夢非夢，能否成真，由不得自己。

但做人的清白、自在與雅逸總是我們自己的。

蘇州三日，和嬋娟去了滄浪亭、網師園與獅子林賞園林之趣，到觀前街品嘗小食，臨別前又隨四舅上了一次虎丘，見過四百年前袁宏道坐待月出的生公石，我幾乎沒有留意傾聽在蘇州住了半個世紀的舅舅，對袁宏道詩文的精彩點評，也沒有嘗試去瞭解我這位飽讀詩書歷盡滄桑的長輩，對文學、人生和命運的真知灼見。

其時尚還年輕，宛若暴風雨過後驚惶的一隻雛燕，僅有朦朧的理想追求和粗淺的學識，即使讀《虎丘記》也只感覺到中國文字的美，卻看不見中國文人的風骨，更未能完全領會袁宏道內心的感悟，體會不到他清曠高遠的情操。

四百多年前，袁中郎到蘇州，至虎丘賞月。「遊人往來，紛錯如織」，「布席之初，唱者千百」，至夜深月影橫斜，始得「一夫登場，四座屏息」，其唱聲響徹雲際，盡鳥為之徘徊，壯士聽而下泣。」袁宏道聽完歌又賞「飛巖如削」的劍泉，文昌閣與荒廢了的平遠堂。他二十七歲上出任縣令，兩年內六登虎丘山。每次來到山頂，唱歌的人聽到縣官大人駕到，全都躲藏起來。當時袁宏道就嗟嘆「烏紗之橫，皂隸之俗」，立誓他日去官，一定再來山頂聽曲，並請明月作證。

待他辭去官職，舊地重遊，不禁仰問虎丘之月，可記得當年之誓言。

袁宏道此文甚好，說她好不單指文字功夫，更是文字後面的孤高情懷。

袁宏道少有雋才，四歲能對，青年登第，中榜進士。一生中三度辭官，第一次辭去吳縣縣令，貸得百金，以為家用，自己卻去作了閒雲野鶴，遊覽四方，寫下蘇杭遊記數篇佳作。

把錢花光了之後，再度為官，未幾再辭，三十三歲回鄉置地三百畝，築堤圍繞，種柳萬株，取名「柳浪」，從此在一片葱翠柳浪圍繞中潛心讀書，吟詩作賦，與僧人坐談經法。如是過了六年神仙般快活的日子，袁宏道迫於父命與生計三度出仕，為官四載，最後一次辭官歸隱，遂病逝家中。

人生路上行行止止，好像才年輕，瞬間已古稀。越來越覺得人活著，要在人世安詳，入情入理，方是幸福。這所謂的安詳，一如仕女的音容，須脫去艷冶濃媚，山容水意盡在素顏之中，才可稱得上是實實在在的安詳。

虎丘上的宏道，柳浪裡的中郎，物我兩忘，萬事皆空，到了「好鳥枝頭亦朋友，落花水面皆文章」的境界，看破了塵俗，也就是爐火純青的「安詳」了。

托爾斯泰、羅曼•羅蘭、沈復還有袁宏道，給了我啟迪，人生同文章一樣，都是不斷的磨礪與淬煉，去除污垢雜質，留下絕佳的精華，經得住歷史長河的蕩滌，時間風雨的侵蝕。

「紙如池荷，筆如菡萏」，讓文字蘸上清晨露珠，折射出太陽亮光，渲染自然色彩，返照人間萬象，唱出人性高歌，可能永遠只是一種期許。

但是，難道不正是這一種期許，賦予我們生存與奮鬥的意義嗎？

在蘇州的最後一個晚上，夜色漸濃，睡在棕綳床上，枕著伊人柔軟嬌嫩的玉臂，聽到了水上烏蓬船的咿啞櫓聲，操琴的舟中人一把二胡在嗚咽，不知拉的是什麼曲子，或許是即興拉幾段，但這春宵琴音，卻使我睡意全消。離開她誘人的胴體，赤足踏過月色如霜的地板，推開百年杉木造的雕花窗扉，凝望月光下沉睡的姑蘇，還瞥見遠處明滅不定的漁火，那琴聲卻是再也聽不到了。

令古城有靈的不是那縱橫交錯的小河清流，而是千年人文歷史蒼苔，帶來的那種飽經世事變遷的滄桑。

離開蘇州後轉赴杭州再至無錫，一路是梅影水波、茂林修竹，連田隴上的村舍都入畫一般美，待來到八百里太湖邊上，被那暮春的燻風一吹，簡直把人的魂魄都吹上了玉宇瓊閣。

吳越山水孕育出代代精緻文化，有盛友如雲的文人騷客，典雅的詩詞歌賦、絲管竹弦，也就有了孤街陋巷的踽踽獨行。到無錫不能不念及阿炳。這位高人亦曾用他哀傷的琴音，訴說人生悲苦、命運多舛。阿炳的身世離奇坎坷，雷尊殿的道士父親，把民間音律傳授於他，漂泊流浪間阿炳的音樂採自鄉間鎮邊，沒有曲譜，不入流派，全憑神隨遊絲，心照山泉。

他的琴拉得悲，是因為命苦，因為天下戰禍，因為大地和民眾都在顫抖哭號……他是一個傳統的民間藝術家，不懂艱深理論和佶牙聱齒的術語，只要一把弓扣上弦，音樂就如洌洌泉水般流出來，他在為自己能活著而拉，因為他愛自己的二胡和音樂。

浮生若夢，年華似水，也許三十年前那個纏綿悱惻的春夜，我在姑蘇水鄉聽到的舟中琴聲，正是阿炳二胡的隔世迴響？

在車站拉生意的個體戶導遊，是一位麻利爽快的江南姑娘，帶著質樸的鄉土氣，她安排了我倆的住處與行程，極力推薦太湖一日遊。

來到春天的太湖，山山水水皆隱沒在霧靄中，順著湖濱小道行至黿頭渚，霧靄散盡，露出無邊湖水，還有朦朧三山。太湖的風景，湖大，灣多，山多，渚多，島也多，東有十二渚，西有十八灣，更有大小山巒七十二峰。經歷代文人騷客指指點點，名堂很多，我向不喜歡受其先入為主的限制，古人有古人的感慨，今人有今人的情懷。自己覺得美便是好，眼下的太湖，看上去只覺得湖中有湖，山外有山，洋溢著一種鍾靈毓秀之氣。

我倆在「陶朱閣」外的幾株梅樹下細賞湖光山色，頭上是開得一片紅雲似的春梅，身邊的她面泛桃紅，嘴角含春，兩眼盡是八百里湖水閃爍的波光。

兩人也不知順著湖邊高高低低走了多遠，一直玩到饑乏交加，喜見一間一半建在水上的草屋，兩人坐在原木板凳上，終於嘗到了太湖銀魚。

店員稱這些小魚為「西施魚」，言之鑿鑿此魚是美人西施投湖自盡後的化身。我猜忖之所以有此說，許是取自這位美人皮膚光滑皙白吧。至於銀魚，本是海鮮，太湖之前應是海灣，經滄海桑田變化，長江出海泥沙沉積，逐漸淤塞成湖，海中生長的銀魚也就適應環境，成了淡水河鮮。

湖邊木屋燒出來的蛋炒銀魚，鮮嫩香滑，那一種味蕾記憶是終生難忘的。那年頭污染尚不嚴重，太湖水還很純淨，魚蝦也活得自在，大批的遊人還未湧至，故尚能享用到如此新鮮的美味，這也是我們的福氣。

想當年，濤聲梅影，春風蕩漾，我們都還年輕，生命中最黑暗的一章剛剛翻過去，新的一頁即將掀開，好像還是昨天的事，初開的花蕾卻已零落飄轉，將化為泥。

許多年來，腦海裡經常拍打著一湖碧波綠水，聳起神仙居住的奇峰，綻放著紅雲似的梅花，血管裡仍似充滿彈性與活力奔流的熱血，年輕的感覺又統統都回來了……

許是天氣的使然，來到細雨霏霏而且極冷的上海，它給我的印象卻是很灰色的。

在淮海中路一幢雙層小樓裡，見到了睽別多年的七舅與八舅，他們都繼承了外公的銅鈴大眼，下唇稍厚的寬闊嘴型。

文革中七舅因為「兩航起義」歷史問題遭到逮捕，一個解放軍軍官在審問中，活生生掰斷了他左手的尾指。七舅嘴裡的牙很少，只剩下最後幾顆，假牙又未安上，這位曾經英偉俊秀的飛行員，看上去象個癟嘴老太。

八舅是我在澳門時最喜歡的人之一，他陪伴我們一家渡過了數年安寧而愉快的時光。八舅上「聖約翰大學」時就愛上籃球，到了澳門還被聘為「粵海學堂」體育室主任及籃球隊指導，課餘就到「王氏健身學院」當教練。我與他相見時，根本認不出這個頭髮斑白沉默寡言的老人，就是當年高大健美的八舅，他因為自己在澳門的那段歷史，付出了怎麼樣代價，八舅倒是隻字未提。

我問起在廣慈醫院當護士長的二姨，七舅和八舅交換了一下眼色，說出下面這番話來。

二姨唸書時是個學生地下黨，五十年代末突然祕密「失踪」，家人被告知她上京另有特別任務。整整三年後二姨回到上海仍然當護士長，對自己這段出任務經歷沒有洩露半句。

文革之初，她遭到嚴密關押，受到輪番審訊與批鬥。她一直獨身，無兒無女，幾位舅舅時常帶一些食品衣物去探視，也寫信去給她。但每次都遭到禁見，東西收下，原信退回。

直到四人幫倒臺，四舅從蘇州寄信來上海廣慈醫院給二姨，退回的信上潦草寫了一句「此人已不在」，才引起孫家人關注，又經一番艱巨的上訪與追查，才證實二姨已經死亡，醫院也作了結論，還開了追悼會。

「為什麼死了呢？怎麼死的？幾時死的？」

回答我的疑問時，七舅變得怒不可遏，他說自己要有槍，非一槍斃了廣慈醫院追悼會的主持人不可！因為氣忿難平，七舅的話顯得不太連貫，顛三倒四。醫院結論顯示二姨死於「自殺」，根據官方解釋，她是在被關押的房間裡，在一根條凳底下面用毛巾懸起雙腳，然後在另一根條凳底下面向地板用毛巾勒住自己的脖子，以這種超難度的方式了結自己的生命。

我極力去想像二姨如何在條凳底下五、六十公分高的空間裡，自己弄死自己，實在是不可思議，也無法想像，我不得不為自己欠缺豐富的想像力而內疚。

廣慈醫院裡有一個「公開的祕密」的傳聞，二姨追悼會的主持人，正是注射毒針殺死二姨的凶手。殺人者為自己親手殺害的人平反，還致悼詞向被自己殺死的人默哀弔唁，世上哪裡會有這等怪誕的事？

七舅氣得說不下去了，八舅低聲接著說：「你猜你二姨當年到北京幹甚麼呀，她進中南海護理江青去了。」他搖頭長吁短嘆：「殺人滅口呀！」

正在猶豫回廣州後如何將此噩耗告訴母親，舅母開出早餐來，有我最愛吃的泡飯，一隻松花皮蛋切開八瓣，還有炒得很香的雪裡蕻。吃早飯時，八舅問了幾句廣州家中的情況，因為是自己人，關於父母遭罪，包括我自己的妻離子散，就毫無忌憚多說幾句。八舅的目光迅速地掃向半掩的房門，從此無語，那張深深鐫刻著許多皺紋的臉上，掩飾不住內心悲涼哀傷，他盡可能保持鎮靜，又企圖表現得輕鬆愉快，那種神情顯得非常滑稽。

我抑制著內心撲上去擁抱八舅的衝動，還得記我兒時受了委屈，就是在這張寬闊的胸膛裡尋求撫慰的。甥舅相對無言，在沉默中結束了這頓早飯，我和嬋娟起身告辭，出門口前，見到我三位表弟妹從房間裡出來吃早餐，在他們好奇的目光裡，我們走到了大街上。

「哎呀！」我突然恍然大悟，懊悔地叫出聲來。

「甚麼事？」嬋娟嚇了一跳。

我難為情地自責：「剛才我們倆吃光了那隻皮蛋，其實每人應該只吃一瓣，表弟妹還沒吃早飯哩。」

嬋娟笑了，她說自己也沒有吃飽，兩人就往城隍廟吃小籠包去了。我七歲時曾隨母親遊豫園，來「南翔饅頭店」吃過一次小籠包。相隔二十多年，九曲橋仍在，亭榭迴廊與荷池的景致，記憶就很模糊了，店裡的客人相當多，除了坐著吃的，還有立在桌子邊等位子的，吃包子的人兩眼瞪著包子，旁邊等位的人兩眼瞪著吃包子的人。我和嬋娟在一張坐滿人的小方桌邊等位，站了不到兩分鐘，很快就過來一位女店員，厲聲呼喝小方桌邊一對中年男女：「起來！起來！給華僑讓座。」

中年男女也乖巧，即時起身，那男的順手夾起最後一隻小籠包，入口囫圇吞之，滾熱汁液溢出，燙得那人口中「噓噓」呼氣，我見狀實在於心不忍，同店員交涉：「不如等他們把包子吃完。」那店員笑笑應道：「別管他，您請坐！要多少籠包子？」

這使我倆非常難為情，吃罷小籠包，也實在說不出到底好吃在哪裡。

城隍廟街邊或蹲或立著不少小販，擺賣茶葉蛋、五香花生和烤白薯，都很乾乾淨淨，整整齊齊，看上去很舒坦，也盡顯上海人的「門檻精」之風。想起兒時在此見過流亡白俄賣家傳白銀茶炊，母親特意著我留意那俄國漢子的姿態，她頻頻感嘆：「貴族到底是貴族，淪落街頭賣家底了，站相還是那麼端端正正，八面威風。」

母親的舊居在法租界的萬宜坊，還有她與父親相遇的四川路基管教青年會，這兩處對於我來說相當重要的地方，都未能與嬋娟一起回去看看。我倆去了外灘，黃埔江水渾濁暗黃，父母舉辦婚禮的「水上飯店」也找不到了，錦江飯店一帶歐陸風情的石廈猶在，嬋娟對那一扇扇大玻璃門的氣派驚嘆不已，輕撫精鑄的黃銅門把愛不釋手，她生平頭一回相信大上海的昔日繁華決非虛傳。

「怪不得你母親氣質不一般，在上海這地方長出的人就是有點特別。」嬋娟一直在誇我母親。

「上海女人就是粉蒸肉。」嬋娟聽了我的回答，只用一雙顧盼有情的眼睛盯住我，期待進一步解釋。

張愛玲在《沉香屑》裡說：「如果湘粵一帶深目削頰的美人是糖醋排骨，上海女人就是粉蒸肉……」

「上海女人為甚麼是粉蒸肉？」嬋娟追問我。

我找了幾個理由，膚色皙白粉嫩，性情婉約，說起話來溫軟，足令人骨頭都酥掉；打扮漂亮入時，喜歡精緻的事物，講究派頭，充滿女性嫵媚與活力，還有一個特點，就是受過良好教育。

跟世間許多有價值和內涵的東西一樣，是一個時代的文化浸淫出「上海女人」，挾著香煙吞雲吐霧的張愛玲，閃爍在她身上的是才華靈氣，那才是大上海萬家燈火折射下無數嬌娃的縮影，一代女性以自己的美麗、個性與人生凝聚養就的上海女人絕代風華。

我倆在外灘邊行邊說「粉蒸肉」，一邊偷看身邊經過的年紀不同的上海女人，有的相貌相當俊俏，脂粉不施，素面朝天，她們身上衣服大多不合身，布料粗糙，寬大鬆垮，臉上都帶著幾分凋殘。此行目睹舅舅家殘破簡陋，雜亂而灰塵滿佈的環境，連他這般有自家房子，境況富裕的都如此不堪，大多數住弄堂的上海市民有多清苦可想而知，對身邊這些同胞又生出許多的同情。

想當年母親從萬宜坊步去霞飛路，法國梧桐下走出來一個娉娉婷婷的上海女人，穿著白底碎花的薄紗旗袍，腋下塞著噴了香水的小手絹，微風拂亂了她燙鬈的黑髮……昔日的母親今已不存在，黃葉或會再度飄落，一雙雙纖足或會再踏上這片土地，但一個時代已經永遠成為過去。因為某種殘酷無情的割裂，導致了歷史與文化的斷層，一個城市的靈魂被抽空剝離，人心與性情又已經改變，活色生香風情萬種的上海女人很難再有了。

我們從上海來到了北京城，在這裡我雖有親人卻如同無親人，奶奶及叔叔一家在文革中被遣送至甘肅一處極僻遠的小山村，在叔叔給我父親的家書中，以極簡潔的文字講述了他們在那裡的生活：「我等在此尚好，勿念。只是全村缺水，每日須以毛驢馱桶至十五里外山溝中取水，運回之水一如泥漿，內中泥沙須靜置半日後方能沉澱，然後再取上層較清之水煮沸飲之，日常洗漱及衣物洗滌則盡量節水。母親在此身體還好，只是不忍見兩個孫兒日日趕驢運水忙碌辛勞，急欲自行前往取水，又礙於小腳行走不便幫不上忙，只好終日垂淚自責，雖經反復勸慰則終未能解其心結。」見不到奶奶、叔叔和兩個堂弟，使我們的北京之行失色不少。

在北京我們住在大舅一位舊雨張姨的四合院裡，位於北京城東單的這個四合院很有氣派，主人張姨年過半百，皮膚很白，梳著女縣委書記式的髮型，頭髮剪得很短，顯得精明麻利，此屋乃她承繼之祖傳。東歪西斜的雕花門扉，院裡被鑿破的古董魚缸，都使人想像得出這裡曾經紅衛兵造反鐵蹄蹂躪。

文革十年，對人與人之間關係最大的改變，是親人相見，朋友相識，盡量不問及家庭或個人歷史、遭遇等等，所以我們並沒有向主人提任何問題，她也沒多問我們的來歷及來意。

張姨接到大舅的信之後，為我們預備了一間南房，粉牆上還細心地糊了一層舊報紙，躺在帶著皂香的白床單上，可以讀到舊報紙上的革命字句，中央文革要人的新聞照片，不過是兩三年前的功夫罷了，報紙上面內容卻也早成了「過去式」，敞開的窗扉外飄來張姨新買回來栽下的菊花清香，隔壁手搖唱機播放著劉淑芳唱的《西波涅》，「真是一切都變了」我想著想著就睡著了。

嘹亮的鴿哨喚醒了我，清晨的北京上空，一片金色的煙霞裡，飛著許多鴿子，牠們的主人視飼養這些靈巧的飛鳥為消遣，餘暇放鴿高飛，極目遠望，形同得以身心釋放。院牆門外一板之隔，有位老人正乾咳著站在牆根教訓兒子，昨晚煤爐沒能封好，害得一大早老人家沒能燒開水泡茶喝，一口京片子，數落人都像唱小曲一般跌宕起落有韻律。四鄰開始有了許多動靜，雞鳴犬叫，推單車過門檻，孩子哭鬧，臉盆潑水落地，與長安街上喇叭聲、清脆的「叮叮」車鈴相呼應，我驀地有了一種回到久違的家的親切感覺。

許是過了上班時刻，北京的公共汽車並不擁擠，紅牆黃瓦的天安門城樓在窗外掠過，毛的畫像仍然高掛城樓中央，天安門廣場幾乎不見人影。我們下車進入故宮，紫禁城內遊人稀疏，那難得的沉寂更增添幾分神祕莊嚴，皇宮的龐大與氣派遠遠出乎我想像。踏過長長的漢白玉石階攀登上陰森的宮殿，那不可一世的飛檐，彩繪蟠龍的藻井，厚重的朱門，數不清的房間，都使人覺得中國的統治者心頭所好古今盡同，都喜歡這一種高高在上的優越感，隱身深宮密室的神祕感。

紫禁城盤桓一日，最令我浮想翩翩的不是皇上多姿多彩的生活，而是曾經在宮廷裡走動過的一個身影，皇上、皇后甚至太后，無論生前何等權傾天下，死後都得交給他，這個人就是我的「槓王」曾祖父。

光緒駕崩後其靈柩要移放清代皇室景山停靈處觀德殿，雖僅數千米之遙，但宮中建築物多，遍佈高大台階，光緒靈柩若有傾側，必蹈大不敬之咎。事前曾祖父帶領「永利槓房」手下在宮中「演槓」，槓頭率眾槓夫抬著模擬靈柩，柩面鋪墊宣紙，上置清水一碗，眾槓夫在宮中高高低低，曲曲折折按指定路線走完了全程，竟無滴水溢出。

在為光緒皇帝移靈時，曾祖父做到了「滴水不漏」，而大清皇室為這一次移靈，支付給永利槓房白銀五千兩。

在深宮裡沿著臺階走道逡巡，回味先祖往事，只覺得奇趣十足，也為沉浸在新婚幸福中的我帶來一絲悲涼，在高牆的陰影裡，我為人生苦短傷感，多少的榮耀與財富，權勢與成功，即便是一朝天子，都經不住生命的榮枯，都要在歷史的風塵中隱沒消失，我們還有甚麼是難捨與放不了手的呢？

這一次遠行，既是渡蜜月，也是提前告別中國之旅，我貪婪地睜大眼睛注意每一事物，不放過每一地風景，似乎早有預感，一旦離去，將不知何時再回這片故土了，直至最後一刻，我才發現自己難捨依依，竟然如此深愛與眷戀我的祖國。

一九八〇年作者離開中國前夕攝於長城，這是作者第二次離開中國，距離上一次已經是超過三十年以前。

第二十四章　離開中國

離開中國是我多年的一個願望，它成了我的人生目標，我曾經不惜冒著九死一生危險為之奮鬥。到了夙願終於有可能一償，我卻毫無準備，過去我只是把中國大陸與世界簡單地一分為二而已，似乎只要出去就得了自由，至於到何處去定居立足，以何種方式生存，並沒有很確切的想法。這跟我多年生活在一個與世隔絕禁錮知識和思考的封閉空間有關，而理想主義的浪漫也使我一直飄飄然在雲端而未能腳踏實地。在我那些千方百計走出國門的同胞看來，充斥在我腦子裡的異域風情，藝術追求只是可望不可及的海市蜃樓，空中樓閣，他們幾乎沒有甚麼遠大目標，只是希望能賺一點錢，過上更好的生活而已。而我可能比他們要晚了許多年才弄懂這才是人生在世的基本生存之道。

嬋娟的姐姐從諾魯（Nauru）帶回來一隻椰子殼，裡面畫著一片海景，沙灘白得耀眼，海水藍得醉人，還有幾株綠色的椰樹，把椰殼貼近耳朵，似乎聽到隱約的海濤聲，更令我心嚮往之的還是她講述的島上趣事，這是她陪著父親乘搭香港至諾魯直航首班飛機去小島的見聞。

諾魯的故事，是我生平第一次親耳聽到的中國之外的另一個國家的故事，在這個中太平洋的小島上，人們住在寬敞漂亮的房子裡，有遊艇和汽車，不必工作，不用交稅，只須飲酒。他們的收入全靠整個島上到處都是的鳥糞——磷酸鹽礦泥，只須等候自己的土地上挖了礦石，就有錢打進家庭帳戶。在那裡找到一份工作，你和家人就有免費的宿舍，不用交水電費，定期領取免費的米糧食油、豬肉牛肉，甚至還有冬菇和鮑魚罐頭，外加生活用品如廁紙、肥皂粉。

嬋娟的姐姐讚美島上的風景，特別是環繞小島的海洋，她把這一片藍水形容成擠滿銀色海魚的寶藏，珊瑚礁上遍佈五顏六色的海星與貝類動物。

我總是把諾魯與哥倫布發現新大陸時所描述的「伊甸園」聯繫在一起，人們在陽光和海風下走來走去，悠閒度日，盡情享樂。「那裡這麼美，我要多帶一些畫紙和顏料，畫多一些畫。」我對嬋娟說，她也被姐姐的的故事迷住了，向望登島後和我去尋幽探險，一直到出國那一天到來，我倆都處於這種亢奮狀態之中。

一九八〇年，嬋娟的大哥從諾魯寄來的兩份入境許可證，我倆立即遞交了出國申請。畫著海景的椰殼就擺放在桌頭，諾魯故事自此成為我與所有朋友交談的話題，聽罷我的描述，他們都流露出對童話傳奇的深深嚮往，和我一起陶醉在夢想裡。

嬋娟在生下我們的女兒後於一九八〇年九月獲准出境到了香港，九個月後我和女兒也領到了出國護照，在廣州火車站臨別那一刻，我望著父母親，在他佇了飽經風霜的臉龐上，鐫刻著苦難歲月的留痕，流露著一種難依難捨的痛苦表情，此時父母多年的養育之恩統統湧到了眼前，我悲從中來，心如刀割，回轉身去再一次緊緊擁抱他們，只感覺到雙親的軀體在我的臂彎裡顫抖，這些年來只盤算如何早日離開中國，卻從來沒有體察父母的情感，甚至連一次好好的交談都未曾有過。他們只有我這一個兒子，好容易熬過了文革十年，剛剛否極泰來，想一家人祖孫三代過幾天舒坦日子，我卻要遠走高飛，此等離別對他們是多麼殘酷啊。

到了離別最後時刻，我才發現自己有多自私與不孝。

我很明白父母矛盾的心情，不捨的同時又為兒子終於夢想成真而高興，尤其是父親，當年從澳門折返大陸，釀就個人及家庭幾十年的悲劇，他冀望我切勿重蹈自己當年覆轍，無論前路有多艱險，出去了就千萬永遠不要再回來。他憑著豐富的人生經驗，生活閱歷，根本就不對大陸時局緩和與未來抱任何希望，也不相信諾魯「伊甸園」的童話故事，不過父親沒有對我說一個字，只緊緊握住我的手，力道之大使我幾乎忍不住疼痛要叫出聲來，一握之下，父親又將我往奔赴深圳的列車用力一推，就斷然放開了我的手，我突然領悟到他的意思了。

就這樣，經父親一握一推，我匆匆登上了列車，汽笛長鳴，淚雨滂沱，列車開動了，視線全變得模糊，我甚麼也看不清，窗外往後掠去的月臺上，小妹在大聲喊話，可我已經甚麼聽不見了。隆隆車輪聲中，每向前一點，我就離父母與親人愈遠，不過離自由也更近了。

通過羅湖邊境檢查站的閘口，踏上了與香港連接的羅湖鐵橋，身前身後的人都喜形於色，我原本打算決不回頭，邁著大步離開那傷心地，但一股生於斯長於斯強烈的眷戀不捨，最終還是驅使我回過頭來向祖國山河望去最後一眼。足下青灰色的鐵橋不長但顯得很老舊，延伸向身後華界一端黃色的砂石土岩，兩幢破殘水泥鋼筋建築物頂上飄著五星紅旗，隨著四月的涼風獵獵飄揚，樓房四周長滿齊膝高的荒草，一名穿綠軍裝的士兵持槍逡巡鐵路之側，在兩道發亮的鐵軌那邊，肩挑山草的農婦，一身緇衣，頭頂帶有布邊的竹笠，正悠悠往山村行去……這便是祖國留給我的最後印象。

五星紅旗仍然在我的視線範圍內迎風飄揚，當年爺爺和父親選擇了朝著這面旗子歸來，差不多三十年後，他們的後人——我，再一次作出選擇，背向這面旗子離去。

深圳河在橋下閃閃發光，它看上去像一道極普通的小溪，唯有中港在兩岸築起的雙層鐵絲網，提醒人們這曾經是決定一生命運的生死線，發生在這裡的悲慘故事絕不遜於柏林牆的陰森可怖。當年和同伴跋山涉水在邊界功虧一簣的噩夢，在我腦海裡一幕一幕閃現，我不由加快腳步，盡可能離開身後的土地更快更遠。

前路在何方，尚未確知，但待我坐上香港的火車駛往紅磡，只覺得連車窗外的草木都顯得格外綠意青蔥，月臺上穿著整齊劃一校服的學生天真可愛，一處處高聳的樓群不住地掠過。幾十年來，在我頭上由穹頂至大地的無形巨罩還有壓力統統消失得無影無蹤，我自由了！一顆心雀躍不已。

我和嬋娟在分別九個月後重相聚首，當晚我倆夜遊香港，天星小輪在維多利亞港破浪前行，港九兩岸巨廈林立，璀璨燈火映亮了大半個天空，在港灣水面留下彩色繽紛的波光水影。佈滿圓形窗戶的中環大廈以及六十層的「合和中心」，是兩座八十年代全港最高的摩天大廈，它們巨大的身影在夜色裡彰顯著這座城市的財富與力量。大笪地有一望無際的大排檔，出售各種風味小吃。我生平第一次就著「藍帶」啤酒，品嘗八元一碟的避風塘炒蜆、炒東風螺，還有幾十年沒吃過的基圍蝦。我身處的中環燈火通明，光亮如畫，大小店鋪擺滿精美貨品，食肆供應百國美食，漫步街頭的香港人，笑語聲熙熙嚷嚷，講的是我熟悉的粵語，他們大都身著T恤牛仔褲，腳踏「波鞋」，男女留著很短的時尚髮型，即使講究打扮的女孩子，也只是略施脂粉，兩頰淡抹桃紅，眼影藍黑，有的穿著袒胸露背的吊帶裙，這是我三十多年來第一次見到性感的女人，忍不住看多了兩眼。

從黯淡壓抑的廣州來到活色生香的香港，突然身處摩登時代的霓虹燈映照之下，眼見情色物慾的肆意泛濫橫流，深為這一種生活方式各有所愛的自我解放所迷，我目不暇給，怔怔立在街頭，油然湧起一種奇妙的重生之感，紅男綠女的人海迅速淹沒了我，一輪皓月在摩天大樓後面時隱時現，不時有浮雲掠過作她的面紗，使香港之夜更顯嫵媚。

岳父在廣東道旺角街市經營「環僑」國貨公司，在香港人稱為「貨倉」的二樓，我倆得到了一個可愛的小房間，它有一扇臨街的小窗，市聲清晨就從外面湧進來。由房間去廚房與洗手間，必須經過貨倉，一箱箱存貨堆積如山，貨倉横著一道水泥橫樑，我必須低下頭才能鑽過去。在廚房外面的一處牆角落，寄居著一個臺山同村遠親的孩子，十四、五歲，他還在上學，雖然不是公司的雇員，但生意忙時也來幫忙，他有自己的「生財之道」，就是收集廢紙箱賣給回收公司。

公司很小，鋪面寬約四米多，長二十餘米，貨品很齊全，按照正規公司格局劃分成各部，例如「酒水部」、「服裝部」，從鹹雜糧油、臘味、罐頭、酒水到中成藥甚至「鵝牌」文化衫，琳瑯滿目。

我到香港的第一個早晨，不到六點就起床，睡眼惺忪地在那道橫樑上撞了個眼冒火星，在岳父的催促下，衝到樓下幫忙拉起閘門，拖出應市貨品擺在門邊。此時旺角街市大小店鋪和攤檔全部燈火通明，人聲鼎沸，竹籮裡的菜蔬，鐵籠裡的三鳥，巨型膠桶裡的魚蝦蟹，被人們搬來拖去，嬋娟和姐姐一邊忙一邊向穿梭往來的街坊介紹我，使我感到驚訝的是眼前一片沸騰的繁忙場景非常有序而且忙而不亂，人人各司其職，精力充沛，這是香港留給我第一個充滿活力生機的印象。

環僑公司裡唯一的雇員叫何生，年過半百已經禿頂的何生是位鰥夫，除了一個女兒，別無故親，他對公司忠心耿耿，不但住在公司，還吃在公司，每天都和我們同檯吃飯。何生苟笑寡言，人很謙和，只有那雙轉動得很快的眼珠子，洩露其人內斂的精明與老於世故。他每週有一天假期，放假那天，何生一早就離開「環僑」，直到打烊才回來。看得出他很充分地利用了這一天，同其他地道的香港人一樣，何生喜歡賭馬，我很快就學會如何分辨何生下注的那匹馬是否勝出，每見微醉的何生腳步浮浮進門，一雙小眼睛通紅，口中哼著「帝女花」，多半就是贏了馬，小有斬獲。要是他投注的那匹馬跑輸了，何生多是臉面鐵青，也不正眼瞧人，蹲在「環僑」後門生悶氣。

何生十分疼愛唯一的女兒，將大部分的積蓄與入息，都用來供養「掌上明珠」讀香港大學，極盡呵護之能事，可惜我們只能通過何生的描述去竭力想像這位幸運的女孩有多端莊淑麗，品學兼優，十年以來，女兒從未到「環僑」來探望過他一次。

何生後來一直工作到「環僑國貨」結業，前前後後服務長達二十年，不僅是公司的一員，還是我們家庭的一員。他很長壽，不幸的是晚景淒涼，他那位受過良好教育有一份理想工作的女兒，不僅沒有分文孝敬，竟在何生臨終前拒絕見父一面，也不肯為父送終，何生的身後事由嬋娟的侄子一手操辦，香港人情的另一面，令人唏噓不已。

我喜歡香港的生活，迅速融入其中，她的節奏，她的風貌，使我想起兒時的西關。我熟悉了九龍廣東道付近的街道之後，常常出去送貨，推著小車運送貨品，把大米和花生油扛上沒有電梯的舊式「唐樓」，敲開那些住在五、六層樓的顧客的房門。看店時閒坐鋪中翻看夥計何生帶回來的報紙，有時也去街市的茶餐廳叫一份「火腿蛋治」與凍檸樂解饞。

在店中應對顧客使我得以靜觀香港眾生相，西裝筆挺的男士一手拎「占士邦」皮箱，一手拿起鹹鴨蛋，頻頻照燈觀看裡面的鹹蛋黃，還在耳邊用力搖撼，吹毛求疵的反覆挑揀，惹得何生不悅，口中念念有詞地抱怨：「買蛋又不是買樓，要不要『畫則』（畫設計圖）呀？」

有時碰上富太來店中購物，戴鑽戒的纖指不厭莫煩撥弄臘味，審視每根臘腸肥瘦肉的比例，讓人見識到甚麼叫真正的「挑肥揀瘦」。貪杯但手頭佶據的長者，特意來買別人棄之的臘鴨屁股，五角錢一隻，幾元一小包，喜孜孜捧回家與米飯同蒸之，佐膳下酒也是一番享受。

刁蠻師奶、「醃尖」文員、粗獷小販、精靈後生，千人千面，這些人來店中購貨，喜歡與我交談，雖然只見過一兩次面，說也都是些家常瑣事，但那跟西關話一樣節奏分明、音調獨特的口音，帶給我同聲同氣「自己友」的親切感。

「環僑」門前有兩個攤販，柳姑在左邊賣肉，三叔仔在右邊賣菜，我們同廣州西關一樣以「街坊」互稱。柳姑有一個漂亮的女兒名叫細英，丈夫強哥嗜賭，一天到晚捧著「幸運馬經」。三叔仔留兩撇小鬍子，身高體胖，他經常頂撞父母，兩代人一吵起就你來我往滿嘴廣東粗口，罵起來抑揚頓挫，擲地有聲。何生告訴我，那不是吵架，是三叔仔同父母進行交流的一種方式。

在香港這個大都市的商業等級系統裡，「環僑百貨」誠然處於諸大公司企業之下層，但相對旺角街市攤販而言，「環僑百貨」又處於可望而不及的上層，顯得有點高不可攀。那些在簡陋的小棚子裡賣菜的攤販，畢生夢想就能有一間鋪位，遮風擋雨，堂堂皇皇做生意。在攤檔之下謀生的還有「走鬼檔」，這些最低層的無牌攤販，只能躲在街頭巷尾擺賣「老鼠貨」賺取蠅利，一旦被抓到便貨物充公還遭到罰款，故街頭擺賣時務必「一眼關七」，隨時準備逃跑，「走鬼！」便是他們逃走時所叫的信號。

那年冬天，街市有三個大陸移民擺賣絲棉被，柳姑和三叔仔連同付近的街市攤販，認為自己的地盤受到侵犯，遂惡言相向驅趕他人，「大陸豬！阿燦！」罵不絕口，還以污水潑濕棉被，雙方發生爭執。攤販人多勢眾，三個年輕人寡不敵眾，挾著被潑濕的棉被悻悻離去。豈料傍晚時分他們又重回街市，不過這次不是帶著棉被，而是帶著明晃晃的西瓜刀，夥同七、八個壯漢，見人就斬，街市立即大亂，血肉橫飛，嚎哭慘叫，「環僑」也急急拉下鐵閘，何生受了驚嚇，嘴唇都白了。這一次發生在一九八〇年的衝突，可能是香港人與大陸內地人第一次公開衝突。

岳父在經營「環僑」的生意中，體現了廣東老華僑共有的務實、節儉與謹慎美德，強調保障生活基本需求的食物與居住，以做好生意為一切目標，排斥其他任何如郊遊燒烤、看電影等娛樂享受。在「環僑」拉下閘門之後，我們極少機會獲准外出，大部分時間是留在狹小的房間裡看電視和報紙，這使我在極短時間內對香港媒體有了足夠的瞭解。

香港有《麗的中文電視臺》、《麗的英文電視臺》、《明珠電視臺》、《翡翠電視臺》四個電視台，除了《麗的英文電視臺》從下午二點三十分開播至午夜，其餘三個中文電視臺從早上七點至凌晨三點播放近二十個小時節目。

時事新聞節目是我的最愛，及時而真實的報導通過活生生的畫面，主持人有個性的語音，展現了當天本港及世界各地發生的事情。和大陸電視那些僵硬呆板面無表情的主持人相比，屏幕上的香港主持人有著神情鄭重但更輕鬆自然的風格，他/她是在報告新聞而不是在宣講大道理。他們的新聞角度視野與立場，都與大陸恰恰相反，完全對立。幾十年來我們自幼所被灌輸的是非黑白、正邪對錯，完全被顛倒過來了。當時我的感覺，就像一個被長年蒙住眼睛的人，突然扯掉了那塊該死的黑布，睜大眼睛看到了真實的世界，這一種意識形態的衝擊是顛覆性的，它使我萌生了把自己的知識與理念全部「推倒重來」的念頭。

《明珠臺》與《翡翠臺》都視對方為收視率的競爭對手，我和妻子的爭執很能說明兩個電視臺為爭奪觀眾所作的努力很有必要而且一點也沒有白費。我很喜歡電視劇《浴血太平山》和《少年黃飛鴻》，嬋娟則更鍾意《帝女花》，房間裡又只有一部電視機，兩人之間因此而發生了齟齬。

往往在劇情最緊張的時候，廣告就切入了，推銷冰箱、雪糕、手錶、收錄機、藥品、香煙、食品等等，這種掃興的事大概每十五分鐘發生一次。不過，德國六月香皂、瑞士浪琴表的廣告十分清新可人，極有意境，堪稱有看不厭的廣告佳作。

《歡樂今宵》是翡翠電視臺的老節目，以抽獎遊戲為主，穿插小鬧劇、歌舞，其中「七七號擂臺」有呼拉圈和蓮步舞比賽，現場嘉賓巴基斯坦蓮步舞大王，作了在一個啤酒瓶高度穿越上下刀尖的驚險表演，還舉行過「鬥大聲比賽」。「三洋百發百中」受歡迎之處就在於一旦猜中現場派錢，觀眾對「長毛猩猩懷怪胎」、「邋遢肥豬碌地沙」一類的怪誕問題競猜，不管答案正確與否，通常都報以狂笑大喜，全場鼓掌。

午夜過後在電視裡可以看到粵語殘片和經典西片，有一個深夜，我發現《麗的中文》在播放印象派畫家高更的傳記電影，見到我的人生偶像在南太平洋椰子樹下，用強烈的色彩描繪大溪地的風景與美女，我的心都醉了。過了兩天《浴血太平山》裡的何非力遠走斐濟島避禍，穿草裙的土著手持木斧從叢林中躍出，這一切都使我隱隱覺得能看到這些絕非偶然，它很可能是一種預兆，暗示我要在南太平洋尋找自己的未來與歸宿。

香港的書局很多，僅旺角區就有幾十間，我經常利用送貨溜去書局，在裡面可以見到許多世界名著，包括屠格涅夫、傑克・倫敦的作品，價格不菲，只能愛不釋手翻閱爾後放回架上，書賣得貴其實另有一個很特別的原因，香港人嗜賭，忌諱「輸」字，「書」、「輸」同音，毋怪一般人少買了。因為缺乏書籍，我的消遣與精神食糧，電視之外便是報紙了。

香港究竟有多少份報紙雜誌，我始終沒弄清楚，但報刊林林總總令我瞠目。文革時代《人民日報》、《解放軍報》、《紅旗雜志》兩報一刊為全國傳媒之首，廣州幾十年間只有《廣州日報》、《南方日報》、《羊城晚報》三份報紙，新聞內容與版面千篇一律，同一腔調，而就我在環僑附近一檔報紙所見，就計有《星島》（日報、晚報）、《華僑》（日報、晚報）、《東方日報》、《天天日報》、《成報》、《明報》、《信報》等幾十份報紙和雜誌。

許多個早晨，我靠在門邊看報紙，可以聽到從幽深陰暗的後巷飄來的時代曲。在巷子裡理髮的師傅，從早到晚都用錄音機播放著羅文的「小李飛刀」和許冠文的「半斤八兩」，這些草根歌曲旋律華美，節奏明快，動聽易記。隨著歌聲飄來的還有一股奇特的氣息味道。它摻雜著維港吹來鹹腥的海風、街市蔬果的清香、雞鴨的騷臭，茶餐廳的美食飄香、雙層巴士的油渣味，後巷梯間垃圾廚餘的惡臭裡，瀰漫著珠光寶氣洋婦留下的名貴香水味，我稱這種味道為「香港味」。

「香港味」層次豐富，依附存在於生活、文化和殖民地制度，飄浮於馬路大道與橫街窄巷，盤桓在市民的飯桌與床笫之間，由九龍塘城寨到千萬富豪半山的豪宅，太平山上的米字旗，無不散發著令人難忘的「香港味」。

這是一種文化，古老英倫與千載華夏東西文明交雜百年，共存共榮的獨特文化。嶺南粵風中有萬國奇珍，她的經濟觸鬚伸及世界各個角落，美食與購物天堂的慾望之都背後，交織上演著政治陰謀與情報暗戰、財團大鱷的角逐等鮮為人知的戲劇。國際化裡的華洋雜陳中西皆宜，加上清末民初以降盛極一時的南粵民俗文化，八十年代香港的多面多元之美，令我深深著迷。

在街頭、地鐵與電梯裡，與香港人摩肩擦踵，我悟出「香港式目光」、「香港式腳步」與「香港式語言」的精髓所在。在與陌生人四目相接時，香港人總是自動把視線移開，有的還「啤」（瞪）你一眼；上下車或是橫過馬路，香港人通常三步併做兩步走，有時會輕微地跳一小步，故有許多洋人稱此為「香港式舞步」；香港人講話速度很快，不拖泥帶水，必要時只用隻字簡短表達，譬如「撇」，就代表趕快離開。香港本地話語中經常帶有時興的「隱語」和「口頭禪」，充滿獨有的冷幽默與機智，能夠在特定人群中迅速傳播流行。

「香港式目光」、「香港式腳步」、「香港式語言」的存在，反映了香港人的珍惜時間，講求效率，精明現實。

在創造力強、華貴豐足、活色生香的多元色彩之下，靈巧、敏捷、速度、對機會的捕捉，加上自我保護與現實主義，是香港人的特點。

他喜歡跑馬賭狗，喜歡飲食購物和裝修家室，習慣了媒體裡不盡相同但得以自由表達的各種聲音，儘管他也許更喜歡娛樂八卦新聞和馬經；他或許還會顯得比較自我自私，但如果因此而認定香港人冷漠、貪婪與急功近利，可以用施捨與軟硬兼施當成寧波湯圓任由搓之，那就表明你不瞭解香港人心裡在想甚麼，因為香港的根柢除了司法獨立的制度還有人權理念、自由民主價值觀。對此講求現實的香港人平時或者不會掛在嘴邊，但到了一定時候也會大聲地喊叫出來。英國人對香港的統治是水滴石穿的百年深謀遠慮，她成功巧妙地讓香港人生活在自以為是由一已選擇的社會制度與生活方式裡。

持出國護照的大陸人只能在港停留一周，我和嬋娟、女兒都已逾期，換句話說，我們已經成為「非法居留人士」，面臨入境事務處的緝捕，警察截查身分證便遞解出境的危險。岳父對此不以為然，他談定香港是講金錢也講人道主義的地方，只要自己有生意有錢有樓，當局始終會對他的親人酌情處理，網開一面，老人家再三安慰我倆無須多慮。

作者與妻子嬋娟於一九八一年攝於香港尖沙嘴

老人家沒有搞清楚，香港政府從一九七四年的「抵壘政策」改為「即捕即解」政策，已經完全關閉所有非法入境或逾期居留人仕取得合法身分的大門。

一日下午我抱女兒到奶路臣街買奶粉，三十分鐘後回到「環僑」，妻子已經被入境事務處的官員帶走了。岳父拄著拐杖坐在店中，垂頭喪氣，一籌莫展，我提議找律師先把人保出來，黃昏時妻子從入境事務處打電話回來，告知可以擔保外出，但我空高興了一場，岳父不知何故，沒有和自己的律師聯繫辦理保釋。

那天晚上，女兒徹夜哭鬧，我憂心如焚，想到鐵窗後面的妻子恐怕也是今夜無眠，我除了為她擔憂，還恨自己不能為營救妻子做任何事情。

次日嬋娟就被移送域多利監獄。

岳父提出我們一家先折返大陸再另圖計的建議，我堅定地表示，自己既然已經出來了，就絕不再回頭，我們要去諾魯島。岳父搖頭嘆息道：「上了那個小島就是天涯海角，老鼠跑到了鍋底，再也無路可走啦。」

我本想再爭，但思忖自己一家三口的到來，已經給老人家添了許多麻煩，連吃帶住也是一筆不小的開銷。更重要的還是，這件事要解決好，真的需要從長計議，衝動不得。

為了一家前程，我迅速擬出應對之策，許多年後每當回想此事，我都感到這是自己一生中最正確的抉擇！

我說服了岳父應允讓我們前往諾魯，但是我很清楚，在辦妥簽證之前，自己和女兒切不可被抓進去，只要我還自由，就可以爭取，一旦我也失去自由，便禍福難料，由不得自己了。

我的第一個行動是「以進為退」，瞞著岳父打了一個電話給人民入境事務處特別調查科，「我就是你們想找的孫嘉瑞，前天被你們帶走的黃嬋娟的丈夫。」

對方十分驚愕，有十多秒說不出話來，另一個人接過電話：「孫先生，你在哪裡？」我報上詳細地址、電話號碼：「你們可以隨時找到我和女兒，抓我太太，找我們無非是為了要我們離境，我們已經明白不可能在香港繼續逗留，所以我們正在申領諾魯入境簽證。我的女兒未足一歲，即使我帶著她入拘留所，也肯定給你們添很多麻煩，希望你們能允許我和女兒在家中等簽證，只要簽好證的護照從諾魯寄回，我們一家就立即離開香港。」

特別調查科的官員沉吟片刻，著我收線，不要離開，等候回復。

十五分鐘後，電話鈴聲大作，特別調查科有了答復，經請示高層特準我在家中等候簽證，「你最好不要外出，如果被警方截查，就難免要入拘留所了。」對方還好意提醒我。

諾魯的簽證一個多月後才辦妥，我很快就收拾好全家的行裝，除了畫具還有一張魚網，那是岳父為我預備的謀生工具。

飛往諾魯那天一早，我抱著女兒來到金鐘道李寶春大廈的入境事務處報到，那位與我通電話的特別調查科官員，是一位溫爾文雅的中年男士，他從房間裡把嬋娟帶了出來，一家帶淚擁抱，嬋娟抱著女兒吻得不停，我們通過一條很長而陰暗的走廊，這裡滿佈全副武裝的「藍帽子」，他們正在入境事務處官員協助下，將一隊即將遣返大陸的人員男女分開，戴上亮晶晶的手銬。

一個抱著啼哭嬰兒的年輕姑娘引起我們的注意，她在伊麗莎白醫院羈留病房生下這個孩子，手裡還握著醫院贈送的兩件小睡袍，除此之外沒有任何行李，稚氣的臉龐一片茫然，淚痕斑斑，她的香港丈夫站在旁邊，沒有表情也不說話，嬋娟送她一個奶瓶與一點奶粉，姑娘連連鞠躬道謝，取開水沖奶粉去了。她抱著喝了奶逐漸安靜下來的孩子，隨著大隊進入中央警署停車場，行前告別丈夫：「我走啦！」那男的面色鐵青，也不應她，女孩也只能把孩子摟在懷裡，一步一回頭哭哭啼啼上囚車去了。

車隊鳴著尖厲的警笛駛出中央警署停車場，由金鍾道穿海底隧道，再至文錦渡在那裡將遣返人士移交給中方。

我們一家則登上入境事務處的專車直奔啟德機場。途中我和嬋娟萬分留戀地望著窗外掠過的香港街景，在短短不到一年的光景裡，我們輕鬆自如地融入並且愛上了這裡的生活，如今要離開真的有千般萬般的不捨。那位官員柔聲安慰我們：「這次確實是沒有辦法，到了外國，辦妥手續後歡迎你們隨時回來。」他和他的同事很喜歡我們的女兒，輪流抱著她，兩位官員對我倆的言行舉止衣著打扮地道的香港化覺得十分驚訝，當時大陸「阿燦」呆頭呆腦醜態百出的形像，在電視劇的渲染下已經深入香港人心，成為街頭巷尾的談資笑料。

諾魯航空公司的波音七二七升上了晚霞染紅的天空，夕陽下的香港華燈初上，熠熠生輝，玫瑰色的浮雲後面，天際的遠端已見群星閃耀，依依不捨再望一眼香港的萬家燈火，大自然已在舷窗外，向我們展現了晝夜交替瑰麗無邊之蒼穹。

嬋娟握緊我的手，剛過一歲生日的女兒酣睡在我倆之間，前路何在，身負一家重擔的我，難免忐忑不安，除了口袋裡的八百港元，換洗衣物和我的畫具，還有一張魚網，這便是今後賴以為生的全部了。我的生命之舟，正向一片神祕不可測知的水域駛去，彼岸在何方？我也不清楚，只知道除了向前駛去，別無他途。

諾魯，只是第一個港口而已。

第二十五章　快活島上

這裡是赤道以南四十公里的諾魯共和國，我離開中國後來到的第一個國家，也是地球上最小的國家之一，面積僅二十一平方公里，人口九千餘，它太袖珍了，在世界地圖上只能用一個很小很小的黑點標示出來。

走下舷梯，赤道強烈陽光的刺激，令我雙眼瞳孔來不及收縮，不得不瞇起雙眼，踏上諾魯（Nauru）的土地，一股熱氣從褲腳冒升上來，如同站在燒紅鐵板之上。

諾魯被稱為「快活島」，很可能只是英國船長費思浪漫遐想的一句戲言。這是一個荒涼孤島，沒有可飲用的水源，只有椰子樹和寄居蟹，整個小島便是一塊狀似蘑菇的巨大礁石屹立於大洋中央。每逢漲潮，海水勢也洶洶，猛烈撞擊海岸裸露出的珊瑚礁底部洞穴，發出如萬炮齊鳴的巨響。島上有數座小山，高僅幾十米，山谷內有連環神祕洞穴直通海洋深處。

三千年前，大膽無畏的波利尼西亞與密克羅西亞航海者，陸續來到島上，成為最早的居民，在漫長的歲月裡，很少有外來的船隻打擾島民的清夢，他們自生自滅，遠離塵世，繁衍成體型矮胖，膚色黝黑，鼻孔朝天的諾魯土著。

直到一七九八年，約翰・費思船長才成為第一個接觸諾魯人的西方白人，四十多年後英國青年威廉・哈裡斯迷上一位諾魯姑娘，定居島上，又過了一百多年，他的一位後裔當上了諾魯共和國的總統。

千百萬年來，飛越大洋的海鳥把這個小島當作歇息之地，鳥群排洩的糞便在島上積聚厚達十到二十米，經久沉積成磷酸鹽含量豐富的礦泥。如果不是一個英國人在一九〇〇年從島上撿去一塊石頭化驗，發現全島遍佈磷酸鹽礦，這個小島可能還會繼續寂寂無聞。

跟別的初抵該島的新人一樣，我們在諾魯享受的第一項禮遇，就是沿著小島僅有一條環島公路周遊全國。

從位於島西的「唐人廠」（華人居住區）出發往北，中太平洋寶藍色的海水，親吻著白得耀眼的沙灘，椰林夾道的海濱公路修得非常漂亮平整，黑色柏油路面與白沙藍水迴成對比。一幢充滿童話色彩的德國小教堂在車窗外掠過，這是我抵達後在島上見到的第一座教堂，它灰色尖頂在叢叢火紅的鳳凰花後面隱現，精巧的小白窗裡傳出來嘹亮鐘聲，正為一對永結同心的新人而鳴。

不遠處又見一紅一白兩座教堂，島上總共有七座大小教堂。諾魯人篤信天主教與基督教，做禮拜喜穿白襯衫，腳踏人字膠拖，出了教堂也懶得洗燙，亂扔一通，待下一個主日崇拜，臨時再去買新衫新鞋，故華人「士多」最暢銷貨品首推白襯衫膠拖鞋。

諾魯共和國唯一的機場：諾魯國際機場，停泊著該國航空公司僅有兩架飛機之中的一架。（作者攝於一九八一年）該國曾在二〇〇六年後陷入無飛機可用的情境，幸賴邦交國臺灣方面伸出援手才得以再次有飛機使用。

島上唯一的醫院設在一幢白色的雙層樓房裡，為近萬名國民提供免費醫療，岳父一位摯友曾是這所醫院的X光醫師，經常為島上華工透視肺部，所以學會了一句臺山話：「索氣！」（吸氣）自此人稱這位土著醫師「索氣」，反而忘記了他的真實姓名。「索氣」在我登島時已經官拜共和國副總統，雖然一人之下萬人之上，仍赤裸上身，腰間只圍一花布「索魯」，腳趿拖鞋在街上行走。

一路上許多歐式別墅在花草叢中隱現，庭院裡停泊著摩托車、汽車和遊艇。這些款式雷同的組裝木屋寬敞舒適，有著千篇一律的褐色木板外墻與白色門窗，這便是諾魯人的免費國民住宅，由政府負責購買、搭建及維修，為此有一隊菲律賓人長駐島上，專責組裝維修這些從紐澳進口的木屋。親臨此地目睹一切，方知嬋娟姐姐所言不虛。

小島西北部是諾魯最美麗的地方，車子離開平整的環島公路，沿一條狹窄崎嶇的土路穿越茂密的椰林，僅長數百米的土路很快便在暗紅色山崖前面突然中斷，岩石中間有一大洞，裡面別有洞天，長滿芒果樹和榴蓮樹，二戰中英澳聯軍與日軍在這個名為「榴蓮洞」的地方打過一場惡戰。

回到環島公路繼續北行數分鐘，就是「白鬼坑」，島上不多的白人，喜歡來這處海灘游泳、野餐，還用炸藥在珊瑚礁中炸出一條三、五米寬的水道，便於駕船出海。類似的出海水道島上還有三條，均無命名，惟這條水道因歐洲人使用而得名「白鬼坑」。

「白鬼坑」灘頭怪石林立，高者可達七八米，嶙峋奇特，狀似獅象虎豹張牙舞爪，亦有似人形者，老翁垂首，少女起舞，形態逼真，怪石久經天風海雨磨蝕，凹凸不平，有棱有角，似刀刃鋒利無比。從遠處珊瑚礁的盡頭，傳來驚濤拍岸的轟響，其聲甚於百門大礮齊鳴，海水湧將過來，如氣勢磅礴之千軍萬馬奔騰，在平坦的珊瑚礁上形成一道快速移動的藍色水牆，其上的浪花水沫又似冬日白雪。

在「白鬼坑」可以遠望小島北端的諾魯大酒店，據說它是一位華人建築師設計的，整座酒店面海，大門卻面山而開，道路只通往酒店停車場，徙那裡要步行幾十米才能進入酒店大堂，給人一種很彆扭的感覺。

海濱公路經過大酒店形成一道優美的弧線，便來到小島的東面，東面景色平平，乏善可陳得令人昏昏欲睡，沿途皆是諾魯人的住宅，華人稱這一帶為「諾魯寮」。

在這個酷熱的下午，幾乎所有土著都憩睡在丟滿啤酒罐的門廊陰影裡，密克羅西亞人膚色深黑而龐大的軀體，斜倚橫陳，遠望過去猶如廣東鄉間的匍伏在地的水牛。

諾魯人講究室內擺設，喜歡在別墅前後遍植花草，但又疏於清潔料理，清潔房屋與整理庭園包括清洗汽車，又成為華人謀生一大職業。

沿途見到許多小鋪，概以清一色波紋鋅鐵皮搭成，這些就是島上華人經營的「士多」和「雞雞檔」了。

我為一路所見百花所迷，猩紅的九重葛、黃白相間的雞蛋花、淡紫色的丁香花還有一種叫不出名字的粉紅色奇花，百花皆如色彩斑爛的瀑布傾瀉，相互輝映在萬裡晴空赤道陽光之下，時值午後，除了兩三條百無聊賴的狗，見不到一車一人，我們的汽車沿著海濱公路前行，整個小島白日入夢，宛若置身宮崎駿動畫的魔幻世界。

途中我們與島上唯一的公車擦身而過，這輛半舊不新的巴士像一隻龐大肥胖的橙黃甲蟲，搖搖擺擺緩緩蠕行於黑色路面之上。共和國的公車按規定任何人可以免費搭乘，但能否搭上巴士，似乎要視乎司機的心情好壞而定，假如他覺得自己應該小睡片刻，想乘車的人最好也先回去睡上一覺再來候車。

從東岸行至西南角，便是島上最熱鬧的地方，機場一側是國會，她由三幢排列成U型的綠色平房組成，四周圍以一米高的石牆，正中央建有白色獨立紀念碑，石碑四面各鑲一把黑劍，碑旁立有一高一矮兩根旗杆，高者飄揚著諾魯國旗，低者為聯合國旗。

國會旁邊是一所學校，許多穿天藍色校服的孩童赤足在黃泥地上追逐嬉戲，學校後面是警署與監獄，四十餘名諾魯警察是共和國唯一的武裝力量，配備有手槍以及步槍，還擁有一挺「歪把子」輕機槍，但是只有像每年獨立日閱兵式這樣隆重的場合，才能見到島上這具最有殺傷力的武器。

椰林裡聳立著衛星地面接受站的碟型天線，碩大的白色圓盤與碧海藍天綠樹相映成趣，道路沿著機場在這裡從南九十度直角轉向西，路旁一座四四方方的建築，藍頂黃牆，它就是「大士多」，內有諾魯國家銀行，郵局，超級市場與電影院。

電影院一周七晚營業，每晚連映兩場，每票僅一澳元，逢週三放映港臺功夫片，其餘都是西片。電影院十分舒適，特點是冷氣充足，溫度在十六度左右，島民觀眾一家大小攜帶枕頭毛毯，躺臥在座位走道上消磨一整個晚上，在涼快的電影院邊看邊睡，是島上很流行的一種休閒活動。

摩登時尚的「大士多」之側，是一座白色的小教堂，它的質樸無華使人聯想起歐洲鄉間那些遺世自立的小教堂。教堂旁邊有登山公路，通往山頂，海拔僅數十米的火山口有一小湖，長滿浮萍水藻，水色翠綠，湖畔有路通往採礦工地，華人勞工稱之為「泥

諾魯島上的小教堂

口」，十多部挖泥機、推土機穿梭往返，巨大的輪胎掀起漫天黃塵，經久不散。一大片礦泥採罄的「泥口」已成廢礦，一片怪石由足下延伸到天邊，十分壯觀。

俯身拾起一撮殘存的磷酸鹽礦泥，赤道的烈陽把它烤得炙手，耳際恍若響起一片嘈雜人聲，仿佛見到岳父和「豬仔佬」一起，用鶴咀鋤在堅硬如鐵的岩石縫隙裡挖取礦泥，肩挑背扛至幾公里外的海邊，沿著細長的跳板，顫巍巍地攀上幾十米高的巨輪，有人就這樣連人帶泥摔下去死掉，也有人累倒在石隙中自此長眠不起。

山崗上的華人墳場稱作「主仙台」，一大片客死他鄉「豬仔佬」的墓碑面北而立，東歪西倒，荒草及膝，滿目淒清。其中包括三位臺山先僑，當年不甘被強行拘禁在營地失去自由，他們曾經率領同胞作過無望但慘烈的反抗，當場遭到白人工頭擊斃。

經過兩次世界大戰之後，英、澳、紐托管諾魯，二十世紀四十年代末，島上磷礦遂得以大規模開採。除了鄰近島民進入該島充當勞工，來自中國廣東、香港的華人「契約勞工」也陸續抵達，我岳父便是在上世紀四、五十代來本島挖礦的「豬仔工」之一。

如果把島上居民分等，洋人與諾魯密克羅西亞土著可算一等，二十世紀八十年代初的諾魯，仍然處於延續了近四十年繁榮富裕的巔峰，礦藏開採外銷的收入甚豐，這個島國連鈔票都懶得印，乾脆使用澳洲貨幣。人口近萬的彈丸小國，除卻出口磷礦，還在海外置購大量房地產，擁有自己的航空與船運公司。

諾魯人號稱全球主權國家之中最富有國民，住宅亦由政府提供，居屋水準堪比紐澳，家家有汽車，遊艇，醫療教育免費，不徵收任何稅項。

諾魯人擁有島上全部土地，政府並無寸土，故建造機場、國會大樓以及開採礦藏，必須向大小地主商借或租用。政府不定期將採礦所得從銀行轉帳入相關地主帳戶，四邑老僑稱為出「泥口錢」，大多數島民無須工作，只等著挖礦挖到自己的地面，然後有「泥口錢」轉入自己帳戶，便盡情花掉享受。

南太平洋諸島勞工，如吉里巴斯、圖瓦魯島民因與密克羅西亞同種或屬波利尼亞亞、美拉尼西亞近親，所擁有的地位次之；

華人勞工則只能屈居三等。處於第三等的華人也還自我分等，經營生意的老闆級華人被稱為「Master」，為三等華人之中之頭等，沒有生意做但屬於公司雇用者為次等，而最低等的就是持「渡假紙」（旅遊簽證）的人士，他們因為不是磷酸鹽礦雇員，被禁止在「唐人廠」內居住，只能在商店或餐館裡過夜。

「渡假紙」人士大多都在華人商店打工，或到本地人家中搞清潔、整理花園、洗車打蠟，做的正是「老豬仔」們當年的粗重工作，「渡假紙」人士在東躲西藏中埋頭苦幹、省吃儉用，夢想有朝一日也有一間屬於自己的「士多」與「雞雞檔」，當上Master後帶上滿滿一袋澳幣，回香港到德輔道中的南洋銀行開個儲蓄戶口，再買一層樓享受養老。

我很快就明白了自己正處於這個小島的最底層，初履斯土的亢奮與欣喜，十分去了八九。

我們乘坐的汽車回到了起點「唐人廠」，二十分鐘裡環島一周，全程十九點五公里。

何為蕞爾小島，彈丸之地，今終於見識矣。

「唐人廠」是毗鄰海邊的一片宿舍區，水泥預製件組裝的雙層樓房，每幢分隔成數個一廳兩房的獨立單元，近兩千名磷礦公司聘用的華人員工及家屬集中居住在這裡。除了房租水電免費，還有專人逐戶按人口免費派發「伙食」，包括大米、麵粉、生油、砂糖，豬肉、冬菇和罐頭，最妙的是罐頭中居然包括馳名世界的「車輪鮑」罐裝鮑魚，還有數量驚人的廁紙、肥皂與洗衣粉。

華工宿舍十分簡陋，根本無法與那些諾魯土著涼爽舒適歐式別墅的相比，離這些灰暗破舊的宿舍不遠處，便是島上唯一的深水碼頭，運輸磷礦的傳送帶如灰白色長龍由加工廠延伸向太平洋，它自建成以來就沒有好好整修過。澳洲貨輪滿載淡水而來，卸下淡水之後再盛載著磷礦離開。碼頭修築了防波堤環繞的避風港，因為甚少台風來襲，避風塘遂成為島民捕魚的出入口，風平浪靜的晨昏常見各色獨木舟、遊艇及漁船來往，「老豬仔」們就給了它一個形像的名稱：「舢板塘」。

進入「唐人廠」必須經過一幢紅磚樓房，管理華工的勞工處就設在這裡，依照「豬仔佬」的習慣，管理華工的勞工處被稱作「傳話樓」，一位綽號「雞泡魚」的勞工處長哈裡斯坐鎮於此，這位脾氣暴燥、喜怒無常的土著，掌握了決定一眾華工去留的大權，許多年後他成為了總統。

在磷礦公司打工的華人，除了少數通曉英文者擔任「傳話」（即翻譯）等文職，百分之九十以上充當伙房、木工、清潔、洗衣等體力工作，這些看上去粗賤低微的職位，卻因為可以隨時抽身兼顧個人生意，最為搶手吃香，不但一位難求，還要花錢疏通關節去謀取。

因為需要公司雇員身分為掩護，一心經營自己的生意積聚錢財，故無人敢得罪太上皇「雞泡魚」，他對眾華工予取予奪，頤指氣使，甚至曾以解雇為由要脅強迫一名正在經營生意華工借出自己年輕的妻子陪他去香港「渡假」。為了保全自己在島上的生意，這位丈夫忍受了一個男人最不可忍受的奇恥大辱，把豐滿的妻子「借」給了「雞泡魚」，假期結束之後，妻子回到丈夫身邊，兩人居然若無其事繼續再做夫妻。

我上島時此事雖已時隔多年，仍然有人悄悄告訴了我這個荒誕而不幸的故事。

那位被「雞泡魚」借用過的夫人已經老去，可能是因為做生意賺了一筆錢，這位夫人已置身Master行列，成了地位相當的老闆級人物，故每遇到我等渡假人士，雖是同文同種，卻滿臉露骨的不屑與輕蔑，這使我更加覺得她真是一個非常不幸的女人。

華人在島上不時受到土著辱罵掌摑，駕駛汽車速度稍快一點，諾魯人會追上來截停你，說你超車冒犯了他要教訓你，可是若你把車開得慢了，他又會追上來猛撞你的車尾，說你擋了他的道，臭罵你一頓。

嬋娟大哥的商店，某夜被一諾魯惡少撬開店後鐵皮行竊，大哥抓住小偷後報了警，警員到場非旦不逮捕人贓並獲的小偷，反而斥責大哥嚇壞了那個少年竊賊，還一本正經地勒令大哥向那賊人賠禮道歉。諾魯法律禁止任何外國人在島上經商，大大小小的華人生意都是由店鋪所在的諾魯地主出面申領營業執照，所以商店注冊登記的合法老闆是諾魯地主而不是華人。地主可以在店中任意取用貨物或吃喝無須付錢，還隨時加租。做生意的華人都以與地主搞好關係為重中之重，而地主趕走華人租客將商店以及全部貨物據為己有的事，在島上也時有發生。

我的同胞們在這個小島上表現出來那種極端頑強的生命力，對環境靈活變通的適應能力，還有忍辱負重的堅韌，都是難以想像而且令人嘆為觀止的。

跟島民勞工集中居住的「黑鬼廠」有籃球場、排球場不一樣，「唐人廠」沒有任何體育設施，除了提供港臺報刊的「閱報社」，只有聚賭的「麻將檔」，這裡一年四季通宵達旦人丁興旺。

「大茶檔」是一座四面通風的大棚屋，裡面擺有十多張長桌，每桌都配有條凳，桌凳均長達三、四米，每凳可坐六至八人。「大茶檔」是華人的日常活動與信息交流中心，晨昏時分茶客最多，在這裡可以見到最富有的華人，也可以見到潦倒島上幾十年有家歸不得的「老豬仔」，他們大都分別坐在固定的桌子邊，十多二十個「Master」有自己的「特區」，高高在上之態，拒人千里。經營大茶檔的臺山鄉裡，蒸得一手好包子，雪白鬆軟，個頭也大，每碟兩包，再飲一壺鐵觀音送之，可飽大半日矣。

我們一家三口夜宿位於山邊的大哥店中，日間嬋娟揹著女兒在大哥的士多幫忙看店，心地善良的長兄大嫂原本無須雇多一人，為照顧親人，硬是開多一份薪水雇用了她，我就要靠自己每天到外面去找工作。

下飛機第二天清早，我就到「唐人場」大茶檔尋找機會，我的出現引來充滿狐疑好奇的目光，我向一位叫朱伯的臺山鄉裡討教如何找到工作。朱伯疑惑地望望我，粗大的手放下茶杯，為難地表示人多活少，工作難找。

嘈雜的人聲忽然靜了下來，四周的茶客仿佛都豎起了耳朵，想聽聽我這個新人怎麼回答。

我誠懇而肯定地告訴朱伯，自己什麼都能幹，「粗重的工作呢？」他反問我，我不假思索地表示完全沒有問題：「我做！」朱伯似乎有點感動，把桌面一碟叉燒包推到我面前，為我斟一杯茉莉花茶，一股清香撲鼻，我連忙按廣東人老規矩伸出兩指敲擊桌面叩謝。

「食飽了，就開工。」他站了起來。

「做甚麼？」我邊吃邊問。

「殺豬。」

我聞言發怔，但隨即起立表示自己願意接下這件工作。

交易談成，眾茶客也聽到了答案，復又吵吵嚷嚷聊起天來。

我登島後親手掙來的第一筆錢：十元澳幣，就是刮豬毛和用水沖洗母豬腸道裡殘存糞便所得。

岳父在島上住了幾十年，他的名字迄今常常被人提起。這位健碩敦厚的農民，與我岳母成親時才十一歲，拜天地時找不到新郎，原來他鑽到桌子底下撿炮仗去也。婚後岳父為圖生計決意出洋，抵港後就睡在大角嘴一座公廁樓底，每日往海邊打蠔售賣，等候船期去諾魯。

我們尋著了岳父創業初期養豬的頹圮，還有他當年起家的第一間波紋鋅鐵皮搭建的老店，一眾「豬仔佬」之中，岳父以節儉出名，不沾嫖賭。養豬所得使他薄有積蓄，便郵購一些日用百貨以床頭木箱搞了個「袖珍士多」，賣些牙膏、木梳、針線雜貨，做起小本生意，直至若干年後正式經營雜貨商店。岳父的商店是諾魯最早期的華人商店之一，在掙到了充夠的資金後，他回到香港買了鋪位，開了一間自己的國貨公司。

他在諾魯白手起家的故事，不僅是傳奇，還是島上整個「豬仔佬」群體歷史的縮影。

岳父為我預備的魚網派上了用場，夜深時到海邊落網，臥在沙灘上等候退潮，那時見到的月色，是生平從未見到過的，無數道銀色的波紋微微顫動，遼闊的大洋仿佛化為一疋閃光的絲綢，可為天上的神祇裁剪作霓裳，偶有浮雲飄來蔽月遮光，海天墜入夜的幽暗之中，我就會想起母親教我唱的那首《可愛的家》：「她正站在家門旁邊，也望著天邊的月亮，把愛兒懷想。」

對家人故土的思念，誠然牽腸掛肚，卻成了一種激礪自己發憤的動力。直待日升東方，晨曦映照下，掛在網上掙紮的活魚鱗片閃閃發光，在冰涼的海水中摘取漁獲，那一種滿載而歸的喜悅，筆墨實難描摹。

捕得之魚，留下數尾交與大嫂蒸之作家庭晚餐，餘者出售，如果捕到倉魚與「火點」，常為華人以一澳幣一尾之價，五尾一串搶購一光。

我夜網大魚，日捕小魚。到了白天改用一種小網，這種網的孔目比大網小，高度僅三尺左右，長達十數米。一網在手，便往退潮的珊瑚礁上去，環島的珊瑚礁很平坦，最寬處可逾千米，澄澈碧波裡常見成群小魚游來游去，要抓住它們只有一個方法，就是悄悄而迅速地在魚群與大海之間撒網，然後飛跑驅魚入網。

如是撒網、趕魚，再撒網、趕魚，在烈日海風裡水中跑步數小時，將體魄練得精壯，也留下了一個「水中跑步」的習慣。

捉得之小魚，七、八尾穿成一串，每串可售兩、三澳幣。

鮮活小魚以薑片煎之煲湯呈奶白色，味極鮮美，許多華人都甚喜歡。但有時也無人問津，我提著幾串小魚在「唐人廠」內走來走去，曬得頭昏眼花，一串也賣不出去。

一位綽號「矮仔江」的老僑，特意問我可否捉些小魚給他，得了這宗「訂單」喜出望外，即往海邊撒網趕魚，偏偏那天運氣不好，「水中跑步」大半天才捕得兩串，拎著興沖沖送去江家。他老兄叼著香煙瞇起兩眼抱怨：「這魚也太小了吧？丟掉餵貓，貓都不肯吃啦！」見我楞在那裡，他滿臉不高興地接過魚去，嘴裡嘟囔道：「算了，算了，就當同情你啦！」接過他扔在我手心裡的四塊錢，始知何為世道艱難，搵食辛苦。

那天晚飯後，嬋娟將我下午賣魚受辱之事告知岳母，老人家過來安慰我，一家人就立在海邊椰子樹下說話，嬋娟抱著睏了吵著要睡覺的女兒，不斷哄她：「等大舅母的店打烊，媽媽就鋪床讓你睡。」岳母心疼地望望女兒，又看看我，老淚縱橫，表示自己要幫我去賣魚：「你這麼高大，再提著那幾條小魚，豈不讓魚看上去更顯細小，我拿去賣，應該容易出手一點。」

我安慰岳母，小魚銷路不好，我可以去洗車，洗一部車再用毛巾擦拭乾淨可賺十元，相當五串小魚。

洗車能否收到報酬，端視諾魯車主是否高興，我第一次洗車，就沒有拿到錢。那天下午氣溫總在四十度以上，一個「鴨梨」體型的胖子，把大吉普停在烈陽底下，自己躲到樹蔭下往沙灘椅一躺，吩咐我洗乾淨他的車。洗完大吉普，我早就汗如雨注，招呼車主收貨，怎麼也想不到「鴨梨」繞車走了一圈，丟下一句：「Fuck You，China！」便開車揚長而去。

作者與妻女於一九八一年攝於諾魯島上

對於我和嬋娟來說，島上的白晝總是顯得非常漫長，赤道地區本是日長夜短，大哥商店從早上八點開到晚上十點，我們必須等到商店打烊才可以入內睡覺。

關上店門後，從貨架頂端取下鋪蓋，展開在兩列櫃檯之間走道，四尺餘寬之地，便是一家三口的「席夢思」。

黑夜的小店中很安靜，只有太平洋的浪濤徹夜喧響，貨架上的各款時鐘「的嗒」作響，一些失靈的電動玩具，會突然在紙盒裡發出走調的音樂，仿佛有許多小精靈在黑暗角落祕密聚會。

一天裡僅有的獨處時分十分短暫，妻子柔軟的指尖，輕輕撫過我那被赤道烈陽灼傷的肩膀，仿佛塗上一層埃及法老王的神奇藥膏，有一種奇妙的涼爽愜意直透心底，疲憊消失了，所受的屈辱也不再傷我心了，就這樣不知不覺地睡去。

她也有委屈心事，否則夜半翻身，枕上除了她的髮香，為何還有未乾的淚痕？

折騰了一天的女兒酣睡在我們腳的那一頭的小軟墊上，小手緊緊摟住白天不准她玩的小飛象，日間她被禁止觸碰任何擺賣的玩具，只有到了晚上，她才敢取下把玩。

小店依山而建，四壁鐵皮隙縫極多，不時有蛇蟲鼠蟻出沒，一夜熟睡中覺得大腿冰涼刺痛，隨手猛拍下去，亮燈後只見一尺長手指般粗的大蜈蚣，死在我大腿上。

店中有電無水，沒有洗手間，夜裡解決排泄問題，全靠水桶和膠袋。晨起洗漱，我們就後門一口大缸中取水，我一直對水有異味心存疑惑，終有被嬋娟一回撞見店中的吉里巴斯女傭，嚼著口香糖在缸中清洗拖把，我倆才恍然大悟水中異味從何而來，不過一家三口以拖地之水漱口洗臉，已大半年矣。

在島上處於生活底層的歲月裡，嬋娟大哥大嫂盡了最大可能照顧我們，我也日漸深刻體察到出國謀生之維艱，這一年的辛酸與掙扎，於我是一種意志的磨礪，人生的歷練。為口奔忙之餘，依舊未忘追求藝術創作之路的夢想，每每念及印象派畫家高更在大溪地留下的踪影，內心深處就受到鼓舞，畢竟今已到了中太平洋，離大溪地不遠矣，我忙裡偷閒，畫下許多島上風景。

天涯孤島不盡是辛酸茹苦，在最初遭逢冷眼歧視之後，我們的勤奮漸漸贏得了島上居民的認可和尊重。外界的幫助接踵而至，越來越多人願意給予或介紹我工作機會。一位人面很廣的姜先生，向綽號「大石斑」的諾魯朋友商借了一間破舊車庫，提供給我開畫廊，那位諾魯朋友聽說我會畫畫，居然一揮手免收任何租金。

姜先生的侄子是個淳樸的農村青年，他陪我在垃圾場翻找了兩天，撿回來許多木板，還動手幫我整修車庫，裝上電燈，姜先生做了一扇美觀而堅固的大門，花了大半天親手替我裝上。

我將自己畫的一批諾魯風景，掛在車庫裡，「太陽畫廊Sun Studio」就開張了，畫廊位於一條兩邊都有店鋪的小巷盡頭，姜先生的商店就在巷口，「大石斑」是這一片店鋪的地主。

「大石斑」不僅是島上大地主，還以貪得無厭，言而無信，出爾反爾著稱，很多人預言我的畫廊會出問題，可是一直到我離開這個小島，「大石斑」始終沒有製造任何麻煩，也沒收過分文租金。

我的水彩風景在「太陽畫廊」裡標價二十澳元，兩位澳洲人幾乎買下了我全部作品，一個篤信天主教的諾魯人要畫一張聖母像，我收了他八十澳元。畫廊開張後最大一筆生意是俄國商店的六面廣告板，總共得了二百五十澳元。我從這個俄國人那裡買了不少蘇聯郵票，他是怎樣來到島上開店的，始終是一個謎。

諾魯沒有照相館沖印照片，我的畫廊代理沖印，接收膠卷然後空郵回香港「生活」照相館沖印完畢再寄返諾魯，顧客只須一星期便可拿到照片。代客沖印的生意越來越好，天天有客上門，有時一天就收到十多筒膠卷。我們有了積蓄，而且迅速增加，妻子和我甚至有了開一間「雞雞檔」的計劃。

一些華人眼見我代客沖印生意火紅，也紛紛在店中開闢業務，我最過意不去的，還是我搶了嬋娟大哥

作者在諾魯開設的太陽畫廊，攝於開幕當天。作者至此終於可以一圓年輕時追隨在大溪地寫生的高更腳步的夢想。

代客沖印的生意，那本來是他的「專利」，難得他絲毫不以為忤，還慷慨為我的畫廊提供了許多鏡框，我的畫如果沒有這批鏡框，是很難賣出去的。

由於在海灘上捕魚時頻頻露面，我高大的身軀終於被國家體育部一位主事發現，在他的邀請下，我成了島上一個籃球隊的主力中鋒，在矮胖而不太靈活的密克羅西亞人球員當中，我顯得有點鶴立雞群，我的加盟，很快就幫助這支全島排名第九的球隊，取得全國亞軍。

嬋娟大哥對我參加球隊感到有點意外，出於華人特具的生意頭腦，在與體育部主事喝完半打「Forster」啤酒之後，大哥很快就為我談成了一筆交易。自此每次賽事完畢，主事都會過來和我握手，往我手心塞二十澳元，十分細心地摺成小塊，表達出一種對我自尊心的顧及。

勤奮工作之餘，對居地風土人情的好奇心，追尋生活樂趣，保持對美麗優雅事物的嚮往，是我們迅速適應僑居地生活的關鍵，雖只是一種隨遇而安的權宜，談不上真正融入，但日子再苦，必要時七分任性三分清狂地「布爾喬亞」一下，的確能令人為之一振，暫且忘憂。

我們在海邊椰林裡相擁欣賞落日，借幾步之遙的島民撫弄吉它的叮咚琴聲，妻子悄悄扭動身姿跳草裙舞。某日，有新朋友來邀請我們參加派對，他們是三位華人高級職員，郭先生、潘先生與鮑先生。那幢建在小山上的別墅，後來還成為我們一家的住處。清瘦的潘先生喜歡彈吉它，有許多六十年代的美國音樂唱片，文質彬彬，體胖圓臉的鮑先生是廚藝高手，少年白髮的郭先生則似世外高人，一副江湖劍俠氣派，他與我後來成為莫逆之交，在他邂逅一位湯加美人移居湯加王國之後，我們的友誼仍維持了三十多年。

我和這些新朋友組成了一個奇特的社交團體，成員還包括島上幾個「豬仔佬」的兒女。環島的珊瑚礁長滿水草，各色小魚穿越五顏六色的珊瑚巡游，海參海膽海星俯拾皆是，退潮時海水及踝，可以欣賞到一片充滿生命的海洋世界。在眾人戲水捉魚之時，我獨自倚著車門畫寫生，面對一幅幅如畫美景，除卻自嘆技藝未精，更懊悔擠出來的顏料總是不夠鮮艷明快。

我們時有上山頂飆車，騎上二戰日軍留下的巨炮，對著無涯海天放聲大叫。我們進入山中洞穴探幽，與一班華人青少年腰間系以粗繩入內，還配備防水電筒，在砭骨冷水中潛游前行，洞穴似乎沒有盡頭，越深入越顯得黑暗陰森，在大海漲潮之前只得折返，否則就會被困洞中。

放縱夠了，玩樂倦了，就並排坐在空蕩蕩的「舢板塘」上，潘先生在他的吉它上反復撥弄一組和弦，大家默默望著海天一線間西沉的落日，彼此也不交談，只聞海浪拍岸喧響。此刻我浮思翩翩，往昔經歷生離死別之種種，俱湧現眼前，似是在今生苦難求索之中，仍有命運之舟載我駛向隔世的蒼茫。

一九八二年一月三十一日，諾魯政府在國會大廈前面舉行獨立日慶典，總統部長、國會議員及外國使節約四十餘眾，坐在紀念碑前兩排座位上觀看閱兵式，總統簡短的講話，幾乎立刻就被強勁的海風吹散，沒有人聽見他在說甚麼。閱兵式開始了，一隊參差不齊的赤足學生充當儀仗隊，旗手心不在焉擎著深藍色的國旗，其後是扛著五十年代的老式步槍歪歪斜斜走著鵝步的警員，個個大腹便便，他們後面緩緩行駛著一輛警車，車頂威風凜凜架著一挺遐邇聞名的「歪把子」輕機槍，聚集在國會石墻外面的土著，全都心存敬畏望著它，目瞪口呆。

「歪把子」後面是吉里巴斯、圖瓦盧的男女島民，體格健碩，腰圍草裙，婦女頭頂花環，佩戴貝殼項鍊，穿著無領短袖上衣，男人上身赤裸，頸間掛著雞蛋花花環，拍手跺腳，扭動身姿，載歌載舞。

整個閱兵式不到四十分鐘就結束了，我們在鮑先生提議下回他的山間別墅吃節日大餐，議論閱兵式奇趣種種，在這個非久留之地，島上所有的人都在為口奔忙，只有我等過客有此雅興，在座各人之間也生出了友情。可能正是大家都不知道何時會分開，所以每一次的歡聚都可能是最後的一次，故彼此都很珍惜。

沒有外籍人士可以在這裡獲得永久居留，除卻嫁給諾魯人為妻可以獲准留在島上，即使娶諾魯女子為妻，丈夫也無權取得定居。

我們只能過一天算一天，漸漸悟出了岳父那句「老鼠鑽到了鍋底」深意之後，我別無所求，只希望能爭取在島上多留幾天，有更多的積蓄，再另圖計。

只是誰也沒想到，這一天會來得這麼快，獨立日慶典後三天，警察在全島展開搜捕「渡假紙」人士，那些沒有居留身分的人作鳥獸散，四處藏匿，許多人被關進監獄，在裡面只能靠未煮過的生豬肉與海魚果腹，在被勒索一筆錢之後，「渡假紙」逾期人士都遭到了遣返。

為了保全我們一家，嬋娟大哥竭力賄賂時任移民局長的業主華索先生，局長免費拿走了店中數千元貨物，卻表示自己對我們一家的居留愛莫能助，只透露如果我們不再留宿店中，他就可以讓警方不採取行動。

此時有消息傳來，以七千澳元可購得英聯邦吉里巴斯國護照，回香港可獲免簽居留三個月優待。嬋娟大哥到過這個三百公里以以外的小島，他覺得那裡比諾魯更

諾魯共和國的國會（作者攝於一九八一年）

加不堪，起碼落後二十年，「連廁所都沒有！你們去了，還帶著才一歲多的孩子，怎麼過日子呀！」大哥猛抽香煙，拼命搖頭，否決我的這一抉擇。

山邊鐵皮屋已經不安全，深夜醉酒土著從門外呼嘯而過，搜捕的警察挨門逐戶檢查，我和嬋娟相擁在地鋪上徹夜無眠，一次又一次盤點全部所有，探討任何可能去向，商量來商量去，雖然沒有結果，但是最後的決定是「寧居荒島，不返大陸！」

風聲鶴唳中，潘、鮑、郭三位先生把我們一家接到了別墅暫避風頭，大家都明白我們下定了只進不退的決心。

但是，退路既已封死，但往何處去呢？

姜先生突然想起曾有朋友從斐濟島流落到諾魯，寄居他家，後來待斐濟批出勞工證便返回了斐濟。「如果在斐濟找到商家擔保，便可以申請『勞工紙』，還允許帶家屬，三年續期一次。」姜先生說，我意識到這很可能是最後的一線生機，無論如何都不能放棄。

好消息和壞消息一齊來了。

好消息是岳父曾在飛機上結交一位斐濟華商楊先生，他答應協助我們去斐濟；壞消息是斐濟勞工簽證須繳交一大筆擔保金，岳父公司銀根吃緊，無法代繳。

我又使出在香港用過的那一招，主動打電話給斐濟的楊先生，話筒那端傳來他夾雜著中山隆都鄉音很濃的語音，這位素昧平生的華商很爽快地答應找一家餐館作擔保申領「勞工紙」，「擔保金我替你們支付，但你一定要先去學做中國菜！」

楊先生在電話中告知，斐濟華人端賴「三頭」謀生：麵頭者，即開麵包店；鋤頭者，種菜園也；爐頭，便是開餐館與茶室了。

楊先生的慷慨，無疑為我們開啟了一道通往新生活之門。

在島上耽了差不多一年，除了捕魚，還殺豬，清理雞糞，洗車，看店，在修車廠打雜，還開畫廊賣畫，製作廣告，代客沖印，在幹過這些各種各樣的活兒之後，學多一樣廚師手藝，對於我來說已經算不得甚麼了。

我以不計工酬為代價，在諾魯唯一的中國酒樓的廚房裡「實習」一月後，便攜妻女飛往諾魯以南一千多公里的斐濟（Fiji）。

貼近舷窗向下望，諾魯在九霄雲下化為一個翠綠的小點，在遼闊無涯的太平洋中央，她顯得是那麼嬌小美麗，想起一年中所經歷之種種，我突然覺得萬分的難捨，握緊妻子的手，念起一路行來直接或間接幫助過自己的人，親戚還有朋友，竟然有如此多人，如此慷慨，我倆都不由充滿感恩之心。

我的生命之舟，又航行向第二個港口：斐濟。

第二十六章　與「食人島」結緣

浩瀚的南太平洋有數以千計島嶼星羅棋布，古航海家曾稱南太平洋群島為「第五世界」，西方藝術家前仆後繼至此，尋求野獸派畫家馬蒂斯所說的「原始之光」，天然美景與質樸風土人情的魅力，在高更筆下被發揮至淋漓盡致。

今生似乎注定我與海島結下不解之緣，離開香港到「快活島」諾魯暫棲，現又南來「食人島」斐濟，她在南太平洋中央，與四面八方諸島不遠不近，遙遙相望。這個密林蔽日的小島曾經被航海者視為險惡之地繞道而行，惟恐避之不及，皆因「食人族」的名聲遐邇，傑克・倫敦曾經描寫過斐濟島的「吃人或被人吃」故事。這位美國作家不知道從哪裡聽到一段傳說，憑一支生花妙筆描寫出了下面這番情景：「一些土著首領參加了正規的傳教課，聲明自己是基督徒，並且以教徒身分來到小教堂，但是他們常常在作禮拜中途離席，為的是去嚐嚐仇敵的肉。人肉的香味不時瀰漫在空氣中，使他們的鼻孔不停地翕張，聞香而往……」

布萊船長在一七八九年首次將斐濟準確地標入海圖之中，頭髮捲曲蓬鬆膚色黝黑的斐濟土著，居洞穴住茅屋，獵食野豬魚蝦以及俘虜，對那些大膽登岸的白人，當地土著稱為「有海水一樣顏色的眼睛」的「長豬」，自是抓到便吃決不放過。

一八〇〇年，一艘載有三萬四千西班牙銀元的美國商船在斐濟島付近觸礁沉沒，有的船員溺斃，有的泅泳上岸，結果被村中土著抓去吃掉，只有少數幸運兒與酋長交上朋友，幸免成為島民狂歡的席上佳肴。後來這些倖存者在島上發現了大面積的檀香樹，便用毛瑟槍向酋長交換，苦候了八年，終於等來過路的商船，將檀香木運往澳洲再轉賣到中國，賺了一大筆錢。

幸運兒的致富傳奇，引來了大批商船和冒險家，他們不顧被吃掉的危險，爭先恐後登岸搶奪檀香木，引發了土著部落之間的「檀香戰爭」。

林德・海耶克的著作《尋找食人部落》中，記述了英國農場主、冒險家伍德・威爾遜組成五人探險隊，進行了一次長達十四年的尋找食人部落環球之旅，其中一章談及探險隊登上斐濟一個小島的驚險遭遇。

此書記載的內容可信性未能確定，但書中提到斐濟土著在吃人之前，要舉行赤足「蹈火」的儀式，並強迫俘虜走入火中活活燒熟，才拖出來吃掉，這段描寫很可能是「閉門造車」的臆造，因為作者並不知斐濟人「蹈火」的真相，只想像成是活人走進熊熊烈焰之中。

斐濟土著所謂「蹈火」，實際上是在柴火燒紅的石塊上赤足起舞，現場並無明火，這是斐濟人十分傳統的一種儀式，至今只有距蘇瓦三十海浬遠的邊嘎島上的土著有此絕技，而此習此技者還要持齋與戒色。

後來我在斐濟親睹過「蹈火」的精彩場景，一隊土著赤足在通紅的石塊上行走，係在腳踝的椰繩燃起了火花，可他們仍伴著歌聲若無其事悠閒地起舞……至於林德・海耶克的書中提到，土著將人頭獻給酋長享用，可能確有其事，在斐濟人傳統中，即使是吃一條魚，也應該把魚頭向著酋長擺放，並且讓他先吃享用以示尊重，因為土著認為人頭、魚頭還有豬頭的「頭」都代表首領的權威。

史載基督教傳入斐濟在一八三〇年左右，西方傳教士化了二三十年的時間傳播福音，直到一八六七年，還有一名白人傳教士被土著吃掉。斐濟維蒂列武島（Viti Levu）的大酋長達空鮑（Thakombau）在一八五五年信奉基督教，逐步帶領他的子民放棄食人族茹毛飲血的野蠻習俗，後來他向維多利亞女王稱臣，獻上大酋長權杖，讓斐濟在一八七四年歸順了英國。

斐濟南迪機場牆壁上懸掛的木雕工藝品壁飾中，有一種漆黑色的木叉，同一般叉子四齒平行不一樣，這種木叉的四齒分別削成圓錐併攏呈棒錘形，齒與齒間隙兩公分左右。極講究地使用蘇木科的一種VESI硬木雕成，叉柄鏤空雕花，打磨後埋入灘塗紅樹林淤泥內，兩三周後掘出，即呈現烏亮漆黑之色，永不消褪。這種形狀奇特的叉子，就是百多年前斐濟土著吃人的餐具，按照大小形狀不同，分別用來吃人腦或剔取人骨上的筋肉。

關於土著吃人的記載已經不多，斐濟人對此諱莫如深，絕口不提。跟他們除了不要提「吃人」二字，更不可與之開「吃鞋」的玩笑，這是島上第一大忌，土著視此為奇恥大辱，搞不好要和你拼命的。事出當年土著在吃掉一位歐洲傳教士時，曾將其穿在腳上的皮鞋也煮來吃，結果久煮不爛，無人能吞嚥下去，後來的斐濟人都不願提這件有失體面的軼事。

斐濟人有時也天真得很可愛，曾有一位遊客和當地土著導遊開玩笑：「你們以前吃人，算不算是野蠻人呢？」那一頭捲髮寬鼻翼厚嘴唇的導遊老大不高興了，極其委屈地反駁道：「我們的祖先雖然曾經吃人，但我們決不是野蠻人，請閣下不要忘記，我們可是用叉子吃人的呀。」

一九八二年六月十二日這一天，我和嬋娟步出斐濟維蒂列武島（Viti-Levu）的南迪機場（Nadi），聞到的不是人肉香味，而是咖喱的辛辣味，第一眼看到的居然是許多許多的印度人，圍巾包頭留白鬍子的錫克族男子，披著「莎麗」露出肚皮的女人，男女均五官輪廓鮮明，鼻樑高挺，眼睛很大，有著長長而彎翹的睫毛，除了皮膚稍嫌黝黑，印度人是很漂亮的。嬋娟好奇地注視著身邊一位印度美女臂間五光十色的手鐲，以及她眉心的紅痣，疑惑地自言自語：「諾魯航空公司有沒有搞錯，不會是把咱們飛到了印度吧？」

從南迪往西北重鎮勞托卡（Lautoka）的公路兩旁甘蔗如林，無邊無際，印裔蔗農的房舍就建在路邊田中，漆成印度人偏愛的灰藍或是深赭色。十九世紀兩條帆船載著兩百餘名印度勞工首次登島，迄今已繁衍達四十多萬之眾，種植甘蔗幾乎成為印裔的專利。

在烏達（Vuda）的維西西部落（Vesisi），我生平第一次見到了美拉尼西亞人的部落，大酋長Tiu-Vuda在村中修建了一幢很有氣派的大屋，高聳的屋頂顯示了主人在維蒂大島西北部最有權勢影響力。一幢幢小屋圍繞大屋而建，大都以茅草搭建，也有少數房子模仿印裔蔗農鐵木結構住房款式，顯得十分呆板，未如茅屋與自然融為一體。村屋四周栽滿土著最喜愛的扶桑花，花的顏色很多，有大紅，也有橙黃，還有白色的，大小房屋恍若修築在一座由椰子樹、麵包樹、芒果樹還有花草的花園裡，百步之外便是波光粼粼的南太平洋。

跟驚濤裂岸，大浪嚙磯的諾魯島相比，這裡的大海顯得特別溫順，我在村中徜徉之時已近黃昏，出海的獨木舟盡數歸岸，沙灘上空寂無人，南太平洋的波浪輕輕喧響，海水灌入茂密的紅樹林，喚醒蟄居黑泥下面的青蟹，到了夜裡，就有村民下海捕蟹，用水草綑住兩螯八足穿成一串，伴著成堆的椰青擺在路旁出售，由天真爛漫小童看守，每見人車經過便雀躍揮手，連呼「布拉」。

作者在勞托卡時適逢英國女王伊麗莎白二世拜訪（作者攝於一九八二年）

山影沒入霞光之中，三兩離島若隱若現於海天交界，遠見甘蔗如林，牛羊成群，近聞屋前有人倚門彈琴，忙罷晚餐的村婦唱著節奏明快的民謠，一陣陣清脆「叮咚！」之聲傳來，果實累累的麵包樹下，一個健碩的漢子用鐵杵在鋼臼裡搗弄「卡瓦」（kawa），這種用太平洋胡椒樹根研磨而成的飲料，是斐濟男人不可或缺的「生命之水」。

斐濟仍維持原始部落酋長制，部落中人以多潤寡，互通有無，村中太平，雞犬相聞，炊煙在櫛次鱗比的茅屋上空裊裊升起，教堂尖頂的十字架鍍上最後一抹斜陽的金光，此情此景使我憶起聖詩《奇異恩典》，四周瀰漫著一片我生平從未感受到過的祥和安靜。初履斯土就見了這一幅田園牧歌的圖畫，不由駐足良久，深深著迷，嬋娟像土著那樣摘一朵紅花插在鬢角，我們倆立刻愛上了這個小島。

「呵！這便我的新家園了」我對自己如是說。即便在島上做一鄙野村夫，漁樵度日，亦心滿意足了。

離開中國幾近兩年，都在輾轉漂泊中，領會到了郁達夫在《住所的話》流露的飛鴻倦旅的傷感，終於明白甚麼是「自以為青山到處可以埋骨的飄泊慣的流人，一到了中年，也頗以沒有一個歸宿為可慮；近來常常有求田問舍之心……」。

斐濟島以前一直被廣東老僑稱為「飛枝島」，雖是粵人所譯，卻甚傳神貼切，有「飛來枝棲」之意。一八五五年，臺山瑞芬梅屏耀二十歲上一人乘桴漂渡塔斯曼海，由悉尼至斐濟舊都列武卡，乃初抵斐濟華人第一人。其後臺山、中山等地華人陸續上岸，經五、六代繁衍，形成今日之斐濟華人社區，一個多世紀裡華裔人口一直維持在六千人左右。

本地華人謀生素以「三頭」見稱，即麵頭（中山人對麵包的俗稱）、爐頭（餐館）與鋤頭（菜園）。其中「麵頭、爐頭」兩種行業均於城鎮上開鋪經營，惟「鋤頭」必須進入荒林山野，極之艱辛。

我們在一個潔靜安寧的芭鎮（Ba）住過，芭河（Ba River）在鎮邊流淌而過，鎮中只有兩條主要街道，成丁字形排列，建築概為雙層樓宇，粉刷一新，看得出房東十分愛惜自己的物業，最悅目的是鎮中很多鳳凰木，年間總有八、九個月的花期，火紅的花一叢一叢繁密盛開。

每逢週末四郊農家及部族土著，紛紛乘搭各種交通工具前來「趁墟」，銷售農產漁獲，一邊也購買食物與日常用品。在蓋著各色帆布雨篷的市集裡，我買了一隻肯塔烏島的鸚鵡，這種黃胸藍背的鸚鵡特別聰明，稍加訓練便可講人語。我還買到過野豬牙、鯊魚牙，各種螺殼，有的巨蚌殼直徑達四、五十公分，可以用作嬰兒的洗澡盆。在早晨柔和明麗的陽光下，市聲鼎沸，人來車往，斐濟人的「索魯」與大花布筒裙、印裔人的「莎麗」，穿行在眼花繚亂堆積如山的蔬果之間，紫的茄子，紅的辣椒，黃的咖哩，綠的諾麗果，黑的海參，都構成一幅色彩斑駁的風情畫。

我們在一幢帶花園的一廳兩室小房子裡布置了溫馨的家，去國四年了，此刻才算是真正安定下來。住在帶花園的小房子裡，我和嬋娟有了安居樂業的感覺，開始有閒情留意身邊風土人情與景色物產。周日休息我騎一部舊自行車到山野畫寫生，嬋娟在家蒔花，撩逗那可愛的肯塔烏鸚鵡，這乖巧的鳥兒很快就學會叫「哈囉」，還維妙維肖地模仿我吹口哨。

我和妻子都喜歡和土著交往，從一開始就受他們樂天知命個性的感染。純種美拉尼西亞人，如所羅門、瓦努瓦圖、巴布紐幾內亞土人，比較矮小，皮膚很黑，頭髮短而捲曲，而波利尼西亞人如東加、薩摩亞人身裁高大，膚色晰白，一頭黑髮且有波紋。斐濟土著有著漂亮而柔和的棕色皮膚，體型魁梧，歷史上曾有湯加人入主斐濟三百年的事情發生，故今日斐濟人兼有美拉尼西亞與波利尼西亞的混合血統，而在勞群島上，斐濟人更有明顯的波利尼西亞人外貌特徵，大眼睛，鼻樑高挺，所以島上盛產美女。

斐濟土著的頭髮濃密鬈曲，如不加修剪，其直徑可達半米，內可藏原珠筆、鈔票及其他許許多多東西，任憑跑跳也不跌出。他們不介意身體接觸，但絕不允許任何人觸碰自己的頭髮，這是絕對禁忌，你若去摸他們的鬈髮，便會聽到「瑪嗨 - 姬那那！」這句話，大概和我們的國罵「他媽的」差不多一個意思。

斐濟人的村莊裡茅舍草屋一概整整齊齊，遍栽花樹，村民多居茅屋，席地而眠，在屋子外面另搭一小棚子煮食。部落村中建有會堂供族人議事之用，另外少不了的就是教堂與橄欖球場，那是從平原到內陸丘陵甚至深山都可見的，足見土著對「國教」與「國球」之重視。

土著對祖先與酋長的膜拜順從，遠甚於對世俗社會法制的遵守。酋長掌管部族事務，全國大小酋長數千，其中五十餘人組成「大酋長議會」，地位與中國大陸中央的「政治局」相當。「大酋長議會」依照憲法賦予特權，可提名總統、部分參議員，統管全國土人事務，是權力很大的最高議事機構，歷次政變的策劃參與者，都必須在政變後首先徵求「大酋長議會」的認可，才能算是成事。直至二〇〇六年軍事強人貝裡瑪拉瑪發動政變，與「大酋長議會」交惡，一怒之下廢憲，「大酋長議會」失去法律地位遂告解體。

與土著相處，必須瞭解並尊重其傳統習俗，才能學會如何與他們交往。

斐濟土著心地善良，天性樂觀，胸無城府，很少記仇懷恨，但他們生性懶散，輕諾寡信，故對待當地土著，要像對待天真孩童一樣，切勿有欺詐加害之心，又不可太遷就寵愛，否則必會慣壞，不聽你的話，太凶過於嚴苛，又會惹惱了他，更和你搗亂。故有時要哄，有時要嚴，如是來回較量幾次，拗不過你，騙不了你，他就從此伏伏貼貼，不敢造次了。我們雇用的土著之中，許多都與我們有了深厚感情，建立起一種家人關係。

很多斐濟華人詬病土著缺乏理財觀念，是因為忽略了南太平洋島國久享千年安定太平這一事實，這些沒有冬天四季溫暖的海島，大多乃火山爆發形成，土壤肥沃可長香蕉、芒果、可可、麵包果、木瓜、芋頭、木薯，水域廣袤，有豐富的魚蝦蟹螺蚌與海參海藻海帶，食物取之不盡，住茅棚居草屋，涼爽通風，沒有後顧之憂，村社中彼此分享，相互幫助，所以代代土著只活在今天，樂在當下，又豈須為明日憂慮？此乃我們這些嗜財如命的東方猶太人永遠無法理解的人生觀，我們還未懂得，順應著心靈與自然的灑脫，保持童心與天真，才是真正的解放與喜樂。

在雅薩瓦的一個珊瑚礁島上，我曾經有過搭起茅屋從此住下晝晝終老，不再重返文明的幻想。這個形狀像扇貝的美麗小島鮮有外人踏足，她是雅薩瓦群島這串珍珠上最圓潤光亮的一粒，島的中央有嶙峋石山，幽谷裡有飛瀑流泉，離最近的大陸也有半天的船程，六月的海風，吹來陣陣涼意，還帶來海鹽魚腥的味道。雙足浸在清可見底的海水裡，各色熱帶魚在腳邊游來游去，像雜貨店裡的七彩糖果一般鮮艷誘人。身後一大片椰林不倦地隨風搖曳，輕柔的「簌簌」響聲催人入眠。我臥在水中，上半身枕著耀眼的白砂，雙腿泡入海水裡感受清涼。

海潮湧上來又退去，我的身軀亦隨波起伏，退潮後海水漸不再來，把我留在沙灘上，像一艘擱淺的獨木舟。

記不得已經是第幾天了，島上不需要鐘錶，也無時間觀念。只有白晝黑夜之分，餓了便吃，睏了就睡。沙灘樹下，路邊草地，都可歇息，找一塊枯木枕之，那枝頭的相思鳥還未唱罷一曲，便熟睡過去了。

攀樹摘幾顆椰子，到山邊拔一畦木薯，削尖竹鏢在珊瑚礁裡捕一條星斑或青衣，便可飽餐一頓。島上長年如夏，草屋為家，一塊花布既作衣又作羅衾，依藉天賜物產就能活得自在。毋怪有人作打油詩這樣形容島民「穿衣一塊布，休息靠大樹，說話不算數，生活靠補助。」

在雅薩瓦島的日子裡，我參透了聖雄甘地「滿足需要，克制欲求」八字真言之真諦，與斐濟土著共處四分之一世紀之久，學會了「放下」，懂得如何權衡一無所有亦即無限擁有，就像歌德所說的那樣：「生命裡最大的奧妙就在於如何為了生存而放棄生存。」要說收獲，此乃我平生最可貴最大之所得。

我在斐濟生活二十五年間，謀生暇餘，從未中輟閱讀與繪畫，最難忘一次深入維蒂大島（Viti Levu）中部深山，結識了土著陶藝家戴安娜，向其請教斐濟人制陶技術，親睹她取泥，塑造，風乾，孔燒，上釉全過程。領略了美拉尼西亞人的裝飾美學，戴安娜因為長期坐在地上創作，雙腿和腰都患有風濕病，但她仍然每天都做她的陶器。這位年過半百的斐濟婦女，跟田間種木薯的農婦沒甚麼兩樣，在創作時非常投入，「心手眼」合一，使用最簡陋的工具，製出濃鬱在地風格的斐濟陶器。

作者親筆繪製的斐濟製陶婦人

在拍下了這位藝術家創作場景之後，我曾為她畫過一張水彩，後為老總統拉圖・馬拉的長子拉圖・菲諾收藏。

我和嬋娟逢假必休，利用一切餘暇走遍這個美麗的海島，以椰青水解渴，食薯芋充饑，在土著的引領下步入人跡罕至的幽谷深澗，登上無名小島寫生。儘管未畢步高更後塵之志，也算是深入體驗原住民生活文化，觸蹤到屬於這個島嶼的價值觀。斐濟人的小茅屋，門窗洞開，屋內幾乎沒有家具，和他們並排坐在草蓆上，一眼可以看清全部家當，除了做飯用的三兩隻鍋子和水桶，他們只有幾件衣服，吃睡都在地面的草蓆上，因此他們一切坦然，一切都不隱瞞。

空無一物的茅屋，只有吹進來的涼風，照進來的陽光，永遠充滿喜樂與笑聲，我和嬋娟學會了像斐濟人一樣笑，放開一切縱情大笑。在我的餘生，懂得了甚麼叫做一無所有才是全部擁有！

幾十年了，遠離商海錢潮的物欲橫流，擁著美麗性感的妻子和一對可愛的的兒女，雖未致富卻也

作者親筆繪製的拿麵包果的女人

不匱乏，日常所需應有盡有，但圍繞小島的南太平洋，以浩淼無際的寬闊廣大，賜予我心靈的解放，精神的淨化，思想的升華。那是無人知曉的一種生命涅槃。

這便是我在斐濟尋獲的瑰寶！

作者與時任斐濟總理恩加拉塞（Laisenia Qarase）合影

第二十七章　歸於圓融

二〇〇五年，我來到紐西蘭，這裡已是地之南陲，再往前行就是南極冰雪大陸了，用了三十多年的時間，我的漂泊到了地球盡頭。

我很年輕時就到了海外，做了無根浮萍，漂泊天涯，我喜歡到不同的地方，接觸不同的人與事物，欣賞不同風土人情與文化，生命中超過一半的歲月在南太平洋度過，與島民土著情同手足，無論如何想不到這些鬈髮黑人，竟然與自己的祖先有關。賈德・戴蒙德在《人類社會命運》中披露三萬六千年前華南沿海的南島人已南下至新幾內亞，佔據馬來半島、印度尼西亞、菲律賓等地，其中一支成為玻利尼西亞人，他們的快艇行進到南太平洋與中太平洋群島。南島語系覆蓋了從印度洋到太平洋大半個地球的範圍，這些都與那些從華南經台灣南下的農民有關。

範圍如此廣袤的遷徙，在許多年前交通工具極其簡陋的前提下，不啻是一項充滿勇氣的壯舉，簡直就是隨波逐流的偉大探險。我覺得自己跟他們一樣很像椰子，一隻隻熟了的椰子，落在海灘上被海潮帶走，載沉載浮，漂到抵達數千公里之外的異地，再為海潮推送上岸，留在沙土岸上。

再過一些日子，漂上岸的椰子一端會裂開，長出一彎綠芽，然後伸出根鬚插入沙土，綠芽長高後變成葉子，一片、兩片、三片，樹身也漸變粗，然後愈高漸壯，數年後就高聳入雲。島上土著說，椰子樹有多高，根就有多深，它不畏天風海雨，也從不折腰。

今天世界上許多移民不同族裔，操各種語言，信奉各種宗教，在不同社會裡生活，但他們每一個人都如同椰子，被命運的潮水帶到某處，就在那裡結束漂泊，全憑頑強的生命力和調適能力存活下來，而且個個像椰子那樣，渾身是寶，物盡其用，對自己扎根成長之地，多有貢獻。

當年一隻椰子，長大成樹，又結出椰子，這些椰子再漂至世界各地，復結出更多椰子。其過程漫長而充滿艱險，以及成功與失敗的考驗。

椰樹多生於海邊，承受天風海雨，須有足夠頑強堅韌，方不易摧折，愈是艱辛惡劣的環境，她愈是不屈不撓。因為只有這樣，才能活下來，才能長大。

林莽裡許多大樹盤根錯節，長出龐大的樹冠，稠密的枝葉能遮住一大片陽光，使周邊植物枯死，霸氣十足的大樹，附近寸草不生。被它滅絕的植物之中又有一些進化成籐蔓，攀附纏繞在大樹身上，汲其精華，變身為絞殺植物，叢林裡無聲而可怕的生存競爭，椰樹與之無緣。

椰樹不像其他樹種那般嬌弱、霸道，它能在最貧瘠的地方生長，不會爭搶、霸佔其他植物的生存空間，也沒有任何植物可以絞殺它。更可貴的是，椰樹只在頂端生葉長果，纖細高大的樹幹，非旦不遮擋還與更多植物分享陽光。

那些找不到彼岸扎根之地的椰子，是可悲可嘆的。很可能在無休止的漂泊裡，錯失了存活與生長的時機，最終枯朽，永遠湮沒在命運的潮水裡。

移民，有如椰子從故土漂泊至新岸，必由之路，就是憑著自己頑強的生命力和調適能力，想方設法存活下來，並且展示渾身是寶的風采，如是方能對自己扎根成長之地，多有貢獻。

移民，除了謀生求發展，還是應對文化衝突挑戰，思想感情與觀念克服水土不服的掙扎，只有感恩與謙卑，才能日久他鄉變故鄉，根深蒂固，成林一片，融入當地景觀，其時異國自然也是家園。

不知不覺間，我的樹在南太平洋長大了！

許多個晨昏晴雨，我站在沙灘上默默望海，起先仍苦苦盼著在水天一色的遠方，能出現一葉歸帆載我回鄉。直至因為愛上海洋與島嶼，愛上了樂天知命的快活隨意，漸漸不再盼望歸去。我很快樂，但仍感孤獨，總覺得自己原本不屬於這裡，那是因為我精神與心靈的種子，仍然未觸碰到足以扎根的沙土，仍然在冥冥中幽浮。

數百年來千萬先僑共有的「逐財而居」的基因，「衣錦還鄉」的心願，在我身上發生了從葉落歸根到落地生根的變異，許是酷愛藝術的使然，又或者是人生經歷多有坎坷的影響，每到一個新的國家，儘管我也跟普通人一樣日出而作，日入而息，養活自己與家人，但我首先對那裡的歷史文化、風土人情與自然風光，充滿興趣與好奇，並非像其他人那樣，只關心在哪裡用甚麼辦法能夠賺到錢。

就這樣，我像一顆椰子漂流到小島上，來尋找的不是錢財，而是快活與自由。

我從來沒有想到過衣錦還鄉，只祈望像西哲盧梭那樣作一葉小舟，在風平浪靜的歲月裡隨波蕩漾，平躺在自己的生命小舟中，仰望陰霾不再的萬里晴空，感受到船身在幸福的微波裡搖晃，感恩之餘，我為自己曾經與狂濤暴風搏擊仍然保持航向，終抵自由彼岸而感欣慰。

我們需要懂得計算生之剩餘有限，攫住分秒點滴，細細品嘗與享有，精神的咀嚼與反芻，將延長生命，特別是內心有了信仰之後，生命可以是無限以及永恒的。

我的頓悟，得之南半球最高峰庫克山巔，這真是一座近天之山，神聖之山，靈性之山。

進山之際，天無片雲，日照山野。推開住處窗扉，庫克主峰以及她四周的Mt.Seftin、Mt.Footstool、Mt.La Perouse及Mt.Hicks諸峰，迎面逼來，伴著冷冽的寒風湧進屋中，以致滿室山色，遍地雪影。

庫克山區海拔在一千三百米以下者森林茂密、綠草如茵，繼續攀升，漸見金黃色的雪塔塞克禾草由路邊一直長到天際，標示高度已接近一千九百米，再往上就寸草不生，只有黑白分明的冰雪岩石了。這裡的空氣有點稀薄但極清新，吸入肺腑，猶如注入千年雪水般純淨清冷，可以洗滌心靈的塵垢污濁。

雪塔塞克禾草柔軟有彈性，如一張廣袤的金毯，鋪陳谷中。碎石小徑狹窄，僅可容兩人擦身而過，草叢中散佈許多黑石，百尋不見此山特有的巨百合，這種花只在春夏之際盛開，今已近孟秋，故谷中只見萋萋黃草，少有葉綠花紅。

踏上胡克河吊橋，融自冰川的藍綠色雪水以令人眩目的速度、宛如雷霆的轟響穿過橋下奔出峽谷。穆勒冰川就在眼前不到五、六百米處，因為氣候轉暖冰川融化，谷中已形成穆勒冰湖，水色呈現一種特異的銀灰色。受地殼運動與冰川侵蝕的影響，四周冰峰拔地而起，雖說不上筆立，但極為陡峭，覆蓋著數百米厚的冰層，可見道道晶瑩透涼的冰瀑，宛如著了魔法凝固的飛瀑流泉，懸掛在亘古不變的峰巒之間。

山中小徑上，我這個孤獨漫步者在行走中遐想，那裡可望見像月球表面一般荒涼的峽谷，聽得見雪水咆哮湍流，庫克峰在蒼穹下偶露崢嶸，近天之山冰雪千年，經多少風暴雨雪，只冷眼俯瞰人間四季嬗連，草木枯榮。

一切都不重要了，如何保持一生理念永不動搖？如何更有服務社會體現真愛世人之個人價值？如何有意義度過餘年？

名利不是我人生目標，泛舟時間長河之上，只希望識破世間飲食男女追求榮華富貴的眾生相，參透人生的玄機奧秘，臥遊笑看一艘艘名利之舟匆匆往返，做人應曉得應該何時何地離舟登岸，把位置空出來讓給別人，必須明白一世只是一段旅程，自己僅僅只是一個過客。

詩人藍德（Lander）曾經吟嘆：

我和誰都不爭，
和誰爭我都不屑；
我愛大自然，
其次就是藝術；
我雙手烤著
生命之火取暖；
火萎了，
我也準備走了。

三千七百五十五米的庫克峰被毛利人膜拜為「穿雲之山」，在這裡我變得視風雨若無物，覺得更接近天地正氣，我心嚮往之的是「一個哲學家能爬到的高度」。

尼采在他的《不合時代的沉思中》裡如是說：「爬到一個哲學家能爬到的高度，爬入阿爾卑斯山純淨凜冽的空氣中；在那裡，所有的迷霧和朦朧都將消失，只有事物的根本結構以一種粗糙、嚴峻卻清楚得躲也躲不掉的聲音對你訴說！」

一百三十年前，迷戀高山的尼采，隱居在瑞士的西爾斯・馬利亞山村，從那幢木造農舍的小房間裡，推窗可見松林與群山，在高山清新的空氣裡，尼采寫出了《善惡的彼岸》等傳世之作，悟出了追求圓融人生時，快樂與痛苦緊密相連的真理。

多少年來，人們探索對於承受無法避免的，如何學會承受；竭力去尋求生命裡積極與消極要素、圓滿與困頓之間相互依存的關係所在。我不得不由衷敬佩那些如尼采一類思想家所達到的高度，不得不承認，在他們早已抵達離天很近的地方時，自己才剛剛腳步蹣跚地開始攀爬。

沿生命一路行來，實有太多的苦楚悲痛如影相隨，所到之處卻皆如仙境般柔美，帶淚的歡笑，正應了哲人尼采那句預言：「所謂的快樂就是愉悅和痛苦的缺乏，所謂的不快樂就是痛苦與愉悅的缺乏。」

我及上一代所經歷與見證的苦難人生，是大時代變遷的悲劇，作為政治制度的試驗品，權力鬥爭的犧牲品，我們在磨難中失去了心愛的人，失去了青春與自由。在回顧與反思往事之際，我更傾向將個人苦難視為整個民族裡極微末的一小塊碎片，在人類命運之中，個人苦難是一種難得的傳奇，在世為人短短幾十年能有如許曲折離奇經歷，不應成為精神枷鎖和思想重荷，而應視為一種寶貴財富。受盡磨難，亂世餘生，被人折磨過的我們，絕不能再自己折磨自己。雖然我們一生中最美好的歲月都被毀了，但餘下的生命是上天的垂憐與恩賜，儘管來日無多，只要活一天就要珍惜，就要快樂！

尼采還說過：「人生有三變，一是駱駝階段，處於堅忍的苦學苦修之中，異常艱辛。二是獅子階段，勇猛拼搏，建立『事功』。三是嬰兒階段，揚棄一切破壞的衝動，泯滅一切舊日的恩仇，回到天真爛漫的時代，綻開無邪的微笑，從容地面對時日，安靜而和諧，同時也在創造。」

昔日經歷的苦難種種，可見人性泯滅的貽害，世間太多猜忌與仇恨，人們缺乏一顆纖細柔軟的心，一顆充滿慈悲關愛的心。對於過去，人們有太多的遺憾；對於未來，人們有太多的期待，卻很少人珍惜現在，活在今天。

歷史很有幽默感，一番周折幾許坎坷，睽隔整整一世紀，我又回到了祖父的人生起點，當年他十七歲，剛剛有了一個新生嬰兒——我的父親，父子二人都皈依了基督教。

一百年後的今天，我匍匐主的足下甘為他忠實僕人。

我喜獲重生，再做一次嬰兒，重返神寬容慈愛的懷抱，我願發出天真無邪的笑容，再一次睜開眼睛，看看這美麗而令人留戀的世界。

作者與嬋娟現定居在紐西蘭（攝於二〇一四年）

跋

有關本書述及人物與事件之種種，資訊來源主要有以下幾方面：

一、父母生前與我共同生活的歲月裡，他們的交談以及對不同時候、不同事件的回憶，也包括我成年後多次向父母針對家史所作的諮詢，它們統統深深鐫刻在我的腦海裡。

二、本書醞釀籌劃多年，其間曾專程前往北京採訪三叔與三姨、電話採訪定居東北的姑姑以及上海的八舅還有其他親友。通過他們的回憶，還原當年生活場景與社會變遷，以及許多被遺忘的事實，包括一些極易被忽略的細節。

三、本人冒險保存珍藏的照片，搜集的圖文資料，包括多年來為創作本書陸續寫下的回憶文章，它們之中有一些已經成為本書的一部份。

從某種意義而言，此書並非我個人的回憶，而是許多當事人的集體回憶，我只是本著對生命中最摯愛至親者的尊重，竭盡最大之努力實實在在地道出真相而已，最終目的只是為了把這段歷史存留下來。

我的祖父在一九五七年歿於苦役之中，父親比他活多了五十一年，直至二〇〇八年才辭世，終年九十二歲。他彌留之際，我陪伴在側，父親至死沒有原諒自己當年回舊大陸一舉，一直內疚害了妻兒，對個人蒙難經過隻字不提，堅不吐實，病榻上見到我，只把兩眼望著我，催我馬上離開回紐西蘭去。

他臨終前一天早上，由於飽受癌魔折磨多年，早已苦不堪言，全家與醫生經過反覆商討，決定撤去所有藥物輸液，只施以嗎啡止痛，讓他平靜而沒有痛苦離去。

何等精明的他，見護士搬走器械，心中已經明白了幾分，在父親要求下，撫著他老淚縱橫的臉頰，為他剃去花白的鬍鬚，父親竭力翹起並轉動下巴，配合我手中的剃刀。我忍不住痛哭，父親仍這麼重視儀容，他心中肯定留戀人世，多有不捨。他睜開那雙曾經如此明亮的眼睛，深情地望著我說：「我這一輩子，九十幾年了，怎麼過來的，冤枉呀，冤枉！」這是我與他做了幾十年父子，第一次也是最後一次，聽見他抱怨。

次日，遵照父親遺願，只舉行了十分簡單的葬禮，牧師祝禱後，一班教友唱了幾首聖詩，在我們的注視下，父親的靈柩沿軌道徐徐送入爐門，兩扇鐵門一關，只聞千度烈焰呼呼作響，父子從此天人永隔矣。

回到家中在鋼琴頂蓋上安放好父親的遺像，母親說這樣放可以讓父親仍然聽她彈琴。換下喪服的母親率先彈出一曲「可愛的家」，我和姐姐、妹妹同多年以前一樣輕聲和唱。當著滿室至親宣讀父親一紙遺書：

> 親人們，好友們，我走了！我們永別了！
>
> 人生本來就是一場戲，如今落幕了！
>
> 我的後事一切從簡，不需要任何的儀式，骨灰由我的老伴決定處理。

父親身後無物，留下的只有一塊腕錶，一隻鬚刨，還有一堆手記日志，母親要了錶，姐姐取去鬚刨，我挑了一本讀書手記，其餘的文字東西留給了妹妹，各人小心翼翼捧著，如獲至寶。

父親生前記寫的日誌，一絲不苟地記載著諸兒孫及好友所孝敬饋贈之錢財禮物，對後輩之孝心、親友之情誼，均銘記不忘。沒有對時事政治的評論，不針砭時弊，亦不談說人心鄙夷，世情益乖，有關個人榮辱，連年蒙冤遭難，他認定「是非以不辯為解脫」，不發一字一句牢騷。讀來滿篇儘是對生活的熱愛與留戀，對他人的惦念、寬容、關愛與祝福。這大概可以算是我得到的能抵萬金的遺產了。

一九九〇年，父母親曾來斐濟島上與我等相聚，三代同堂共渡幸福時光，只惜兩老因為思念小外孫，於一九九二年又回到廣州定居。自從我一九八一年離開中國之後，雙慈只跟他們唯一的兒子，共同生活過這兩年光景。關於他們在大陸的晚年，只能在書信往返中略知一二，字裡行間父親流露出對我安居紐西蘭抑制不住的欣喜與慰藉，他表示對我終於澈底放心了，因為我實現了理想，把自己和家人帶到了民主之國自由之地，沒有重蹈他當年去而復返的覆轍。

母親在父親辭世後得了老年痴呆症，臥床三年之久，於二〇一〇年元月一個極冷的早晨撒手塵寰，臨終時無一子女在她身邊。

數年前去過一次澳門懷舊，三十來歲的計程車司機，接過我手中五十年前的住址，這個澳門人竟連「柯高大馬路」都未聽過。幸好遇到一位蹬旅遊三輪車的老伯，告知此路早已易名為「高士德大馬路」，我才又來到童年住過的地方，道路兩旁的小洋房已經拆建，路中間的百年古榕也被砍伐一盡，惟「紅街市」依然安在，在鋪著葡萄牙石塊的老街上踱步，許多往事湧上心頭，曾經健康，端正，快樂的祖父，父親，母親，如今都不在了。

對他們最好的紀念，就是我也要健康，端正，快樂地活下去。

我的姊姊現居廣州，妹妹在香港，父母去世後，三人感情甚篤，常有聯繫。

童年好友明明現居廣州，去國多年後我回穗省親，見到了明明，雖然相隔四十年沒有見過面，她只給了我一個淺淺的微笑。明明仍然留著的短髮，卻早已斑白，兩頰的酒渦仍在，只是旁邊爬上了皺紋。

我們一起吃過川菜，便去看電影，還是兒時一齊進過的那家影院，裡面裝修過了，昔日的木椅換成了皮沙發。放映的是《麥迪遜之橋》，克林．伊斯威特和梅麗．史翠普在銀幕上兒女情長，纏綿悱惻，黑暗中明明把手放在我掌心裡，我心頭一熱，感覺出那纖指依然修長，只是很粗糙，骨節也突出了，在汕頭婚後那些年，她夠操勞的了。

兩個人就這樣看完了《麥迪遜之橋》，在倫理價值觀與情感的衝突中，如何尋求不受傷害的平衡，這個問題始終不會有個完滿答案。但我和她心裡想的都不是這個問題。我也沒有痴心空想，她和我能再回到少年時，那生命中最美妙的光景，去而不返了。此刻我只竭力壓抑著內心噴薄欲出的情感，它像一股熾熱的岩漿，正衝擊著我心的閘門，「這些年你到底去了哪裡呀？」我只想把她別過去的臉，扭過來對著我，問她這一個問題。

燈亮了，戲中一對情人其一已逝，惟剩下另一個徘徊在麥迪遜橋上，徒然追憶故人音容笑貌，直至到這一個也傷逝，留下一紙遺書，要求把自己的骨灰撒在當年曾留倩影的橋邊。

我看到了她臉頰上的眼淚，我明白她並非為女主角而哭，電影裡的她和他雖然只愛了四天，但兩人畢竟開始過；明明和我還未開始就已經結束，而且四十年後又回到了起點。

佯裝沒看見她的眼淚，我告訴明明，當年許是在看電影時著了魔法睡過一覺，醒來已經過了四十年，咱倆不妨再看下一場，再次睡去，醒來或許就可以回到童年了，然後重新開始一切。

「你總是那麼浪漫，有點痴！」她破涕為笑。

我倆並肩走到湖邊，多年前我們坐過的那株橫斜的柳樹早已移去，惟浸泡過她那雙小腳的湖水依舊清澈。

我們的盟誓，早已隨風而逝。

草地上喪著夏天最後的玖瑰，花瓣凋零，明明告訴我，她最心疼這些落花，昨日還嬌顏鮮艷，今就枯殘凋敗，總不忍去踩它。

在落花面前，我們終於相互傾訴了別離後的一切。

我沒想到事情就是這麼簡單：明明對母親為她所作嫁首長華僑的安排，毫不在意也不聽從，除了練琴，每天只盼著我來，而我卻一直沒有找她，甚至連信也沒有寫過一封，她以為我已經把她忘了。後來參軍、嫁人生孩子，離婚、退伍、教琴，也曾偶爾把我思念，只聽說我攜妻兒出洋，就此斷了音訊，但她心裡還想著我。

「哪怕是給我一句話，我也會立刻跑去找你！」明明說。

兩人命運的軌跡就這樣錯開了，一個本來可以陪伴著走完畢生的人，卻枯萎在孤獨無助之中，而另一顆心也因此而凋零破碎。

我沒有再說什麼，只默然繞過落花前行，經歷過為自由亡命天涯，生死磨難數十年，很想告訴她，一切都是我的錯，自己的確從未忘記……

晚風拂亂了我和她的白髮，我欲言又罷，如果這樣能夠不再擾亂她的生活，就讓她以為我早已忘記了一切吧。

和她在夜色裡走著，有種溫存可靠的友情存活於心，歷歷往事仿佛只在昨天，彼此也只分開了幾個小時而非幾十年，歲月和生活並沒有毀掉我們心中最美好的東西。

我告訴明明，我是帶著這些美好的東西而來的，也將帶著她歸去。

我說話之時，明明不慎踩著地上的花瓣，她未覺察，我心卻破碎於她的足下。

臨別之前，明明由衷祝福我找到了一生的幸福——嬋娟，但她自己卻沒有再婚，一直保持獨身。

另一位女友阿咪，與其兄跟隨珠影演員潘潛成功偷渡香港，她給我來過信，後來因我身陷囹圄，書信被抄去，地址佚失，自此兩人失了聯絡。據說她去了北美，如果還在，想必也兒孫繞膝。

前妻亞女遠嫁美國後，一九七七年返回大陸帶走了我們的女兒詩湄，她在一九八〇年回過廣州，我倆見過一次面，整個晚上她只是在掉眼淚。她在美國與丈夫育有一女，三次婚姻均以離異告終，她迄今仍然獨身。

女兒詩湄七歲赴美，自此就斷了音訊，亞女在很長一段時間裡沒有讓她與我通訊。直至一九九九年通過一位傳教士輾轉與她取得聯繫，詩湄才從美國飛來斐濟，父女骨肉分離整整二十二年，見面恍若隔世，當時詩湄近三十歲了。她告訴我自己很早就離開家庭，當過人體模特，生活清苦，她現居紐約，一直酷愛藝術，曾與一位以色列藝術家結婚，離異後獨身，仍在紐約藝術家的圈子裡浮沉。

我們父女平時通過「臉書」聯絡。

阿建與阿堅都定居美國多年，他們之間沒有來往，阿堅不知道阿建住在何處。二〇〇七年我與阿堅通過一次電話，他在加州經營房地產發跡，電話裡彼此談到別後經歷，他憶述當年乘船偷渡，一出伶仃洋便遇狂風巨浪險些葬身魚腹。阿堅邀我去美國住在他家，其後就沒了音訊。

在十八中與我搞「反黨」小集團的兩個同窗，一位退休後罹患癌症，惟恐自己的病連累兒子，自殺以求解脫。另一位在二〇〇九年與我久別重逢，他告訴我自己的兒子做了法官，為保住兒子的飯碗，他隱瞞了自己所經歷的一切。我們見過這一次面之後，他沒有再同我聯繫，如他所言，那時大家都太年少無知。至於人生裡最可貴的信仰與理念，他早已不再堅持了，對我自始至終的堅持，他也頗不以為然。

小盧仍在廣州，退休弄孫為樂，他告訴我盲人工廠已經拆了，他堅持繪畫多年，被選為廣州市美術家協會會員。我倆常有在「微信」上聯絡，在我寫這些話之前，他剛剛在語音通話裡驚嘆：「五十年了！我和你相識五十年了！」

我倆相約來年再次舊地重遊，一高一矮再去寫生。

我和愛妻嬋娟居住在紐西蘭最大的城市奧克蘭，喜歡這裡的一切，在不到十年的時間裡，我們遊遍整個紐西蘭，寫成一本散文集《路邊的歷史》，一本遊記《毛利土地上的萊茵河》。我的一些享受人生暇餘的文字塗鴉，刊登在本地中文報紙上，積數年之功己逾千篇，因為是免費報紙，讀者閱畢即棄，沒有完整地保持下來。

昔日經歷過生死磨難種種，在我心靈上留下傷痕累累極深。即便時過境遷，否極泰來，但總是不會忘記，也不能忘記。我想不僅僅是自己，還有許多人正在自己用柔弱的肩膀，時刻扛承著這思想沉重的閘門，如此之重，也絕不放下，因為我們知道，一旦放下，情感的激流便遭截斷，光明也被阻拒在外，留給我們的惟剩下死寂的黑暗矣。

維多利亞時代的歷史學家卡萊爾說過：「歷史是無數傳記的精華。」

大人物的傳記已經很多了，惟小人物的傳記少見。因為大人物的故事有更多的人願意傾聽或閱讀，即使他自己不寫，不會寫或來不及寫，也會有後人或外人來幫他寫。小人物的故事實在太平凡太普通，沒有人感興趣，小人物又忙於浮生，或拙於文墨，所以很多的故事沒能記下與寫出來。

很久以來一直苦苦念想著寫這樣一部小人物的傳記，箇中有爺爺、父親與我自己。

三代人三個男人，如候鳥遷徙，北往南來，避禍藏身，幾近脫險，復入虎口，屢遭劫難，九死一生。三個男人所經歷的是中國歷史上最翻雲覆雨驚天動地的一次變遷，我們無法選擇生在甚麼時代、甚麼地方，卻曾經嘗試去尋覓安身立命之所，最終仍然發現都是徒然，似乎命中注定大歷史有此一劫，以致我們身不由己，一直前路多舛，日子難過。

經過歷年時局動盪以及反復的清洗，毀掉了許多寶貴的舊物，可以引用的文字與圖片資料，包括當事人的回憶，實在太少了。

更堪憂的還是這數十年來有意或無意的忽略與淡忘，許多中國人經歷之種種，未被記錄下來、撰寫出來，自民初以後近百年的歷史被反復篡改、再造與粉飾甚至抹煞，這種歷史長卷上的塗鴉有辱先人有負後代，導致真實的歷史被扭曲變作異形，遭撕裂成碎片，自二十世紀七十年代末伊始，知識界文藝界已有先行者通過創作與研究，還原歷史的本真。惜後繼者並不踴躍。

我的這本書可以算是一個另類。余非名家，又非偉人，乃僅是一芥草民。父母兩家的命運軌跡本南轅北轍，卻又因大陸歷次政治運動彼此交集，乃至劫後餘生，不由相對唏噓，嘆息獻身烏托邦的南柯一夢。

父母兩家族近二百之眾，惟我一人率先於上世紀八十年代初離開中國，在南太平洋散葉開枝。將父母兩大家庭中人當年在京滬港澳以及廣州的遭遇，以及本人去國後在南太平洋諸島的見聞與經歷聊記於此，僅出於一個平凡的心願，能將萬千記憶碎片之其中一二，在歷史的拼圖裡回歸她原來的位置，恢復她的本真。

我寫下這些文字的時候，不只一次再睹親人之音容笑貌，儘管他／她們之中很多人早已離開了我，但他／她們的夢想、情感與蒙難受苦的經歷，仍如利刃再一次劃破我心，淌出六十年一直沸騰不已的熱血。

不過，我仍然為往事故人通過此書的「復活」感極而泣。因為她並非一人一家之事，而是折射出了整個民族的歷史。

在寫本書之時，或有喜有悲卻無任何恨怨，毋論施害抑或受害，本都是人，是同胞也是手足。就某種意義而言，施害者亦是受害者，且受害更深。因為不懂得何為愛，又因為缺乏愛，我們彼此相殘傷害，令他人生不如死，甚至置對方於死地，這樣做應該嗎？值得嗎？有意義嗎？

我們需要的是每一個人的自省與反思，在悲苦歲月裡經歷磨難之時，曾否因人性的脆弱、思想的迷失，將自己身受的痛苦轉嫁移接他人，當過幫閒或幫凶？哪怕是對暴行保持緘默或視若不見，也是因自覺或不自覺所犯下的罪錯，惟有完成這一自我懺悔，才能明白亂源禍根何在，才能永遠告別糾纏在萬千國人內心的錯誤與疑慮，終結罪惡，才能達到思想情操的昇華。

希望人們讀了這些文字，瞭解曾經有過這樣一些善良的普通人，生活在那片土地上，他們只不過在為自己以及家人爭取較好較安定的生活罷了，如此卑微的願望，也未能夠兌現，他們中一些人是抱恨含冤而死，帶著遺憾「離開這個美麗而令人留戀的世界」的。

「離開這個美麗而令人留戀的世界」是家父生前寄給我的信中的結語，我一直記住這句話，希望人們在讀畢此書之後，仍然堅信我們所活著的世界是美麗的，非常美麗的，所以我們留戀盤桓於此生此世，不忍告別離去。

登月第一人阿姆斯壯曾言：「回顧過去，我們真的非常榮幸能活在那段微小的歷史中。」

獻上此書之時，我為自己曾經生活在那一段大歷史感極而泣，能夠親歷中國那段驚心動魄的歷史，對於倖存者而言，這些個人苦難錐心刺骨」永世難忘，但我們應該為能有這般偉大的見證而驕傲，有誰能肯定這不是一種千載難逢的「幸運」呢？

血歷史69　PC0615

新銳文創
INDEPENDENT & UNIQUE

行過文革的死蔭幽谷：
亂世浮生錄

作　　者　南太井蛙
責任編輯　洪仕翰
圖文排版　賴英珍
封面設計　蔡瑋筠

出版策劃　新銳文創
發 行 人　宋政坤
法律顧問　毛國樑　律師
製作發行　秀威資訊科技股份有限公司
114 台北市內湖區瑞光路76巷65號1樓
電話：+886-2-2796-3638　傳真：+886-2-2796-1377
服務信箱：service@showwe.com.tw
http://www.showwe.com.tw
郵政劃撥　19563868　戶名：秀威資訊科技股份有限公司
展售門市　國家書店【松江門市】
104 台北市中山區松江路209號1樓
電話：+886-2-2518-0207　傳真：+886-2-2518-0778
網路訂購　秀威網路書店：http://www.bodbooks.com.tw
國家網路書店：http://www.govbooks.com.tw

出版日期　2016年8月　BOD一版
定　　價　600元

Printed in Taiwan

國家圖書館出版品預行編目

行過文革的死蔭幽谷：亂世浮生錄 / 南太井蛙著.
-- 一版. -- 臺北市：新銳文創, 2016.08
面； 公分. -- (血歷史 ; 69)
BOD版
ISBN 978-986-5716-83-7(平裝)

1. 孫嘉瑞 2. 傳記

782.887 105011894

讀者回函卡

感謝您購買本書，為提升服務品質，請填妥以下資料，將讀者回函卡直接寄回或傳真本公司，收到您的寶貴意見後，我們會收藏記錄及檢討，謝謝！

如您需要了解本公司最新出版書目、購書優惠或企劃活動，歡迎您上網查詢或下載相關資料：http:// www.showwe.com.tw

您購買的書名：______________________________

出生日期：________年________月________日

學歷：□高中（含）以下　□大專　□研究所（含）以上

職業：□製造業　□金融業　□資訊業　□軍警　□傳播業　□自由業

□服務業　□公務員　□教職　□學生　□家管　□其它_____

購書地點：□網路書店　□實體書店　□書展　□郵購　□贈閱　□其他

您從何得知本書的消息？

□網路書店　□實體書店　□網路搜尋　□電子報　□書訊　□雜誌

□傳播媒體　□親友推薦　□網站推薦　□部落格　□其他__________

您對本書的評價：（請填代號　1.非常滿意　2.滿意　3.尚可　4.再改進）

封面設計____　版面編排____　內容____　文／譯筆____　價格____

讀完書後您覺得：

□很有收穫　□有收穫　□收穫不多　□沒收穫

對我們的建議：______________________________

____

____

____

請貼
郵票

11466
台北市內湖區瑞光路 76 巷 65 號 1 樓
秀威資訊科技股份有限公司 收
BOD 數位出版事業部

（請沿線對折寄回，謝謝！）

姓　名：＿＿＿＿＿＿＿＿　年齡：＿＿＿＿　性別：□女　□男

郵遞區號：□□□□□

地　址：＿＿＿＿＿＿＿＿＿＿＿＿＿＿＿＿

聯絡電話：(日)＿＿＿＿＿＿＿＿　(夜)＿＿＿＿＿＿＿＿

E-mail：＿＿＿＿＿＿＿＿＿＿＿＿＿＿＿＿